[redacted]

[redacted]

[redacted]

[redacted]

GAIL SHEEHY

PASSAGES

Les crises prévisibles de l'âge adulte

Traduit de l'américain par Véronique Timmerman avec la collaboration de Béryl Delecroix

Editions de Mortagne

Ce livre a été publié sous le titre original
PASSAGES – Predictable Crisis of Adult Life
par E..O. Dutton et Co., Inc., New York

Publication by arrangement with Bantam Books, Inc.,
New York

Édition:
Les Éditions de Mortagne
250, boul. Industriel
Boucherville (Québec)
J4B 2X4

Diffusion:
Tél.: (514) 641-2387

Dépôt légal:
Bibliothèque nationale du Canada
Bibliothèque nationale du Québec
2e trimestre 1983

ISBN: 2-89074-070-6

IMPRIMÉ AU CANADA

A ma mère et à mon père

REMERCIEMENTS

Ce livre est né grâce à feu Hal Scharlatt, remarquable éditeur, qui m'a encouragé à étudier patiemment la condition adulte. Après sa mort prématurée, Jack Macrae a pris le relais et, m'apportant ses conseils avisés pendant des centaines d'heures, a donné à cet ouvrage les qualités de son tempérament et de son goût.

La matière même du livre est due à tous ceux qui ont eu le temps et le courage de me conter l'histoire de leur vie. Je ne peux les remercier nommément. Je souhaite simplement les avoir dépeints fidèlement.

Nombreux sont ceux qui m'ont aidée à construire ce livre : Daniel J. Levinson, Margaret Mead, Roger Gould, Bernice Neugarten, George Vaillant, Margaret Hennig, James M. Donovan, Marylou Lionells et Carola Mann.

Je suis très reconnaissante à Carol Rinzler, Deborah Maine et Byron Dobel, qui, en lisant les différentes versions de mon texte, m'ont aidée à l'améliorer. J'ai bénéficié également des suggestions de Jerzy Kosinski, Patricia Henion et Chota Chudasama.

Je n'oublie pas Virginia Dajani, Lee Powell et Ella Council, dont le travail de transcription, de dactylographie et de secrétariat représente bien des couchers tardifs et des levers matinaux.

G.S.

PREMIERE PARTIE

LES SECRETS DU CYCLE DE LA VIE HUMAINE

Chapitre 1
Folie
et
méthode

J'atteignais trente-cinq ans quand brusquement, sans aucun signe précurseur, j'eus une dépression. J'étais loin de me douter qu'au moment même où je baignais dans une vie pleine et heureuse, j'allais être incapable de me maintenir à la surface.

Je réalisais un reportage en Irlande du Nord où la guerre civile faisait rage. Je parlais à un jeune garçon lorsqu'une balle le frappa en pleine face. C'est à partir de cet instant que tout changea. Nous étions côte à côte au soleil, détendus et heureux après une manifestation en faveur des catholiques de Derry. Des soldats nous avaient rejoints près d'une barricade ; nous avions avalé une bonne dose de gaz lacrymogène, et ramené les éclopés vers l'arrière. Nous étions maintenant sur le palier de l'escalier extérieur d'une des maisons et regardions la foule.

— Mais comment font-ils pour envoyer leurs grenades si loin ? demandai-je.

— Regardez-les cogner avec leurs crosses...

Il n'eut pas le temps de terminer sa phrase que la balle lui déchiqueta le visage, ne laissant qu'une plaie béante.

— Mon Dieu ! répétai-je bêtement, ce sont de vraies balles.

J'essayais d'imaginer comment son visage pourrait se reconstituer, certaine, jusqu'à ce jour-là, que l'on pouvait tout réparer.

Au-dessous de moi les tanks anglais commençaient à sillonner la foule. Des commandos armés de fusils à tir rapide déboulaient des tanks et vidaient leurs chargeurs alentour.

Le corps du garçon s'écroula sur moi. Un homme plus âgé, qu'on avait frappé à coups de crosse, dévala les escaliers et vint à son tour s'affaler sur nous. D'autres corps s'entassèrent bientôt, formant une énorme chenille humaine, chacun essayant de remonter en rampant l'escalier extérieur exposé au feu.

— Laissez-nous entrer, criai-je.

Aucune porte ne s'ouvrit avant le huitième étage. Il fallait que quelqu'un se dévoue et franchisse le palier pour aller frapper à l'une des portes. Un jeune homme cria au-dessous de nous : « Mon

Dieu, je suis touché ! » Sa voix me propulsa vers le palier, tremblante de peur, mais encore imprégnée de la certitude enfantine d'être invulnérable. Un moment plus tard, une balle me frôla. Je me précipitai vers la porte la plus proche et on nous laissa entrer.

Agrippés à leurs mères, des enfants s'entassaient dans les recoins de l'appartement. Le tir continua pendant près d'une heure. Par la fenêtre, je vis trois jeunes garçons fauchés en pleine course alors qu'ils tentaient d'atteindre une barricade. Un prêtre qui les suivait en agitant un mouchoir blanc et un vieil homme, accouru auprès des corps, furent à leur tour touchés par les balles. Un des blessés, que nous avions transporté jusqu'en haut, demanda si on avait des nouvelles de son jeune frère : « Il est mort ! » lui fut-il répondu.

C'était sans doute ce que mon frère avait vécu au Vietnam. Mais je n'en avais jamais pris conscience, étant beaucoup plus jeune lorsque ses funérailles avaient eu lieu dans la banale campagne du Connecticut. Les gardes d'honneur avaient si bien plié le drapeau qu'il ressemblait à un petit coussin pour marchand de souvenirs. On avait fait preuve à mon égard de beaucoup de sollicitude, on me serrait la main : « Comme je comprends votre chagrin ! » Je songeais alors que j'avais réagi de la même façon aux confidences de personnes sur le point de subir une intervention chirurgicale, ou relevant d'une maladie grave.

Après le massacre-surprise, je n'étais plus qu'un individu parmi des milliers d'autres, terré dans une petite maison du ghetto catholique aux murs couverts de papier à fleurs. Toutes les sorties de la ville étaient bouclées ; on ne pouvait qu'attendre, attendre que l'armée britannique fouille chaque maison.

— Que ferez-vous si les soldats arrivent et tirent ? demandai-je à la vieille femme qui m'hébergeait.

— Je me mettrai à plat ventre.

Une autre femme vérifiait la liste des morts au téléphone. Ayant été longtemps auparavant une protestante convaincue, j'essayais de prier.

Mais seul ce jeu bébête de mon enfance s'imposait à ma mémoire : « Si tu n'avais qu'un seul souhait à faire... » Je décidai de téléphoner à l'homme que j'aimais. Il trouverait bien les mots magiques qui feraient disparaître le danger.

— Allô ? Comment vas-tu ? Sa voix était légère comme une brise ; il était au lit à New York.

— Je suis vivante.

— Bon, comment marche ton reportage ?

— Je suis encore vivante, tu comprends. Il y a eu treize personnes tuées ici même aujourd'hui !

— Attends, on est justement en train d'en parler aux

informations : on l'appelle le dimanche sanglant. Peux-tu parler plus fort, s'il te plaît ?

— Ce n'est pas fini, un tank vient d'écraser une mère de quatorze enfants.

— Ecoute, s'il te plaît, on ne te demande pas d'être au front. C'est sur les femmes irlandaises que tu dois faire ton papier. Reste donc avec les femmes et ne te mêle pas du reste. D'accord, chérie ?

Dès que j'eus raccroché, le vide se fit dans ma tête. J'avais les tempes serrées. Mon vœu ne s'était pas réalisé. Le monde restait indifférent.

Treize personnes ou treize mille pouvaient mourir, je pouvais moi-même mourir et, demain, cela serait sans conséquence.

En rampant vers les autres, une idée terrible m'envahit soudain : il n'y avait personne avec moi, personne pour assurer ma sécurité, j'étais seule au monde.

Cela me donna une « migraine » qui dura un an.

A mon retour d'Irlande, j'étais incapable d'écrire mon reportage. Incapable de me confronter à l'idée de ma propre mort. Je finis par écrire quelques phrases, et pus les rendre en temps requis, mais à quel prix ! Mon caractère s'aigrit, affectant mes proches et éloignant ceux-là mêmes qui auraient pu m'aider à chasser mes obsessions. Je rompis avec celui qui partageait ma vie depuis quatre ans, renvoyai ma secrétaire, perdis ma femme de ménage et me retrouvai seule avec ma fille Maura.

Au printemps, je ne me reconnaissais plus. Rien ne subsistait de ce grand tournant qui avait marqué mes trente ans, quand, joyeusement affranchie des stéréotypes démodés, j'avais décidé de devenir plus audacieuse, de jouir de la vie et de me consacrer entièrement à mes nouvelles aspirations : faire des reportages à travers le monde et passer la nuit à les rédiger à grand renfort de café et de tabac.

Une voix étrangère criait en moi : « Mais arrête-toi donc, fais le bilan. La moitié de ta vie s'est écoulée. Ne voulais-tu pas un foyer et un second enfant ? » Avant que je puisse répondre, d'autres questions que j'avais enfouies au fond de moi m'assaillaient : n'avais-je pas également désiré jouer un rôle dans le monde, y réaliser de grandes choses, apporter ma contribution ? Jusqu'à présent, me semblait-il, je n'avais participé à rien d'authentique, je ne m'étais pas vraiment engagée. Maintenant, j'étais tout simplement terrifiée par cette première confrontation avec le temps.

Se trouver pris dans le feu d'une guerre est assez rare, et des événements quotidiens peuvent avoir le même effet : vous jouez au tennis deux fois par semaine avec un cadre dynamique de trente-huit ans. Au vestiaire, un caillot jugule sourdement une de ses artères et, avant même qu'il ait pu demander de l'aide, il est emporté par une embolie. Cette attaque vous touche, au même titre que sa femme, ses associés et tous ses amis.

Ou encore, un télégramme vous apprend que votre mère ou votre père a été hospitalisé. Vous vous rendez à son chevet ayant à l'esprit l'image d'un être plein de vie, nettoyant son jardin ou courant à une session de la ligue féminine. Et voilà que, à votre arrivée à l'hôpital, cet être si dynamique n'est plus. Et c'est irrémédiable.

Vers le milieu de notre vie, nous prenons conscience du fait que nous sommes des êtres mortels. Dès lors, un quelconque accident augmente notre angoisse. Nous ne sommes pas véritablement préparés à l'idée que le temps peut venir à nous manquer et que, si nous ne nous hâtons pas de donner un sens à notre existence, la vie peut devenir routinière et insignifiante. De plus, nous ne savons pas réaliser les adaptations nécessaires et modifier les habitudes dans lesquelles nous nous sommes installés.

En temps normal, ces problèmes de réadaptation n'apparaissent qu'au bout de quelques années et nous avons donc le temps de nous y préparer. Mais trop soudainement confrontés à eux, nous sommes rarement capables d'y faire face. La vie passe trop vite et le déclin est trop brutal pour nous permettre des ajustements harmonieux.

En ce qui me concerne, ce face à face avec la mort en Irlande m'avait profondément marquée.

Si je vous raconte, six mois plus tard, la semaine pénible que j'ai passée, c'est pour vous montrer à quel point j'étais proche de la dépression nerveuse. Moi, la femme active, dynamique, la jeune mère divorcée, libérée, heureuse de fermer la porte de chez moi pour effectuer un reportage en Floride, je découvre mon canari mort et j'éclate en sanglots... Comme tout un chacun vous auriez pu dire : « Les nerfs de cette femme sont en train de craquer », et c'est très exactement ce que je commençais à me dire.

Je choisis un siège situé à l'arrière de l'avion, pensant que, s'il s'écrasait, je serais la dernière à voir le sol. Et pourtant, prendre l'avion me fut toujours un plaisir. A trente ans je m'étais même exercée au parachutisme. Il en allait tout autrement aujourd'hui. Chaque fois que je m'approchais d'un avion, c'est un balcon en Irlande du Nord que je voyais et, en six mois, cela devint une véritable phobie. J'étais attirée par les photos d'accident et les étudiais avec une attention morbide. J'avais remarqué que les avions semblaient toujours se fendre à l'avant ; aussi m'étais-je fait un devoir de m'asseoir en queue. J'avais même pris l'habitude de demander aux pilotes s'ils avaient une bonne expérience des techniques d'atterrissage forcé. Je posais d'ailleurs ces questions sans aucune pudeur.

Une chose me réconfortait : je pouvais assez facilement reconstituer les bouleversements intervenus au cours des six premiers mois de mes trente-cinq ans. Mon anxiété avait des causes bien concrètes. Ma phobie des avions n'était autre qu'une « réaction de conversion » (processus par lequel un événement psychique refoulé se manifeste à travers un symptôme de caractère différent). L'impression de déracinement que j'éprouvais s'expliquait assez bien : j'avais déménagé quatre fois en deux ans. Tous mes soutiens existentiels se dérobaient.

En juillet cependant, je m'étais un peu calmée. Du moins en apparence, car rien n'était apaisé en profondeur. La crise de larmes suscitée par la mort du canari fut le signal : ainsi, je n'étais même plus capable de maintenir un canari en vie... J'en attribuai la responsabilité au départ inopiné de la femme de ménage. D'ailleurs, comment pourrais-je jamais la remplacer ? Et si je ne le pouvais pas, il faudrait que je cesse de travailler. Et alors, comment allions-nous survivre, ma fille et moi ?

Pour le moment, Maura était bien installée chez son père. Malgré notre divorce, ou peut-être grâce à lui, une amitié profonde et généreuse nous liait l'un à l'autre, fondée sur une commune aspiration. Même dans les vicissitudes de la séparation, nous étions convenus de mutuellement nous respecter en tant que père et mère d'un enfant. Cette décision nous paraissait plus importante que les autres et avait fait naître une relation amicale consacrée au bonheur d'un autre être que nous-mêmes. Il n'y avait rien d'extraordinaire à ce que Maura passât une semaine avec son père, mais elle me manquait terriblement. Je n'étais même plus capable de faire la différence entre une séparation temporaire et une séparation définitive. J'étais en proie à des idées noires. Quelque chose s'était brisé en moi, donnant libre cours à des forces autodestructrices qui menaçaient d'emporter l'édifice précaire de ma vie.

Une fois dans l'avion, et passé l'angoisse du décollage, le doute vint de nouveau s'insinuer en moi : « Tu as fait du bon travail mais en as-tu fait vraiment assez ? » J'étais trop nerveuse pour manger, et je ne savais pas qu'un combat viscéral s'était engagé en moi entre deux médicaments incompatibles. On m'en avait prescrit un contre la grippe intestinale et un autre contre la dépression qui me menaçait depuis mon retour d'Irlande. De mon côté, j'inondais le tout de champagne et de cognac.

Une fois à l'hôtel, la meilleure idée me sembla être de me livrer à des activités mécaniques de rangement : vider les valises, remplir les tiroirs et les penderies, m'organiser pour travailler, bref m'installer ! Dès que j'ouvris ma valise : horreur ! J'avais posé une paire de sandales rouges sur une jupe blanche et elles avaient déteint. Je hurlai. J'étais brusquement devenue incapable d'envisager un quelconque programme, de pouvoir répondre au téléphone ou de prendre des rendez-vous. De toute façon, à quoi servait d'écrire et pour qui ? La réaction chimique des médicaments commençait à se faire sentir : vertiges, crampes d'estomac... Mon cœur se mit à sauter dans ma poitrine comme une grenouille dans un bocal.

Ma chambre était au vingt et unième étage. Les portes-fenêtres s'ouvraient sur un balcon qui paraissait se balancer dangereusement au-dessus de la baie. Au-dessous, on ne voyait que la mer. Cette nuit-là, il y eut une éclipse.

Je fus attirée vers le balcon. J'observai l'éclipse avec une fascination morbide. La planète elle-même paraissait suspendue en équilibre instable entre les forces de l'univers. Les tours de Miami Beach étaient brillantes de chaleur. J'avais envie de me laisser aller, de me fondre dans tout cela. J'étais devenue le lieu d'images éclatées et disparates : un parent lointain, un mari dont j'étais séparée, des amis et des amours perdus se mêlaient à la vision de la tête ensanglantée du jeune homme irlandais. Je restai assise la nuit entière sur ce balcon, fixant la lune.

Le lendemain matin, j'appelais les deux médecins qui m'avaient prescrit les médicaments, espérant une explication claire et précise à cette angoisse soudaine. Le diagnostic une fois connu, je pourrais m'allonger et le mal disparaîtrait. Ils confirmèrent que les deux produits (un barbiturique et un remontant) étaient incompatibles : je devais garder le lit pendant une journée, écarter toute activité, me reposer. Tout cela était bel et bien, mais il s'agissait de tout autre chose que d'un malaise passager. J'essayais alors un vieux truc : écrire pour extirper le mal ; l'écriture m'avait toujours aidée dans les moments difficiles. Or, sans raison apparente, j'avais emporté avec moi des notes pour une nouvelle. Je me sentis soudain obligée d'écrire cette nouvelle durant ce séjour. Il s'agissait d'un incident que m'avait raconté un interne, il y a dix ans. En voici l'histoire :

Une femme mariée de soixante ans, exceptionnellement alerte et active, menait une vie aisée dans un hôtel de la Cinquième Avenue. Son mari mourut. Elle se retrouva d'un jour à l'autre sans ressources. Il lui fallait partir et quitter tous ses vieux amis. La seule personne de sa famille qui consentait à l'héberger était une belle-sœur désagréable qui habitait dans le Sud. Malgré ce changement brutal, la veuve mit un point d'honneur à clore sa vie new-yorkaise en beauté. Au dîner d'adieu, ses amis ne purent que louer sa force de caractère. Le lendemain matin, lorsqu'ils vinrent la chercher pour la conduire à l'aéroport, personne ne répondit. Ils durent forcer la porte et la trouvèrent étendue dans la salle de bains. Aucune ecchymose n'indiquait une chute. Elle avait simplement perdu connaissance. Etonnés, ses amis la conduisirent à l'hôpital. L'interne ne trouva rien lors de l'examen préliminaire. Quand elle reprit connaissance, on la fit attendre dans un coin de la salle d'urgences. Elle restait là, décoiffée, le regard vide, sa blouse d'hôpital ouverte. Ses amis attendaient patiemment que l'on finisse de s'occuper des cas plus urgents. Ils avaient l'air quelque peu déplacés dans ce service d'urgences, comme aurait pu l'être leur amie, avant son accident. Son état s'altéra progressivement ; elle n'arrivait plus à répondre aux questions les plus simples, confondait noms et dates et se mit à délirer. Ses amis la quittèrent horrifiés. En quelques heures, elle était devenue une vieille femme radotante.

Mais je ne pus écrire un seul mot. Je ne pouvais que regarder la télévision. A minuit, je l'éteignis. Quant à ce qui m'arriva par la suite, je peux à présent en donner une explication simple et claire, mais, à ce moment-là, j'étais incapable de comprendre quoi que ce soit. Je passai devant le poste de télévision et me baissai pour ramasser une ceinture. Un sifflement s'échappa de l'appareil ; la tête entre les jambes, je regardai l'écran et eus une vision : une méduse monstrueuse hérissée de poils piquants occupait toute l'image dans un mélange de couleurs hideuses.

Je me redressai et sentis ma tête exploser. Je me mis à parler tout haut : « Ça y est, je craque ! » Le téléphone était dans l'autre pièce à proximité des baies vitrées dominant la mer. Le vent aspirait les rideaux et les faisait voleter au-dessus du vide. Je fus brusquement prise de frayeur à l'idée de passer devant les portes-fenêtres car, si je m'en approchais, pensai-je, je perdrais sûrement l'équilibre et tomberais. Je m'accroupis et traversai la pièce comme un crabe, m'accrochant aux pieds des meubles. Je me disais bien que j'étais ridicule, mais chaque fois que j'essayais de me relever, mes jambes m'abandonnaient. Je conservai cependant l'espoir que, si je pouvais joindre la personne qu'il fallait, ce cauchemar disparaîtrait. Je ne tenais qu'à un fil et le savais.

Ce qui m'avait traumatisée en Irlande était facile à comprendre : c'étaient de vraies balles qui m'avaient frôlée, j'avais été prise dans la réalité de la guerre. Ma peur était légitime. J'avais maintenant intériorisé l'événement et ses forces destructrices. Je ne pouvais m'en échapper. Quelque chose d'étranger, d'horrible, d'indicible mais néanmoins d'irrémédiable m'habitait : ma propre mort !

Tôt ou tard, entre trente-cinq et quarante-cinq ans, nous nous heurtons tous à la réalité de notre mort. La première fois, nous en sommes terrifiés. Mais c'est avec elle qu'il nous faut apprendre à vivre.

Or, de même que nous essayons de fuir notre propre réalité, de même nous rejetons ces évidences inacceptables en recourant à de vieux trucs qui ont, croyons-nous, toujours réussi. Enfants, nous laissions la lumière allumée dans nos chambres pour écarter les monstres de nos rêves. Adultes, nous nous fions au savoir rationnel pour nous rassurer. J'avais d'abord cherché une explication médicale claire et précise, mais la réaction chimique provoquée par des médicaments antagoniques n'expliquait qu'en partie mon état. Malheureusement ! Nous pouvons aussi appeler à l'aide ; ainsi, l'enfant qui a peur appelle quelqu'un de plus fort pour faire disparaître sa frayeur. Puis il apprend à se débrouiller seul. Mais qu'arrive-t-il quand on ne parvient pas à chasser tout seul sa peur ?

La peur de la mort est insurmontable. Personne ne peut nous aider. Mon appel téléphonique depuis l'Irlande était voué à l'échec.

Nous pouvons également ignorer le problème en fixant toute notre attention sur une activité. Mais il n'est pas possible de vivre sans se poser des questions sur le sens de sa vie, et par conséquent d'avoir parfois l'impression de perdre l'équilibre. L'équilibre, c'est de savoir se tenir sur les deux jambes comme au moment de nos premiers pas. C'est ainsi que nous acquérons notre autonomie, que nous nous libérons des soutiens extérieurs et que nous parvenons à nous assumer. Nous assumer nous-mêmes, voilà ce qui nous fait peur : « Et si je n'arrivais pas à tenir debout tout seul ? » L'idée est trop terrifiante pour que l'on puisse se confronter brutalement à elle ; aussi nous revient-elle sous des formes déguisées : des avions qui s'écrasent, des planchers qui bougent, des querelles amoureuses, des symptômes physiques. Nous l'esquivons, en feignant de ne rien changer à nos habitudes. Certains se consacrent totalement à leur carrière, d'autres jouent plus souvent au tennis, améliorent leurs scores, font de plus grandes fêtes et cherchent des partenaires de plus en plus jeunes. Moi, j'avais pris l'avion pour un congrès politique. Mais quelle que soit l'option, cette vision de la vieillesse, de la solitude et de la mort peut momentanément balayer nos convictions les mieux établies. La lutte s'engage alors entre le désir de sauvegarder les apparences et la permanence de cette vision qui revient sans cesse nous harceler.

Le travail est un autre moyen de distraire sa pensée. Dans mon cas, la peur rendait tout travail impossible. L'histoire que j'essayais d'écrire était celle d'une femme au bout du rouleau, d'une femme abandonnée, qui perd ses facultés et se transforme tout à coup, à l'instar du « portrait de Dorian Gray », en une vieille femme. Cette histoire était celle de mon propre drame ; ma personnalité était en train d'éclater d'un seul coup. J'étais sur le point de quitter le monde, et de la fille que je croyais avoir été, une fille aimante, généreuse, audacieuse et pleine d'ambition, lancée dans un monde intelligent et humain, voilà que plus rien ne subsistait.

Je voyais tout en noir ! Des peurs insurmontables m'envahissaient : je vais perdre le contrôle de moi-même et de toutes mes facultés...Je vais perdre mes amis et mes relations...Je ne serai plus moi-même...Je vais devenir une vieille femme exécrable.

Cela n'arriva pas. J'ai surmonté la crise. J'ai mûri un peu, et cette histoire semble remonter à un siècle. Un épisode particulièrement dramatique avait coïncidé avec un moment critique de mon existence. Ce fut cette expérience qui m'amena à approfondir davantage ce que j'appelle « la crise des quarante ans ». Mais dès le début de mon enquête auprès des gens dont certains moments de vie sont rapportés dans ce livre, le sujet me parut infiniment plus complexe que je ne l'avais initialement imaginé. En fait, c'est toute l'existence humaine qui est marquée par des crises, ou plutôt par des tournants.

A mesure que les témoignages s'accumulaient, je remarquais que les tournants qui jalonnaient la vie des personnes interrogées présentaient des ressemblances. De plus, il existait d'autres périodes critiques que celle des « quarante ans », qui semblaient réapparaître aux mêmes âges et avec une étonnante régularité.

Tous mes interlocuteurs étaient déroutés par ces moments de crise. Ils essayaient de les lier à des événements extérieurs à leur vie, mais il n'existait aucun rapport entre leurs perturbations et ces événements, alors que ces mêmes perturbations s'inscrivaient logiquement dans leur évolution existentielle.

A divers moments de leur existence, ils avaient eu des doutes, ou encore avaient considéré leur vie sous un autre angle et avaient parfois éprouvé une insatisfaction latente vis-à-vis des options prises avec enthousiasme quelques années auparavant.

Dès lors, je commençai à me demander s'il n'y avait pas, dans la vie des adultes, des moments critiques dont l'apparition serait prévisible.

Y a-t-il une autre forme de croissance après la jeunesse ?

Je m'aperçus que ce que le psychologue américain de l'enfance Arnold Gesell et son célèbre collègue le pédiatre Benjamin Spock avaient fait pour les enfants, personne ne l'avait fait pour les adultes.

Les études sur le développement de l'enfance ont mis en lumière toutes les nuances des diverses phases de la croissance, tout en leur donnant des étiquettes rassurantes comme « les deux ans terribles » ou « les neuf ans bruyants ». L'adolescence a tellement été codifiée qu'on lui a enlevé le plaisir d'être impossible. Mais, si toute notre évolution fait l'objet d'une analyse méticuleuse, il faut bien constater qu'il n'existe plus d'études sur les périodes suivantes ; en dehors du corps médical qui s'intéresse surtout à nos maux physiques, on nous laisse patauger jusqu'à la sénescence, avant d'être pris en main par les gérontologues. Il est d'ailleurs beaucoup plus facile d'étudier l'adolescence et la vieillesse. Ce sont deux groupes d'âge qui forment des sujets d'étude bien circonscrits (à l'école ou en maison de retraite). Le reste de l'humanité se débat dans le courant d'une société virevoltante et distraite en essayant de donner un sens à son unique voyage. Où trouver le fil conducteur qui nous aidera à passer le cap de nos vingt ans et celui, désespéré, de la quarantaine ?

Y a-t-il quelque vérité dans cette idée de la sagesse populaire selon laquelle nous nous sentons mal dans notre peau tous les sept ans ?

On nous a appris que les enfants se développent par âge et par stade, et que ceux-ci sont les mêmes pour tous. Pour sortir de l'enfance, nous devons passer par chacun d'entre eux. Le comportement des enfants manifeste des moments d'équilibre et des moments de déséquilibre. En tant que parent, nous avons également appris que ce ne sont ni leurs maîtres, ni l'autre parent, ni les enfants eux-mêmes qui en sont responsables. Ces alternances constituent en fait des stades obligatoires d'une croissance normale.

Et voilà qu'après avoir appliqué à la lettre tout notre savoir depuis le berceau jusqu'à l'université, nous laissons nos enfants au seuil de l'âge adulte comme des robots qui auraient été remontés pour l'éternité : techniquement habiles, capables de résoudre des problèmes, entraînés à contourner les obstacles, mais inaptes à comprendre leur nature profonde et à concevoir la possibilité de faillir et de souffrir alors même qu'ils sont adultes et en pleine possession de leurs moyens. Notre éducation n'a décidément pas prévu ce type d'enseignement dans son programme. Nous vivons entre dix-huit et cinquante ans les meilleures années de notre vie, celles au cours desquelles nous pouvons donner la plus pleine expression aux possibilités qui nous sont offertes, ainsi qu'à nos talents. Mais sans guide pour affronter les changements de notre personnalité et parvenir à notre épanouissement, nous tâtonnons comme des aveugles. Quand nous

nous sentons mal à l'aise, nous avons l'impression que la cause en est notre incompétence, mais nous ne pensons pas que cet état de crise puisse être normal, partie intégrante de la vie humaine, alors que nous sommes tout prêts à l'accepter lorsqu'il s'agit de l'enfance. Nous sommes facilement tentés de rendre responsables de notre sentiment de malaise et de nos conflits intérieurs les personnes de notre entourage ou les institutions, que ce soient notre mère, notre conjoint ou encore le travail, la famille, la société, le « système » en général.

Il n'y a pas longtemps, quand les psychiatres s'occupaient de la vie adulte, ils s'intéressaient essentiellement aux problèmes, aux perturbations graves, mais le changement et la quotidienneté de la vie n'étaient que rarement abordés. Les idées de Freud s'appuient sur l'hypothèse selon laquelle la personnalité est plus ou moins déterminée à l'âge de cinq ans. Mais à quoi servent toutes ces idées pour l'homme de quarante ans qui, tout en étant au faîte de sa carrière, est déprimé et ne se sent pas apprécié ? Il accuse sa femme et son entourage de l'emprisonner. Un désir de fuite commence à s'emparer de lui, et la rencontre d'une femme séduisante, l'intérêt pour un autre aspect de son travail, la vision d'une campagne paisible sont autant de thèmes qui nourrissent ses vœux d'évasion. Mais que ces objets lui deviennent accessibles, et aussitôt apparaît le revers de la médaille. La nouvelle situation semble être un piège dangereux et il se hâte de l'éviter en retournant chez lui, pour y retrouver femme et enfants que leur perte, un instant entrevue, lui rend soudain si chers. Qu'on ne s'étonne pas si tant de femmes restent les spectatrices ébahies de ce jeu de malchance qu'elles appellent « la folie de mon mari ». Personne ne leur a jamais dit que cela pouvait arriver et qu'à l'entrée de l'âge mûr on pouvait piétiner et traverser une période de dépression.

Que sont susceptibles d'apporter les idées freudiennes à la mère de trente-cinq ans qui a tout consacré à ses enfants, et se retrouve soudain aussi fragile qu'un château de cartes ? Une nouvelle étude de l'âge adulte, qui embrasserait tout le cycle de la vie, pourrait remettre en question les anciennes conceptions. Si l'on regarde la personnalité comme une structure non pas achevée au sortir de l'enfance, mais sans cesse en cours de développement, alors la vie, entre vingt-cinq et trente ans, voire même au seuil de l'âge mûr, pourra apparaître sous un autre jour et provoquer la surprise et la joie d'une découverte renouvelée.

Les mystiques et les poètes se sont, les premiers, efforcés de nous indiquer cette perspective. Shakespeare, dans sa pièce *Comme il vous plaira*, montre les sept âges de la vie humaine. L'hindouisme, bien avant Shakespeare, distinguait quatre âges requérant chacun une réponse existentielle différente : l'âge de l'étudiant, celui du maître de maison, puis l'âge de la retraite au cours duquel l'individu partait en pèlerinage et commençait son apprentissage d'homme, l'âge du sannyasin, enfin, celui auquel l'homme parvenait à la sérénité.

Un des premiers psychologues à considérer que la vie humaine pouvait être régie par des cycles fut Else Frenkel-Brunswick. Formée dans l'ambiance intellectuelle de la Vienne brillante des années trente, elle vint plus tard apporter ses vues aux théoriciens de l'université de Californie. L'originalité de sa pensée consiste à essayer de lier la psychologie et la sociologie. Avec les biographies de quatre cents personnes choisies parmi des personnalités exceptionnelles : la reine Victoria, John D.Rockefeller, Casanova, Tolstoï, Goethe..., elle passa au crible aussi bien les événements extérieurs qui les avaient marqués que leurs expériences subjectives. Elle en conclut que chaque personne passe par cinq périodes bien délimitées. Ces mêmes périodes définies par E.F. Brunswick préfigurent les huit phases (dont trois pour l'âge adulte) du cycle de la vie telles que devait les concevoir plus tard Erik Erikson.

C'est en effet ce dernier qui a contribué à clarifier et à populariser la notion de « cycle de la vie » par la publication de son premier livre, *L'Enfance et la Société*, en 1950. Ce livre témoigne de l'effort personnel d'Erikson pour se construire une identité propre. Fils d'une mère juive et d'un père qui avait abandonné sa famille avant sa naissance, il répudia le nom de son beau-père et créa le sien propre : Erik fils d'Erik, devenant ainsi son propre père. Victime du nazisme, il s'enfuit d'Europe en 1939 et prit la nationalité américaine. Il s'installa alors à Berkeley où il s'intéressa aux problèmes posés par le développement de la personnalité humaine.

Erikson élabora un tableau des séquences de la vie humaine. Chaque période est marquée par une crise ; le mot crise n'implique pas une catastrophe, mais un tournant, une période cruciale au cours de laquelle l'individu est à la fois plus sensible et mieux à même de développer sa sensibilité. Il insistait sur le fait qu'il ne considérait pas toutes les formes de développement comme une série de crises. Tout au contraire, selon Erikson, le développement psychologique procède par périodes critiques, c'est-à-dire situées à des moments de choix entre le progrès et la régression. L'échec ou le succès suivront ces moments pour créer un avenir qui pourra être meilleur ou pire, mais sera en tout état de cause restructuré.

La description des trois phases de l'âge adulte chez Erikson est brève et ne comporte que quelques paragraphes. Il y précise les caractéristiques de chaque période et ce qui peut affecter la personnalité en bien ou en mal.

La première phase de la vie adulte est marquée par ce qu'il

appelle « l'intimité », ou son contraire « l'isolement ». La deuxième phase reçoit comme critère d'appréciation de la maturité celui de la « générativité », processus par lequel l'individu devient paternel et créatif, se sent naturellement enclin à guider ou à apporter son aide à plus jeunes que lui. La phase finale est celle de la « réalisation » et, avec elle, se résout la crise de l'âge mûr.

Je me suis senti une grande affinité avec les travaux de Frenkel-Brunswick et d'Erikson, et les recherches des auteurs qu'ils ont influencés m'ont toujours intéressée. Margaret Mead fut mon mentor. Je réalisai d'un seul coup que tout ce que j'avais écrit sur les êtres humains manquait d'une dimension essentielle : je n'avais en effet traité que de séquences disparates et décousues de la vie des personnages, alors que je me serais beaucoup mieux fait comprendre si je les avais considérés dans leur continuité temporelle. En consultant la littérature disponible relative au mariage, au divorce, à la famille et aux transformations qui l'affectaient, je fus frappée par une statistique éloquente : « Aux Etats-Unis, la durée moyenne du mariage avant le divorce est d'environ sept ans depuis la dernière moitié du siècle. » Les ordinateurs étaient enfin entrés dans la vie courante. Combien de dossiers, d'études, de statistiques et d'éléments biographiques consignés dans des classeurs oubliés attendraient qu'on veuille bien s'y intéresser ?

J'étais fixée. Je sautai sur l'occasion et acceptai une bourse pour me consacrer à plein temps à une étude sur le développement de la vie des adultes.

Un soir de 1973, j'assistais à une conférence sur « Les crises normales de l'âge adulte ». Dans l'auditorium, rien que des visages vagues mais pleins d'espoir — un assortiment, j'imagine, d'angoissés, de masochistes, de déroutés, de déserteurs, de gens remariés deux ou trois fois, de femmes mûres abandonnées et d'hommes traversant l'andropause. Chacun était anxieux de savoir ce qui était normal dans ces crises qu'on croit être seul à endurer. Daniel Levinson, professeur grisonnant, commença à nous décrire la vie des hommes de dix-huit à quarante-sept ans. Avec son équipe, il avait analysé dix-sept hommes de situations différentes durant plusieurs années. Levinson affirmait que, tout comme l'enfant, l'adulte se développe par périodes, chaque période se caractérisant par une tâche spécifique à accomplir. Plusieurs changements peuvent avoir lieu au cours de chacune de ces phases, mais on ne peut passer de l'une à l'autre qu'en accomplissant les tâches spécifiques de chacune d'elles, et en construisant une nouvelle structure pour sa vie.

Or, aucune de ces structures, selon les calculs de Levinson, ne peut durer plus de sept ou huit ans. Encore une fois, la science ne faisait que confirmer un vieil adage.

Je fus très impressionnée par le travail de Levinson, bien qu'il soulevât des centaines de questions. Je découvris qu'il avait été influencé par Else Frenkel-Brunswick. Quand je lui demandai conseil pour savoir comment travailler sur les vies que j'avais commencé à sélectionner, il m'accorda beaucoup de temps et lut quelques-uns de mes rapports : « Ce sont d'excellentes interviews qui comportent de nombreuses réponses intéressantes ; vous êtes parvenue à saisir l'individu dans sa plénitude ou dans son néant. Mais n'introduisez pas de concepts abstraits au cours des entretiens. Quand ils ont envie de parler de quelque chose d'important pour eux, laissez-les continuer. » Je pensais qu'à ce train je serais bonne pour l'asile de vieillards avant d'avoir pu terminer la transcription des bandes.

Bien que le problème du développement de la vie adulte n'en fût encore qu'à ses débuts, des études théoriques commençaient à être consacrées à ce thème dans plusieurs universités telles que Berkeley, Harvard, Chicago ou encore l'université de Californie. En allant me rendre compte sur place de l'avancement de ces travaux, je fus très surprise de constater qu'aucune recherche sur ce thème ne faisait l'objet d'approches concertées. Ces recherches étaient par ailleurs essentiellement conduites par des hommes qui s'intéressaient avant tout aux problèmes soulevés chez les hommes. Or, si l'on peut séparer l'étude de chaque sexe sur un plan méthodologique, on ne saurait cependant se limiter à un seul d'entre eux sur le plan global de l'étude. En procédant de la sorte, on risquerait en effet de donner une image tronquée de la réalité. Du fait même de la « convivance » des deux sexes, il apparaît impossible de comprendre le développement psychologique des hommes si on n'y associe pas dans les mêmes temps celui des femmes. On ne saurait oublier que ce sont les femmes qui mettent les hommes au monde, qui polarisent leurs émotions — que ce soit l'amour ou la haine —, avec lesquelles, en outre, s'instaurent des rapports de dépendance et de développement, parfois de profonds conflits qui entraînent toujours des répercussions sur le plan personnel. Je n'ai rencontré qu'une seule personne qui avait fait une place aux femmes dans son étude ; il s'agissait du psychiatre Roger Gould, de l'université de Californie. Mais faute d'interviews en profondeur, les résultats qu'il présentait, pour intéressants qu'ils soient, semblaient trop succincts.

Je fixai donc trois buts principaux à mon travail. D'abord, déterminer les changements *intérieurs* qui affectent l'individu vivant dans un monde essentiellement axé sur l'extériorisation. Ainsi, par exemple, j'essayerai de redécouvrir les évidences de la vie et de les préciser, comme le fait qu'être déprimé ne signifie pas être malade, que l'argent ne fait pas le bonheur, etc. Ensuite, mon but était de savoir s'il était possible de démystifier le jargon professionnel et de rendre l'art de *l'analyse de soi* accessible, voire même passionnant, pour des gens comme moi qui se sont trouvés confrontés à la complexité de leur évolution. L'absence de repères dans ces circonstances tend à favoriser l'auto-accusation ou le rejet des responsabilités sur les membres de l'entourage. Or, la possibilité de se comprendre mieux, et ce sans nécessairement avoir recours aux explications et à la terminologie abstraite de la psychanalyse, pourrait permettre au psychiatre de jouer son véritable rôle — celui de soigner ceux qui sont véritablement malades. Mon troisième but était de comparer les rythmes de développement chez la femme et chez l'homme. Il m'est en effet vite apparu que ces rythmes étaient très différents. Alors même que la démarche susceptible d'aboutir à l'épanouissement de la personnalité est la même pour les deux sexes, les hommes et les femmes se trouvent rarement à âge égal confrontés aux mêmes problèmes. Il fallait par conséquent essayer d'examiner les crises susceptibles d'apparaître dans le couple. Quand Jeannot et Jeannette ont le même âge, il y a toutes les chances pour qu'ils ne soient pas « synchronisés ». De vingt à trente ans, l'homme progresse généralement à pas de géant, alors que la femme perd l'assurance qui caractérisait par contraste son adolescence. Quand l'homme passe la trentaine et pense reprendre son souffle, la femme ne tient plus en place. Vers les quarante ans, alors que l'homme a l'impression d'être au bord du précipice, craignant que sa force, sa puissance, ses rêves et ses illusions ne s'engloutissent devant lui, sa femme déborde d'ambition et veut aller jusqu'au bout de toutes ses possibilités.

Du fait même que cette asynchronie est chose courante et que, par ailleurs, j'ai donné aux différents chapitres de ce livre un ordre chronologique conforme à l'évolution du cycle de vie humain, le lecteur pourrait avoir l'impression que, dans la première partie, ma sympathie est réservée aux femmes. L'attention particulière que je leur accorde tient précisément au fait que l'on observe chez elles plus de difficultés dans leurs rapports avec le monde, et davantage de contradictions avec elles-mêmes au cours de la première partie de leur existence. Le contraire est souvent vrai pour l'un et l'autre sexe, et les chapitres suivants qui abordent cette question rétablissent l'équilibre, accordant cette fois plus d'attention aux hommes.

L'utilisation du mot *crise* pour décrire l'alternance de moments critiques de la vie est de nature à créer quelque confusion. « Moi, je n'ai pas traversé de crise ! » me disent souvent des gens sur la défensive. L'interprétation habituelle du mot grec *krisis* est en fait péjorative ; elle implique un échec personnel, une faiblesse, l'incapacité de supporter des événements extérieurs pénibles. J'ai donc remplacé ce terme ambigu par un mot moins chargé, celui de *passage*. Mon travail, lui aussi, a été conçu en phases successives. Il a commencé par un choc sans conséquence. Ensuite je publiais un article intitulé « Le quitte ou double de la trentaine » dans le *New York Magazine*, où j'avais résumé mon sujet. Les réponses des centaines de lettres qui me disaient toutes : « Mais c'est sur moi que vous écrivez ! » me donnèrent une ferveur messianique. Puis ce fut la panique : et si seulement dix personnes me prenaient au sérieux ? me demandai-je. Ma responsabilité m'apparut de façon inquiétante. Je devins une véritable machine à lire : je lus de la psychiatrie, de la psychologie, des biographies, des romans, des études sociologiques et d'ennuyeux rapports statistiques. Je faisais rire tout le monde dans les dîners ; aussi n'y assistais-je plus, ou quand je le faisais, je me taisais et me contentais d'offrir les amuse-gueule aux convives.

Je réunis un total de cent quinze interviews qui racontaient cent quinze vies. Je rencontrai de nombreux couples ensemble, après avoir reconstruit leurs biographies séparément. Ces entrevues étaient d'une fascinante complexité et m'éclairèrent beaucoup sur la psychologie individuelle.

Les personnes que j'ai choisi d'interviewer font toutes partie des classes moyennes américaines ; elles jouissent d'une bonne santé, ont de belles situations ou occupent des postes de responsabilité, même si certaines d'entre elles sont d'origine modeste, voire carrément pauvre, ou viennent de milieux sociaux marginalisés. J'ai fait cette sélection pour plusieurs raisons. Il me fallait en premier lieu travailler avec un groupe social relativement homogène afin de pouvoir faire ressortir les traits communs. En deuxième lieu, il m'est apparu que les membres de ce groupe sont assez représentatifs de certaines valeurs sociales de l'Amérique contemporaine. Ce sont eux qui généralement diffusent ces valeurs vers d'autres groupes. On a notamment pu montrer qu'environ cinq ans après qu'une idée ou une attitude se soit imposée dans les classes moyennes, il était possible de la retrouver chez les jeunes de la classe ouvrière. Nombre de représentants de cette dernière changent ainsi leurs attitudes et adoptent de nouvelles idées vis-à-vis de la sexualité, de la famille, du travail et, de façon plus générale, de la vie. Enfin, la troisième raison qui m'a fait choisir ce groupe tient au fait que ses membres sont ceux qui ont les plus grandes possibilités de choix dans l'existence, et sont les mieux équipés pour franchir les obstacles qui se présentent à eux. Moins gênés par des traditions que les représentants des familles très riches et puissantes, ils jouissent cependant d'avantages économiques, culturels et pédagogiques dont sont dépourvus les membres des classes sociales défavorisées. Parmi tous les groupes sociaux, les représentants des classes moyennes américaines sont ceux qui ont finalement le plus de possibilités pour améliorer leurs conditions d'existence. Or, ce sont précisément ces possibilités et la liberté qu'elles impliquent qui amènent les bouleversements. Ce sont les perturbations, les victoires et les échecs des représentants des classes moyennes qui démontrent le plus nettement les problèmes de passage d'une phase à l'autre au cours du développement de la vie adulte, non comme le résultat de réactions à des faits extérieurs, mais comme phénomène inhérent à l'évolution existentielle des individus eux-mêmes.

L'âge des personnes dont il est question dans ce livre s'échelonne de *dix-huit* à *cinquante-cinq ans*. L'échantillonnage professionnel des hommes est très varié : avocats, P.D.G., cadres supérieurs et moyens, hommes politiques, prêtres et étudiants, comme par ailleurs artistes, journalistes ou écrivains, ou encore chercheurs et scientifiques. En ce qui concerne les femmes, le choix s'est aussi bien porté sur des femmes qui exercent un métier, d'aucunes ayant atteint des positions élevées, que sur celles qui restent au foyer. La majorité des gens interviewés ont souhaité conserver l'anonymat. Pour respecter ce souhait, j'ai d'abord essayé de changer les professions ainsi que les lieux de résidence ; cela s'étant révélé quelque peu difficile, j'ai fini par changer tous les noms. Tout ce qui figure dans le texte provient des enregistrements réalisés au cours des interviews.

Je m'attends, naturellement, à ce que des critiques soient formulées. On pourra notamment penser qu'il est quelque peu hasardeux de systématiser la vie adulte dont le caractère est éminemment variable. Je pense à cet égard que la personnalité humaine ne s'explore pas tant avec science qu'avec art, faisant une large part à l'intuition et à la perspicacité. Davantage d'études sur le sujet permettront sans doute d'élargir la discussion. Je dois préciser que je fus très étonnée par les commentaires contradictoires que firent collègues et amis sur mes premières interviews. Après une rapide enquête auprès de ceux qui avaient utilisé les mêmes méthodes de travail que moi, j'appris que, le plus souvent, les réactions vis-à-vis du texte n'ont pas trait à sa validité mais agissent comme révélateur — à la manière du test de Rorschach — auprès des gens qui le lisent.

Il faut également admettre qu'il peut être difficile de sympathiser avec des personnes dont la vie et la position sociale paraissent enviables et ce dans la plus riche nation du monde. Toutes les personnes interrogées au cours de ce travail ont eu, en effet, la chance extraordinaire de pouvoir faire usage de leurs dons au cours de leur vie. Elles n'ont jamais connu l'abrutissement et l'ennui du travail à la chaîne. Néanmoins, beaucoup vont mal ! Dès lors, on peut se demander si, derrière l'apparente satisfaction qui masque la vérité, toutes ces personnes n'étaient pas, en réalité, ravies de pouvoir se livrer à fond et parler librement de leurs problèmes, de leurs conflits et de leur vie affective. A partir de ce moment, elles ne portaient plus de masque. On m'a dit souvent : « Je vous ai raconté sur moi bien des choses que je n'avais jamais révélées à personne. »

La dernière interview que j'ai menée est assez révélatrice. Je cherchais une femme qui, ayant fait des études universitaires, aurait choisi d'être épouse au foyer, et aurait été satisfaite de ce choix. Je l'ai trouvée. Une brève lettre qu'elle venait d'adresser aux anciens élèves de son université me paraît plus éloquente que de longues explications : « Quatre enfants. Je donne quelques cours d'anglais. Pendant mon temps libre, je fais du piano, du tennis, de la tapisserie. Mes années d'université furent merveilleuses. J'aimerais bien recommencer et cela tout de suite ! » Or, après huit heures d'entretien, il est apparu que son mari l'avait quittée l'année précédente. Il lui avait dit qu'il avait mûri, mais pas elle. Maintenant qu'il était parti, elle avait peur de se dessécher, peur d'affronter à son âge le monde du travail. Un soir, sa fille essaya de convaincre l'électricien de passer la nuit à la maison, parce que « Maman a un grand lit et elle se sent très seule ». La « joyeuse » note biographique qu'elle avait envoyée à ses anciens camarades de classe avait été écrite lors d'une période de grande dépression.

Tout un chacun connaît des difficultés au cours de son existence, alors même que les obstacles extérieurs paraissent facilement surmontables. En fait, la société ne récompense que les réussites manifestes ; elle encourage rarement les victoires sur soi. Personne ne nous donne acte de notre effort permanent pour concilier les contradictions qui agissent en nous, et pas plus du travail requis que du succès parfois obtenu dans une lutte incessante avec et contre nous-même.

Aujourd'hui, ma seule ambition est de valoriser les témoignages que j'ai recueillis. Ils ont nourri ma réflexion et m'ont fait comprendre chaque jour davantage qu'aucun âge de la vie ni aucun événement ne peuvent emprisonner l'esprit humain. Nous rejetons tous les généralisations car nous avons le sentiment qu'elles heurtent ce qu'il y a d'unique et de particulier en nous. Mais, à mesure que nous vieillissons, nous prenons conscience de l'existence d'un fonds commun à tous les hommes, comme de la réalité de notre solitude.

Les fragments d'étude déjà écrits et les interviews que je faisais se sont organisés petit à petit en un tout cohérent. Les généralisations m'ont effrayée de moins en moins. Je relisais avec amusement et gratitude un mot de Willa Carther : « Il n'y a que deux ou trois histoires dans la vie des êtres humains, et elles se répètent aussi cruellement que si elles n'étaient jamais arrivées. »

Chapitre 2
La prévision des moments critiques de l'âge adulte

Nous ne différons guère d'un crustacé particulièrement robuste : le homard. Au cours de sa croissance, le homard se constitue des carapaces protectrices successives qu'il rejette les unes après les autres — chaque étape de croissance interne provoquant la chute de la carapace externe. Après chaque mue, le homard reste vulnérable jusqu'à ce que, le temps aidant, une carapace neuve se forme qui remplacera l'ancienne.

Notre développement suppose lui aussi, à chaque passage d'une étape à l'autre, la perte d'une enveloppe protectrice ; cette mue nous laisse vulnérables, mais aussi pleins de forces en germe qui sont la promesse de prolongements dans des voies encore inconnues de nous. L'abandon d'une « carapace » peut demander plusieurs années, mais nous sortons de chaque passage pour entrer dans une période plus longue et plus stable, au cours de laquelle nous pouvons espérer retrouver, à la faveur d'une tranquillité relative, notre équilibre.

Tous les événements de notre existence : obtention de diplômes, mariage, naissance d'un enfant, divorce, situation obtenue ou perdue, nous affectent. Ces événements clefs sont les jalons concrets de notre vie. Mais une phase de développement ne se définit pas en termes d'événements clefs ; elle se définit par les changements qui s'amorcent en nous. *Une tendance latente au changement sera présente*, qu'elle soit ou non manifeste dans un événement clef ou accentuée par celui-ci.

La vie d'un individu comporte à tout moment deux aspects, extérieur et intérieur, de la réalité. L'extériorité est fondée sur l'appartenance à une culture : travail, classe sociale, rôles assumés dans la famille et dans la communauté, apparence offerte au monde et façon de participer à son fonctionnement. L'intériorité est faite des significations qu'a cette participation pour chacun d'entre nous. De quelle façon nos valeurs, nos objectifs et nos aspirations sont-ils confirmés ou au contraire violés par notre mode de vie actuel ? Combien d'aspects de notre personnalité pouvons-nous exprimer, combien d'aspects en réprimons-nous ? Comment *vivons-nous* à chaque instant notre insertion dans la société ?

Je dis que si nous voulons devenir adulte, nous devons pouvoir changer de chaise. Il n'existe pas d'adéquation permanente entre une chaise et un individu. La bonne chaise n'existe pas une fois pour toutes. Ce qui convient à une étape de la vie peut, à une autre étape, être contraignant ou trop lâche. Pendant le passage d'une étape à l'autre, nous nous trouvons entre deux chaises, vacillant sans doute, mais nous développant assurément. Au fur et à mesure que je recueillais les biographies qui nourrissent cet ouvrage, l'idée s'est imposée à moi, avec une netteté toujours plus grande, que les périodes de crise, de rupture ou de changement constructif sont souhaitables tout autant que prévisibles. Elles sont synonymes d'évolution.

Peuvent aussi se produire des événements imprévisibles et qui changent le cours d'une vie : une guerre, une crise économique, la mort d'un parent, d'un enfant ou d'un conjoint, ou encore l'expérience de la mort, telle que je l'ai vécue en Irlande. J'appelle cela un « accident de vie ». Et parce qu'un accident de vie est plus traumatisant s'il coïncide avec un passage critique du cycle de la vie, il peut forcer à résoudre les problèmes d'une manière plus rapide ou plus efficace.

Comme nous allons le voir, chaque individu aborde les étapes de son évolution avec un *style d'étape* qui le caractérise ; certains ne vont jamais jusqu'au bout de toutes les étapes ; aucun ne « résout » en une seule étape (en se précipitant, par exemple, dans une profession ou dans le mariage) le problème de sa séparation d'avec les parents. Nous ne parvenons pas à notre « indépendance » une fois pour toutes, en transformant nos rêves en objectifs concrets, ou même en réalisant ces objectifs. Les préoccupations au centre d'une période donnée ne sont jamais définitivement réglées. Mais lorsqu'elles ont perdu de leur prépondérance, et que le mode de vie adopté pour les servir a rempli sa fonction, nous sommes prêts à passer à la période suivante.

Peut-on rattraper le temps perdu ? Ce qui peut apparaître aux autres nonchalance, esprit de contradiction, refus obstiné de faire face à une obligation inévitable, peut pour un individu donné être l'itinéraire unique qui lui permettra d'atteindre ultérieurement l'autre rivage. Les gains acquis dans le développement peuvent être ultérieurement perdus — et gagnés. Bien qu'on ne puisse le démontrer, il va de soi que la domination d'un ensemble d'épreuves nous fortifie pour la période à venir et nous aide à envisager avec plus de légèreté les difficultés qu'elle comporte. Il faut cependant ne pas penser en termes trop mécanistes. Les machines travaillent par unités, la bureaucratie (apparemment) étape par étape. Les êtres humains, dieu merci, ont tous une dynamique interne qui ne répond pas à un code.

Bien que j'aie indiqué les âges auxquels les Américains sont susceptibles d'aborder chaque étape, et les différences d'âge — lorsque celles-ci sont signifiantes — entre les hommes et les femmes, n'y attachez pas trop d'importance. Ce sont les étapes qui comptent, et plus particulièrement les enchaînements.

Nous traçons brièvement ci-après l'échelle du développement.

Il faut d'abord arracher ses racines, couper le cordon ombilical. Quitter ses parents à dix-huit ans n'est pas chose facile ; même si, à ce moment-là, nous avons déjà entrepris des études universitaires, nous ressentons encore beaucoup la précarité de notre autonomie.

Après dix-huit ans, le changement s'accélère. Etudes, service militaire, voyages, nos vies sont souvent partagées entre la famille et notre idéal personnel. Dans notre effort pour séparer notre conception du monde de celle de nos parents, tout imprégnés de la conviction que nous savons ce que nous voulons, nous sommes en quête de croyances et d'idées personnelles.

Cette quête nous entraîne souvent vers les expériences à la mode, en particulier vers celles qui semblent les plus mystérieuses et les plus inaccessibles à nos parents. Mais ceci n'empêche pas que nous ayons toujours peur de rester des enfants incapables de se prendre en charge. Nous cachons notre peur sous des actes de défi et des attitudes de confiance en soi. Puisque nos parents ne peuvent plus être nos alliés, nous nous tournons vers nos contemporains, qui deviennent nos complices.

Tant qu'ils ont les mêmes idées que nous, ils offrent un substitut valable au sanctuaire familial. Qu'ils divergent un tant soit peu de nos idéaux encore mal assurés, ils deviennent des traîtres. Et l'on assiste souvent en effet à un retour vers la famille entre dix-huit et vingt-deux ans.

Quelles sont les étapes à franchir, les tâches à accomplir pendant cette période ? Elles sont difficiles : il faut s'intégrer à un groupe, commencer à assumer un rôle d'homme ou de femme, prévoir une occupation et avoir une idéologie ou, tout du moins, une conception du monde bien définie.

Ceci nous permettra d'acquérir l'élan nécessaire pour quitter physiquement la maison, et la force de caractère pour nous en éloigner sentimentalement. C'est difficile parce que deux forces opposées luttent en nous : celle qui nous pousse à nous individualiser, et celle qui nous engage à retrouver la sécurité et le confort de notre enfance.

Alors on peut se tromper en croyant remplacer la sécurité et le confort du foyer familial par celui du conjoint. En se mariant tôt on prolonge en fait les liens financiers et émotionnels qui liaient à la famille, tuant ainsi dans l'œuf une indépendance encore trop peu affirmée.

Arracher ses racines d'une manière orageuse facilite une progression normale du cycle de la vie adulte. Si on ne traverse une crise d'identité à ce moment-là, elle fera irruption au moment d'une autre transition, quand les conséquences risquent d'en être plus pénibles.

Puis arrive la vingtaine, qui nous confronte avec le problème de savoir comment aborder le monde adulte, et les questions personnelles : « Qui sommes-nous ? » « Où vais-je ? » « Qui pourrait me rendre service ? » ou « Comment y êtes-vous arrivé ? »

Pendant cette période, beaucoup plus longue et plus stable que la phase éphémère qui la précédait, les tâches que nous avons à accomplir sont aussi énormes que passionnantes, puisqu'il nous faut définir des objectifs correspondant à une vision de nous-mêmes à partir de laquelle nous pourrons déployer notre vitalité et matérialiser nos espoirs.

Il s'agit en somme de se préparer à un travail pour la vie. Tâche qui peut être facilitée si l'on trouve un mentor, et si l'on devient capable d'avoir des relations approfondies avec les autres sans perdre l'idéal du moi que nous avons réussi à construire. C'est l'heure où les choix sont soumis à un test. A vingt ans notre désir le plus fondamental est de « faire ce que l'on doit faire ». Un choix qui va s'inspirer soit du modèle familial, soit du contexte environnant.

Cela pourra être de se marier ou de vivre dans un petit chez-soi, et l'on s'empresse de fonder une famille. Mais l'on peut opter aussi pour l'indépendance, et l'on enfourche une « Harley-Davidson », bien décidé à ce que rien ne nous retienne.

La conviction intime de l'irrévocabilité de notre choix caractérise la psychologie des vingt ans. Mais il s'agit là d'une croyance erronée car le changement, non seulement possible, est à certains égards probablement inévitable.

Deux tendances sont ici à l'œuvre : celle qui consiste à s'affronter dans un choix résolu qui engagera l'avenir, et celle qui pousse à faire de nombreuses expériences, d'essayer différents genres de vie, mais chaque fois sans s'engager profondément afin de pouvoir revenir en arrière. La première solution, si elle est adoptée, peut provoquer un sentiment de contrainte et donner l'impression de se trouver pris au piège de ses propres choix. La seconde conduit à changer constamment d'activité et de partenaire — un peu comme on change de chemise — et à vivre ainsi sa vie dans un état perpétuellement transitoire.

Or, chacun aborde cette période de la vie avec un style différent. Qu'il s'agisse d'engagements solides, d'aventure, de maternité ou même de succès, l'expérience de nos vingt ans influencera le reste de notre vie d'une manière si personnelle qu'il m'a semblé intéressant d'étudier chaque style séparément tout au long du livre.

Nous avons foi dans nos choix, dans notre volonté de les légitimer et dans la vérité que nous poursuivons. Nous n'écoutons pas ceux qui nous disent que nous sommes comme nos parents. Nous nous croyons radicalement différents.

Et puis on a trente ans. Subitement, plus rien n'est pareil. Les modèles et les lignes suivis jusqu'alors perdent leur attrait. On se sent à l'étroit, coincé. On y trouve toutes sortes de raisons, mais, en fin de compte, tout s'explique par la volonté de dépasser nos choix antérieurs, pourtant souvent conformes à l'idéal de nos vingt ans.

Pour l'heure rien ne semble ajusté. Quelque chose d'oublié veut se faire entendre. Nous ressentons soudain le besoin de nouvelles options, de résoudre ce qui peut être une crise profonde.

Alors, on bouleverse sa vie antérieure. On change de direction, on devient plus réaliste dans ses ambitions, on se marie ou l'on divorce, on fait des enfants si ce n'était déjà fait ; dans tous les cas on reconsidère systématiquement sa vie conjugale. J'ai ici le témoignage d'un juriste de vingt-neuf ans qui résume cette situation : « J'envisage de quitter le cabinet dans lequel je travaille depuis bientôt quatre ans ; tout va bien, mais je n'ai pas une clientèle attitrée. Je me sens atrophié. Si j'attends plus longtemps, ce sera trop tard, je ne pourrai plus monter ma propre affaire. Je suis capable de faire autre chose que d'être un employé. Je vaux mieux qu'un subalterne, et je me vois mal à cinquante ans coincé dans un boulot monotone. Lorsque j'y pense, cela me rend malade. La plupart du temps, j'aime ce que je fais, mais quand quelque chose ne va pas, je me dis : " Mais qu'est-ce que tu fous là ? " J'ai l'impression de perdre mon temps. Je voudrais faire quelque chose d'utile pour la société : de la politique, par exemple. Je ne peux pas rester à croupir ici. »

Si s'épanouir professionnellement lui paraît très important, il aimerait aussi enrichir sa vie personnelle, avoir encore deux ou trois enfants. « L'idée d'avoir un foyer a acquis beaucoup d'importance pour moi. C'est un refuge, un repos, loin des soucis du travail. J'aime mon fils comme jamais je n'aurais cru pouvoir l'aimer. Je ne pourrais jamais vivre seul. »

Il a d'importantes décisions à prendre, à ce tournant de la vie. Sa compétence est maintenant prouvée, et il a une plus nette conscience de lui-même et de ce qu'il veut.

Dans le même temps, sa femme, qui a trente ans, se débat avec ses propres problèmes. Elle désire entreprendre des études de droit, mais lui voudrait d'autres enfants. Si elle doit rester à la maison, il faut qu'il y passe lui-même plus de temps, au lieu de s'engager plus avant dans sa vie professionnelle. C'est là une situation inextricable avec laquelle il voudrait bien ne plus être confronté : « J'aimerais qu'elle ne m'ennuie plus. C'est difficile à dire, mais j'aimerais ne plus avoir à penser à ce qu'elle va faire la semaine prochaine. Je lui dis souvent qu'elle devrait avoir une activité, qu'elle devrait reprendre ses études. Elle aurait au moins l'impression de faire quelque chose. Je n'aurai de la sorte plus à m'occuper de ses problèmes. J'aimerais qu'elle sache prendre ses décisions. »

Cette manière d'envisager la question n'arrange que lui. Elle pense qu'il n'a qu'une envie, celle de se débarrasser d'elle. Tous deux ressentent le manque mutuel de compréhension, qui caractérise la majorité des couples à l'approche de la trentaine.

Au début de la période ouverte par le cap des trente ans, l'orage se calme, la vie semble devenir moins provisoire, plus rationnelle et plus ordonnée. On commence à s'installer au plein sens du mot, à s'enraciner et à créer de nouvelles pousses. On s'achète une maison, et l'on est décidé à faire carrière. Surtout les hommes, qui sont soucieux de « réussir ». Les satisfactions conjugales ont de leur côté tendance à perdre de leur intensité. Cette période coincide aussi pour le couple avec une vie sociale réduite, le plus souvent limitée aux relations avec les enfants.

Vers le milieu de la trentaine, nous arrivons à un croisement. Nous avons atteint la mi-temps. Nous sommes à l'apogée de notre vie, et pourtant nous pressentons l'existence d'un point de rupture au-delà duquel nous allons basculer sur l'autre pente. Le temps exerce une pression sur nous. Nous perdons notre jeunesse, nos facultés physiques commencent à décliner, nous croyons moins aux rôles stéréotypés, et nous n'avons plus de réponse toute faite à fournir à la vie. Ce sont là les pensées qui nous assaillent entre trente-cinq et quarante-cinq ans, au seuil de ce que j'appelle « la décennie de la dernière chance ». Ce moment de l'existence présente tout à la fois un danger et une possibilité de renouveau. Rien ne nous empêche en effet de redécouvrir l'image de nous-même que nous avions adoptée pendant la première partie de notre vie. Ceux qui sauront tirer le meilleur parti de cette période seront susceptibles de faire une expérience très enrichissante.

Il convient alors de ré-examiner nos buts et la manière de faire un autre usage de nos talents. « Pourquoi perdre son temps à faire tout cela ? Qu'est-ce qui m'intéresse le plus dans la vie ? » Les mauvais sentiments doivent pouvoir s'exprimer autant que les bons. Il faut savoir les admettre. Il faut faire l'expérience de la solitude et prendre conscience du fait que l'on est entièrement responsable de soi-même. Nous n'avons plus à demander de permission, car nous sommes les seuls détenteurs de notre sécurité. Des aspects masculins ou féminins de notre personnalité que nous ignorions jusqu'alors peuvent nous apparaître. Et c'est seulement en acceptant ces éléments refoulés ou méconnus de nous-même que nous parvenons à être authentique. C'est en refusant d'assumer un comportement d'emprunt ou de se plier à un certain conformisme que nous parvenons à un renouvellement de notre personnalité.

Les femmes font cette expérience plus tôt que les hommes, en raison du sentiment de harcèlement qu'elles éprouvent en face du temps. C'est maintenant qu'il faut reconsidérer les options et les désirs jusqu'alors négligés ou abandonnés car l'âge risque de les rendre irréalisables à brève échéance. C'est aussi pour les femmes une période de joie et de soulagement : celle de l'apprentissage d'une certaine maîtrise de soi. Il y a tant à faire, tant à espérer !

A trente-cinq ans, les hommes sont également harcelés par le temps, mais de façon différente. C'est en général dans le domaine professionnel que cela se fait sentir. Il s'agit pour eux de tout mettre en œuvre pour parvenir au sommet de leur carrière avant qu'il ne soit trop tard. Trente-cinq ans, c'est la dernière chance de se distinguer. Il ne suffit plus d'être un jeune cadre loyal, un romancier en herbe, ou l'avocat qui travaille pour une juste cause de temps à autre. Il faut maintenant participer à la direction des affaires. Devenir un écrivain connu ou un homme politique en vue sous peine de n'être qu'un raté. Il est grand temps de voler de ses propres ailes.

Pendant cette phase d'intense concentration sur les problèmes de la vie professionnelle, il est courant que les hommes n'aient pas conscience des problèmes de leur vie personnelle et des motivations qui les font agir. Or, cet examen négligé à trente-cinq ans devient une difficile épreuve à quarante ans. Quelle que soit la place qu'il occupe, l'homme de quarante ans se sent généralement inquiet, accablé et ignoré. Il s'inquiète de sa santé. Il se demande si c'est bien là tout ce que peut lui offrir la vie. Il abandonne souvent des certitudes bien établies et se laisse aller.

Dans tous les cas, il éprouve un profond besoin de changement et souhaite remplacer par une certaine tendresse son désir d'avancement, son être intime et ses aspirations profondes semblent vouloir émerger. Vers le milieu de la quarantaine on retrouve un équilibre et l'on atteint une nouvelle stabilité. Si l'on a refusé de changer au cours de cette période de la vie le coup de cafard peut alors devenir de la résignation. Celui qui n'en a pas conscience perd tous ses soutiens : les enfants deviendront des étrangers, le compagnon s'éloignera, le travail de plaisir se transforme en corvée ; tous ces événements sont ressentis comme autant d'abandons. En revanche, si à cet âge nous avons su nous confronter à nous-même et trouver un regain de volonté, nous pouvons envisager d'édifier une vie plus authentique et entamer alors nos meilleures années. Le bonheur personnel monte en flèche pour les partenaires qui savent maintenant accepter le fait suivant : « Personne, absolument personne ne pourra jamais me comprendre entièrement. » On est alors capable de pardonner à ses parents le poids de l'enfance. On peut laisser les enfants partir sans regrets. Cinquante ans, c'est l'âge d'une nouvelle chaleur, d'un nouvel épanouissement. Les amis deviennent plus importants que jamais, mais on apprécie aussi l'intimité. On est enfin soi-même.

DEUXIEME PARTIE COUPER SES RACINES

Chapitre 3
Sevrage

Que faire pour prouver qu'on est grand, fort et indépendant quand on a dix-huit ans ? On se soûle ou on découche, on fait de la compétition, des courses de voitures, on s'enrôle dans une bande ou dans un gang, on fait son service militaire ou on s'engage dans la coopération, on fume de la marijuana ou l'on goûte au L.S.D., on va à Katmandou, on cherche le nirvana ou une religion, on participe à des manifestations, on fait du nudisme... Peu importe, cela dépend un peu du contexte socio-historique. Le besoin de s'éprouver et de trouver sa vérité apporte toujours une satisfaction aux jeunes.

En nous éloignant progressivement de notre famille, nous cherchons à acquérir notre identité. Cela s'appelle la crise de l'adolescence. Mais acquérir sa propre identité, ce n'est pas seulement savoir ce que nous sommes et ce que nous allons faire dans le monde, car toute notre existence est soumise à des changements. En fait, le problème est plus complexe : il faut trouver à l'être humain une dimension plus large et plus complète, ce qui n'est possible qu'après de longues années d'expérience. Les psychologues ont chacun un terme pour désigner cette appréhension de l'identité. Ainsi, Jung parle d'« individualisation », Maslow d'« auto-actualisation », d'autres d'« intégrité », ou d'« autonomie ». Je l'appellerai dans ce livre « le gain de notre authenticité ». Et j'entends par là cet état d'épanouissement intérieur qui nous permet de connaître et d'utiliser au maximum toutes nos possibilités.

Dans la perspective du cycle de la vie humaine, combien de temps cela prend-il ?

Nous sommes des enfants jusqu'à l'âge de la puberté, des adolescents jusqu'à un certain moment de nos vingt ans. Là, nous adoptons une identité provisoire. Puis, vers le milieu de notre vie, entre trente-cinq et quarante ans, nous sommes en position d'assumer une vraie vie d'adulte. Nous pouvons alors choisir de nous retirer dans notre coquille ou de rechercher ce qu'il y a de véritablement authentique en nous.

Si vous avez déjà quitté la maison, vous vous direz sans doute : « Mais qu'est-ce qu'elle raconte ? Je suis déjà un adulte ! Je gagne ma vie, je m'occupe de mes enfants. Je mène ma vie comme je veux, sans m'occuper de l'opinion de mes parents. » Bien sûr, on reconnaît facilement les manifestations extérieures qui caractérisent la vie adulte ; il n'en est pas de même du chemin qui mène à la maturité.

Tout enfant vient au monde hors la loi. Il lutte pour être le centre de l'univers et pour le dominer. Pendant les premiers mois de la vie, c'est facile. Le nourrisson est lui-même son propre univers, il ne se distingue pas des autres.

Progressivement, il commence à inclure dans son petit monde l'image d'une personne qui n'est pas lui : presque toujours sa mère. Le bébé pleure lorsqu'il désire la personne qui s'occupe de lui ; elle lui répond en le nourrissant, en le consolant, en le soignant. Naturellement, demande et réponse ne correspondent pas toujours. Mais cela permet à l'enfant d'entrevoir le décalage qu'il y a toujours dans la vie entre désir et satisfaction. En découvrant qu'avec le temps la plupart de ses besoins sont satisfaits, l'enfant acquiert une certitude fondamentale pour son développement : la confiance.

Cette confiance devient la source d'une nouvelle sorte d'échange, où chacun a sa place. Les psychologues l'appellent « la réciprocité ». Un exemple de réciprocité, le premier, c'est le sourire du bébé. La mère lui renvoie ce sourire et l'enfant y répond avec encore plus d'enthousiasme. L'échange, pour exister, nécessite une reconnaissance mutuelle. C'est le début d'une longue série d'échanges intimes.Vers l'âge de deux ans, avec les premières impressions de séparation, nous jouissons d'un don extraordinaire : celui de pouvoir construire notre propre personnalité. Il faut alors oublier cette image sublimée que nous avons de nous-même pour nous considérer tel que nous sommes, objectivement. Cette image sublimée, c'est celle que nos parents, dont nous dépendons, projettent sur nous.

En effet, nous aspirons toujours, plus ou moins, à rester le petit enfant proche de sa mère , à rejeter ce qui est nouveau, inhabituel, et à n'écouter que nos besoins immédiats de plaisir et de puissance. Cette tendance est si forte que, souvent, le jeune enfant préfère oublier ce qui est essentiel pour lui et néglige ainsi sa personnalité naissante. Pourquoi pas ? Tant que nous nous référons à notre « ego », nous ignorons tout des problèmes. Ceux-ci apparaissent seulement lorsqu'un conflit intérieur oppose des forces antagonistes, lorsque notre personnalité, pour se réaliser, est partagée entre deux tendances : se fondre dans quelqu'un d'autre, c'est notre tendance à l'*union ;* ou promouvoir ce qu'il y a de différent, de distinct en nous, c'est notre tendance à l'*action*. Ce sont ces impulsions contradictoires qui sous-tendent tout le développement de notre individualité.

Il y a ainsi chez tout être humain un penchant très net à s'unir à quelqu'un d'autre. Cette inclination que nous éprouvons est la réminiscence de la relation privilégiée et fusionnelle que nous avions avec notre mère, auprès de qui nous connaissions une paix profonde, une sécurité totale et le sentiment de l'éternité. La frustration que nous ressentons, étant enfant, lorsque nous découvrons que nous sommes distinct de notre mère, est la cause de cette tendance. C'est elle qui nous pousse à accaparer totalement l'autre, « l'autre » qui devient source de plaisir et d'amour. Et ce désir, écrit la psychanalyste Edith Jacobson, « ne cesse probablement jamais de jouer un rôle dans notre vie émotionnelle ».

Cette identification à l'autre est une forme d'imitation. C'est avec dignité que nous trébuchons lorsque nous chaussons les escarpins de maman. C'est avec soin que nous reproduisons le rituel du rasage de papa. Derrière ces imitations des parents, habituelles chez les tout-petits, il y a toujours le désir de préserver une plus grande intimité avec les sources d'amour originelles. Ce désir d'identification, exprimé d'une manière touchante chez l'enfant, se reproduit tout au long de la vie. Dans l'extase sexuelle, nous sommes très proches de cette impression d'union profonde. Non seulement l'amour apaise la frustration latente mise chaque jour en évidence par la constatation de notre différence, mais il nous permet encore d'atteindre un état harmonieux qui nous rappelle cette sorte d'osmose où le moi et l'autre n'étaient qu'un. La capacité de communiquer avec les autres, de sentir ce qu'ils ressentent sans aliéner sa propre réalité, dépend elle aussi de cet élan vers l'*union*. Cette tendance, pour s'accomplir, exige toujours un rapprochement très intime.

Au contraire, cette tendance à l'*action,* qui est le deuxième pôle de notre personnalité, nous pousse à nous différencier, à acquérir notre indépendance, à explorer nos possibilités et maîtriser notre destinée. Cette inclination est nourrie dès l'enfance par la découverte merveilleuse de nos capacités : une fois que l'on sait marcher, on lâche la main de la personne qui nous accompagne, on veut monter les escaliers, les descendre, malgré les interdictions, et non seulement nous sommes contraints d'entendre nos parents nous avertir : « Ne fais pas ça », mais nous supportons difficilement ce que, d'une façon implicite, ils nous présentent comme étant bon ou mauvais. Aussi utilisons-nous ce processus d'identification comme un raccourci pour apprendre à nous comporter en adulte.

La plupart des théoriciens contemporains sont tous d'accord sur le fait que c'est l'assimilation à ces identifications qui constitue le centre de notre développement psychologique. Peu importe notre âge, il est un fait que l'image que nous nous faisons de nous-même n'est jamais complètement indépendante de ces images parentales.

Si nous laissons trop libre cours à nos tendances fusionnelles, bien sûr nous nous sentons préservés, mais notre personnalité, repliée sur elle-même, n'a aucune chance de se développer. En revanche, si nous ne craignons plus de perdre notre identité chaque fois que nous nous attachons à quelqu'un d'autre, c'est cette même tendance qui nous permet d'aimer et d'exprimer toute notre tendresse. Par ailleurs, si nous déployons trop ce côté indépendant de notre personnalité, nous risquons de mener une existence renfermée sur elle-même, dans laquelle il n'y a pas de place pour de véritables engagements ; et les efforts que nous faisons pour être différents sont tellement accaparants qu'ils entament notre sensibilité.

Ce n'est qu'en laissant les deux aspects de notre personnalité se développer en nous que nous sommes capables d'être à la fois indépendants et altruistes. Le problème ne se résume d'ailleurs pas à ce simple antagonisme : il faut tenir compte aussi d'une troisième tendance qui est un peu notre conscience intime, que j'appellerai « notre gardien intérieur ».

Dès qu'il apparaît qu'un second cercle — le cercle magique de la famille — nous emprisonne, nous nous heurtons à une autre force qui essaie de nous diriger. Enfants, nous devons tous apprendre à traverser la rue sans nous faire écraser. Cela se passe à peu près ainsi : « Arrête, ne traverse pas ! » crie la mère, la première fois que son enfant lui lâche la main et s'élance vers la rue. Surpris, l'enfant s'arrête net. Après une ou deux tentatives du même genre, l'enfant s'arrête au bord du trottoir et répète exactement les mots de sa mère : « Arrête, attends maman. » Il ne traverse pas.

L'ordre ne vient plus de l'extérieur : c'est l'ombre des parents qui le dicte ; il a été intériorisé partiellement par l'enfant. Bien sûr, cette conscience qui nous accompagne et juge nos actions est quelque peu tyrannique, elle restreint notre liberté, mais, en échange, elle nous met en garde : « Tu vas te faire écraser si tu traverses au feu vert », et nous protège du danger : c'est véritablement un gardien personnel.

Ce « gardien personnel » détient d'autres pouvoirs que celui de nous avertir. Pendant toute notre enfance, nous entendons nos parents répéter : « Regarde-moi, fais comme moi », ou bien : « Ne fais pas comme moi ». Souvent les pères tiennent des propos du type : « Si tu ne fais pas tes études de médecine et que tu ne deviens pas médecin, on n'aura aucun respect pour toi », ou encore la mère qui est femme de ménage rabâche à sa fille : « Apprends ton français, Marie. Lis, apprends bien. Tu ne veux pas grandir pour devenir bonne comme moi, hein ? » Ainsi, durant toute notre vie, même quand en apparence tout semble apaisé, notre personnalité est divisée entre sa tendance à l'*union* et sa tendance à l'*action,* et s'oppose en même temps à gardien intérieur*.

A première vue, ces termes sont d'une abstraction déconcertante. J'ai essayé, quant à moi, de reprendre cette théorie en utilisant, notamment, le terme de « gardien intérieur » au lieu de celui d'« objet », et de l'appliquer aux phases de la vie adulte.

Bien sûr, nous finissons tous par transgresser l'interdiction « Ne traverse pas ». Cette transgression est le seul moyen de nous permettre d'avoir un jugement personnel. Dangereux ou pas, il nous faut découvrir qu'il est à la fois possible de traverser et de ne pas se faire écraser. La première fois que nous y parvenons, c'est à nous-même que nous devons cette décision, à notre moi profond. Rendez-vous compte ! Nous gagnons du terrain ! Nous apprenons à faire attention aux voitures quand le feu passe au vert. Nous allons peu à peu avoir confiance en nous, et cela nous permettra de nous mesurer avec la vraie circulation, celle du monde. Nous n'entendons plus maman nous dire de faire attention. Les psychiatres appellent cela « l'identification intégrée ». Et chaque fois que nous opposons les avertissements antérieurs à la vérité de notre propre expérience, nous profitons mieux d'une randonnée à bicyclette, d'aller seul à l'école ou au ski, de nous adonner à la plongée sous-marine, au pilotage d'avion.

Apprendre à traverser la rue est relativement facile, mais se fier à son jugement sur des sujets aussi difficiles que la sexualité, la compétition, le choix des amis, l'amour, la carrière, l'idéologie et les valeurs reconnues est un problème beaucoup plus long et beaucoup plus complexe. Quand nous sommes prêt à quitter la maison, nous avons appris à moduler les conseils de notre « gardien intérieur », à prendre nous-même nos décisions, ou du moins le croyons-nous et cette protection intériorisée nous donne un sentiment d'immunité dans la vie. Le « gardien intérieur » a deux visages, un visage bienveillant et amène, celui des parents dont nous avons intériorisé l'image, et un visage autoritaire, comme peut être celui d'un directeur de conscience, qui juge nos actions. Un peu comme Janus, le dieu lare de la maison dont les deux profils tournés vers des directions opposées représentent les deux côtés de la même porte. Mais qu'y a-t-il derrière la porte ? Sécurité ou emprisonnement ? Qu'y a-t-il dehors ? Danger ou

---

* En termes psychanalytiques, il s'agit ici des concepts du moi et de l'objet qui nous viennent de Freud.

liberté ? C'est la devinette de la vie, dont la réponse est oui ou non, oui et non, ou alors ni tout à fait oui ni tout à fait non.

Lorsque nous arrachons nos racines et que nous rejetons pour la première fois nos vieilles habitudes, nous nous sentons menacés et incertains. Inconsciemment nous sommes alors tentés de nous conformer à l'image que nous avons de nos parents, avec tout ce que cela comporte de faiblesse. Nous nous convainquons que c'est délibérément que nous avons fait ce choix. Cette identification à l'image de nos parents peut être régressive, nous le verrons.

Aucun d'entre nous ne désire transgresser trop vite le système de valeurs que nous a imposé notre « gardien intérieur », personne n'ose trop affirmer sa personnalité. Parce qu'alors, lorsque les choses tournent mal, il est trop tard pour faire machine arrière. C'est là le nœud gordien de nos vingt ans, et même, pourrait-on dire, de toutes nos années jusqu'à la cinquantaine. La période de transition la plus brutale entre la vie familiale et le monde adulte se situe entre dix-huit et vingt-deux ans. Il s'agit, pendant cette période, de nous situer parmi ceux de notre âge, d'assumer un rôle sexuel, d'entreprendre une activité, d'acquérir une idéologie ou une représentation personnelle du monde. Parvenus à cette phase de notre vie, nous revendiquons certains aspects de notre existence sur lesquels nos parents ne peuvent avoir de prise ; car ils contaminent tout : ils nous offrent des leçons de ceci ou de cela, nous proposent une croisière ou un voyage, toutes choses qui font partie de leur système de valeurs. Chaque fois que nous substituons notre propre vision du monde à celle de nos parents, nous gagnons encore du terrain. Mais, dans le même temps, s'engage un autre combat entre notre désir d'affronter l'inconnu, de prendre des risques, et notre besoin de sécurité et de confort.

A l'aube de ce tournant, notre univers familier semble clos. Nous sommes convaincus que la vraie vie se passe ailleurs, et qu'elle est là, toute prête à nous accueillir. Les jeunes gens qui sont pressés de mettre un continent entre eux et leurs parents sont poussés par le désir de transgresser le pouvoir que détiennent toujours ceux-ci de les faire revenir. Certains, dans les cas extrêmes, choisissent d'adhérer à des groupes spirituels qui usent de leur autorité pour leur demander une adhésion totale et une rupture complète avec leur passé. On les y attire avec les promesses qu'ils trouveront la vérité absolue et en même temps un substitut de la sécurité familiale. En fait, échapper à une crise d'identité à cet âge ne fait que retarder le développement de la personnalité. Les jeunes qui acceptent cette crise, à ce tournant de leur vie, en sortent plus forts et plus maîtres de leur destinée.

Chapitre 4
Le tout pour le tout

Je connais quelqu'un qui a réussi l'expérience de cette crise. Aussi loin qu'il s'en souvienne, son père le traitait toujours de petit nègre bon à rien. Le vieil homme était balayeur et gagnait dans les bons mois quatre-vingt-quatre dollars par semaine. Tout ce que l'enfant savait de son père, c'est qu'il avait en permanence l'air de sortir d'un coup de grisou. Ils ne se parlaient jamais. Le peu de chose qu'il savait lui avait été enseigné par sa mère, une femme de cent vingt kilos, qui aidait ses enfants à s'en sortir avec la subtilité d'un gardien de but. Personne, absolument personne n'essayait de se mesurer avec Mme Watlington : c'était la terreur du quartier. C'est d'ailleurs sur le plan de la force physique que son fils cherchait à lui ressembler.

Pour lui, le monde se limitait à un îlot d'habitations à loyer modéré, encore en assez bon état, à Harlem Est. On y dansait, jurait, buvait, on s'y aimait et on tuait en public. Le garçon grandit avec une demi-douzaine de copains comme lui, et la conviction qu'un jour la vie serait belle. Mais, pour savoir comment elle le deviendrait, on cherchait la réponse à la télévision. Les parents mettaient toujours la télévision pour comprendre. Malheureusement, cela n'expliquait rien. Il n'était jamais venu à l'idée du jeune Watlington qu'ils étaient pauvres. Il ne pouvait concevoir le monde autrement qu'à l'image de son enclave, monde où tous avaient le même appartement et les mêmes jeux, et où l'on retrouvait pêle-mêle les cancans des bancs publics, le corps à corps dans les piscines, les poubelles débordant de haricots rouges, de haricots blancs, de haricots secs, de bons de réduction sur les haricots et de l'odeur de la viande du dimanche.

D'ailleurs, il ne rêvait pas d'être riche, mais d'être « cool ». Détaché et détendu comme les types qui traînaient en se camant, comme son frère aîné. « Ces mecs passaient leur vie à hocher la tête, à se gratter et à flirter avec toutes les filles. Je mourais d'envie d'être comme eux. »

Mais Mme Watlington avait d'autres idées. Elle les faisait passer par des fessées administrées avec le cordon du fer à repasser. Elle fouetta jusqu'à ce que les fesses de ses enfants deviennent trop dures, jusqu'à ce qu'ils deviennent trop grands pour que leurs parents puissent les aider en quoi que ce soit. « Alors, comme dit Dennis, on devenait ce qu'on devait devenir. Et c'est à cela que s'est résumée toute l'influence des parents. »

Dans la plupart des familles, cette rupture entre les parents et les enfants arrive vers les quinze ans. Le fils de Mme Watlington en avait alors onze. « Nous n'avons pas eu de chance. Un de ces jours je vais m'en sortir, comme dans les romans. Mais, au fil des années, on réalise que la demi-douzaine d'amis qu'on avait n'est arrivée nulle part sauf au chômage, en prison ou au cimetière. »

Il s'appelle Dennis* et son esprit est ardent comme un brasier. En vingt-deux ans, il a collectionné une multitude d'identités : meneur de la maison de jeunes du quartier, trafiquant de drogue, vedette de football, « cobaye noir » dans une université blanche, clochard, garçon de courses, conseiller militaire pour la guerre de rue entre deux gangs et, enfin, directeur du centre de jeunesse où il avait fait ses premiers pas. Il n'y a pas longtemps, son père lui a serré la main pour la première fois.

J'ai choisi cette histoire pour bien montrer que le « passage » de l'adolescence à l'âge d'homme représente un dénominateur commun à toutes les classes sociales et à tous les groupes ethniques. Les parents de Dennis n'étaient pas de ces Américains moyens qui s'occupent de leurs enfants. Dennis n'eut jamais la chance d'être guidé dans la vie. Il avait même par rapport aux autres un énorme handicap. Et, malgré cela, obligé comme chacun de franchir les étapes de son propre développement, dont nous avons parlé dans le chapitre précédent, il y parvint. Pourquoi ? Parce qu'il a réussi à progresser sur le plan psychologique et à mûrir **.

La voix de sa mère lui serinant dans sa jeunesse que le bien suprême était de fréquenter les Blancs est toujours présente à sa mémoire. Elle n'était jamais allée à l'école, son mari non plus. Ce qui leur ferma très tôt bien des portes. Aussi son désir était-il que Dennis sorte de son milieu. L'école constituait le moyen qui lui permettrait d'être comme les Blancs, en qui elle voyait des gens propres,

* Dennis Watlington m'a permis d'utiliser son vrai nom.

** J'ai également choisi de raconter l'histoire de Dennis Watlington car j'ai eu la chance d'être très proche de lui pendant ce « passage » de dix-sept à vingt-deux ans. J'avais d'abord eu l'intention d'écrire un article sur lui ; à la faveur de nos séances d'interviews, nous devînmes bientôt amis et cette amitié s'approfondit au cours des années où le destin de Dennis restait encore très incertain. Je le conduisais et le ramenais de l'université très souvent. Quand je n'étais pas là, il m'envoyait ses impressions sur bandes magnétiques. Tantôt, je l'aidais à mieux se comprendre, tantôt c'était lui qui m'aidait en mettant le doigt notamment sur mes propres contradictions. Puis vint un temps où il fallut nous quitter. Après tout, ne faisais-je pas partie du monde des adultes ?

intelligents, vivants dans la sécurité et possédant un certain pouvoir. Le leitmotiv était : « Ne fais pas comme nous, fais comme eux. »

Les parents qui appartiennent à des milieux aisés engagent plutôt leurs enfants à s'identifier à eux. Quand ce processus d'identification fonctionne bien, et que le fils par exemple suit les traces paternelles, cela flatte le père qui y voit la perpétuation de son statut et de ses choix.

Il en va autrement dans les milieux sociaux défavorisés. Dans ces derniers le désir le plus ardent est que les enfants puissent s'élever dans l'échelle sociale et, pour le rendre possible, les parents découragent leurs enfants de s'identifier à eux.

Quand Mme Watlington n'eut plus de contrôle sur Dennis, elle le mit à la porte. Il dormait dans les escaliers, dans le parc ou dans une église. La rue se substitua peu à peu au cercle familial, jusqu'à ce qu'un voisin, de la stature de ses parents, vienne le prendre par la peau du cou et le ramène chez lui. Chuck Griffin était tout nouveau dans le centre de jeunes. Il rêvait de dégoter les durs de durs du quartier avant qu'ils n'atteignent douze ans, et de canaliser leur énergie vers le football afin qu'ils puissent vaincre toutes les équipes des écoles blanches du Nord-Est de la ville. Son initiation consistait d'abord à littéralement terroriser les jeunes garçons et, s'il le fallait, à les battre pour ensuite leur donner son amitié. Une bannière en toile cirée traversait le Centre en annonçant les couleurs : « Base des Chargeurs », « Les numéros un de la planète ».

Aux yeux de Dennis, Chuck représentait l'intelligence suprême et le seul pouvoir moral dans son univers. Chuck jouait aussi, de toute évidence, le rôle de substitut paternel. Sa conception de l'avenir des garçons s'accordait avec celle de Watlington. Mais lui, au moins, savait comment s'y prendre pour la concrétiser. Il savait comment harceler les garçons, les forçant au travail afin qu'ils se qualifient pour les matches et puissent faire la preuve de leurs qualités d'athlètes dans toute la Nouvelle-Angleterre, parvenant ainsi à obtenir des bourses d'entrée dans les universités blanches *.

Avant la génération de Dennis, les seuls qui échappaient au ghetto y parvenaient soit en s'engageant dans l'armée, soit en se lançant dans le trafic de drogue, voie sans issue. Bien entendu, Dennis considérait les trafiquants de drogue, comme d'ailleurs les proxénètes ou les ramasseurs de paris, comme des caïds : c'étaient les rois du ghetto et en même temps la plus forte concurrence pour Chuck. « Quand le gosse du ghetto voit l'un d'entre eux au coin de la rue avec son costume de soie et sa Cadillac en double file, c'est

* Aux Etats-Unis, les universités accordent des bourses pour les qualifications sportives afin d'avoir dans leurs équipes les meilleurs, ceux qui sont les mieux à même de défendre leurs couleurs. (*N.d.T*

pour lui le signe manifeste de la réussite, m'expliqua Dennis. L'école, à côté, qu'est-ce que c'est ? J'ai vendu de la drogue pendant un moment avant d'en prendre moi-même, et c'était fantastique. Je gagnais plus que mon père. Deux ou trois cents dollars par semaine. » Il avait quatorze ans.

Dennis a toujours été grand pour son âge. Il était même un des plus grands du Centre. Il avait aussi l'air plus âgé qu'il n'était en réalité. Ce qui lui valait un respect spontané de la part de ses amis comme de ses ennemis. Il avait d'autres qualités innées. Celle par exemple de savoir déguiser sa laideur avec d'astucieuses mimiques de clown. Il était intelligent et bouillonnant de vie.

Il savait charmer un flic en l'appelant Monsieur et en tirer parti. En somme, il avait un style et une personnalité qui attiraient les autres. Mais que pouvait-il faire d'une poignée de garçons tout aussi énergiques et désorientés que lui ? La question principale pour lui comme pour tous ceux de son âge était de savoir à qui s'identifier pour définir sa propre conduite. Lorsqu'on a tant de modèles différents, la réponse n'est pas facile.

Dennis avait besoin d'affirmer sa valeur et sa force en devenant un meneur. Il pouvait vendre de la drogue, essayer de quitter son ghetto, ou encore, et c'était son idée, tirer le meilleur parti possible de l'éducation offerte par les Blancs et à son tour plus tard entraîner d'autres garçons comme lui. Quelle que soit la voie choisie il fallait franchir un grand pas. C'est la raison pour laquelle les modèles ont tant d'importance. Si on ne s'identifie à quelque chose ou à quelqu'un que lorsqu'on y est prêt, l'attitude même du modèle doit nous aider à utiliser nos capacités. Avant de faire son choix, Dennis demanda conseil aux amis, comme c'est l'habitude. Parmi ceux-ci, il y avait son rival Noël Velasquez. Court et trapu comme une borne d'incendie, l'humeur rogue et très émotif, ce Portoricain était aussi passionné que Zapata. C'est d'ailleurs le surnom dont l'avait affublé Dennis. Il se déplaçait dans les rues en cherchant la bagarre avec tout ce qui bougeait, en attendant de pouvoir participer au trafic de drogue. Il disait : « Pour les Blancs, je suis un nègre, pour les frères, un plouc ! Dans le monde de la drogue, au moins, il n'y a pas de couleurs. »

Noël devint vite un des protégés de Chuck. Canalisant son énergie et sa colère vers le football, il fut rapidement accepté par les autres membres de l'équipe qui reconnurent en lui un excellent joueur. Une certaine rage continuait cependant à l'habiter. Son père l'avait brutalisé depuis sa plus tendre enfance. Sa mère le plaignait mais n'osait pas intervenir. Il n'avait jamais appris à faire confiance.

Chuck faisait également partie du groupe. Bâti lui-même comme un athlète, il était féroce comme arnaqueur mais il avait un bon produit à vendre : de la fierté. Il était intransigeant. Nuit après nuit, il parcourait le Centre, vociférant par les portes ouvertes dès qu'il sentait l'odeur de l'herbe, qu'il voyait une aiguille traîner dans les parages, ou quand il repérait un de ses jeunes en train de casser les lumières dans les ascenseurs. « Personne dehors après huit heures et demie, compris ? Fumer vous coûtera cinq gnons. Boire vous en coûtera dix. Demain il y a un match avec Choate. Souvenez-vous que vous faites tous partie de quelque chose. »

A l'époque, en 1969, les opinions de Chuck étaient à la mode en Amérique, où triomphait le mouvement des droits civiques, et on se devait d'être en faveur de l'intégration de la jeunesse noire dans le monde des Blancs. Deux mois après avoir sorti Dennis et Noël du trafic d'héroïne, Chuck les envoyait à Hotchkiss, une université blanche très cotée. Ils étaient les tout-premiers « Afro-Américains » du ghetto à y entrer. La conscience de classe avait enfin atteint l'école des Ford et des Du Pont de Nemours.

Quelle ascension soudaine vers les collines du Connecticut, où toutes les fenêtres s'éteignent à dix heures, où les gentils bacheliers se couchent assurés de leur avenir au-dessous du poster de leur idole favorite ! Mais dans une atmosphère aussi raréfiée, un enfant du ghetto est facilement pris de vertige.

Les jeunes garçons blancs suivaient Dennis comme des petits chiens. Non seulement il était débrouillard mais son talent de comédien remportait également un succès fou. « Beaucoup de types là-bas ont peur de moi et me laissent faire ce que je veux parce qu'ils n'ont jamais vu personne comme moi », racontait Dennis la première fois qu'il était revenu chez lui. « Ils pensent qu'Harlem c'est les bars mal famés, la drogue et les mitraillettes. C'est facile de faire plaisir, je fais le clown. Quand quelqu'un d'important vient visiter l'école, on me met toujours au premier rang du comité de réception. Je souris et ils disent : "Voyez comme il est heureux !". »

Mais il se trouva vite pris dans une sorte de contradiction, coincé entre deux groupes radicalement différents, entre deux systèmes de valeurs antithétiques. Bien qu'il désirât ardemment s'incorporer à un groupe, aucun ne lui convenait. Puis arriva le jour où l'équipe des « Chargeurs » vint jouer contre celle d'Hotchkiss. Cette rencontre le marqua profondément. C'était lui la vedette. Les supporteurs d'Hotchkiss l'avaient déjà vu à l'œuvre l'année précédente ; ils pensaient alors que cette équipe exotique et inconnue n'aurait ni discipline ni talent mais seulement une sorte de force brutale. Ils n'étaient pas préparés à voir le contraire : les membres de l'équipe des « Chargeurs » avaient beau être drogués, blessés et n'être guère en forme, la volonté et l'esprit d'équipe que leur avait insufflés Chuck avaient eu raison de tout et les « Chargeurs » avaient gagné.

Cette année, on ne jouait pas le même jeu. Les gars du Centre arrivèrent en pensant que des ailes avaient poussé à leurs héros : Dennis et Noël devaient se montrer à la hauteur ; ils devaient prouver qu'ils ne deviendraient jamais de méprisables renégats. Pour couronner le tout, la petite amie de Dennis le snoba : après tout, Hotchkiss ne valait rien à côté de l'équipe de Choate, pensait-elle.

Hotchkiss gagna le match, et dans le crépuscule qui suivit, quand Chuck et l'équipe des « Chargeurs » furent repartis dans leur car, Noël et Dennis se retrouvèrent seuls, étrangers, et aussi suspects que des intrus. Le sentiment de solitude atteignit Dennis au plus profond de lui-même. Il resta sur la pelouse à grimacer. Le car s'éloigna. Dennis faisait partie d'autre chose maintenant, de quelque chose qu'il voulait haïr et que dans le même temps il désirait de toutes ses forces.

« Supposons que je réussisse, se disait-il tout haut, j'aurai beaucoup d'argent, une belle maison, probablement beaucoup de femmes, mais cela ne voudra rien dire. Parce que je n'accomplirai rien pour mes frères de race. Où est-ce que j'habiterai ? Les Blancs ne m'accepteront pas. Et si je retourne à Harlem avec beaucoup d'argent, on ne m'y acceptera pas non plus. Plus je gagnerai d'argent, plus je serai isolé. »

Pris dans les contradictions de ce conflit, son attention se polarisa sur Chuck : « Je gagnerai de l'argent, mais je ne changerai pas ; ce n'est pas moi qu'on verra en costume de soie et en Cadillac. J'aurai une petite voiture et une vie simple ; je retournerai à Harlem et je passerai mon temps avec des personnes comme moi, ainsi que Chuck l'a fait. »

La solitude est notre compagne habituelle au cours de la première année de séjour dans un nouveau cercle social. Cette année se passe pour la plupart d'entre nous en faculté, à l'armée ou au travail. Dennis était dans une classe qui ne correspondait pas à son âge, ce qui rendait encore plus évident le contraste entre sa taille et son expérience et celles des « poussins » de son dortoir. Leur pire méfait s'était limité à une soûlerie à la bière. Son sentiment de solitude était aggravé par sa vulnérabilité.

Il échoua à son examen de biologie, juste avant les vacances de Noël. Ses condisciples se ruaient à l'aéroport ou attendaient qu'on vienne les chercher. Dennis s'enferma dans sa chambre avec des disques des Beatles et se mit à pleurer. Il enregistra d'une voix monotone un message de Noël à mon intention : « C'est chiant ici. Le pire, quand on échoue, ce sont les autres. A la maison on vous console. Tout ce que je peux faire maintenant, c'est de travailler dur ou partir. Je suis en train de prendre une décision. Je pense que je peux me rendre tout aussi utile dans l'avenir sans avoir toutes ces références de grandes universités. L'argent ne veut pas dire grand-chose pour moi. Tout ce dont j'ai besoin, c'est d'un endroit où manger, où dormir, et d'un paquet de cigarettes. Je ne sais pas ce que je veux faire exactement, mais je sais que je ne peux pas continuer comme ça. Je suis complètement perdu ! »

Quelques jours plus tard, il se refaisait une coiffure « afro » en prévision de son retour et me demandait mon avis en poussant du peigne son auréole de cheveux crépus. Mais le retour dans son monde ne ressemblait en rien à ce qu'il en attendait.

Ses amis mouraient. Il est rare de trouver quelqu'un qui meure de mort naturelle à Harlem. Six des membres de sa bande étaient morts d'une overdose *, ce qui ne laissait comme survivants que Noël et lui-même. Ils se trouvaient brusquement projetés au seuil de l'enfer, mais en spectateurs ; cela leur servit de leçon, ils ne touchèrent plus à la drogue, ils furent privés du même coup de leur sanctuaire. Les psalmodies rythmées n'avaient plus leur compte de battements de mains. Quant à ceux du Centre, ils ne savaient plus s'ils devaient idolâtrer ou mépriser nos deux héros. Ça n'était pas mieux qu'à Hotchkiss. Il leur fallait continuer à chercher un lieu. En désespoir de cause, ils retournèrent à l'université et devinrent inséparables. A la fin de la première année, tout tourna mal entre les deux « survivants ». Le complice devient vite le traître à cet âge. L'université transforma Dennis en modèle que Noël devait suivre et Dennis se complut sans vergogne dans cette aura de prestige ; plus il jouait, plus les éloges pleuvaient et plus s'élargissait le fossé entre les deux garçons. Noël de son côté se repliait sur lui-même ; impuissant et conscient de l'être de plus en plus, incapable de se reprendre. Son admiration pour Dennis se transforma en haine vengeresse ; lorsqu'il décida de quitter Hotchkiss, il jura de devenir le caïd des rues. Un peu pour ne pas devenir trop vite différent des autres, et un peu par contrition, Dennis suivit les pas de Noël et abandonna ses études. De retour à New York, il se retrouva dans une inquiétante solitude. « Pendant si longtemps, j'avais su me débrouiller avec mon charme, mon esprit et ma force ; sans l'école derrière moi, je découvrais que je n'étais plus capable de m'en sortir tout seul. J'étais un clodo. Rien qu'un clodo, et de plus sans boulot. »

C'est à peu près à cette époque de sa vie que Dennis entreprit de définir sérieusement son identité. Il lui fallait faire un tri parmi des images contradictoires, entre ses parents et son substitut paternel, entre Noël, les gars d'Hotchkiss et ceux de Harlem, tantôt

* Dose de drogue mortelle pour la personne qui la consomme.

compagnons, tantôt traîtres, entre les espoirs et les possibilités du monde des Noirs et de celui des Blancs.

Après quelques mois de chômage, et une bonne dose d'humiliation, il m'envoya un signal de détresse. Je lui trouvai un emploi comme garçon de courses dans un journal. L'équipe de base-ball du journal le remarqua pour ses qualités athlétiques. Il ne revoyait presque plus les vieux amis de Harlem. Il commença à sortir avec des Blanches. « J'étais avec le genre de gens que j'avais connus à Hotchkiss, je fréquentais les Blancs, ils m'acceptaient très bien d'ailleurs. Je croyais connaître leur jeu ; en fait, c'était toujours le même : " Danse, négro, danse ! ". »

Nous jouons tous le rôle que l'entourage attend de nous. Et Dennis, suivant de nouveau le conseil de sa mère, se remit à fréquenter les Blancs et à jouer les règles qu'ils voulaient le voir jouer ; se prêter au jeu qui le faisait applaudir n'était qu'un masque, non une authentique manière d'être. Mais il se sentait malgré lui acculé à ce jeu. En somme, il faisait le pitre. Incapable d'assembler les aspects les plus satisfaisants de ces rôles différents, il ne parvenait pas à composer une image cohérente de lui-même. Il naviguait d'une attitude extrême à l'autre, comme font la plupart des gens au cours d'un moment critique de leur existence.

Ce que ses collègues du journal voyaient en Dennis, ce n'était pas le garçon de courses, mais l'étudiant promis à une certaine réussite. Il se remit donc à ses études. Fort heureusement, un de ses professeurs le prit en main. Il portait un nom ressemblant à celui d'un prince viking : Leif Thorn-Thompson. C'était un individualiste convaincu, encore jeune, vivant quelque peu en marge de la vie universitaire. Directeur d'étude de Dennis, il s'attacha à convaincre l'administration de laisser l'étudiant habiter chez lui, dans son « ranch ». Ils coupaient des arbres ensemble et faisaient de la bicyclette car Thorn-Thompson avait été coureur professionnel. Le soir ils étudiaient, buvaient de la tequila, et discutaient de la vie.

« Thorn-Thompson est devenu mon tuteur, mon meilleur ami ; c'est un homme brillant, et c'est grâce à lui que j'ai vraiment commencé à changer. C'est lui qui m'a inculqué l'idée que je devais arriver à m'en sortir seul et à trouver par moi-même qui je voulais être et ce que je voulais faire. »

Dennis apprit à aimer la boue sur les bottes et le craquement des branches gelées l'hiver dans les bois ; il vécut dans une atmosphère de confiance et de débat philosophique. Pour la première fois de sa vie, il se sentait à l'aise. Il n'était pas devenu un moine, tant s'en fallait, et, s'il lui arrivait encore d'avoir des démêlés avec la police, c'était pour des vétilles. Après cet intervalle bucolique et l'obtention de son diplôme, il lui fallut néanmoins revenir vers l'asphalte du Centre ; ce retour se fit sans transition.

« Tout est arrivé si vite : j'étais à peine descendu du taxi qui me conduisait d'Hotchkiss au Centre que Noël m'a entraîné dans un sous-sol, m'a tendu une chaîne de plomb et m'a expliqué qu'il avait des emmerdements avec une bande de casseurs du voisinage. Puis Cheko est arrivé en courant, annonçant qu'il y avait de la bagarre dans un quartier voisin. Il n'avait plus vu de chaînes depuis l'âge de quatorze ans ! On est tous partis traquer une bande dénommée « Les Frères de prison d'Harlem de l'Ouest » sous les yeux d'une escouade de policiers nerveux.

Il n'y avait pas une demi-heure que j'avais remis les pieds à New York, et j'étais déjà en train de faire voler les chaînes ! Je suivais bêtement le mouvement ! »

Noël nomma Dennis conseiller « militaire » du « tiers-monde » ; leur bande parrainait trente gangs et prenait en charge les négociations de leurs sept mille membres. Noël était le président. Quant à Dennis, il devait s'occuper des décisions concernant les lieux et les dates des combats de rue. Tous deux étaient devenus des « huiles ». Dennis avait peur. Il eut peur du premier au dernier jour de l'année qui suivit. Et il y avait de quoi : il s'était laissé prendre à l'escroquerie de l'intégration. Tous ceux qui avaient misé sur l'avenir des Noirs, tous ceux qui avaient dit à Dennis qu'on l'avait choisi pour aller de l'avant, pour faire des études et revenir sauver les autres, tous ceux-là s'étaient trompés. On parlait maintenant du Pouvoir noir.

Noël avait par ailleurs de vieux comptes à régler avec son cher diplômé. Ce dernier avait été une vedette alors que lui n'était rien. Maintenant, la rivalité se jouait sur le ciment du Centre, là où Noël, fidèle à sa promesse, était devenu le roi. Et plus question ici d'une seconde à perdre pour réfléchir : entre deux coups cela pouvait être fatal. Dennis payait maintenant ses années à Hotchkiss et il savait que Noël le tenait à sa merci.

« J'avais l'air d'un idiot, confesse Dennis. Ce qui me filait la trouille, c'est que, d'où je venais, on était en sécurité. Je n'avais jamais eu à m'inquiéter d'une bagarre, même à la boxe. Et je me retrouvais avec des mecs qui mouraient d'envie de se servir de leurs fusils, de vrais fusils, et de leurs carabines et de leurs revolvers. J'en étais arrivé au point où j'avais si peur que je ne pouvais plus que suivre aveuglément le mouvement. Maintenant je me rends compte que je voulais être de nouveau un des leurs. Voilà si longtemps que j'étais parti que je ne représentais plus rien pour eux. J'avais dix-neuf ans mais je n'étais rien du tout. »

Dix-neuf ans et rien du tout, tel était le sentiment qu'il avait de lui-même. L'idée d'être éduqué comme les Blancs et de s'identifier à eux se heurtait à l'attirance qu'exerçait sur lui le groupe du Centre ; fallait-il renier cette éducation et embrasser la cause des gangs du Pouvoir noir ? Ce dilemme laissa Dennis dans l'incertitude et pendant un an il resta prisonnier de cette angoisse.

« Je me souviens d'un jour où je cherchais quelqu'un pour prendre une photo de moi dans une poubelle. Cette idée m'était venue parce que c'était précisément l'image que j'avais alors de moi-même. »

Tous ses désirs se contredisaient. Il recherchait, et refusait en même temps, l'intimité des autres. Il avait soif d'engagement, mais n'arrivait pas à s'engager. Il avait besoin d'un temps de répit pour rassembler les fragments épars de lui-même, pour pouvoir se ressaisir. Et fort heureusement, il prit ce temps.

L'expérience qu'il fit de ce moment critique est assez peu banale. Mais ses réactions furent caractéristiques. Dans la confusion qui règne pendant cette période pour résoudre le problème du « qui suis-je ? » nous sommes susceptibles de devenir excessivement dépendants d'un ami ou d'un groupe ; or, quand il revint chez ses compagnons de rue, il voulait faire partie du groupe à nouveau. On repousse certains engagements qui peuvent conduire à des rôles stéréotypés. Le « danse, négro, danse » ou le rôle de leader de gang lui répugnaient tout autant et il ne les accepta jamais vraiment.

Une étude consacrée à des hommes qui avaient socialement bien réussi révéla à la surprise générale que la plupart d'entre eux étaient passé par une période de délinquance pendant leur jeunesse.

« Que le monde s'arrête et qu'il me fasse une place », voilà ce qu'on voudrait souvent pouvoir dire, et c'est une saine réaction. Quand, à dix-neuf ans, Dennis avait l'impression de n'être rien du tout, un paumé dans une poubelle, il était en fait dans un processus constructif. S'arrêtant pour y voir plus clair dans les influences contradictoires de son enfance, de sa jeune adolescence, il resta pendant un an dans cette phase de développement que les psychologues appellent un *moratoire*. L'individu diffère les décisions qu'il doit prendre et attend. Mais, pour Dennis, c'était une situation dangereuse.

La grande gloire du gang était d'avoir réussi à faire arrêter cinq des siens pour avoir peint des graffitis. Puisqu'ils étaient arrêtés, on avait reconnu leur travail, défini leur identité ; ils étaient soudain devenus des « artistes ». Quand ils n'étaient pas en train de placarder le nom de leurs rues sur les wagons du métro, ils peignaient les blousons de leurs petits copains. Chaque gang avait son emblème, imprimé en couleurs éclatantes et rehaussé de bimbeloterie. Ils voyageaient comme les oiseaux d'une même espèce que l'on reconnaît aux couleurs de leur plumage. « Voler de ses propres couleurs », telle était leur devise.

Les choses se compliquaient pour Dennis : Noël ne manquait aucune occasion de se référer à son éducation « blanche », comme si sa manière de parler, de marcher ou de penser en avait été contaminée. « Là d'où vient Dennis, on ne se bat pas. On y fait encore moins la guerre. » Quand les rencontres devaient se faire entre des membres de culture et de langue différentes, Noël disait à l'insu de Dennis : « Et n'oubliez le français. A l'école de Dennis ils disent *s'il vous plaît* avant de péter. »

Il existait d'autres marques d'influence blanche que Dennis ne pouvait plus oublier, et d'ailleurs il n'y tenait pas. Ainsi, par exemple, savoir porter un « attaché-case » pour se présenter chez les employés municipaux et jouer son rôle en tant qu'agent de liaison avec la jeunesse ; revenir avec quelques milliers de dollars permettant de faire fonctionner le Centre, « seule alternative à l'influence des gangs ». En fait, il trouvait absurde de jouer avec des fusils et des chaînes, et il le disait.

Dennis devint ainsi une de ces victimes sacrifiées chaque jour par le troupeau, pour une simple différence de couleur. Prisonnier de Noël, qui en même temps le rejetait, les « ailes » marquées de symboles étrangers, perdu au sein du troupeau soupçonneux du ghetto qui ne le reconnaissait plus comme l'un des siens, il devait tôt ou tard être déchiré.

Comme il haïssait leur ignorance !

Dennis cachait sa douleur. Chuck, son substitut paternel et son ancien centre de référence, se trouvait maintenant en concurrence avec Thorn-Thompson, son conseiller pédagogique à Hotchkiss.

« Le problème était que je réalisais peu à peu que je commençais à dépasser Chuck. Mais je ne pouvais pas lui faire ça, même à ce moment-là. On idéalise quelqu'un, parfois totalement, et puis voilà qu'un autre vous conduit encore plus loin. C'est comme de perdre une illusion pour toujours. Je ne pourrai jamais plus être si proche de qui que ce soit, et cette impression m'affole. »

C'est une des tâches pénibles mais libératrices de cette période : désinvestir le parent ou son substitut pour apprendre à avoir confiance en son propre jugement. « Pour moi, Chuck, c'était la puissance morale suprême. Or, à ce moment-là, il était en train de se séparer de sa femme et il traînait comme un adolescent. Il commença à me faire des confidences sur des choses qu'en général les adultes gardent pour eux. » Dans cette réaction de Dennis, on reconnaît l'intolérance brutale et puritaine que l'on retrouve chez les jeunes quand papa et maman se présentent à eux comme des êtres humains. Pour compliquer les choses, la crise du milieu de la vie des parents coïncide souvent avec la période d'adolescence d'un des enfants au moins.

Interlude. Pendant cette période, Dennis avait tellement donné libre cours à son désir d'action qu'il était tout à fait prêt à se laisser aller à la passivité, ne fût-ce que pour un temps. Une femme, plus âgée que lui, sut lui offrir amour et réconfort. Il l'avait rencontrée dans l'agence municipale d'où il assurait la liaison pour son groupe. Elle l'aida et lui permit de profiter d'un état d'agréable dépendance affective : « C'était comme de se faire entretenir, dit Dennis, mais j'étais tout à fait prêt à accepter ce rôle. » Une transition de ce genre peut souvent nous aider dans un passage difficile.

Dennis a donc résisté à la tentation de sauter la période « moratoire ». Il aboyait avec les loups du gang, mais ils ne purent jamais étouffer sa voix. En restant fidèle à lui-même, il put conserver intacte sa volonté d'individu libre capable de s'autodéterminer. Quand il aurait réussi à se reprendre, il pourrait mettre son talent de leader au service d'une cause qui lui semblerait en valoir la peine. Ce n'était pas le cas de Noël. Il s'était laissé happer par le groupe trop tôt. Jouer avec son identité, c'est comme jouer avec le feu, et l'on peut s'y brûler irrémédiablement.

Le jour de la mort de Noël, un ciel de mauvais augure se profilait sur le Centre. La querelle était strictement personnelle et assez mesquine ; elle concernait apparemment une fille, mais c'était en fait une question d'honneur entre deux chefs de bande. Noël pensait que sa réputation et la vue d'un revolver suffiraient à éloigner l'adversaire. Mais ce dernier avait des amis qui guettaient, qui tirèrent sur lui et l'atteignirent au poumon droit.

« La mort de Noël a marqué la fin d'une période dans nos vies, dit Dennis. Je suis devenu très sérieux, très consciencieux, fidèle comme pas deux ; je gagnais bien ma croûte, je me suis trouvé un appartement, je l'ai bien arrangé, et tout et tout. Méconnaissable. Merde, j'ai vraiment grandi, pendant cette période ! »

Il a aujourd'hui vingt-deux ans, il est directeur d'un Centre de jeunes et étudiant à mi-temps dans une école d'art dramatique afro-américaine. On voit se rejoindre les différents traits de sa personnalité. L'ironie de ce périple dans le premier passage de la vie adulte n'échappe pas à Dennis. Et il en parle avec nostalgie.

« Quand j'avais dix-neuf ans, je croyais que je savais tout. Et tu vois, je ne savais rien du tout. Noël aurait fini par réaliser ça aussi. Mais on ne lui en a pas laissé le temps. Je commence à avoir peur parce que la vie continue. Tout semble si bien établi, si confortable, si sûr et défini aujourd'hui, mais ça ne reste jamais comme ça. Je ne suis plus la même personne qu'alors, et je pensais à cette époque que les choses étaient fixées une fois pour toutes. »

Chapitre 5
Crise nécessaire

La crise de l'adolescence fait partie du processus normal de croissance. Nous savons en reconnaître les signes : révolte, apathie, nervosité, changements d'humeur imprévisibles. L'anxiété empêche de dormir ou de travailler. On souffre de maladies mystérieuses, ou l'on est attiré par les idéaux très élevés. On est par ailleurs pénétré d'une idée négative de soi-même et d'hostilité envers sa famille. On délaisse l'école, ses études, son travail, sa petite amie, et, même si l'on ne fait rien de tout cela, on éprouve un sentiment d'insatisfaction.

En bref, c'est un peu la grippe de la personnalité. Et comme nous pensons tous qu'il faut être vacciné contre la grippe, la question suivante se pose immédiatement :

— Ces problèmes psychologiques sont-ils typiques de la période de développement au cours de laquelle on coupe ses racines ?

— Non ! Mais en revanche ces mêmes bouleversements sont nécessaires à certains moments de l'existence lorsque l'on cherche à définir son identité.

Et, si l'on pose la question : Peut-on passer sa vie sans avoir à souffrir ce genre de bouleversement ? nous répondrons également par l'affirmative ; mais cela signifie alors que l'on consent à autrui le soin de nous définir et de nous prendre en charge ; il faut, bien sûr, qu'il y ait alors quelqu'un de décidé à le faire, ou qui y trouve un intérêt.

Essayons d'expliquer ces réponses. En premier lieu, l'intensité de la crise de l'adolescence est si alarmante, à la fois pour le jeune qui la traverse et pour ses parents, qu'on ne peut s'empêcher d'y prêter la plus grande attention. Et pourtant, dans cette classe d'âge, la crise d'identité classique est plutôt rare. C'est là en effet la conclusion d'études récentes sur le développement adolescent menées par Stanley H. King, un des directeurs de la recherche de l'université Harvard. L'étude de ses propres élèves a révélé à King qu'il existait un modèle commun de formation de l'identité qui se développait de façon graduelle et progressive.

Selon lui, l'étudiant typique est un jeune homme qui, confronté à des problèmes, utilise les solutions heureuses dont il a déjà fait l'expérience dans le passé. Il se fait des amis facilement, communique aisément avec eux, ce qui l'aide à démêler progressivement les questions qui se posent dans ses relations avec sa famille. Il lui arrive d'avoir des sautes d'humeur, bien sûr, mais elles ne le dominent pas. Il sait chasser la dépression en s'adonnant à des activités sportives ou autres, tels le théâtre ou l'écriture, et en ne se prenant pas trop au sérieux. Vers la fin de ses études, la plupart des doutes qu'il avait sur lui-même ainsi que le masque derrière lequel il se cachait ont quasiment disparu.

Il sait maintenant qu'il va pouvoir exercer une certaine influence sur les gens et sur les événements, ce qui lui donne confiance en lui et en ses compétences. Il approfondit ce qui l'intéresse sans que cela soit en contradiction avec ses idéaux. Il est assez à l'aise pour réviser ses choix sans avoir l'impression de se trahir.

Précisons cependant le fait que King n'a étudié que le comportement de jeunes gens qui étaient parmi les plus privilégiés du pays. C'est sans doute ce qui explique qu'ils ont le sentiment d'avoir une possibilité d'influence sur les autres comme celui d'une certaine confiance en soi. Mais, pour ceux qui sortent d'écoles moins prestigieuses et pour les jeunes femmes, la voie n'est pas aussi bien tracée. Quant à tous ceux qui n'ont pas fait d'études supérieures, ils sont trop occupés à essayer de s'intégrer dans le système pour pouvoir penser à définir leur identité.

Si, en résumé, il est rare qu'une crise d'identité majeure se produise à cet âge, et si seuls les plus privilégiés arrivent progressivement à définir leur personnalité, qu'en est-il pour la grande majorité d'entre nous ?

J.E. Marcia, professeur de psychologie à l'université de Colombie britannique, complète d'une manière intéressante les théories d'Erikson en la matière. Il distingue quatre attitudes « normales » possibles.

Certains prennent ce qu'il appelle un « moratoire ». Ils n'ont pas encore pris d'engagement, et n'ont pas investi beaucoup d'eux-mêmes dans les autres. Ils ne sont pas très sûrs de leurs idéaux. Mais, tout en retardant le moment de prendre ces engagements, ils recherchent activement ceux qui leur conviennent le mieux. Ils traversent une crise et s'arrêtent pour réfléchir, comme l'a fait Dennis.

Vient ensuite le groupe de ceux qui n'ont pas de crise d'identité. Ils paraissent sûrs d'eux-mêmes, prennent d'ailleurs des engagements sérieux, mais sans beaucoup de recherche ni de réflexion. Ils ont passivement accepté l'identité que leurs parents leur ont transmise. C'est le type même du fils d'un financier conservateur qui devient agent de change et s'inscrit dans un parti conservateur, ou encore celui de la fille d'un architecte - paysagiste et de son épouse au foyer qui se marie avec le pépiniériste du coin. Ces jeunes personnes, qui se sont acceptées une fois pour toutes, ont la vie la plus dure. Je les définis souvent au cours de ce livre comme des individus « pris au piège », car ils sont effectivement prisonniers d'une personnalité qu'ils n'ont pas choisie.

Le troisième groupe est celui dont l'identité reste diffuse. Il comprend des jeunes qui reculent devant la tâche de définir ce qu'ils veulent ou ce qu'ils ressentent. Leurs parents, professeurs ou amis attendent d'eux des choses qu'ils ne veulent ou ne peuvent pas faire. Ils sont incapables de se rebeller contre leurs parents (ou d'autres figures représentatives de l'autorité) et de les combattre pour résoudre le conflit qui les oppose à eux. Leur vie scolaire et leurs amitiés se déroulent assez bien, mais ils se sentent toujours déphasés. Souvent, dans leurs premiers essais pour se définir, des sentiments d'infériorité ou d'aliénation les immobilisent. Mais, à l'inverse de ceux qui prennent un « moratoire », ils ne font guère d'efforts pour essayer d'y voir clair et de s'en sortir ; finalement, ils ne traversent pas de véritable crise. Les jeunes femmes qui ont l'occasion de faire des études supérieures se retrouvent souvent, à l'approche du diplôme de fin d'études, dans cet état « d'identité mal définie ».

Il y a enfin ceux qui ont acquis leur propre identité. Ce sont ceux qui ont traversé une crise. Ils se sont créé une vision personnelle tant en ce qui les concerne qu'en ce qui concerne le monde. Ce sont généralement des individus plus âgés.

Mis en présence de ces catégories, qu'ils les acceptent ou qu'ils les récusent, les jeunes posent toujours au moins deux questions :

— Cette période chaotique ne va-t-elle pas nuire à mon développement futur ?

Au contraire. Cela ne peut que le faciliter. Les étudiants qui vivent ce genre de révolte alors qu'ils sont jeunes s'en remettent très vite, avant même la fin de leurs études. Ils deviennent généralement des adultes bien adaptés. Les recherches faites sur le sujet montrent à l'évidence qu'une adolescence tumultueuse ne présente aucun problème pour la progression normale du cycle de la vie adulte, mais, au contraire, qu'elle est de bon augure.

— Si je ne fais pas ma crise d'identité à l'âge où elle doit se faire, va-t-elle faire éruption plus tard ?

Si vous avez de la chance, oui. Car il semble qu'une crise soit nécessaire pour atteindre complètement son identité.

A la recherche d'un idéal

Un adolescent essaie toujours de cacher ses petits défauts et veut apparaître aussi sympathique que possible. Mais comment résoudre cette contradiction ? Il cherche alors un modèle, un héros ou une héroïne qu'il puisse imiter, et élimine tout ce qu'il n'aime pas.

Il lui faut trouver une cause noble et grande et donner, à travers elle, un sens à la vie adulte.

Dennis crut d'abord à l'égalité des Noirs qui l'engageait à obtenir la meilleure éducation blanche possible. Même si cette idée a été abandonnée et remplacée par celle de l'acceptation de la négritude, elle a cependant permis à Dennis de faire le tour complet de sa famille et de la société.

Sa victoire a été de refuser de se plier à la définition donnée par un groupe ou par une idéologie. Il a en revanche laissé se développer le processus qui permettait à tous les aspects de sa personnalité de se rassembler. Et pourtant la tentation est grande pour les jeunes de se laisser définir par leurs pairs.

Cette attirance vis-à-vis du groupe-modèle pose tout le problème de la délinquance. A quel moment un groupe devient-il déviant ? La théorie sociologique prévalante à l'heure actuelle nous explique que les individus deviennent criminels quand ceux dont ils respectent l'opinion et les groupes auxquels ils appartiennent (copains, famille, quartier) valorisent le crime. Cette interprétation ne vaut en fait que pour les enfants des classes les plus défavorisées. La délinquance sévit en fait de la même manière chez les jeunes de tous les milieux sociaux.

Cette période serait, selon Erikson, une sorte de période moratoire comme il en a toujours existé, « une période de jeunesse perdue, d'isolement studieux, de sacrifices ou de débauche — aujourd'hui de maladie psychiatrique ou de délinquance ».

Ce moratoire, doit-on préciser, n'est offert qu'aux garçons, dans la plupart des familles. Les filles sont plus rarement voleuses ou délinquantes. La délinquance serait en quelque sorte le privilège des garçons.

Erikson pense aussi que la période de délinquance n'est que transitoire. Or, il est très difficile de sortir d'un groupe de délinquants si l'on a été fiché par les autorités et classé parmi les déviants. James Q. Wilson, professeur à Harvard, explique qu'un groupe déviant — qui encourage le crime et le banditisme — considère tout effort de la société pour le « réformer » comme la confirmation de l'intention hostile de celle-ci à son égard, et par conséquent de l'importance que revêt le groupe aux yeux de la société. C'est sans doute la raison pour laquelle les efforts réalisés pour réhabiliter les jeunes hors-la-loi et rompre le cercle des attitudes adoptées dans les groupes ont généralement été suivis d'échec.

Quel modèle, quel héros, quelle héroïne copier ?

A mesure que le besoin de démythifier les parents s'accentue, le besoin de les remplacer par des héros se fait sentir. Aux yeux de Dennis, son conseiller à l'école devint un « homme brillant », qui éclipsait Chuck, son substitut paternel. Même si ce transfert est quelquefois pénible, il est souhaitable, car il amorce un processus de distanciation par rapport à l'image parentale. Le modèle le plus proche et le plus communément choisi sera un professeur bienveillant, un entraîneur charismatique, une tante émancipée, ou un oncle excentrique (celui qu'on n'arrive pas à choquer).

Et plus les modèles sont extrêmes, plus les gourous sont exotiques et les révolutionnaires sauvages, plus il est facile de s'identifier à eux. D'abord, leur style exagéré est plus facile à imiter. Puis, ils transportent le jeune prosélyte assez loin pour que les ponts qui ramèneraient au sanctuaire familial puissent disparaître. C'est ainsi que les jeunes se laissent prendre à la fascination du succès apparent et tapageur des stars du cinéma, des champions sportifs ou des chanteurs à la mode. Ils sont aussi sensibles au charisme de l'homme politique qui leur offre une croisade qu'à la magie du charlatan qui leur promet une jeunesse éternelle.

C'est tellement plus simple de s'identifier à une personne qu'à une idée. Compte tenu de la réceptivité des adolescents, de leur immaturité intellectuelle, de leur enthousiasme idéologique, les charlatans, dont les intérêts sont purement commerciaux, ont beau jeu de les exploiter en leur promettant des destins tout faits ou des trucs miraculeux capables de satisfaire tous les désirs.

Mais le charme des idoles n'envoûte pas seulement ceux qui recherchent l'exotisme dans la rébellion.

« Que font ces beaux et gentils jeunes gens avec leurs tracts au coin des rues ? » se demande-t-on lorsqu'on voit les fanatiques du Révérend Moon. Voilà des jeunes qui fuient la sexualité, qu'elle soit homosexualité ou hétérosexualité, pour faire vœu de célibat et vivre séparés de l'autre sexe (jusqu'au quarantième jour après le mariage). Leur rôle sexuel comme leur idéologie leur sont en fait entièrement dictés par leur « sauveur ». Ils font tous partie de la grande « famille » Moon. Ils ont abandonné la leur, de même d'ailleurs que leurs quelques économies, pour s'aventurer sans risques. Ils voyagent à travers le monde en « équipes » bien organisées et savent par cœur l'évangile qu'ils propagent. Ils s'épient les uns les autres quand ils se réunissent lors des « rallyes du renouveau » et tout « dissident » est automatiquement taxé de « démon communiste » et condamné au silence.

Les adeptes de Moon ont en réalité trouvé chez celui-ci l'autorité qu'ils ne savent pas développer pour leur propre compte.

Que faire de ma vie ?

Au cours de cette période, nous sommes tous assez hésitants et n'avons pas d'idée précise sur ce que nous voulons faire. En revanche, nous savons parfaitement ce que nous ne voulons *pas* faire.

Ainsi, à dix-huit ans, Dennis savait « qu'on ne le verrait pas en costume de soie et en Cadillac ». D'autres diront qu'ils ne veulent pas être « un numéro perdu dans une administration », ou bien « passer le reste de mes jours dans le fin fond de ma province ».

Pour les fils de personnalités connues, les réactions sont fréquemment du type : « Tout ce que je sais, c'est que je ne veux pas rester dans le Sud et devenir le fils de Monsieur Jean Untel, le petit-fils de Charles Untel et l'arrière petit-fils de Untel. Le moment est venu de changer de coin et de voir si je peux me faire un nom à moi. »

La plupart de ces réponses entrent dans deux catégories : « Tout ce que je savais, c'est que je voulais partir », ou « tout ce que je savais, c'est que je ne voulais pas devenir comme... ».

Un autre désir fondamental de la jeunesse est de prolonger encore un peu la délicieuse irresponsabilité de son état. On peut discerner dans cette répugnance dont témoignent les jeunes à choisir une voie, ou au contraire à choisir la plus facile, comme le pressentiment des difficultés et des soucis qui les attendent à l'âge mûr. Grandir fait un peu peur, ou pour reprendre les termes d'un étudiant qui s'engage dans son troisième cycle : « Je vis au jour le jour. Je n'ai pas une vision précise de l'avenir qui m'attend et je n'en veux surtout pas ! »

Chapitre 6
S'unir

Jusqu'à une époque récente, la tendance à l'action a surtout été réservée aux garçons, tandis que celle à l'union était le fait des filles. Celles-ci, de toute façon, se trouvent rarement dans des situations comparables à celles que connaissent les garçons au cours d'un match ou du service militaire, où l'aventure comporte un risque assez grand pour justifier une certaine interdépendance. Il reste aux filles à rêver de l'amour.

L'amour que l'on aime tant

La chanson, la poésie, le cinéma, la télévision, la publicité, l'art et la mode en général répètent à satiété que l'*Amour* constitue le seul grand besoin d'une fille. Ce phénomène a une influence beaucoup plus grande que ne l'ont dit les meilleurs sociologues. Pour Abraham Maslow, par exemple, le besoin d'amour et le sentiment d'appartenance ne viennent qu'après ceux de nourriture, d'abri et de sécurité. Son analyse très fine insiste cependant sur des faits essentiels à mes yeux : les jeunes ont besoin d'estime, de réaliser quelque chose, d'avoir une certaine compétence professionnelle et par conséquent d'être confiants dans leurs moyens et à ce titre reconnus par les autres.

Ce besoin d'estime est reconnu comme un fait fondamental par la plupart des théoriciens : plus que toute autre chose, c'est l'expérience de la réussite professionnelle qui aide les jeunes à résoudre leurs conflits et à acquérir leur autonomie matérielle et psychologique.

Mais, tandis qu'on encourage les jeunes garçons à donner la priorité à leur carrière, on attend des jeunes filles qu'elles se satisfassent d'une identité dérivée de leur rôle sexuel. C'est toi qui te maries, leur inculque-t-on, et c'est toi qui fais la maman.

Il est vrai que nous avons maintenant de nombreux modèles de réussite professionnelle chez les femmes : on les rencontre dans les journaux, à la télévision, au Parlement et même au Gouvernement.

La satisfaction que nous pouvons ressentir en face de ces exemples ne doit pas nous faire oublier une vérité élémentaire : la première image avec laquelle la petite fille s'identifie et qui constitue son modèle au stade le plus précoce de son développement est sa mère — c'est-à-dire une femme qui a un enfant.

Il n'y a encore pas si longtemps, la femme devenait adulte grâce à son mariage, véhicule d'illusions célébrées sans fin. Il ne faudrait cependant pas croire que ce sont seulement les parents et la société qui poussent les jeunes filles au mariage : elles en ont elles-mêmes le désir ; sinon comment expliquer que de nombreuses filles d'aujourd'hui ne suivent pas les conseils de leurs parents qui, loin de les pousser à se marier, leur suggèrent d'attendre avant de se décider ? Je pense que l'appréhension inconsciente exerce une coercition plus subtile qu'on ne le croit.

Entrer dans la vie est chose difficile. Lorsque les filles se marient, le problème semble se résoudre comme par magie ; un monde se matérialise avec une maison, des amis importants, les choses de la vie. Cette forme de mariage conduit en fait souvent à une régression de l'identité. La fille acquiert le statut de femme mariée avant d'avoir pu débattre entre les différents choix qui se présentaient à elle. Cela peut s'expliquer par le besoin de sécurité et de fusion qui se fait sentir avec force dès la fin de l'adolescence.

Transfert de responsabilité

Ce désir de s'unir à l'être aimé et de ne faire qu'un avec lui est en fait bien normal à ce stade. (Comme est normale la tendance, dont nous avons récemment parlé, de rechercher un idéal et des modèles auxquels on puisse s'identifier.) Pour les femmes, le désir d'union est encouragé par la société.

Les femmes reconnaissent volontiers qu'elles préfèrent souvent se décharger du souci de leur développement psychologique en s'attachant à un homme *fort*. L'histoire suivante en est une illustration : Sabine était une provinciale qui partit faire ses études dans une grande université. Son petit ami lui manquait beaucoup dans ce milieu nouveau pour elle : Un peu perdue sur le plan pratique comme sur le plan moral, elle n'avait plus ses références familières de lycéenne en province. Individu anonyme parmi des milliers d'autres, elle souhaitait désespérément avoir quelqu'un auprès d'elle qui la comprenne.

Son petit ami jouait de son côté à l'homme fort et détaché, et l'enjoignait d'un ton initié de ne pas s'accrocher à lui. Sabine avait néanmoins un avantage sur d'autres filles que l'on encourage à se marier au plus vite. En tant que fille aînée, elle était élevée, comme il arrive souvent, avec les privilèges et les espoirs réservés aux garçons. Les pères de ces filles aînées ont en effet tendance à les prendre comme substitut des garçons et à leur faire jouer un rôle similaire à eux, en leur faisant faire du sport et en les encourageant à réussir dans leurs activités scolaires. Investies de certaines responsabilités, on attend qu'elles gagnent leur vie et soient indépendantes. Sabine appartenait à cette catégorie de filles.

Il arrive également que les pères cherchent chez leur fille aînée cette camaraderie qu'ils ne peuvent plus avoir avec leur femme, sans cesse occupée de son côté aux tâches ménagères. Cet état de choses, qui transparaissait au travers des interviews que j'ai réalisées, a été observé dans une étude conduite à l'université du Michigan consacrée à un groupe d'hommes bien établis : la majorité d'entre eux ne souhaitait pas que leur femme soit dynamique et entreprenante, mais espérait en revanche que leur fille aînée le soit ; la raison en est peut-être qu'à la différence d'un fils elle pouvait ainsi refléter les ambitions de son père sans pour autant devenir sa rivale.

Pour en revenir à Sabine, la grande décision de sa première année à la faculté fut d'aller se présenter sur son trente et un à l'éditeur du journal de l'école, ce qui l'amusa beaucoup, lui qui était toujours vêtu d'un vieux blue-jean. Il lui trouva un job auquel elle se donna avec beaucoup d'énergie. Ses sentiments pour son ami Jacques n'avaient pas changé et elle lui adressait des lettres sans fin qu'elle écrivait sur des rouleaux d'agence de presse.

L'amour à dix-huit ans est une volonté de se découvrir en écoutant son écho dans les mots d'un autre. Entendre dire combien nous sommes merveilleux et unique représente toujours un enchantement sans fin. C'est d'ailleurs la raison pour laquelle les jeunes amoureux peuvent se parler toute la nuit, ou s'écrire des lettres qui n'en finissent pas.

Quand elle fut de retour dans sa petite ville natale, aux premières vacances universitaires, elle y retrouva ses amis. « Lorsque Jacques et moi nous sommes retrouvés cet été-là, rien ne collait plus. » Ils firent l'amour pour la première fois, mais cela ne pouvait combler le fossé qui se creusait entre eux. La divergence de leur évolution respective était évidente. Heureusement, ils surent s'épargner de mutuels reproches.

Comme la majorité de ses amis, Jacques n'avait pas la moindre idée de ce qu'il ferait plus tard. Mais Sabine était l'exception, elle le savait. Quand elle alla d'un pas décidé interviewer le gérant d'un café où ils se réunissaient, Jacques fut furieux : « Pourquoi cherches-tu des histoires à écrire quand tu sors avec moi ? » lui demanda-t-il.

« Mais, voyons, tu sais que je suis journaliste ! » lui répondit-elle. Cette apparente assurance déplut énormément à Jacques qui commença à s'intéresser à une autre fille. La transformation de Sabine de l'état « larvaire » à l'autonomie déplaisait souverainement à Jacques qui y voyait une forme de rivalité intellectuelle. Mais cet antagonisme fut révélateur pour Sabine : « Les pièces du puzzle ne coïncidaient plus ; nous n'étions plus faits l'un pour l'autre. J'ai alors décidé que nous devions nous séparer un temps. » L'éloignement leur fut propice à chacun. Maintenant, à vingt-cinq ans, Sabine est à même d'envisager les choses avec plus de distance : « Jacques fut probablement la première personne qui m'ait aidée à mûrir », dit-elle. Elle déplore aussi le fait que toutes les jeunes filles qu'elle connaît essaient d'étouffer leur premier amour par une attitude possessive.

Mariage d'évasion. La fuite par le mariage

« Se compléter », tel est le motif que les femmes avancent le plus fréquemment pour justifier le fait de se marier jeunes ; mais ce motif est étroitement associé à une autre raison aussitôt avouée : « Je fais ça pour m'échapper de la maison », disent-elles. Pour les filles dont l'éducation est stricte et la liberté limitée, le mariage d'évasion est chose courante. Ce qui peut sembler un acte de révolte se révèle n'être qu'un simple transfert de dépendance.

« Condamnée à perpétuité » : telle est l'impression que Simone avait d'elle-même à dix-sept ans, et telle est celle de beaucoup de jeunes filles élevées par des parents autoritaires. Simone était la benjamine de six enfants ; elle s'est retrouvée prise au piège dans le nid déserté par les autres. Elle était censée « cimenter » la famille. Elle était en fait la dernière poupée de sa maman, et la dernière personne sur laquelle l'autorité de son père pouvait s'exercer. Cette situation conduisait à renoncer aux études supérieures.

Bien que sa famille ne fût pas dépourvue de ressources financières, Simone avait préféré travailler depuis l'âge de quatorze ans pour prouver son indépendance. Mais peut-on conquérir son indépendance avec quelques milliers de francs d'économies quand on n'a pas de métier ? « Tu resteras à la maison et tu travailleras », insistait son père. Il lui trouva une place dans sa propre entreprise de machines à tricoter. Elle rongea son frein sous contrôle paternel pendant un an avant de faire la rencontre de François, jeune homme futile, issu de l'aristocratie hongroise, qu'elle méprisait totalement. François l'intéressait sur un point : il lui avait demandé sa main et c'était la solution pour quitter la maison. « Je décidai que le meilleur moyen de m'en sortir était de me marier et de divorcer un an après. »

Les impondérables de la vie changèrent ses projets. Neuf mois après son voyage de noces, Simone était maman. Elle se résigna à son sort et se retrouva enceinte une seconde fois à vingt ans.

Un jour, son mari lui annonça la «bonne nouvelle», il était envoyé à New York.

« Je décidai alors qu'aussitôt accouchée je trouverais un avocat et commencerais immédiatement la procédure du divorce. » Les cinq années qui suivirent furent un calvaire. Il lui fallut des trésors de patience et de volonté pour lutter contre François, qui ne voulait pas entendre parler de séparation, et en même temps contre ses parents.

A vingt-cinq ans et après sept ans de mariage, Simone parvint enfin à conquérir sa liberté envers et contre tous. Elle décrit son impression le jour où son divorce fut prononcé : « C'était comme si on m'avait enlevé dix tonnes de chaînes de l'esprit et du corps, c'était le plus beau jour de ma vie. »

Ouvertures

La dernière décennie a apporté une véritable révolution dans les mœurs qui se traduit par une tolérance bienveillante envers des modes de vie très divers tels que ceux qui consistent à vivre en communauté ou en concubinage, à rester célibataire, à vouloir être mère célibaire ou couple sans enfants, à vivre une expérience homosexuelle. On accepte désormais le fait de prolonger ses études, de se marier plus tard, d'avoir des enfants également plus tard ou de n'en avoir pas du tout...

Barbara, qui a maintenant trente et un ans et qui est encore célibataire, fait partie de la première génération de femmes qui jouissent de cette nouvelle forme de liberté. Il faut dire qu'elle a la chance d'avoir cinq tantes un peu hors du commun, et une famille à qui l'excentricité ne déplaît pas. Sa mère désirait que Barbara soit belle et se marie bien, mais son père prenait plaisir à lui expliquer des choses compliquées. « Je crois que, inconsciemment, il voulait que je reste une gamine le plus longtemps possible, et ne lui demande jamais d'argent. » Et, très tôt, elle eut le pressentiment que la beauté de la jeunesse, c'est de pouvoir apprendre beaucoup, à condition, bien sûr, de faire les efforts nécessaires. Elle décida donc, à dix-huit ans, d'apprendre à écrire. Ses histoires étaient lamentables mais cela ne l'ennuyait pas du tout. « La pratique fait tout », lui disait un ami écrivain, et une fois qu'elle l'aurait acquise, le reste suivrait.

Elle savait exactement ce qu'elle ne voulait pas être. « Je ne voulais pas finir comme tous ces jeunes de ma banlieue, gâtés et bornés, et dont les parents avaient un système de valeurs absurde. Etre médiocre, être comme tout le monde, ne m'intéressait pas du tout. » Mais elle ne savait pas très bien comment s'y prendre pour obtenir ce qu'elle désirait : « Un appartement et du travail, je suppose. »

Elle quitta sa famille à dix-neuf ans, avec un homme plus âgé qu'elle, et abandonna ses études. « Ce n'est pas que j'avais particulièrement envie de vivre avec lui, pourtant j'essayais de m'en convaincre : je n'avais pas le choix. Pas d'argent, pas de diplôme, rien. Pour avoir tout cela, il m'aurait fallu faire quatre ans d'études, et il n'en était pas question. » Cette rencontre avec un homme mûr l'a cependant aidée à entrer dans le monde adulte. Quand elle sentit qu'elle n'avait plus besoin de « tuteur », elle rompit cette liaison et avant la fin de l'année trouva son premier appartement, quelqu'un pour le partager avec elle et du travail. « Je m'en suis bien sortie, mais ce n'était pas très honnête, je l'avoue. »

A vingt-cinq ans, elle connaissait bien son métier et commençait à savoir ce qui était publiable et ce qui ne l'était pas. Elle avait repris ses études et les terminait. Elle obtint un travail temporaire pour l'été et écrivit un best-seller. Dès l'automne, son histoire était achetée par l'une des plus grandes revues new-yorkaises.

Folle de joie, elle se jeta dans les bras d'un autre homme, pensant que c'était le Grand Amour, mais elle déchanta bien vite. A vingt-neuf ans, elle commença à mettre dans sa vie amoureuse un peu de la discipline qui la caractérisait dans son travail. Elle venait de rencontrer un homme merveilleux : « Je suis très contente d'avoir eu la patience d'attendre un an pour le connaître. »

Ils sont sur le point de vivre ensemble, mais elle a peur. « Je ne sais pas si c'est possible de vivre avec moi, qui sait ? » Pour la première fois, elle sent que sa vie sentimentale a un sens authentique.

Malgré son esprit d'initiative et sa forte volonté, Barbara n'est pas sans appréhension devant son besoin d'union. Elle s'est toujours demandé pourquoi elle n'était pas « le genre de femme qui se contente de s'installer dans la vie sans jamais ennuyer personne, c'est-à-dire avoir des enfants et tout le reste. » « Je n'ai jamais voulu de ça. Mais j'ai toujours pensé que j'aurais dû. Dans mes moments heureux, je n'aurais changé ma vie pour rien au monde. Dans mes moments de cafard, je me disais que j'étais folle et que personne n'apprécierait jamais ce que je faisais. Mais j'ai toujours essayé d'être intelligente et lucide, même si ma façon de travailler est un peu compliquée. J'adore écrire. Je veux tout avoir, et je ne vois pas pourquoi je ne le pourrais pas. »

Les gens de la génération de Barbara délaissent de plus en plus les modèles traditionnels et essaient de définir les leurs. Il est possible aujourd'hui de ne pas faire des choix définitifs, de faire plusieurs types d'expériences en cherchant petit à petit sa propre voie.

Pourtant, les sociologues affirment que la plupart des femmes qui ont aujourd'hui entre dix-huit et vingt-quatre ans vivent dans un état d'indécision. Elles n'arrivent pas à s'engager dans une carrière ou une entreprise de longue durée avant de savoir avec qui elles vont se marier. Tenter le mariage n'est pas grave en soi. Il y a de plus en plus de mariages à l'essai. Ce qui est plus grave, c'est qu'il n'existe pas encore de formule pour les « enfants à l'essai ».

L'enfant qui complète

Quand, vers la fin de l'adolescence, le besoin s'impose de se prouver qu'on est capable de faire quelque chose, et de le faire seul, le plus simple pour une jeune femme, c'est d'avoir un enfant. On peut toujours être mère. Cela donne une identité bien définie. Si la maternité peut être une occupation extrêmement satisfaisante, elle peut également être un écran derrière lequel on dissimule toutes les peurs qu'inspire le monde.

Les théories actuelles relatives au désir des femmes d'engendrer sont très diverses. Il y a l'idée contestable d'Erikson sur « l'espace intérieur de la femme » (un vide perpétuel qui traduit le vide de la femme, à moins d'être comblé), comme celles plus nuancées proposées par Pohlman dans son livre *Psychologie de la planification des naissances*. Une femme, selon lui, peut chercher par la maternité à prouver ses compétences, à affirmer son genre, à rivaliser avec sa mère, à prendre son mari au piège, à attirer l'attention, à remplir son temps, à se punir ou à punir les autres, à devenir immortelle enfin. Ce qu'il y a de frappant dans cette liste, c'est qu'il y manque le désir fondamental de s'attacher à quelqu'un.

On a fait des progrès gigantesques au cours de ces quinze dernières années dans les techniques de contraception et dans l'étude de la psychologie féminine. On a écrit des ouvrages contre la maternité, on a même créé des rites à l'encontre de la fertilité. La révolte contre la maternité systématique a gagné toutes les classes. Dans une étude de Daniel Yankelovich datant de 1973, il apparaît que seulement 35 % des femmes ayant reçu une éducation supérieure et 50 % de celles qui n'en ont pas reçu répondaient oui à la question : « Est-ce très important d'avoir des enfants ? » Mais dans combien de cas les réponses sont-elles dictées par la réflexion ? Les orienteurs professionnels affirment que, bien que les étudiantes d'aujourd'hui savent parfaitement que la maternité n'est plus une valeur absolue, leur attitude profonde n'en est pas modifiée pour autant.

On ne voit plus guère de maternités chez les très jeunes filles (quinze à dix-neuf ans), et le taux de natalité est tombé de 1/3 pendant les années 60 pour les filles de vingt à vingt-quatre ans. En revanche, pendant la même période, les adolescentes *mariées* continuent d'avoir des bébés à la même fréquence qu'auparavant. De plus, la moitié de ces jeunes femmes se sont mariées parce qu'elles y étaient obligées.

Les filles de familles défavorisées, comme nous l'avons vu plus haut, ne sont donc pas les seules qui soient préoccupées par la maternité : pour elles, cependant, la tentation est plus forte en raison de l'absence d'autres choix existentiels une fois l'école finie ; elles n'ont pas véritablement de métier, et leur idéal se borne le plus souvent à avoir un enfant avec un gentil garçon, de préférence leur mari.

Et maintenant, quelle est l'histoire de Mademoiselle Française moyenne ? Probablement lycéenne ou collégienne mais pas étudiante, elle va se trouver du travail pour un temps, jusqu' à ce qu'elle se marie à vingt et un ans, et s'arrête de travailler peu après, lorsque le premier enfant est en route. Elle restera peut-être toute sa vie dans ce décor domestique.

L'Américaine moyenne au contraire retourne au travail à trente-cinq ans, quand son dernier enfant entre à l'école. Elle essaie alors de faire une carrière, qui se déroulera plus probablement dans un bureau où elle sera secrétaire, et ce pendant un quart de siècle. On devrait inscrire cela sur toutes les portes des toilettes de filles de tous les lycées et collèges.

Et les garçons ? Ils ont le même besoin de s'unir que les filles. Pour chaque femme qui échoue, à cause du mariage ou d'une maternité, dans la recherche de son identité, il y a sans doute un jeune homme qui se trouve coincé par un travail avant d'avoir pu éprouver ses divers talents. Une étude effectuée sur 5 000 bacheliers montre que les jeunes gens qui se mettent à travailler immédiatement et se marient rapidement ont un caractère plus introverti, moins de curiosité intellectuelle et moins d'intérêt pour de nouvelles expériences.

Pour un temps au moins, ces jeunes renoncent à s'inventer, s'engagent dans les voies que leur conseillent leurs parents, leur professeur, un conseiller religieux ou le groupe. Ils se retrouvent dans la position que j'appelle «être pris au piège. » Evidemment, le moyen le plus actuel de sortir de ce piège, c'est le divorce. Il y a deux fois plus de divorces qui affectent les mariages contractés à la fin de l'adolescence.

Le cas de celle qui fait des études supérieures

Elle a la chance de pouvoir être indépendante mais elle n'en profite pas pleinement.

Pourquoi les conseils qu'on lui prodigue d'être aussi brillante et studieuse que les garçons deviennent-ils : sois gracieuse, fais-toi aimer, n'aie pas trop d'ambition ; trouve-toi un homme, pas un métier (exception faite de l'enseignement, bien sûr : c'est la seule profession qui soit compatible avec la vie de famille) ?

Peut-on s'étonner alors que la plupart des femmes qui sortent de l'université aient aussi peu « accès » à elles-mêmes ? Découragées par le monde extérieur et paralysées par leur timidité, elles ne bénéficient ni des difficultés ni de l'enrichissement qu'apporte une véritable recherche de soi. Arrivées à un certain stade de leurs études, la plupart d'entre elles cherchent un mari, de peur de connaître la crise du « Pourquoi ne suis-je pas encore mariée ? »

En 1969, une étude comparée du développement psychologique de la femme et de l'homme montre que, malgré la plus grande maturité qui caractérise les femmes lorsqu'elles commencent leurs études supérieures, ce sont les hommes qui, au cours de ces quelques années, vont résoudre leurs problèmes d'identité.

L'environnement universitaire incite l'étudiant à choisir une carrière et à prendre de l'assurance. Les mêmes conditions ne font naître chez les jeunes femmes qu'une confusion relative à leur identité. Car ces jeunes étudiantes, comme le dit le psychologue Marcia, sont incapables de se détacher de l'influence parentale, ou de celle de leurs professeurs ou amis, qui attendent d'elles autre chose que ce qu'elles désirent ou ressentent profondément, et parce qu'elles font ce qu'on attend d'elles, elles se sentent toujours en contradiction avec elles-mêmes. La plupart de ces femmes ont l'impression qu'il leur faut faire un choix entre une carrière et des enfants, choix qu'un homme n'a jamais à faire. Et tant que les étudiantes ne peuvent faire ce choix, ou tant qu'elles en reculent l'échéance, elles sont incapables de trouver leur identité.

Se trouver à vingt ans ?

Pourquoi ne peut-on se trouver vraiment à vingt ans ?

La notion d'une entité personnelle est une fiction romantique. Les meilleurs des parents ne peuvent pas nous protéger contre les problèmes de sécurisation, d'acceptation, de domination, de jalousie, de rivalité. Les diverses phases du développement de notre individualité, celles qui nous font à la fois tendres et aimants, comme celles qui nous font agressifs et cruels, font toutes partie intégrante de notre personnalité.

Se connaître soi-même, au sens plein du terme, c'est reconnaître et accepter toutes ses facettes. L'occasion s'en présente au fur et à mesure que nous avançons, de période critique en période critique. Mais, s'il est facile pour l'écrivain de faire, à partir d'études et de données biographiques, une synthèse qui regroupe sous le nom de « Passages » les difficultés des divers moments de la vie, il est plus difficile pour la personne qui vit et découvre progressivement ces problèmes de se confronter avec eux.

Et même, en admettant qu'elle résolve ces difficultés, elle se trouve toujours partagée entre le désir d'être un être à part entière et autonome, et la tentation d'abandonner sa liberté à quelqu'un ou à quelque chose.

Chapitre 7
L'expérience du couple

Une belle jeune femme s'éveille au petit matin. Le monde lui tend les bras. Mais elle est insatisfaite : elle s'était promis en ce jour d'anniversaire de donner une direction à sa vie. Et voilà qu'elle reste là, allongée, clouée au lit. Dans le parc devant ses fenêtres, des passionnés de culture physique entretiennent, tout en trottinant, leur petite évidence de jeunes gens privilégiés. Il y a seulement quelques années, elle était comme eux.

Aventures, sensations fortes, solidité, amour et intelligence, voilà ce qui peuplait ses rêves. Véronique a maintenant vingt-cinq ans, et pourtant, elle n'a pas encore coupé ses racines ; elle se sent incapable d'aborder ce nouveau tournant de sa vie. Ceci est assez courant. Nous avons essayé de faire correspondre une certaine tranche d'âge à chaque période, mais cela dépend de chaque individu. C'est surtout l'enchaînement des différentes phases qui est important.

Yves se réveille, se lève et part à l'action. Quelle organisation ! La blouse blanche de l'interne, les électrocardiogrammes dans la serviette. Elle envie l'attitude disciplinée d'Yves. Et pourtant, c'est son côté téméraire qu'elle aime surtout.

Il lui a tout appris : voile, alpinisme, voyages, ski. Elle était émerveillée de découvrir toutes ses capacités. Avec Yves, elle tenait la barre, se pendait au-dessus du vide sans autres points d'appui que des pitons branlants. L'ivresse de se mesurer à tout !

Avec lui, elle se sent toujours pleine d'enthousiasme et d'énergie.

Pour lui, il faut toujours aller de l'autre côté de la montagne, ou jusqu'au bout de la rivière. C'est sa façon personnelle de faire les choses. Comme elle n'a pas, elle, de buts si précis, elle s'est associée aux siens.

« C'était pour moi un moyen de me sentir bien, à l'aise avec moi-même. Il était très fier de moi. Et je pensais que nous étions très mûrs parce qu'il ne ressemble pas à mon père, beaucoup trop conservateur, et que lui, c'est l'adulte qu'il cherche en moi. »

Mais Yves ne lui dira jamais comment devenir adulte.

Pour comprendre Véronique qui, malgré toute sa vitalité, se sent si bloquée, si angoissée, il faut se rendre compte du fossé qui existe entre l'éducation qu'elle a reçue et l'image d'elle-même qu'elle vise. Pendant les dix-huit premières années de sa vie, elle a vécu dans un univers très fermé : famille catholique dans une toute petite ville de province, école libre et patronage. Personne n'a jamais compris pourquoi elle choisit la plus radicale des sorties. Elle aurait pu couper ses racines moins brutalement, choisir une petite faculté de province. Elle préféra Berkeley, à cent lieues du monde dans lequel elle avait grandi.

Vivant dans un milieu très libre, elle décida de passer outre ses principes moraux et devint la maîtresse de son petit ami. Elle se sentait épanouie, même si au fond d'elle-même elle trouvait son attitude un peu choquante. Débarrassée des contraintes morales, elle voulut aller encore plus loin : « Je voulais que ma mère m'approuve. »

Elle se mit à faire de la politique, participa à des manifestations. Pourtant, derrière la contestation violente qui était de mise dans ce milieu et à cette époque, il y avait une gentille petite fille qui mourait de peur qu'on la découvre.

Elle n'aurait jamais pu admettre à ce moment-là que l'université lui avait coupé les ailes. Elle était allée trop loin. Elle avait besoin, pour se retrouver, d'une retraite, d'une période de calme. C'est donc avec plaisir qu'elle alla passer ses vacances chez ses parents : « Ce que je voulais, c'était me cacher. »

Assurance pour l'avenir, elle prépara le concours d'entrée à Stanford, persuadée d'être recalée — ce qui lui permettrait de prendre un peu de distance, de voyager par exemple. Elle essayait de se donner du temps, c'est évident. Mais le sort en décida autrement, elle fut reçue.

Quel environnement mièvre ! Mon Dieu ! Les filles portant des bas pour aller aux cours, les petites histoires de rendez-vous ! Véronique fut immédiatement taxée de hippie, sans même l'avoir cherché. Elle décida de jouer le jeu : elle s'acoquina avec une autre tête brûlée, Françoise, et elles s'amusaient toutes les deux à effrayer leurs camarades : « Cette nuit on va casser des vitrines. » Elles étaient toujours là où il n'y avait que des ennuis à récolter, ce qui ne les empêchait pas d'assister aux cours avec tout autant d'assiduité. Mais c'était du bluff, elles ne cassaient rien. Elles ne se firent jamais arrêter.

A l'approche des vacances, Véronique se prépara à faire un autre bond en avant. Cette fois à l'autre bout du monde, avec Françoise, pour animer un festival d'art dramatique pour enfants. A la dernière minute, elle enleva ses bottes de sept lieues. Et c'est seulement fin août qu'elle décida de rejoindre Françoise, qui méprisait son attitude.

Avec un certain étonnement, Véronique confessait en fin d'études : « Je ne me sens toujours pas indépendante. »

Chacun de nous a sa façon d'avancer dans la vie, d'affronter les problèmes, de réagir devant les efforts à fournir. Certains d'entre nous avancent avec précaution : trois pas en avant, deux pas en arrière, un grand bond vers le haut. Il y a aussi ceux qui n'avancent qu'avec le couteau sous la gorge : « Je ne peux rien faire si je n'ai pas une date limite », ou bien : « Quand on me met le dos au mur, je m'en sors toujours. » Il y en a d'autres qui, confrontés à une tâche, la remèttent au lendemain et l'oublient en se donnant mille activités superflues.

Le style de Véronique, c'est à la fois deux énormes bonds en avant et deux pas en arrière. A peine se sent-elle mieux qu'il lui faut de nouveau bondir en avant. Et elle est malheureuse si elle ne peut le faire. On l'a vue répéter plusieurs fois : Berkeley découchage/ maison/ Stanford/ Françoise/ festival d'art dramatique/ changement d'avis. Elle nous trompe parce qu'elle nous donne l'impression d'avancer. En y réfléchissant bien, l'on peut se demander si son attitude ne ressemble pas à une fuite en avant.

Pendant sa première année d'indépendance, sa vie amoureuse s'était équilibrée. Mais elle ne savait toujours pas ce qu'elle voulait faire. A ce moment, un personnage important fait son apparition : un professeur d'anglais, qui a été impressionné par une de ses copies. « Il m'a pris sous son aile, il pensait que j'écrivais bien. C'était flatteur. »

Elle était très douée, mais se refusait à le croire. « Je ne savais jamais si ce que je faisais était bien ou non avant de voir un 16 sur ma copie. J'étais obstinée. Je ne croyais pas à mon talent et je ne savais qu'en faire. Mon indécision mettait le professeur mal à l'aise. » Et toujours le même refrain : « Il ne me disait pas ce que je devais faire de ma vie. »

Il lui conseilla finalement de se faire publier. Horreur ! A partir de ce moment-là, et jusqu'à la fin de l'année, elle qui pensait qu'elle ne pourrait être qu'écrivain ne put écrire une ligne. « J'avais tellement peur de le décevoir. »

Derrière ses apparences d'indépendance, Véronique est encore marquée par l'attitude d'opposition de ses parents : elle veut réaliser ses ambitions, faire une belle carrière, se frayer un chemin dans le monde. Mais elle n'a pas, dans sa famille, de modèle féminin de ce genre. Son père, autoritaire, pense que les femmes « bien » n'ont rien à faire d'une carrière, et sa mère, traditionnelle, ne peut que lui répéter : « Ce qui importe, c'est d'être une bonne épouse. »

Et si elle refusait cette image de la femme « bien », de la « vraie » femme ? Si elle réussissait d'une manière tout à fait différente de celle de sa mère ? Si, par exemple, elle décidait de devenir un poète excentrique et célèbre, de vivre sur une péniche vert petit pois, de se nourrir de pousses de soja et de trouver une petite sinécure à la fac ? Mais qui voudrait alors d'une femme si indépendante ? En tout cas, certainement pas un homme, se disait Véronique. En tout cas, certainement pas un homme comme son père, dirions-nous.

D'un autre côté, si elle misait à fond sur son talent, si elle pouvait se persuader que grâce à son succès elle aurait alors droit à une vie amoureuse (c'est ce que pensent généralement les hommes), que se passerait-il au cas où elle ne réussirait pas complètement ? Qu'advient-il des femmes qui ratent de peu leur but ? Hésitant entre le statut de femme dépendante et celui de femme accomplie et indépendante, sans valeur dans les deux cas, sans enfants pour excuse, sans homme pour s'occuper d'elles, le charme de leurs vingt ans qui s'estompe, c'est un destin bien difficile à accepter.

En fait, c'est un destin utopique, et bien des femmes cultivées s'emploient à l'éviter. Comme Véronique, elles choisissent apparemment l'option la plus simple et la plus sûre, qui n'est en fait pas sûre du tout : plutôt que de prendre un risque et d'échouer dans une grande entreprise, elles préfèrent s'abstenir et rater quelque chose d'insignifiant.

A la fin de ses études, toutes les possibilités lui étaient offertes. « Alors, j'ai commencé à avoir peur, dit-elle. Je n'ai jamais fait le saut dans le monde. J'avais pourtant pas mal d'idées sur ce que je pouvais faire, mais il me manquait la résolution, les tripes et l'énergie nécessaires pour les mener à bien. »

Qui d'ailleurs lui aurait dit comment ?

Elle fit la connaissance d'Yves peu après son concours. Elle le connaissait déjà : il avait cinq ans de plus qu'elle et c'était la vedette de sa petite ville natale. Non pas qu'elle cherchât un homme à qui se consacrer. Aujourd'hui, c'est une hérésie. Et Véronique était devenue une vraie féministe. Mais Yves était le premier homme qu'elle rencontrait capable de comprendre ce qu'il avait à gagner avec une femme libérée.

« Je voulais être moi-même. Mais je voulais aussi vivre avec lui. Je pensais qu'il me forcerait à être indépendante. »

Derrière ce raisonnement douteux, il y avait une contradiction encore plus profonde : aventures, émotions fortes, solidité, amour et intelligence — tout ce qu'elle rêvait de trouver chez un homme — étaient précisément les qualités qu'elle découvrait chez Yves, et en plus elles étaient déjà à l'œuvre. Une vraie dynamo, ce jeune homme ; cette même semaine, il commençait son internat. Il avait éveillé en Véronique quelque chose qui l'animait jusqu'au plus profond d'elle-même. De plus, elle était sûre de le perdre si elle ne le suivait pas.

Aussi le suivait-elle. Sa mère approuvait ; elle avait même arrangé leur première rencontre. Pour s'en venger, Véronique prit son courage à deux mains et se mit à vivre avec lui au lieu de l'épouser. Les parents entreprirent vite une campagne d'intimidation.

« Ils ont joué sur mes cordes sensibles. Intellectuellement, je ne croyais pas un mot de toutes leurs fadaises, du genre " S'il t'aimait vraiment, il se marierait avec toi, et cela prouverait que tu es une femme bien ". Mais ils m'ont eue affectivement. En même temps, je voulais et je ne voulais pas. C'est pleine de réticence que je me suis mariée. »

Yves ne voulait pas de contrat non plus, mais puisque ses parents insistaient... — et puis, c'était contagieux. Il pensait qu'elle était capable d'arriver à tout ce qu'elle désirait.

Dans la douceur du premier été ensemble, comme il était facile d'oublier le temps qui passe ! Et puis, l'automne vint... Fallait-il travailler ou rester disponible pour Yves ? Elle décida de rester disponible et de prendre quelques cours de-ci, de-là, pour passer le temps. L'idée de s'enfermer dans le monde du travail de neuf heures à dix-huit heures pendant quarante-huit semaines l'effrayait. Pour elle, c'était un piège. Retourner à la vie étudiante la sauvait du dilemme.

— C'est très important pour moi de passer ma thèse, rabâchait-elle à Yves. Mais en quoi ?

— C'est à toi de décider, ma chérie.

— En lettres ou en psycho ? Qu'en penses-tu ?

A ses moments d'abandon, il répondait : Si tu aimes écrire, écris.

— Le bide. Je suis bien trop médiocre.

Elle aurait pu faire une quantité de choses. Personne ne la forçait à rien.

Autre concession à l'époque : « Je ne peux envisager d'avoir des enfants avant de pouvoir les élever complètement. Personne ne devrait jamais être obligé de rester marié à cause des enfants. Si j'avais un métier, une manière d'être responsable, je pense que j'aimerais beaucoup en avoir. »

Au lieu de remédier elle-même au conflit qui opposait sa véritable nature à ses blocages intérieurs, Véronique se tournait vers son mari. Il avait l'habitude de répondre : « Je ne peux tout de même pas te dire ce que tu dois faire de ta vie ! » Elle savait bien qu'il avait raison, mais au diable sa neutralité !

Une année passa. Finalement, c'est un de ses directeurs de thèse qui prit la décision pour elle. Sur son conseil, elle s'orienta vers la psychologie des enfants. Elle détestait ça. « Une fois mon sujet admis, je me suis sentie en sécurité. Mais un an après, je me sentais incompétente, un jour incapable, un jour supérieure, complètement perdue ! »

Pendant tout l'été, elle se creuse la tête pour trouver la carrière idéale, celle qui lui permettrait d'avoir le même emploi du temps que son mari, forcerait son respect, lui fournirait une excuse pour ne pas avoir à faire constamment le ménage. « Voilà, j'ai trouvé, je serai docteur en médecine ! » Et dans un style bien à elle, elle courut se réinscrire en fac. Après trois semaines de faculté, cela n'allait pas du tout. Elle sentait venir l'échec.

Sa mère aggrava ses sentiments de culpabilité et ses doutes : « Enfin, voyons, si tu t'occupais de ta maison ! Pourquoi ne pas exceller dans la voie que tu as choisie ? Deviens un cordon bleu, cultive tes relations ; la médecine, ce n'est vraiment pas fait pour toi. » Ces mots, dit Véronique, la touchèrent profondément. « Tu ne tiendras pas le coup, disait Yves, tu n'as pas assez d'énergie, de ténacité. » D'ailleurs, c'était tout aussi bien qu'elle abandonne, après tout. « Ça m'a bouleversée quand Yves m'a dit ça, mais c'était tellement vrai ! » Sans réfléchir, elle retourna vers ses études de psychologie infantile.

Son mari était d'accord avec elle sur les revendications qu'elle formulait à l'égard des parents et de la société : « Les parents forment leurs filles pour en faire des esclaves sans autonomie financière, dénigrait-elle, mais à se faire entretenir on devient dépendante. On n'est plus qu'un objet sans talent ni désir personnel. Ça me rend furieuse, et qui peut le comprendre ? »

Yves lui disait qu'il comprenait très bien. Mais quand il eut tout compris, elle s'en prit à lui : « Je suis jalouse. Toi tu peux faire ta médecine avec le soutien de tout le monde. J'aimerais bien qu'il y ait quelqu'un qui te dise ce que ma mère me dit à moi, c'est toujours la même chose : " Ecoute, tu ne vois pas comme il travaille, il mérite bien que tu lui fasses le ménage et une cuisine décente. " J'aimerais recevoir le genre d'encouragements que tu reçois. Pourquoi ne m'aides-tu pas ? »

Alors, là, Yves ne comprenait plus. « Mais de quel droit veux-tu nous rendre la vie plus difficile ? Je travaille aussi dur que possible. Pourquoi tout compliquer ? »

Il a raison, commençait à penser Véronique. Dégoûtée de ses atermoiements, ne sachant toujours pas où aller, elle se désespérait. « Je me conduis d'une manière désagréable, et personne n'aime ça. Je vais me retrouver seule. Il faut que je me relève vite, ou bien je vais sombrer. »

Elle aimerait être une parfaite maîtresse de maison, une hôtesse attentive qui veille à ce qu'il y ait toujours des glaçons et des bougies, choses qu'elle oublie généralement parce qu'elle est en train de terminer un devoir sur Piaget. Quelquefois, elle regarde ses amies mariées (et qui ne font rien d'autre) : ce sont de vieilles croûtes, ce qu'elle ne sera jamais. Mais, au fond d'elle-même, elle n'est pas du tout convaincue que leurs valeurs soient fausses. Car, finalement, c'est elle qui dit : « Ça m'ennuie de ne pas être capable de donner une belle réception. » Véronique n'accorde aucun crédit au semi-échec ni au succès incomplet. Comme tant d'autres jeunes femmes d'aujourd'hui, pour justifier le fait d'être différente et d'avoir de l'ambition, elle se croit obligée de tout faire brillamment. C'est tout ou rien. Paralysée par ses blocages intérieurs, elle ne peut s'en sortir que d'une manière quasiment miraculeuse : devenir quelqu'un de tellement extraordinaire que tout le monde resterait muet devant sa réussite.

Elle aurait pu se dire : « Voilà : une chose à la fois. Je vais conserver la sécurité de la vie étudiante en apprenant à m'occuper des enfants, ce que ma mère faisait. En même temps, j'écrirai quelques nouvelles dans un domaine que je connais bien, la nature par exemple, et j'essaierai de les faire publier dans des revues ou des journaux. Si un jour j'ai vraiment confiance en mon talent, je pourrai toujours quitter la sécurité de l'enseignement et devenir écrivain. »

Or, voici ce qu'elle se dit : « Je veux m'émanciper, me libérer sexuellement et réaliser mes ambitions. Je ne veux pas d'enfants. » Exactement le contraire de ce que lui souffle la raison qui lui répond : « Essaie toujours et tu verras, tu vas payer, tu vas échouer et te retrouver toute seule ! »

Le seul moyen de fausser une relation intime consiste à demander à notre partenaire de prendre la place de nos parents et de nous indiquer ce que nous devons faire. Ou ce que nous ne devons pas faire, surtout lorsque nous cherchons une excuse pour ne pas faire quelque chose. Les hommes tombent dans ce piège aussi fréquemment que les femmes. Et quelle que soit la réponse du partenaire, on peut toujours la retourner contre lui ou contre elle. « C'est de ta faute, si j'ai échoué ; tu aurais dû savoir que je n'étais pas prêt (e). » Ou bien : « Pourquoi ne m'as-tu pas laissé faire, quand l'occasion s'est présentée ? » Mais ce n'est pas le partenaire qui doit nous laisser faire, c'est nous-même.

C'était une chance d'avoir un partenaire comme Yves, qui refuse ce rôle autoritaire. Bien d'autres se seraient laissés manipuler, auraient joué le jeu.

« C'est seulement maintenant que je me rends compte que je pourrais vraiment échouer, qu'il me manque un but et une direction », dit tout bas Véronique. Même Yves l'irrite. Elle le regarde. Il est toujours le meilleur, sûr de lui, fort, qu'il s'amuse sur la neige, taquine la crête d'une vague ou lui dise d'un air détaché en la quittant à l'hôpital : « A bientôt. Je t'adore. Je me presse, j'ai encore une ponction à faire avant les visites. » Et il est déjà parti.

L'ambiguïté de la situation ne lui échappe pas. Elle s'est promis de se trouver une direction et de s'y lancer à vingt-cinq ans. Mais au lieu de cela, elle régresse. Elle laisse tomber son doctorat. Elle a même abandonné le sport. En apparence, elle ressemble à ces jeunes femmes qui ne peuvent se décider entre carrière et foyer. En fait, elle pourrait facilement faire les deux. La division est ailleurs. Elle a tout pour elle. Elle reproche à son mari de ne pas lui donner de réponse. Elle lui demande la permission de s'émanciper mais cela ne dépend pas de lui. Frustrée, elle attend une solution de l'extérieur.

« C'est l'argument qu'Yves emploie toujours : que je cherche constamment un truc qui m'aiderait ; que si je trouve le bon sujet de thèse pour mon doctorat, le bon psychologue ou le bon je-ne-sais-quoi, je trouverai en même temps la solution. »

Ne sommes-nous pas tous pareils ? C'est un peu systématique, dans notre société, de penser qu'il suffit d'appuyer sur le bon bouton pour que tout change : Tout ira mieux quand on aura déménagé ; quand je me serai trouvé un nouveau boulot ; un nouveau petit ami ; quand je serai un peu plus dégourdie ; c'est la vie en ville, j'ai besoin d'un peu de calme, la banlieue, c'est l'idéal ; c'est cette banlieue de malheur, les transports, le vide, ah ! si je pouvais habiter New York... Et puis les bons effets s'usent et le vieux problème réapparaît.

L'origine de l'impasse dans laquelle se trouve Véronique n'a rien à voir avec son sujet de thèse, ni avec le choix de son mari ; et au fond, elle le sait très bien. Quand elle a passé en revue tous ces boucs émissaires, elle en revient au véritable mal : « Je me retourne contre moi-même. »

En ce moment, elle s'embourbe. Mais elle s'en sortira probablement plus tard. Au moins, elle ne s'est pas résignée à être ce qu'elle est, une fois pour toutes : elle est encore résolue à trouver sa propre forme. Mais elle pourrait aussi se lasser et fuir, encore une fois. Dans ce cas, nous la retrouverions probablement dans cinq ans, frustrée, décidée à faire payer aux autres sa propre démission. On aimerait bien avoir la fin de l'histoire, mais il n'y en a pas. Pour l'instant, elle en est là, au tout début.

TROISIEME PARTIE
LES RUADES DE LA VINGTAINE

Chapitre 8
Démarrage

Vingt ans. Comment aborder le monde adulte ? Après avoir résolu les petits problèmes familiaux et dépassé l'inconsistance de nos jeunes années, nous voici, remplis d'énergie, impatients de nous couler dans un moule qui nous soit propre — notre manière à *nous* de vivre — et prêts à emprunter toutes les voies avant d'opter pour celle qui nous paraît le mieux convenir. Il s'agit maintenant de se mesurer à la société en tant qu'adulte, de se fier à son jugement personnel.

Quel que soit le chemin choisi, l'important, c'est de faire ce que l'on attend de nous, ce que l'on doit à la vie. Cette phase est donc très différente de la précédente, dans la mesure où alors la seule chose dont nous étions sûrs était ce que nous ne voulions *pas* faire, et de la suivante, qui nous amène à réfléchir sur ce que vraiment nous *voulons* faire.

L'on a la possibilité de poursuivre des études supérieures, ce qui est une solution sécurisante parce que déjà connue, mais ceci est valable pour les jeunes gens privilégiés. De plus, de cette façon, l'on recule encore l'échéance de la confrontation avec le véritable monde des adultes. De nos jours, un individu a facilement un quart de siècle devant lui pour se décider à faire quelque chose. Et même bien davantage car avec le prolongement des études et la possibilité de prendre des « moratoires », il est assez courant de voir certaines personnes attendre trente ans avant de s'engager dans une quelconque voie.

Cette période dure à peu près sept ans, de vingt-deux à vingt-huit ans. Ce que nous avons à faire durant cette période est passionnant : se découvrir un but, se forger un idéal de soi-même, savoir quelles sont ses possibilités dans le monde, tout cela qui nous fait vivre et espérer. Il faut se préparer à une profession, se trouver si possible un mentor. Et devenir sociable, sans pour autant se départir de sa personnalité encore mal structurée. Choisir un genre de vie et l'expérimenter.

L'histoire de ce jeune homme vient illustrer assez bien cette activité fébrile que requiert l'installation dans le monde adulte. Il avait de vagues aspirations de créativité, mais il ne savait pas trop s'il devait les déployer dans la photographie, dans l'ébénisterie ou dans la décoration. Il n'avait personne pour le conseiller, aussi s'engagea-t-il, faute de mieux, dans la compagnie du téléphone où travaillaient ses parents. Il se maria et décida, d'un commun accord avec sa femme, de ne pas avoir d'enfants. Ces décisions prises, il consacra toute son énergie à l'expérimentation de ses talents. Le week-end, on le retrouvait derrière une caméra, ou clouant des étagères chez des amis, à la découverte de ce qui aurait dû être sa vie.

Le célibat est une autre alternative à vingt ans. Cet exemple est assez courant : une jeune fille ambitieuse et tenace (comme son père), à qui son père avait inculqué des principes tels que « il faut tout oser, ne jamais abandonner », etc., décide de devenir publiciste en free-lance : elle ne travaillerait que pour le plus offrant, quitte à changer de ville après chaque campagne publicitaire. Il ne lui fallait donc pas d'attaches.

Elle vécut chez l'un, chez l'autre, ou à l'hôtel, profitant de l'existence en somme, jusqu'à vingt-sept ans, âge où elle obtint le poste le plus élevé qu'elle eût jamais rêvé d'atteindre.

« Je n'ai jamais eu le sentiment de n'avoir pas de racines, parce que, chaque fois que je déménageais, c'était pour un travail plus intéressant ou un salaire plus élevé. Et chaque fois que j'arrivais dans une nouvelle ville, je cherchais à me mettre en contact avec des anciens de la fac ; je trouvais toujours quelqu'un pour partager mes soirées. C'était en fait assez équilibrant. »

Même si nos essais ne restent que des tentatives, une fois nos engagements pris, nous sommes absolument convaincus qu'ils sont les meilleurs. C'est pourquoi nous sommes très étonnés si, à l'approche de la trentaine, nous éprouvons le besoin de remettre nos choix en question. C'est là le trait le plus caractéristique de nos vingt ans. Nous sommes tellement convaincus du bien-fondé de nos engagements qu'en général nous traversons ces huit années sans problèmes majeurs. C'est une des phases les plus longues et plus stables de notre évolution, surtout si nous la comparons aux périodes qui précèdent et qui suivent. Cette stabilité est le fait de la conviction profonde que nous avons de devoir jouer un rôle, de devoir être ou faire quelque chose.

Je devrais être...

— Je devrais acquérir une bonne expérience dans une grande boîte d'abord...

— Je devrais faire quelque chose pour changer le système...
— Je devrais déjà être mariée...
— Je devrais attendre d'avoir réalisé quelque chose pour me marier...
— Je devrais faire quelque chose pour les miens...
— Je devrais devenir président ; après tout, c'est pour cela que j'ai fait l'E.N.A.
— Je devrais rester libre et explorer d'autres horizons...

Ces « je devrais » sont des impératifs déterminés en général par l'ambiance familiale, les influences culturelles, ou les préjugés de notre entourage. Bien sûr, les influences culturelles sont soumises aux changements.

Quand, dans les années 60, la révolution des mœurs atteignit aux Etats-Unis son point culminant, toutes les valeurs traditionnelles furent bouleversées : les jeunes Américains rejetaient l'idéologie et les institutions en place; l'ennemi était connu : c'était le monde des affaires et du profit, les grosses cylindrées et la pollution, et l'énorme mensonge du Viet-Nam et de l'*establishment*. Et pendant que les jeunes émules de la contre-culture s'opposaient au machisme du lieutenant Calley en devenant objecteurs de conscience, et à l'idéologie du succès en refusant de s'intégrer dans le système du travail, leurs jeunes contemporaines arrivaient en masse pour prendre les places vides : l'occasion était trop belle. Aujourd'hui, les mœurs ont de nouveau changé : les femmes pensent qu'elles devraient faire de la politique et les hommes qu'ils devraient apprendre à mieux communiquer, à développer des relations plus profondes avec les autres. Même l'utilisation de pilules contraceptives témoigne d'une évolution de mœurs : il faut vivre ensemble avant de se marier, ou ne pas se marier du tout, ne pas avoir d'enfants.

Ce qui est terrifiant à cette époque, dans presque tous les pays, c'est la conviction que nous avons de l'irrévocabilité de nos choix. Que nous choisissions de faire un troisième cycle ou un stage dans une grande banque, que nous nous mariions ou que nous ne nous mariions pas, que nous quittions la ville pour la banlieue ou allions nous installer à l'étranger, décidions d'avoir des enfants ou de ne pas en avoir, nous avons toujours cette peur viscérale qu'il nous faudra vivre avec ces choix pour toujours. C'est une crainte mal fondée.

Le changement est inévitable. Mais nous ne le comprenons pas encore. Nous sommes des novices en ce qui concerne nos décisions existentielles et il nous est difficile d'envisager qu'un jour, quand nous serons devenus un peu plus mûrs, nous aurons envie d'effectuer d'autres choix.

Cette angoisse vient se greffer sur le fait que nous ne savons pas trouver un équilibre entre notre tendance à l'*union* et notre tendance à l'*action*. Faut-il se choisir une solution sécurisante, à long terme, s'installer, prendre des engagements sérieux ? Alors, attention à ne pas se laisser enfermer dans des modèles tout faits, sans s'être vraiment interrogé. Il faut être sûr qu'on veut vraiment ce mariage, cette carrière, rester à l'armée pendant x années, avoir cet enfant ; et bien voir s'il ne s'agit pas seulement de l'envie de faire comme tout le monde. Ou alors faut-il aller de l'avant et tout essayer, brandissant l'étendard de notre indépendance récemment acquise ? Poussée à l'extrême, cette voie peut nous amener à nous disperser et à jeter au vent nos jeunes années en papillonnant d'un travail à l'autre, d'une aventure amoureuse à une autre. Il faut penser aux épaves abandonnées le long du chemin.

Avoir vingt ans n'est pas si facile : il reste encore une troisième angoisse à surmonter : et si soudain nous découvrions que nous ne sommes pas aussi forts que nous voulons bien le paraître ?

Nous sommes ravis de pouvoir enfin faire état de nos possibilités, de jouer à l'adulte, mais nous ne sommes pas très sûrs de nous, et nous craignons que quelqu'un le découvre.

Personne n'aurait jamais deviné en faisant la connaissance de cette brillante jeune femme de vingt-quatre ans, « public-relation » d'une très grande société, qu'il y avait en elle des craintes semblables : « J'ai réalisé que je n'avais pas grandi. Je m'étonnais moi-même de faire du si bon travail. Quand les clients me traitaient d'égal à égal, je pensais que je me débrouillais bien, cela ne me rendait guère joyeuse. J'étais terrifiée à l'idée qu'on découvre que j'étais une enfant. Simplement, je n'étais pas du tout préparée. Par ailleurs, j'avais une grande confiance en moi-même, j'étais même arrogante — du genre : voyez qui je suis, où je suis arrivée à mon âge. Il y avait deux personnes en moi. »

Beaucoup d'entre nous n'ont pas conscience de cela. Avec toute la fougue que nous mettons à tromper les autres, nous arrivons à nous leurrer nous-même. Et de plus nous craignons toujours de retomber dans l'inconsistance de l'adolescence. Aussi nous hâtons-nous d'endosser tous les uniformes de la vie et de faire le tour de tous les partenaires possibles, sans trop nous interroger pour trouver le plus rapidement celui qui nous conviendra parfaitement.

Illusions

« Parfait » est en effet l'adjectif qui infléchit les choix de nos vingt ans, et qualifie la personne que nous rêvons de rencontrer. Il y a un peu plus d'un siècle, un jeune poète allemand, déchiré par une passion sans espoir pour la femme « idéale », but un verre de vin, leva son pistolet et se tira une balle dans la tête. Le coup retentit dans le monde entier. Il s'agit de Werther, le héros du roman de Gœthe, *Les souffrances du jeune Werther,* qui fut à l'origine du mouvement romantique et colore encore aujourd'hui notre idée de l'amour. Gœthe avait lui-même vingt-cinq ans lorsqu'il écrivit ce roman. Et, à la façon de Werther, il vivait une grande passion pour une femme mariée inaccessible, dont le mystère ne faisait qu'entretenir son idéal de perfection. Le héros de Gœthe influença toute la jeunesse européenne, une vague de suicides suivit la publication de son livre.

Nous n'avons guère changé. Il est stupéfiant de voir combien l'idéal romantique de perfection est encore à l'œuvre chez les jeunes gens et les jeunes filles de vingt ans. Elle sera une femme multiple, mère quand il le faut, mais aussi, à ses heures (à lui), l'enfant qui aura besoin de la protection de son mari, la séductrice qui le dominera, la femme douce qui calmera ses angoisses (les siennes — elle-même n'en aura jamais, bien sûr), et lui donnera, par la maternité, un prolongement de lui-même.

Et comment la jeune femme invente-t-elle l'homme qu'elle épouse ? Elle voit souvent en lui des possibilités que personne d'autre ne peut déceler, s'imagine être la seule personne qui le comprenne vraiment. Nous avons tous ces illusions à vingt ans.

On pense souvent que le mot « illusion » est péjoratif, et dangereux. Mais les illusions de nos vingt ans sont peut-être essentielles : elles nourrissent nos engagements, elles nous soutiennent dans nos choix jusqu'à ce que nous ayons acquis une certaine expérience de la vie.

Les problèmes qui nous attendent sont passionnants, accaparants, mais nous sommes tous certains que nous pourrons les surmonter.

L'argent peut bien manquer. Les dettes et les travaux sont sans fin. La tentation de démissionner est toujours présente au jeune médecin, au futur écrivain, à la future assistance sociale. Mais il semble évident, par ailleurs, que notre volonté et notre tenacité triompheront de tous les obstacles et qu'enfin nous finirons par nous atteler à la vie et que nous deviendrons maîtres de notre destin.

Se ment-on à soi-même ? Oui, en grande partie. Mais c'est une condition nécessaire. Parce que, si nous ne croyions pas au pouvoir de notre intelligence, si nous n'étions pas convaincus de la toute-puissance de notre volonté, cela ne vaudrait pas la peine d'essayer. Le doute immobilise. Croire à nos possibilités contribue à les renforcer.

Ce n'est que bien plus tard que l'on découvre que cela ne résout pas la profonde solitude de l'âme humaine.

Certitudes

Avoir vingt ans, c'est accumuler des certitudes et des convictions. Nous l'avons déjà dit. Mais il faut l'expliquer.

Lorsque nous avons apprivoisé le monde réel et que nous nous sommes fixés un but, l'enthousiasme qui nous anime nous fait avancer à pas de géants. Lorsque nous sommes à la veille d'une décision importante, nous concernant personnellement, lorsque nous avons l'impression de devenir quelqu'un, d'être socialement reconnus, alors nous sommes débordants d'énergie. Ceci vaut pour toute la vie, à vingt ans comme plus tard. Mais, au seuil de notre nouvelle indépendance, l'impression que nous avons de nous réaliser est si forte, si agréable, que nous avons tendance à admettre ce choix comme définitif, et nous nous y tenons avec obstination : nous faisons ce que nous croyons devoir faire, et c'est avec circonspection que nous avons choisi de le faire.

La moindre allusion à une certaine ressemblance avec nos parents nous fait monter sur nos ergots. L'introspection est une attitude dangereuse. Elle ne disparaît pas, bien sûr, mais elle n'est certes pas un signe caractéristique de cette période. Trop d'introspection empêche l'action. Et si l'on découvrait la vérité ? Que les figures parentales, toujours présentes en nous, à notre insu, sont précisément ce qui nous donne le sentiment de sécurité qui nous permet de tout oser ? Et que ce sont elles aussi qui parfois nous retiennent ?

Raconter cela à la plupart des jeunes de vingt-cinq ans, c'est vouloir se faire conspuer. On ne peut pourtant l'éluder : à ce stade, les figures parentales sont précisément la réalité intérieure que nous essayons d'oublier, ou d'effacer. Nous sommes intimement convaincus que toutes nos idées surgissent spontanément, comme par magie, de nous-même.

Le passé n'a plus rien à voir avec nous : il faut à tout prix enterrer ces aspects de notre personnalité qui empêcheraient le déroulement du « seul cours possible de notre vie ». Nous ne pouvons pas, nous ne voulons pas, nous n'osons pas reconnaître combien nous sommes encore sous son influence : par notre identification avec nos parents et par les mécanismes de défense que nous avons appris au cours de notre enfance. Nous avons tellement confiance en notre volonté que nous nous croyons capables de tout changer. Qu'il y ait le moindre défaut dans notre conduite ou quelque chose qui nous gêne chez l'être aimé, nous sommes à l'âge où il suffit de le remarquer pour le faire disparaître.

Chapitre 9
Couple authentique

Années d'harmonie pour le couple. Les « hauts » sont comme des percées grisantes et triomphales ; on est rempli d'exaltation et on se croit tous les pouvoirs. Les « bas » sont des coups qui nous frappent par surprise. Nous essayons d'en nier l'existence et de les oublier ; la dernière chose que nous soyons en effet prêts à accepter est de perdre nos illusions ; l'optimisme et l'espoir vont de pair. Ce seront des années heureuses. On ne sait d'ailleurs jamais si elles le furent ou non avant de s'engager dans la trentaine.

Pendant cette période, méconnaissant nos pulsions intérieures et celles de notre partenaire, nous sommes réellement dominés par l'aspect extérieur des choses. Or, dans un couple, les moments de doute et de réflexion ne sont pas synchronisés. On fait bien des compromis de temps à autre mais c'est insuffisant ; l'un est au sommet de sa forme, l'autre est déprimé et vice versa.

Essayer de se stabiliser — telle est la réalité de nos vingt ans. Parallèlement, l'image qu'on se fait de l'éclosion de l'amour est tout à fait différente ; l'idée répandue est celle de partenaires qui mûrissent au même rythme ; cette idéalisation est affligeante bien qu'elle soit communément admise par nombre de conseillers matrimoniaux et de sociologues, par la presse féminine comme par des professeurs de psychologie.

Mûrir de concert est virtuellement impossible dans une société patriarcale comme l'a été et l'est encore la nôtre, où l'épouse représente le pôle stable sur lequel peuvent se reposer les hommes. Les choses se compliquent aujourd'hui du fait de la rapidité des mutations sociales. Si, dans une société stagnante, les chances de jouir d'un développement simultané sont minimes, elles disparaissent presque totalement, nous fait remarquer Alvin Toffler dans son livre *Le Choc du futur,* quand le rythme des changements sociaux s'accélère, comme c'est le cas actuellement en Amérique : « Dans une société en développement rapide, où beaucoup de données sont en train de changer, pas une seule fois mais constamment, où un homme marié monte et descend une grande diversité d'échelles économiques et sociales, où la famille est à diverses reprises arrachée de son foyer et de sa communauté, où enfin les individus s'éloignent de plus en plus de leur religion d'origine et de leurs systèmes de valeurs traditionnelles, ce serait un miracle que deux personnes puissent se développer à des rythmes comparables. »

Nous admettons couramment à ce sujet qu'il ne devrait pas y avoir de problème, et que, s'il y en a, c'est de notre faute ou, plus souvent, de la faute de notre partenaire.

La première année du mariage représente néanmoins le bonheur suprême. A partir de la seconde année, la satisfaction commence généralement à baisser un peu, pour entamer ensuite une courbe qui atteindra son point le plus bas à la fin de la trentaine. Si le couple ne divorce pas avant cela, la rupture a le plus de chance de se produire sept ans après le mariage.

Cette évolution, que confirment des études et des enquêtes statistiques, est loin de l'idée de bonheur éternel que nous imaginons généralement quand nous avons vingt-deux ans.

Il nous faut apprendre, si nous faisons les efforts nécessaires, un art infiniment délicat et subtil : celui de donner à l'autre sans s'aliéner, c'est-à-dire en gardant le sentiment qu'on reste un être libre et indépendant. C'est ce que j'appellerai l'art de réaliser l'« intimité ».

Avant de pouvoir vivre une authentique intimité, il faut déjà avoir acquis un certain sens de son identité personnelle. Les mariages précoces interrompent souvent la recherche du soi chez les jeunes qui assument alors les rôles « tout faits » d'époux ou de parents. Déjà, en 1950, Erikson indiquait : « La tâche principale de nos vingt ans et de nos trente ans est d'apprendre à développer notre capacité d'intimité. »

A cette époque-là, le système de valeurs qui sous-tendait la psychanalyse décrivait vaguement l'« intimité véritable » comme une dévotion totale pour l'autre, sans conscience de soi. Le sens du soi était un concept flou. Maintenant que l'on s'occupe beaucoup d'autonomie, les jeunes couples d'aujourd'hui doivent se débrouiller tout seuls pour parvenir à l'équilibre. Exploit qu'ils sont sûrs, à l'âge des grands, de pouvoir réussir.

Sabine (dont nous avons déjà parlé au chapitre VI) et son mari m'assurent qu'ils sont à l'abri d'une crise. J'ai fait leur connaissance par le biais d'une lettre véhémente que Sabine avait envoyée au courrier des lecteurs après mon article sur les difficultés du couple à trente ans. Elle ne se reconnaissait pas dans les descriptions que je faisais, certaine qu'elle était, à vingt ans, du cours de sa vie et de la force de sa volonté pour tout faire réussir. Je les invitais donc à présenter le point de vue du couple de vingt ans. Ils avaient en fait tous les deux vingt-quatre ans. Ils m'assurèrent qu'il n'y avait pas de problèmes pour lesquels ils ne puissent trouver une solution « satisfaisante, et bénéfique pour tous deux ». Pourtant, à la fin de notre première rencontre, Sabine se demandait pourquoi elle donnait sans cesse l'impression de douter d'elle-même, alors qu'en fait elle se croyait très sûre d'elle.

Sous des dehors optimistes, les jeunes se sentent en fait très peu assurés.

Sabine et Joseph se sont mariés parce qu'ils trouvaient l'un en l'autre un refuge qu'ils ne savaient trouver nulle part ailleurs. Joseph avait abordé sa crise d'identité et Sabine avait été pour lui la femme qui l'avait aidé à changer, quoi qu'elle en pense. Quand je leur demande qui jouait le rôle du protecteur, ils se relancent la balle.

« Quand j'ai rencontré Joseph, je sortais d'une histoire d'amour désastreuse. J'ai commencé à coucher avec n'importe qui. Je n'étais plus du tout la personne équilibrée que je croyais être. (Elle avait alors vingt ans.) Je m'en suis tirée grâce à deux personnes : une amie avec qui je partageais mon studio, que j'ennuyais souverainement en lui répétant que je devenais folle. Elle ne voulait pas me croire. Et Joseph. J'allais pleurer sur son épaule. »

La réaction de Joseph est immédiate : « J'aimais Sabine, mais je ne voulais pas du tout être le plus fort. »

— Joseph est le seul homme que je connaisse qui me laisse la liberté de n'être pas d'accord sans se croire insulté ou menacé. J'ai de la force, et j'ai besoin d'interlocuteurs qui le comprennent et raisonnent avec la même force.

— Mais je ne suis pas si fort que ça. Elle ne se rend pas compte de l'état lamentable dans lequel j'étais lorsqu'elle m'a connu. Si je ne l'avais rencontrée, je ne sais où j'en serais aujourd'hui.

Le côté merveilleux de cette histoire, c'est qu'ils ont tous les deux raison : ils ont tour à tour été le soutien l'un de l'autre.

Sabine fut la première personne à qui Joseph put véritablement s'ouvrir. Il ne voulait pas la perdre. Il pense que c'est ça l'amour. Quant à elle, elle était fatiguée de relations qui ne menaient nulle part. Elle voulait que ce soit avec Joseph, car elle pensait qu'il méritait qu'elle se consacre à lui en se mariant. Joseph ajoute avec le manque de réflexion si caractéristique à son âge : « C'était ce qui se faisait. Que je choisisse d'épouser Sabine ou pas n'avait pas grand-chose à voir avec ce que je faisais et ce que je choisissais de faire de ma vie. »

Une telle harmonie ne dure malheureusement pas. Et croire le contraire est une dangereuse erreur.

Accepter le changement

Il est rare que deux personnes puissent harmoniser leurs périodes de crise. Les occasions de réagir ne se présentent jamais au même moment. De plus, chacun est tributaire de son passé et traverse des moments différents, tantôt faits de certitude et d'espoir, tantôt de vulnérabilité et d'angoisse.

Sabine et Joseph étaient justement en train de traverser une période de crise. Pour la première fois, alors qu'ils croyaient pouvoir résoudre tous leurs problèmes, ils se trouvaient dans une situation dont ils ne savaient comment sortir.

« Sabine avait peur d'aller à New York, commente Joseph, elle avait peur que cela nous change. » Ce qui, heureusement pourrait-on dire, arriva.

Elle ne s'en porte pas plus mal. Tandis que Joseph fait l'apprentissage de l'indépendance. Il acquiert une plus grande confiance en lui. De son côté, Sabine a dû abandonner le journalisme. Elle travaille dans une grande société, où elle s'occupe des « communications » (ce qui veut dire, dans le monde des affaires, qu'à chaque fois que quelqu'un éternue il faut le consigner). Elle n'aime pas ce travail. Elle qui était si sûre d'elle, si compétente, prend comme point de référence les plus grandes réussites. « C'est la première fois que j'ai réalisé que je n'étais pas aussi formidable donnait sans cesse l'impression de douter d'elle-même, alors qu'ait fallu que je sache si j'étais ou non une journaliste formidable, dans le sens où l'on peut dire que Mozart était formidable, ou que Fonteyn et Noureev sont formidables. Pour réussir totalement dans un domaine, on ne doit pas être marié. Je le pense vraiment. Mais Joseph était plus important que n'importe quelle réussite. »

Quatre ans plus tard, prisonnière d'un travail monotone, elle essaie encore de se convaincre qu'à deux ils parviendront à trouver un compromis parfait. Joseph est très conscient de l'amertume de Sabine : comment peut-elle percer dans une si grande ville ? Quant à sa propre carrière... « J'aimerais réussir, dit-il, mais sans m'y consacrer trop exclusivement. Et surtout, je ne voudrais pas que cela change mes rapports avec Sabine ; d'un autre côté, je ne veux pas non plus devenir un raté. »

Joseph est l'homme de la mesure. Encore récemment, ce genre d'homme avait en plus des enfants et dès lors, parvenir à harmoniser son développement personnel et ses activités professionnelles devenait un exploit. Sabine et Joseph, eux, ne veulent pas d'enfants. Si Joseph, qui est étudiant en droit, veut ouvrir son cabinet juridique avant trente ans, et si Sabine poursuit l'idée de devenir une grande journaliste au même âge, cela n'est pas possible.

Bien qu'elle ait, selon ses dires, la chance que son mari ne désire pas avoir d'enfants, il est à parier que lorsqu'elle aura trente ans, elle en voudra. Quant à leur carrière respective, c'est Joseph qui a les atouts en main, et il le sait. « C'est un problème que nous n'avons pas encore résolu. J'en suis conscient — nous n'arrivons pas à trouver la solution. »

Ils illustrent tous deux parfaitement le mouvement de balancier auquel j'ai déjà fait référence. Les crises précédentes avaient été surmontées et sans doute pourraient-ils à nouveau vaincre les obstacles, mais à condition d'admettre que ceux-ci ne sont pas constitués par le partenaire.

Sabine, qui avait en quelque sorte mené le couple, perd maintenant confiance en elle sur le plan professionnel. Mais, dans le même temps, elle acquiert une stabilité affective qui représentera un grand avantage dans l'avenir.

Résoudre les problèmes que soulève le passage d'une nouvelle étape ne nous immunise pas pour toujours, bien que cela puisse aider à en franchir d'autres. Joseph a compris que leur évolution respective ne serait pas identique et cette compréhension est leur meilleure chance de demeurer un vrai couple.

Chapitre 10 Pourquoi les hommes se marient-ils ?

Les mariages de convenance, arrangés d'avance par les parents, ne se pratiquent plus et on prétend qu'aujourd'hui on se marie par amour. Mais ceci est un mythe.

Tout mariage peut aboutir à un amour réciproque, fait d'un regard commun sur la vie. Mais les premiers mariages sont souvent une manière de se conformer aux « impératifs » de nos vingt ans. Jusqu'à récemment, peu de gens étaient libres de choisir de ne pas se marier. Je tire mes conclusions d'une synthèse établie à partir de 115 interviews. Quand je demandais : « Pourquoi vous êtes-vous marié à vingt ans ? » à des hommes de trente à cinquante ans, ils répondaient tous à peu près la même chose.

« Un coup de tête, expliquait un écrivain. Le moment était venu, je n'avais pas vraiment un désir profond de me marier, mais je pensais que je le devais. Danièle l'espérait. » Il a maintenant atteint la cinquantaine et divorcé.

Un avocat, qui a obéi aux mêmes motifs, avoue par ailleurs avoir été malheureux de devoir abandonner ses illusions romantiques ; il n'a que trente ans. « Dans les six mois qui suivirent l'obtention de notre diplôme, tous mes amis sauf un s'étaient mariés. Je ne pense pas qu'ils aient tous trouvé la fille qui leur convenait. »

Chaque homme pensait que les impératifs auxquels il avait obéi étaient particuliers à sa religion, à sa région ou à son milieu.

— Se marier est une manière de vivre pour un habitant quelconque de la province.

— Etre élevé dans l'Est et dans une école catholique, avec des parents de classe moyenne, c'est être voué au mariage et à avoir des enfants.

— Se marier est tout naturel quand on est juif américain moyen, et qu'on habite à Philadelphie.

En réalité, les facteurs qui entrent en jeu sont les suivants : le besoin de sécurité, le besoin de remplir un vide, celui de quitter la famille, le désir de prestige et des considérations utilitaires.

Sécurité

C'est toujours la même chanson de la part des hommes comme des femmes : « Je voulais quelqu'un pour s'occuper de moi », disent-ils. La complexité des sentiments contenue dans l'expression « s'occuper de moi » vient évidemment tout droit de notre enfance. Tout ce qui peut intensifier la solitude et le sentiment d'insécurité qui accompagnent la séparation d'avec la famille (fin des études, service militaire, maladie, voyages, ou divorce des parents) ne fait qu'accroître ce besoin de retrouver la sécurité du foyer.

Mais notre sentiment de dépendance est plus profond que cela ; dans la société d'abondance où vous vivons depuis plusieurs années, la dépendance est devenue une maladie généralisée. L'idée selon laquelle on a le droit à une prise en charge qui s'étende sur toute la vie a existé dans toutes les classes de la société ; les bourses d'études, les prêts d'Etat à la construction, les avantages du fonctionnerait, la sécurité et l'assistance sociales, les systèmes de pensions et de retraites en sont autant d'exemples.

On pense trop souvent qu'il est réservé aux femmes de concevoir le mariage comme une forme d'assurance, et on se trompe.

Au cours de la dernière entrevue que j'ai eue avec Joseph, je lui posais quelques questions insidieuses :

— Et si tu échouais à ton diplôme de droit ?

— Je tordrais le cou du prof, dit-il en riant.

— Si tu étais cambriolé, ou qu'on attaquait Sabine ?

— Oh ! J'ai une bonne assurance, et puis, on a toujours été au-dessus des problèmes d'argent.

— Si on attaquait Sabine...

Cet aspect de la question le mit mal à l'aise. « Il faut que je pense à me préparer à ce genre d'éventualité », finit-il par répondre.

— Et si ton père mourait ?

— Eh bien, la vie continue, n'est-ce pas ?

— Et si c'était Sabine qui mourait ?

Il mit un certain temps à répondre : « Ça je n'y suis pas prêt du tout. Je ne pourrais pas continuer sans elle. »

Il est courant de croire, à cet âge, que notre protection vient d'un autre plutôt que de nous-même. Tant que Sabine ira bien et qu'elle ne flanchera pas, l'illusion se perpétuera.

Si l'on accepte de jouer tour à tour le rôle du plus fort, chacun fera progresser à la fois ses capacités de vivre une authentique intimité, tout en restant autonome. Quand nous dépendons de quelqu'un d'autre et que nous attendons qu'il nous prenne en charge, nous allons vers une impasse. La dynamique des rapports psychologiques peut également suivre la séquence suivante : panique, mariage, regrets.

Voici l'exemple d'un jeune homme de vingt-trois ans. Il a

obtenu son diplôme avec une note moyenne et se trouve assez mal préparé pour réaliser son ambition de devenir professeur d'université. « J'avais peur. J'avais peur de devoir être quelqu'un. Alors, je me suis marié avec une femme ambitieuse et brillante parce qu'elle avait le sens des réalités. Elle savait comment prendre la vie en main, et je pensais qu'ensemble nous pourrions réussir. Alors que, tout seul, je ne le pouvais pas. Un an plus tard, elle fit une dépression nerveuse. Je m'étais marié avec une image de la mère et je me retrouvai avec une enfant. »

Heureusement, il est rare que les regrets soient aussi amers. Mais je le répète, la plupart d'entre nous, lorsque nous sommes jeunes, préférent ne pas avoir à penser à la nécessité d'un réajustement de ce genre. Nombreux sont ceux qui l'ont dit avant moi. Voici notamment un exemple de couple tiré du livre bien connu *Comment devenir votre meilleur ami.*

Lui : « J'aimerais vous faire part de cette merveilleuse et simple résolution que nous avons prise en nous mariant : nous avons décidé que nous nous *occuperions l'un de l'autre.* Je ne peux penser à une meilleure base pour le mariage. »

Elle : « Cette décision de s'occuper l'un de l'autre est très importante. Nous avons tous besoin d'être parfois comme un bébé. »

C'est sans doute vrai, mais on court bien des dangers à souscrire sans réflexion à ce bon sens populaire. Il encourage une tentation que nous avons encore à cet âge, qui est celle d'apprécier le conjoint pour son habileté à remplacer un parent. Ce principe peut être très décevant et finalement dangereux. Il peut nous amener à rester l'enfant qui cherche une permission ou une excuse (« Il ne me laissera jamais faire ça » ou « Si ce n'était pas pour elle »).

D'autre part, chercher un parent chez un conjoint n'aide pas à briser l'emprise de notre gardien intérieur. Cela ne sert qu'à nous envahir de « démons », comme écrit Roger Gould, démons qui représentent toutes les identifications que nous voulons oublier ou que nous projetons chez l'autre. Démons sexuels, démons d'amour, compétition, valeurs, et tous ces sujets si difficiles à saisir et sur lesquels nous n'avons pas encore établi notre contrôle. Ils resteront des éléments perturbateurs si nous nous laissons aller à écouter la voix de notre gardien intérieur : « Si tu ne brises pas mes tabous, si tu restes où tu es, si tu n'avances pas sur ce territoire qui m'appartient, tu seras tranquille et en bonnes mains, tu pourras continuer de croire à tes illusions et tout ira pour le mieux. »

Ce système fonctionne à merveille tant que nous avons un partenaire qui se prête au jeu, et aussi longtemps que rien ne l'empêche de s'occuper de nous.

Le désir d'avoir un époux ou une épouse qui prenne les

fonctions apaisantes d'un parent ne disparaît pas après le passage de la trentaine ; c'est même, pourrait-on dire, la constatation qui nous contrarie et nous angoisse le plus à l'entrée de la quarantaine : savoir qu'un partenaire dépend de nous comme un enfant, et en même temps accepter l'évidence que nous sommes seul.

Progressons et écoutons la confession poignante d'un artiste de quarante-trois ans. Le fait de diriger sa propre firme ne l'a certes pas protégé de ce problème du couple. Pour la première fois, alors qu'il atteint le milieu de sa vie, il prend conscience de ce problème.

« Michèle a toujours compté sur moi comme sur ses parents, sur mon soutien, sur ma force, sur le fait que je savais ce que je faisais et où j'allais. Toute manifestation de faiblesse de ma part se révélait très destructive dans nos relations. Quand je me sentais faible ou que j'avais peur, la crainte de Michèle de devoir devenir un soutien ne faisait que me rendre plus anxieux. Ce genre de situation était très dangereux pour nous. La faiblesse chez moi engendrait sa peur. C'est une situation très anxiogène. »

Puis vient le choc du milieu de la vie où le père-mari refuse de jouer les protecteurs, où la femme-enfant grandit et se met à répondre. Ces situations sont des processus de développement extrêmement sains mais le partenaire, qui dépend toujours de l'idée originelle qui l'a amené à se marier, se sent trahi.

Il peut même vouloir se venger : « Occupe-toi de moi, sinon... », « Tu verras, au lit ». « Je te coupe les fonds », ou bien « Je te dénigrerai lentement en public par des remarques acerbes ou moqueuses ».

L'aspect irrationnel de cette illusion romantique (« sois toujours là pour t'occuper de moi ») tient au fait qu'elle ne peut durer, parce qu'elle est trop lourde à supporter.

Vis-à-vis des femmes, les hommes ont pris la position du seigneur vis-à-vis du serf : « Si tu me nourris, je te protègerai. » Mais assez rapidement, tout contrat de protection devient un chantage de protection : « Donne-moi ce que je veux et je te protègerai contre moi. »

Derrière le mariage de sécurité, se cache aussi l'idée que les qualités personnelles de l'un sont transférables à l'autre : « Epouse sa compassion et tu n'auras jamais d'anxiété. » (Mais qui apaisera son anxiété à elle ?)

« Epouse sa vitalité et tu seras plein d'énergie » « J'avais atteint un certain âge (vingt-cinq ans), et cela me donnait envie de changer de vie, expliquait un artiste frustré qui finit par s'installer à son compte. J'ai rencontré une femme énergique comme une flamme au-dessus de laquelle on aime se réchauffer les mains. Moi, je suis un peu flegmatique. » La monotonie de la vie de couple marié en banlieue eut tôt fait de réduire cette énergie à néant. « Il arrive quelque chose aux femmes qui restent à la maison ; on rentre du bureau, et ce sont elles qui se branchent sur vous pour retrouver un peu d'intérêt à l'existence. »

Mais sa femme se reprit toute seule en main vers la quarantaine, ce qui lui donna véritablement un nouveau départ dans la vie. Elle se lança dans une carrière après être restée au foyer pendant vingt ans. Avec ses encouragements, l'artiste blessé vendit son affaire pour s'arrêter et faire le point. « Si je flanche, cela n'a plus d'importance, au moins je n'ai plus l'impression que je la punirai. Elle est autonome maintenant. »

Pour quitter la famille

Bien que les mariages d'évasion soient plus communs chez les femmes, les hommes y sont également sujets.

« Pourquoi me suis-je marié ? Pour partir de la maison, pardi ! J'étais timide, mal à l'aise. Et voilà qu'une jolie fille voulait de moi. Je n'y ai pas réfléchi à deux fois ! »

Prestige et considérations utilitaires

Un partenaire bien choisi peut apporter un certain standing, ou aider de manière concrète à nourrir des ambitions.

« J'essayais de me prouver que je pouvais devenir P.D.G. de la société, explique un homme qui n'avait pas fait d'études supérieures et souffrait de ce handicap. Un ami me présenta à une jolie fille extrêmement riche. J'ai passé des heures et des heures depuis mon divorce à me demander dans quelle mesure le fait qu'elle soit une héritière m'avait influencé. »

Dans un autre cas, un docteur qui avait eu besoin d'un peu d'aide pour terminer ses études de médecine admet : « Le mariage ? C'était une question pratique. D'ailleurs on y revient toujours, comme à la démocratie. »

« Quand deux personnes tombent sous l'influence des plus violentes, des plus folles, des plus trompeuses et des plus fugitives passions — écrivit Shaw —, on leur demande de jurer qu'elles resteront constamment dans cet état de surexcitation, anormal et épuisant jusqu'à ce que la mort les sépare. »

Aucun homme âgé de plus de trente ans que j'ai eu l'occasion d'interviewer n'a dit qu'il était amoureux de sa femme lorsqu'il l'a épousée. Aucun ne m'a dit non plus que l'aspect sexuel avait constitué une cause déterminante. Une part d'amnésie intervient sans doute au sujet des émotions passées et l'explication s'en ressent, mais il existe également des changements profonds qui affectent notre perception intime des choses à mesure que nous avançons en âge.

Indépendamment du fait que l'aspect sexuel était comme mis de côté par les gens que j'ai interrogés, les réponses semblaient aller dans le sens des conclusions tirées par le psychiatre D. Jackson et l'écrivain W. Lederer de leur extraordinaire travail ayant porté sur des centaines de couples mariés. Ils écrivent en effet, dans *Les Mirages du mariage,* que les gens aiment penser qu'ils sont amoureux mais que l'émotion qu'ils interprètent comme de l'amour correspond en fait au désir sexuel, à la peur et à un besoin d'approbation.

Ce qui ne veut pas dire que l'amour soit absent. Beaucoup de ceux que j'ai interviewés parlent d'amour dix, vingt, voire trente ans plus tard. Une fois que le mythe du mariage est débarrassé de son poids d'illusions, il devient possible d'avoir une véritable relation affective. C'est pourquoi les seconds mariages se réalisent dans un esprit moins conventionnel et avec davantage de sentiments profonds. Une des conventions dont on se débarrasse le plus volontiers est celle du mariage lui-même. Bien des gens trouvent qu'il est plus facile de vivre ensemble lorsque le choix est réalisé volontairement par les deux intéressés.

L'affection et le soutien que s'apportent alors les partenaires dépendent moins de stéréotypes et font une plus large part à la reconnaissance des qualités et des caractères de chacun. Ce n'est plus la catastrophe s'il refuse d'aller chez ses beaux-parents, s'il a des amies intéressantes, s'il ne sait pas faire de ski, s'il aime passer son samedi dans le garage à faire ce qu'il appelle de la sculpture, s'il fait l'amour passionnément certains matins, et s'il s'endort certains soirs. Le ciel ne menace plus de lui tomber sur la tête si, de son côté, elle obtient une promotion, va faire du ski toute seule, reprend sérieusement ses études, lit tranquillement le journal pendant qu'il débarrasse la table ou passe son samedi soir à jouer de la flûte, seule dans sa chambre.

Malheureusement, ce n'est pas comme cela que nous envisageons les choses à vingt ans. Les jeunes parlent constamment de leurs vies comme de puzzles. Ainsi Sabine, la jeune femme dont il a déjà été question, qui évoquait ses retrouvailles avec un petit ami de lycée, après un an de séparation : « Soudain, rien ne collait plus. Les morceaux du puzzle n'allaient plus ensemble. »

L'idée réconfortante dans le puzzle, c'est qu'il semble avoir une logique inexorable. On ne peut faire qu'un choix, et le bon. Avec un peu de patience, tout se met en place une fois pour toutes.

Dans la vie, au contraire, les morceaux changent constamment de forme, ou nous glissent des mains. A peine pensons-nous être parvenu à conquérir une certaine stabilité que nous découvrons un aspect de notre caractère qui remet les choses en question. Il peut aussi se faire que nous nous éloignions de notre compagnon, que nos enfants exigent davantage d'attention, que nos parents commencent à être moins présents et nous fassent pressentir qu'ils nous laisseront bientôt un vide.

La règle absolue consiste à accepter d'abandonner ce qui ne nous satisfait plus et d'admettre que les autres en fassent autant. Ces difficultés trouveront leur solution avec le temps. Les hommes et les femmes qui continuent de progresser finissent par donner une cohérence à tous les aspects de leur personnalité. Nombre de ces aspects sont liés à des rôles sexuels stéréotypés. A vingt ans, les impératifs culturels qui façonnent la conduite des hommes sont très différents de ceux qui façonnent celle des femmes ; les conséquences de cette disparité se font sentir à la quarantaine. L'examen approfondi du déroulement du cycle de la vie humaine permettra d'éclairer ces distinctions.

Chapitre 11
Mais pourquoi les hommes courent-ils comme ça ? Et pourquoi les femmes ne font-elles pas comme eux ?

Les hommes doivent le faire. Les femmes n'y sont pas obligées. Un homme à vingt ans doit mettre toute son énergie à devenir indépendant, ou alors il se rendra ridicule. Toutes les recommandations qui lui sont faites visent à lui rappeler que les années de ses vingt ans et de ses trente ans sont destinées à lui permettre de chercher à acquérir la maîtrise de ses talents ; il s'agit du temps pendant lequel il doit obtenir l'approbation des autres et en être récompensé. S'il se trouve qu'il a le désir d'être reconnu, il doit alors être constamment attentif à sa vraie maîtresse : sa carrière. Toutes nos traditions, toutes nos institutions aident à baliser le chemin, en applaudissant les hommes qui le suivent et en leur laissant toute latitude pour gagner le succès.

Une femme n'est pas obligée de conquérir son indépendance à vingt ans. Elle peut s'attacher à quelqu'un de plus fort. Elle peut devenir mère de famille et bonne maîtresse de maison en contribuant à réaliser les rêves de son mari. Si elle refuse ce modèle, elle se heurte aux difficultés qui résultent de ce qu'on permet aux hommes et ce qu'on interdit aux femmes. La femme qui veut accomplir quelque chose a toujours été exposée au même genre de menace que celle qui pèse sur le jeune homme qui ne fait rien : *Personne ne voudra de toi. Tu te retrouveras toute seule à soixante ans.*

La confiance nécessaire pour s'attaquer aux problèmes qui vont se présenter pendant la vingtaine s'obtient au fur et à mesure des succès qui démontrent notre compétence. Les hommes, et, avec eux, les quelques femmes qui sont déterminées à se faire une place dans la vie, vont s'attacher à leur projet depuis la fac de droit jusqu'au cabinet de conseil juridique, par exemple, ou du poste de sténodactylo à celui de documentaliste. On peut penser que cette attitude adoptée de bonne heure contribue à acquérir une certaine stabilité.

Ceux qui ont l'expérience de la vie active pendant ces années ont un avantage certain sur ceux ou celles qui restent à la maison ou continuent leurs études, dans la mesure où ils cherchent à se former, et où ils ont beaucoup à gagner des personnes qu'ils rencontrent et de l'expérience qu'ils acquièrent. Acquérir de l'expérience donne un sentiment de maîtrise de soi et de puissance. C'est pourquoi les jeunes loups toujours prêts à offrir des idées neuves sont décontenancés lorsqu'on leur signifie : « Au large, jeune homme, vous m'ennuyez. » On s'attend toujours à ce que son talent soit apprécié à sa juste valeur. C'est malheureusement une illusion.

Un étudiant de troisième cycle en arts graphiques, qui admire beaucoup son professeur, qui est dévoué à l'art et se place au-dessus de toute préoccupation commerciale, est ainsi conduit à considérer les éditeurs et les agences comme des ennemis. Il s'agit ici encore d'une illusion. Après quelques années de travail auprès de ces mêmes agences, il est à parier qu'il regardera son professeur d'un autre œil, c'est-à-dire comme quelqu'un qui n'est jamais sorti de son cocon universitaire.

Vers vingt-huit, vingt-neuf ans, ce genre d'illusions a disparu. En essayant de réaliser son rêve, on devient moins rêveur.

La femme qui se marie au début de ses vingt ans, avec la ferme intention d'être une épouse et une mère, se trouve dans une situation plus floue. D'abord, il lui faut improviser un emploi du temps autour de celui des autres. Si, en plus, elle a un jeune enfant et qu'elle veut travailler, elle ne possède pas autant d'atouts qu'un homme pour mener à bien le travail qui lui incombe. Elle n'a encore aucune pratique ni dans le domaine des relations conjugales, ni dans celui de l'éducation des enfants, ni dans celui du travail. Comment rendre compatibles ces trois obligations concurrentes ? La carrière, qui donne un sentiment de stabilité à son mari, la plonge quant à elle dans le chaos.

Les hommes ont besoin des femmes pour soutenir leur rêve, pour l'alimenter, presque autant que d'un mentor. Levinson l'a très justement remarqué : « La femme aimée peut assurer les mêmes fonctions de développement que le mentor. Elle peut aider à définir et à poursuivre le " Rêve ", et créer une vie dans laquelle celui-ci puisse s'épanouir. » Il a même ajouté un petit remerciement au passage : « Bien sûr, une relation de ce genre avec une femme ne peut durer et être bénéfique que si elle permet aussi à la femme de progresser. » Merci, Levinson.

Voilà un « bien sûr » lourd de conséquences. Si les femmes avaient des « époux » pour s'occuper de la maison à leur place, pour rester avec les enfants malades, pour faire réparer la voiture, se battre avec les peintres, courir au supermarché, tenir les comptes, écouter les problèmes de chacun, recevoir à dîner, et changer les idées de tout le monde le soir au cours du repas, imaginez les possibilités d'épanouissement qui leur seraient offertes : le nombre de livres qui seraient écrits, le nombre d'affaires qui se créeraient, le nombre de postes universitaires qui leur seraient ouverts et de carrières qui se développeraient. Il y aurait en fait de quoi mettre les hommes au chômage ! On sait que la plupart des femmes qui ont des responsabilités de ce genre ont aussi des employées de maison très onéreuses qui accomplissent pour elles toutes les tâches domestiques.

Depuis quelques années, on voit les jeunes mettre à l'essai d'importantes variantes des anciens rôles attachés à chaque sexe. Il y a des femmes qui restent célibataires jusqu'à ce qu'elles aient suffisamment progressé dans leur carrière, mais il y a aussi des maris qui font leur part de travail domestique.On assiste même parfois à l'interversion des rôles : le mari artiste qui reste à la maison et travaille pendant la sieste des petits, et la femme qui appelle du bureau pour lui dire qu'elle a invité quelqu'un au dîner.

Les modèles de conduite imposés par la culture à une génération donnée expliquent les traits de personnalité qu'on étouffe ou développe pendant ses jeunes années. Ces traits sont souvent associés aux préjugés qui existent vis-à-vis de la masculinité et de la féminité. Les qualificatifs mêmes d'« actif » et de « passif » que l'on donne à l'un et à l'autre sexe dépendent d'une interprétation culturelle.

Ainsi, ces deux qualificatifs décrivent deux styles de conduite : celle par laquelle on prend l'initiative, on amorce un rapport, on cherche à exécuter ses voeux, et celle qui répond aux besoins et aux voeux des autres. Aucune de ces deux caractéristiques n'est exclusive de l'un des deux sexes. Le fait qu'elles se rencontrent toutes les deux, à des degrés divers, en chaque individu, signifie qu'il existe chez chacun une tension constante entre une tendance à l'union et une tendance à l'action. Ce qui est sûr, c'est que notre culture valorise l'initiative chez les hommes et la passivité chez les femmes.

Les mauvais vieux jours

A cette époque, les jeunes hommes essayaient tant bien que mal de se frayer un chemin dans le monde du travail. C'est alors que pouvait commencer le long processus d'ajustement de leurs talents et de leurs espoirs avec une expérience réelle. Petit à petit, témoignage de leurs compétences, leur travail pouvait être reconnu par différents milieux : par les hommes plus âgés qui leur offraient des promotions, par leurs contemporains avec qui ils étaient en concurrence et par leurs femmes qui dépendaient d'eux. Vers la trentaine, la plupart de ceux qui avaient reçu une formation, dans quelque domaine que ce fût, pouvaient se croire sur la voie du « succès ».

Le cheminement était pour les femmes bien différent. Après quelques années de travail pour s'acheter nappes et couverts, ou passées à l'université (dans les cas exceptionnels), une femme se mariait et se retirait du monde pour se consacrer à un homme et à un nombre variable d'enfants. Elle devait de son côté apporter la preuve de ses compétences : apprendre à calmer les hurlements d'un bambin, lui enseigner la propreté, savoir faire surgir de ses casseroles un festin au moment des fêtes, équilibrer son budget ; or, tout cela était nouveau et souvent difficile. Dans un premier temps, ce travail était assez satisfaisant. Mais une jeune femme mariée était bien isolée et n'avait pratiquement personne pour l'encourager. Dans le même temps, son mari était en train de progresser dans des sphères si élevées et si lointaines qu'il lui devenait impossible d'expliquer à sa femme ce qu'il faisait.

La disparité évidente de ces expériences fut révélée dans une étude conduite par l'Institut du développement humain de l'université de Berkeley. Elle portait sur 171 personnes qui avaient passé leur vie dans la région de San Francisco et qui, on le découvrit plus tard, se révélaient être plus mobiles dans l'échelle sociale que la majorité des gens de cette époque. L'étude retraçait leurs vies depuis la naissance jusqu'à trente ou quarante ans.

Les conclusions tirées en ce qui concerne les hommes furent les suivantes : de l'école secondaire à la trentaine, leur confiance en eux-mêmes était en progression constante. Ils étaient devenus plus responsables, plus productifs, de plus en plus conscients de leur indépendance et de leur aptitude à maîtriser leurs tâches. A trente ans, ils étaient en pleine possession de leurs moyens intellectuels et physiques et apparaissaient assez satisfaits d'eux-mêmes. Dans le même temps, ils étaient devenus moins sentimentaux et moins tendres.

Par contraste, les femmes vers la trentaine étaient moins sûres d'elles que lorsqu'elles étaient adolescentes ; elles étaient devenues « soumises, peureuses, aliénées et hostiles, et montraient des complexes de culpabilité ». Les seuls bénéfices qu'elles avaient eus étaient liés à leur rôle d'épouse et de mère ; elles avaient tendance à être protectrices, et connaissaient le déclin de leur jouissance sexuelle. Elles avaient perdu la belle assurance que leur donnait leur sex-appeal et n'étaient véritablement à l'aise que dans leur rôle de mère.

Les beaux jours

A partir de l'avènement de la génération « unisexe », il est devenu plus aisé pour un garçon d'être sensible et tendre. Et combien de fois entend-on dire par ailleurs qu'il est facile d'être une femme aujourd'hui !

Si les choses ont certainement beaucoup changé, sont-elles devenues pour autant plus faciles ? Ce peut être le cas si l'on considère les obstacles extérieurs, dont on est effectivement en train de se libérer, mais la lutte d'un individu contre lui-même peut être toujours aussi dure. Pourquoi ?

Les femmes d'aujourd'hui ont beau être courageuses, leur courage s'applique encore aux vieux principes de conduite liés à certains rôles. Même si elles sont conscientes du piège de l'aliénation et du danger de perdre leur indépendance, elles n'ont guère été préparées depuis leur enfance à refuser les rôles tout faits qu'on leur suggère de jouer.

A qui donc doit ressembler la jeune fille d'aujourd'hui ?

La mère qui a acquis un sens de son identité offre à la jeune fille un modèle exemplaire. Et il y a de plus en plus de mères de cette sorte. L'avenir est plus confus pour les filles de celles qui sont simplement résignées ou n'ont pas d'identité personnelle. La jeune femme qui ne désire pas suivre les pas de sa mère doit se dépêcher avant d'être séduite par les vieilles images du sanctuaire familial. Or, le meilleur moyen d'échapper à ce danger est de se glisser dans la peau d'un autre. Et où peut bien se trouver le moule prêt-à-porter le plus proche ? Le voilà, il lit son journal là-bas dans son fauteuil.

Eurêka ! Je serai comme lui ! Lui, au moins, il sait qui il est. Si je deviens sa réplique, ce sera la même chose pour moi. Je serai comme à l'intérieur de lui, alimentée de toute son énergie. Alors j'aurai confiance et on me respectera.

Ecoutons ces femmes qui affirment avoir découvert le moyen de se réaliser. Les femmes d'avocats se trouvent soudain des velléités de finir leur droit. Pas nécessairement pour travailler, simplement pour compléter leurs études. Les femmes de professeurs veulent préparer une thèse. Les femmes d'hommes d'affaires ne parlent que d'avoir leur boutique ou leur agence immobilière, les femmes de docteurs enfin désirent obtenir leur diplôme de médecine, même si elles ne se sentent pas de véritable vocation pour la médecine.

Comme beaucoup de jeunes femmes d'aujourd'hui, Véronique par exemple se compare à son compagnon et se dit : « S'il en est capable, aucune raison que je ne le sois pas. » La différence est que son mari est un homme, qui agit comme un homme se doit de le faire aux yeux de tous. Son père, sa mère, ses amis, ses professeurs, la société tout entière s'allient pour l'aider dans la voie qu'il a choisie. Mais la même réalité qui aujourd'hui permet à Véronique de poursuivre une carrière — son professeur et son mari qui l'encouragent — lui demande de rompre les attaches avec maman et d'abandonner son amour de petite fille pour son père. Le contexte social s'oppose implicitement plus à ses projets qu'il ne les favorise.

La peur du succès

Martina Horner a montré qu'il existait chez de nombreuses femmes un type de conduite caractérisé par la peur du succès. Dans une étude réalisée en 1968, elle prouva que les motivations des étudiantes sont teintées d'ambivalence. Réussir dans ses études, surtout dans des conditions de concurrence avec les hommes, peut aboutir à détruire l'affection et la camaraderie. Plus la jeune femme est compétente, plus elle a de doutes sur sa volonté de réussir.

Il ne s'agit pas seulement de la peur de ne pas se marier. Cette peur du succès et de l'échec combinés continue à se manifester après le mariage, même avec le soutien de quelqu'un d'encourageant (comme le mari de Véronique), pendant une dizaine, voire une vingtaine d'années.

Le dilemme psychologique profond est de savoir mettre au défi son « gardien intérieur ». La femme, à qui ses parents ont appris que son rôle était de plaire à un homme, court de grands risques à devenir trop indépendante. Au moment où elle commence à contrôler son propre destin, son « gardien intérieur » peut être furieux de cette désobéissance ; il va se montrer tyrannique, la ridiculiser ou bien la punir en la faisant échouer.

La peur de la douceur

Parallèlement, il est demandé aussi aux garçons de gommer certains aspects de leur personnalité et, en particulier, tout ce qui peut entraver l'action et compliquer le déploiement de leur virilité. En plus de renoncer à leur attachement pour leur mère, il leur faut aussi, pour plaire à leur père et pour gagner l'approbation du monde, étouffer la plupart de leurs émotions. Les hommes doivent être forts et non pas doux.

Le système de défense le plus utile est de nier ces sentiments. Quand les garçons se sentent faibles ou ont envie de pleurer, on leur apprend à nier leurs émotions ou à les projeter sur un obstacle extérieur. Dans la mêlée au rugby, on ne les encourage pas à se poser des questions sur leurs blessures, ou à sympathiser sur le sort de ceux qu'ils blessent.

Bien que la négation soit un mécanisme de défense qui manque de maturité, elle sert à emmurer les doutes qui entraveraient les premiers pas dans un monde plein de risques. L'action est plus facile quand on ne s'analyse pas trop ou qu'on ne s'embarrasse pas de sentiments, même si cela doit amputer la sensibilité.

Voir plus loin que le bout de son nez

Si nos personnalités et nos vies étaient déterminées pour toujours à la fin de nos vingt ans, l'existence serait bien lugubre pour nous tous. Nous verrions de jeunes hommes passer le reste de leurs jours victimes de leur succès, faire la course sur une piste sans ligne d'arrivée et sans autre sentiment que ceux d'un cheval. Les femmes, qui se sont mariées jeunes et ont des enfants, se convaincraient jour après jour de leur incapacité, elles se laisseraient aller et grossiraient. Si cela arrive parfois, c'est surtout à ceux qui ne veulent pas risquer de changer et de mûrir, ce qui de toute manière est difficile à éviter, ne serait-ce que pour survivre à certains accidents de la vie.

Pour la majorité de ceux qui ont vingt ans aujourd'hui, une histoire fantastique et mystérieuse les attend. C'est leur propre histoire, pleine de passion et de dangers, pleine de faux obstacles qui les détournent des vrais, pleine de surprises et de changements aussi où s'ouvriront des passages secrets vers les aspects refoulés de leur personnalité. Et en définitive, à la fin de cette histoire, ils ne seront jamais très sûrs de ce qui s'est passé.

Le fondement de notre identité passe de l'extérieur vers l'intérieur, et c'est ce mouvement psychologique qui est la clef du mystère, la cause du processus qui pousse tant d'hommes et de femmes à changer de cap entre la vingtaine et la quarantaine.

Ce changement est frappant quand on écoute des hommes et des femmes raconter leur histoire. Les différences sont particulièrement nettes dans la manière dont chacun parlait de la première partie de sa vie. Les hommes évoquaient ce qu'ils avaient fait, les femmes les personnes avec qui elles avaient vécu.

En d'autres termes, les hommes reconstruisaient leur vie selon la carrière qu'ils avaient choisie. Ils se mesuraient à chaque pas accompli pour réaliser leurs ambitions. Les amours n'étaient qu'accessoires comparés au grand désir du succès et du statut professionnel. Ils parlaient de leurs femmes et de leurs enfants tantôt comme des soutiens, tantôt comme des obstacles à leurs ambitions ; ils évoquaient rarement de leur propre chef les besoins ou les désirs de ceux qui leur étaient les plus proches.

Tout au contraire, la vie des femmes apparaissait liée à leurs attachements : parents, amants, maris, enfants. Le point focal de leur existence était l'état de ces relations humaines.

La poursuite d'un rêve individuel était plutôt quelque chose à prendre au passage, à abandonner si nécessaire, quitte à le reprendre éventuellement un jour. Ce rêve ne pouvait être poursuivi qu'avant le mariage, entre les naissances ou encore après un divorce. Les femmes qui avaient choisi de suivre une carrière la décrivaient comme un choix inéluctable qu'elles avaient eu à faire entre leur métier ou leurs amis, et qu'elles avaient peur un jour ou l'autre de regretter. Il fut rare de trouver une femme de moins de trente-cinq ans, même une femme douée qui avait réussi dans la vie, qui se soit sentie complète sans un homme.

Jusqu'à une époque très récente dans notre civilisation, la plupart des hommes et des femmes passaient une bonne partie de leur vingtaine et même de leur trentaine à vivre dans l'une des deux illusions suivantes : que le succès de leur carrière les rendrait immortels ou qu'un compagnon les compléterait. (Même à l'heure actuelle, ces illusions font long feu.) Les hommes et les femmes ne suivaient pas les mêmes routes. La carrière comme but suprême menait au cul-de-sac émotionnel. Mais l'attachement à un homme et à ses enfants était-il plus complet comme but ultime dans la vie ?

Chaque sexe semblait détenir la moitié du morceau et se sentir mal à l'aise de n'avoir pas l'autre. Les moitiés manquantes faisaient-elles partie du même morceau ? Les hommes possédaient les atouts nécessaires pour progresser dans la vie, tandis que les femmes pensaient avec perspicacité qu'il ne servait à rien de devenir directeur si c'était pour perdre le contact avec sa famille et se durcir.

La femme était jalouse des atouts de l'homme. L'homme était troublé par la vérité de la femme.

Vers le milieu de la vie, les choses commencent à changer. La plupart des hommes que j'ai interviewés étaient plus réceptifs à leurs émotions et à la communication, tandis que l'esprit d'initiative se développait chez la plupart des femmes. Quelle en était la raison ?

Chapitre 12
L'homme et la femme évoluent

Chez la jeune femme mariée de trente-cinq ans, il y a une petite fille qui se souvient du plaisir qu'elle avait à gagner aux jeux, à avoir la meilleure note en classe, à maîtriser un cheval fougueux ou à faire vingt tours piqués sur les pointes avec les pieds ensanglantés (mais cela n'avait pas d'importance, on continuait parce que tout le monde applaudissait). Une petite fille qui avait confiance en elle-même, qui avait des ambitions et qui écrivait dans son journal : « Quand je serai grande, je serai comme Elizabeth Taylor » et qui est maintenant probablement la mère d'une petite fille qui à son tour dit : « Je vais devenir une vedette. »

Comment se fait-il que cette femme qui a maintenant trente ans en soit encore à quémander son argent de poche à un homme ? Et lui, que fait-il donc toute la journée dans son bureau avec ces jeunes filles en fleur qui lui font dire, lorsqu'il rentre : « Je suis trop fatigué ce soir, chérie » ? Ne comprend-il donc pas que dans le corps de sa femme que les années ont amené à maturité, il y a un désir et une vie intense ? Pourquoi doit-elle vaincre l'ennui de ses jours ? Tuer le temps est un acte suicidaire. Le temps qu'elle tue est le seul qui lui reste à vivre.

Trente-cinq ans, c'est l'âge où les doutes refont surface : « Je ne sais plus ce en quoi je crois » ou « Je ne suis même pas sûre d'aimer mes enfants », et c'est en même temps l'âge où l'on a de plus en plus envie de prendre sa vie en main et se sentir responsable. Les mots varient selon les femmes, mais, au-delà de la terminologie employée, ils évoquent tous la même chose. « A moi le monde ! Je veux être intelligente, je veux que l'on reconnaisse mes talents. Puis-je tout reprendre là où je me suis arrêtée ? Suis-je encore séduisante ? J'aimerais que quelqu'un me prenne au sérieux. J'aimerais que quelqu'un m'aide à ne plus avoir peur. »

Derrière l'assurance du cadre de quarante ans, acharné au travail, connu surtout par sa profession, il y a un petit garçon qui se retient de pleurer : « Le temps m'échappe ! » Un petit garçon qui voudrait bien déclarer : « Dites, je suis désolé de faire tout ce que je suis obligé de faire, de décourager les jeunes talents, d'envahir mon bureau de notes et de papiers, de mettre toute mon énergie à faire sortir des produits superflus, alors que je préférerais être le meilleur ami de quelqu'un (de mes enfants, par exemple), ou faire quelque chose un tant soit peu utile pour le monde. Mais le temps passe vite. Si je ne me dépêche pas de devenir directeur, ou d'écrire ce best-seller, je serai un raté. Un raté qui attend qu'on se débarrasse de lui. Je ne suis pas très fier de faire de la lèche à toutes les huiles de la boîte quand ma propre femme à la maison donnerait tout pour un regard ou un sourire. Mais tout ce que je sais faire, c'est réussir, être le premier et, mon Dieu, voilà que je ne peux même plus compter sur ma virilité ! Elle risque toujours de m'abandonner quand j'en ai le plus besoin. »

Les traits de caractère, qui transparaissent chez cet homme mûr, sont ceux-là mêmes qu'il ne pouvait admettre plus tôt. Sa disponibilité, sa vulnérabilité et aussi toutes ses zones d'ombres. « J'aimerais que quelqu'un me laisse être ce que je suis véritablement, tendre quelquefois, dépendant aussi, mais surtout vaniteux et gourmand, jaloux et agressif. J'aimerais que quelqu'un accepte le fait que je ne suis pas toujours le plus fort. J'aimerais que quelqu'un fasse disparaître cette peur. »

C'est vouloir se décharger de son travail sur les autres. La seule personne qui puisse accomplir ces changements, pour l'homme comme pour la femme, c'est l'intéressé lui-même. Avant quarante ans, il n'est pas facile d'abandonner les fantasmes de protection que l'on projette sur les autres, parce que les seuls points de repère auxquels nous puissions nous identifier sont nos parents, nos enfants ou nos mentors. Quand nous arriverons à la seconde partie de notre vie, nous aurons connu bien des séparations et bien des pertes. Nous aurons découvert que les liens que nous croyions vitaux ne le sont pas. Et cette découverte nous oblige à nous chercher nous-même.

Carl Jung fut le premier grand psychanalyste à considérer le milieu de la vie comme la meilleure période, la plus favorable au développement de la personnalité. Parce que, enfin, nous parvenons, à ce stade de recherche de notre unicité, à l'harmonie qui nous a toujours manqué. Comme l'espoir de trouver une quelconque sécurité auprès des autres s'estompe, le conflit se précise. Par conséquent, les images archétypiques de « féminin » et de « masculin » que nous projetions inconsciemment sur notre conjoint n'ont plus lieu d'être. Jung parle de la nécessité de « prendre conscience des aspects multiples et ambivalents de notre sexualité et de les intégrer », ce qui permet une vision enrichissante de notre expérience.

Le moins qu'on puisse dire, c'est qu'il s'agit d'un processus dérangeant. « Il n'est pas difficile d'imaginer ce qui se passera quand le mari fera la découverte de sa propre tendresse et la femme de l'acuité de son esprit », écrit-il. En revanche, l'homme mûr qui devient efféminé, ou la femme du même âge qui devient belliqueuse, sont des personnes qui n'ont pas su accorder l'importance nécessaire à leur vie intérieure. Levinson, lui aussi, cite comme une des tâches majeures de l'homme, vers le milieu de sa vie, l'acceptation de son côté féminin.

Les hommes voient souvent poindre en eux des sentiments auparavant étouffés. La quarantaine, c'est le temps de découvrir cette sensibilité qui ne seyait pas très bien au jeune loup dynamique de vingt-cinq ans. Cette sensibilité et ces émotions qu'ils laissaient à leur compagne.

Dans *Amarcord* qu'il a réalisé passé quarante ans, Fellini nous dit : « L'homme a toujours considéré les femmes comme un mystère sur lequel il projette ses rêves. Elle est mère, épouse ou putain, la Béatrice de Dante ou la muse. A travers les âges, l'homme a toujours apposé un masque sur le visage de la femme et chaque masque est en quelque sorte la partie inconsciente de lui-même. »

La femme d'action

Qu'arrive-t-il aux femmes de trente-cinq ans qui prennent le risque d'admettre leur désir d'indépendance ? Celles que j'ai rencontrées s'étaient découvert toutes sortes de talents et de possibilités en plus de leur attachement aux hommes et aux enfants. Certaines s'étaient mises à peindre, d'autres à écrire, à faire de la photo, s'adonnant à toutes sortes d'activités créatrices. Certaines avaient repris leurs études avec plus de ténacité et de volonté d'aboutir. D'autres encore avaient mis à profit ce qu'elles avaient appris en dirigeant leur famille pour se lancer dans des entreprises personnelles, se recycler ou encore briguer des positions électorales. Comparées aux orchidées fanées qui s'étaient « bien mariées » mais qui restaient à languir dans leur serre, ces fleurs à leur deuxième floraison se sentaient plus belles, plus mystérieuses, plus passionnantes qu'elles n'avaient été au cœur de leur plus belle jeunesse.

Marie, par exemple.

L'avant-dernière fois que je l'ai vue, elle avait enfin cessé de croire à sa propre nullité. Je l'ai compris au moment où je l'ai aperçue au fond du salon. Nous étions à une soirée d'organisation pour un festival international d'art féminin. La plupart des femmes présentes étaient de riches dames qui essayaient d'acquérir le plus d'importance possible en patronnant le projet. Marie n'était pas comme elles, c'était une artiste de plein droit.

— Que t'est-il arrivé ? lui demandai-je.

— Tout ! Tout en même temps. Cette semaine on imprime un de mes livres de photos. C'est l'éditeur qui m'a sollicitée ! J'ai une exposition dans une galerie le mois prochain, et *Camera 35* me consacre la moitié de son programme ! Un rêve.

Et elle continuait, si exubérante que j'en oubliais le long voyage qui l'avait amenée jusque-là. C'était une femme qui, pendant trente-cinq ans, avait toujours craint d'affirmer son autorité. Elle avait rejeté tout ce qui pour elle représentait la sécurité. Elle avait quitté son mari, un homme que tout le monde aimait beaucoup, et enduré l'indifférence de ses enfants. Récemment, me dit-elle, elle avait même quitté la personne qui lui avait fait découvrir la photo : il n'acceptait pas qu'elle ait plus de talent que lui.

« J'ai un amant qui vit à l'autre bout du pays, disait-elle maintenant. On s'est rencontrés dans un atelier de photo. C'est quelqu'un qui est très apprécié dans son domaine, et il respecte mon travail. Je n'ai plus besoin de faire semblant d'être moins bonne que je ne le suis. Il ne me distrait pas ; je ne l'encombre pas. Et quand nous nous retrouvons c'est — commment dire ? — comme se baigner nu pour la première fois. Mes enfants recommencent à bien m'aimer, et je m'en fiche pas mal si j'ai les seins qui pendouillent. J'ai quarante et un ans et je nage dans le bonheur. Quelquefois, je me surprends à rire tout haut dans la rue ! »

Un besoin d'indépendance s'était déjà manifesté lorsqu'elle avait trente ans, mais elle l'avait aussitôt réprimé. Elle s'était laissé prendre au piège de la sécurité, et comme tant de femmes n'arrivait plus à s'en sortir. Par ailleurs, elle ne pouvait pas s'épanouir vraiment : il lui fallait passer des étapes successives. Elle fit une dépression nerveuse larvée.

Qu'était-elle donc allée faire à Porto Rico cet été-là ? Surtout avec trois enfants en bas âge à langer dans un deux-pièces donnant sur les égouts de San Juan. Suivre son mari. Oui mais, lui, il était en poste à des heures de là, en pleine forêt, dans un camp. (Cela lui ressemblait bien de se porter volontaire là où il pouvait le plus aider l'humanité.) C'était un pasteur « engagé », dirions-nous. Une fois par semaine, il prenait donc l'avion pour venir voir sa petite famille à San Juan. Marie ne le voyait qu'au dîner. Le reste du temps, il le passait à la plage, dans l'eau, à perfectionner son radeau. La chaleur du mois d'août devenait opprimante. Les cancrelats foisonnaient sous la moquette humide, et Marie commença à souffrir du dos. Toute la semaine, elle s'énervait sur les enfants.

Quand le pasteur venait le dimanche, elle entrait dans de violentes colères et jetait tout par la fenêtre.

Il commença à ne plus passer la nuit à San Juan. Un jour qu'il leur rendait visite, elle explosa :

— Si je me baisse encore une fois pour ramasser le bébé, je me casse en deux, hurla-t-elle. Ou je le balance par la fenêtre. (Pas de réponse.) Tu ne veux pas me parler ? S'il te plaît, j'ai peur. Je sens que je vais craquer.

Le pasteur n'en fut pas troublé.

Marie en tira une leçon : il était de ceux qui ne pouvaient exercer leur compassion qu'à distance. Pour tous ses étudiants qui écoutaient avec vénération ses théories philosophiques, il était l'homme de toutes les réponses. Il savait réconforter les parents du jeune suicidé, inspirer à la jeunesse des idéaux merveilleux, apaiser les mourants. Mais, vis-à-vis des souffrances et des problèmes de ses proches, le pasteur n'avait aucune tolérance. Il ne voyait pas. Il n'entendait pas.

C'est ce genre de personne que l'on trouve dans les communautés religieuses, dans la vie politique, dans la psychiatrie, ou toutes professions qui leur permettent d'aider les autres sans s'impliquer vraiment et qui leur épargnent les dangers du tête-à-tête.

D'ailleurs, si Marie avait écouté son intuition, elle ne l'aurait jamais épousé. Seulement, à vingt-deux ans, ce n'était pas l'intimité et la compréhension qu'elle cherchait ; elle voulait un homme autoritaire qui ferait ce qu'elle était incapable de faire : s'opposer à son père. Le père de Marie était un musicien célèbre, constamment en tournée dans le monde entier, qui dominait sans efforts tous ceux qui l'entouraient. Il avait une personnalité dévorante, mais il était facile de lui plaire : il suffisait de lui dire « oui ».

Oui, elle voulait bien monter sur les planches. A peine eut-elle prononcé ces mots à cinq ans qu'on l'envoya au cours de danse, qu'à partir de onze ans elle fréquenta sans plus même aller à l'école. De quoi pouvait-on bien parler à l'école ? Elle mourait d'envie de savoir. Elle vivait retranchée dans une solitude épouvantable. Parce qu'elle avait dû passer le cap de la puberté toute seule, Marie mit longtemps à rejoindre ceux de son âge. Ce n'est que plus tard qu'elle connut les douceurs et les plaisirs de l'adolescence.

La nature lui épargna la carrière de danseuse que son père lui avait réservée. L'adolescente se transforma en une jeune fille potelée et appétissante, qui ne pourrait jamais égaler Markova, quoi qu'on fît. Alors on eut recours aux impératifs du destin familial pour pallier les caprices du sort : elle serait actrice.

« Je voulais aussi faire plaisir à ma mère, dit-elle à quarante et un ans, mais ce n'est que *maintenant* que je m'en rends compte. C'était elle qui disait tout le temps : “ Arrête de te ronger les ongles ;

personne ne voudra de toi. Arrête de lire ; personne ne voudra de toi ! " »

A vingt-deux ans, elle vivait donc l'idéal familial : elle mourait d'ennui dans une troupe théâtrale. C'est à ce moment-là qu'elle fit la connaissance du pasteur et de ses amis professeurs si brillants, son Proust et son Dostoïevski, ses histoires passionnantes sur les tourments de la guerre et de la pauvreté : un monde séduisant, entièrement nouveau pour elle. Mais ce fut chez lui tout autre chose qui l'attira vraiment.

Un jour, elle l'entendit répondre à son père. Au lieu de se confondre en respect, comme tous les autres, il lui avait opposé une réponse nette et tranchée. Marie fut transportée.

« J'ai pensé alors que cela allait sauver ma vie ! Il était maintenant un contre-poids respectable, solide et officiellement reconnu. Il me sécurisait. Il disait non à mon père pour moi. Mon intuition m'avertit à la dernière minute qu'il y avait quelque chose d'irréel à notre mariage. Je ne le voulais pas vraiment mais je pensais que je devais l'épouser. Il avait les mêmes réserves, à ce qu'il paraît. Mais il ne m'en a jamais parlé pendant vingt ans ! »

Marie passa ses vingt ans à essayer de substituer quelque chose au rêve de son père que le mariage avait éteint. Elle s'arrangea pour être enceinte. « Il fallait absolument que je m'assure que j'existais. » Elle eut un enfant, puis deux autres suivirent rapidement. La maternité ne dissipant pas son malaise, elle devint la cantinière des élèves de son mari. C'était amusant et très vivant. Malheureusement, le soir, chacun rentrait chez soi.

« Il y a quelque chose dont je voudrais te parler », disait-elle doucement. Un éclair de panique apparaissait alors dans les yeux de son mari. Puis il sombrait dans un sommeil profond.

« Peut-être devrions-nous nous battre quelquefois », plaidait-elle. Rien. Le racisme pouvait le mettre en colère, le Vietnam, la famine au Pakistan, mais la consomption d'une femme qui le désirait, non. Cela ne pouvait l'émouvoir. Encore moins qu'elle pût souffrir. Se pencher sur les problèmes de Marie lui aurait révélé ses propres barrières intérieures.

« Après sept ans, je commençais à être attirée par d'autres personnes, se rappelle Marie. J'étais vidée. Je n'avais plus rien à lui donner. J'avais embrassé ses causes les plus diverses, mais c'était pour moi autant de maîtresses qui prenaient tout son temps, toute son énergie, toute sa passion. Il ne restait plus rien. »

Si nous n'assumons pas ce besoin de changement qui est une nécessité vers trente ans, nous risquons de nous fixer sur des aspects secondaires de notre existence ou d'avoir un comportement régressif. De cette manière, on évite de se confronter à son « gardien intérieur ». C'est ce que fit Marie.

Avant que tout ne craquât à Porto Rico, elle avait vite fait ses valises et était rentrée, dissimulant cette rupture sous le couvert d'une activité débordante ; enregistrant des disques pour les aveugles, faisant des dons aux défavorisés, prodiguant des soins excessifs aux enfants. « Il ne fallait surtout pas rester inoccupée. Je me disais : quand il reviendra en novembre, il verra tous les efforts que j'ai faits pour ne pas craquer et on repartira à zéro. »

L'idée que l'on peut changer sa personnalité lorsqu'on le désire est bien une idée que l'on a à vingt ans. Marie était un peu trop âgée pour caresser ce genre d'illusions. Au réveillon du jour de l'An, elle eut une brève liaison sans passion avec un des associés de son mari. Il avait le même statut qu'elle. Ils aimaient le même homme et reconstituaient avec amertume la vie personnelle du pasteur, pendant que lui récoltait les lauriers de son travail. Ils se rencontraient en secret dans des voitures, jouant chacun la passion. La vérité, c'est que Marie n'avait aucune vie sexuelle. Etant donné le plaisir que lui procurait son corps, elle aurait pu tout aussi bien être une danseuse misérable à la poitrine plate.

La veille du jour de Pâques, à la fin du Carême, Marie sentit un étrange silence dans la maison. Son mari l'appela dans la chambre. C'était bien la première fois qu'une telle chose se produisait !

« Je réalise que la seule chose qui te fasse supporter la vie, c'est de voir Untel, dit-il. Je le sais. Mais je ne veux pas te culpabiliser. Moi aussi j'ai eu une aventure à Porto Rico. »

Cette confession ne changea rien : Marie ne lui pardonnait pas pour autant, et par ailleurs elle n'éprouvait aucun sentiment de culpabilité.

« Je ne pouvais pas partir à cause des enfants, explique-t-elle. Ils étaient trop jeunes. J'étais inconsciemment persuadée que ce n'était plus qu'une question de patience. »

Durant toute cette période de sa vie, Marie eut un comportement à la fois régressif et autodestructeur. Elle comblait le vide de ses journées en faisant des achats. Et tous les jours on pouvait voir sur la Grande Avenue cette femme appétissante faire du lèche-vitrine comme une adolescente à la recherche de la bonne paire de chaussures. La police ramassait régulièrement sa voiture. Ses enfants l'attendaient à l'école, oubliés. Le soir, elle buvait suffisamment pour coucher, sans discrimination, avec les collègues de son mari. Toutes ces rencontres se ressemblaient : brèves, froides, sèches, anonymes. La seule manière qu'elle avait de connaître le nom de ses amants était de consulter la liste des professeurs. Mais cela ne l'intéressait même pas.

« Je me mourais. Et puis voilà qu'un jour, à trente et un ans, ce fut le Grand Amour. L'amour parfait, l'amour-plénitude, l'amour comme on ne peut le connaître qu'une seule fois dans sa vie. Et je réalisai tout ce que j'avais manqué. C'était une situation impossible : un étudiant de dix-neuf ans. Mais il me comprenait comme personne, y compris ma mère, ne l'avait jamais fait. Il voyait mes faiblesses. Il savait comment traiter mes complexes de culpabilité. Pendant que mon mari était en haut en train d'écrire ses sermons, nous prenions le thé et discutions des heures dans la cuisine. J'étais capable tout d'un coup de me regarder et de parler de moi-même. Mes rapports avec mes enfants s'améliorèrent parce que quelqu'un m'apportait une raison de vivre. Pendant trois ans, j'ai vécu une double vie. »

Elle glissait progressivement vers l'amour adolescent, fait surtout de conversations. Grâce à cette relation narcissique qu'elle n'avait jamais connue plus jeune, où l'autre est un miroir qui nous renvoie notre image, elle pouvait enfin s'appréhender.

Trente-cinq ans fut un tournant. Elle prit soudain conscience que sa vie était suspendue à cet homme et résolut de trouver un moyen d'expression qui lui fût personnel, lui permît enfin d'être indépendante et d'acquérir à la fois une certaine maîtrise d'elle-même et l'estime des autres, parce que, jusqu'à présent, elle ne s'était exprimée qu'à travers les autres, ses amants, son mari et ses enfants. C'est avec des mots plus propres à évoquer une liaison amoureuse qu'elle parle de cette nouvelle passion :

« La photo m'a séduite », dit-elle. Il y avait d'ailleurs de bonnes raisons à cela. C'est en effet un homme qui lui mit son premier appareil entre les mains et lui montra comment s'en servir ; cet homme devint son amant.

Toutes les études faites en ce sens nous montrent que l'absence ou la présence à nos côtés de quelqu'un qui nous conseille est capitale pour notre développement psychique. Pour un homme, avoir, à vingt ans, quelqu'un qui le considère non comme un fils mais comme un jeune adulte responsable, l'aide à se réaliser. C'est enfin un modèle qui n'est pas parental. Il aide aussi le jeune homme à dépasser la relation père-fils. Par contre, l'absence de mentor, dit Levinson, constitue un handicap sérieux.

Les femmes n'ont pas cette chance ; elles ont rarement auprès d'elles quelqu'un qui puisse les aider. C'est tellement vrai que, lors de mes interviews, lorsque je posais la question et que j'utilisais le mot de mentor, la plupart des femmes ne comprenaient pas ce que je voulais dire. Il y a peu de femmes qui jouent ce rôle et, si un homme est prêt à guider et à conseiller une femme plus jeune, il y a toujours dans cette démarche une intention érotique. C'est le cas de toutes ces relations que nous connaissons bien : le producteur et sa star, le professeur et son élève de troisième cycle, le médecin et son infirmière, etc., l'intention initiale se trouvant complètement faussée par la composante sexuelle.

Que va-t-il arriver si un jour elle peut se passer de moi ? s'interroge inquiet le mentor. Il peut toujours contrôler la situation en émettant des critiques sur son travail, en lui refusant son soutien moral. La femme trouve alors difficilement son équilibre parce que tout ce qui le constitue sur le plan de sa profession, de ses émotions et de sa sexualité provient de la même personne. Et cette personne finit toujours par se confondre avec l'image du père.

D'un autre côté, les femmes qui veulent réussir et qui n'ont pas eu cette relation privilégiée avec quelqu'un s'en trouvent frustrées même si elles ne savent comment l'expliquer. Nous savons qu'environ 80 % des professions qui font appel aux facultés créatrices et à l'intelligence ne passent pas par les petites annonces mais s'acquièrent grâce à des relations. Presque sans exception, les femmes que j'ai rencontrées, qui avaient réussi à se faire admettre là où elles le désiraient, avaient eu quelqu'un qui les avait, à un moment donné, prises en charge.

L'amour que Marie éprouva pour son photographe et la photographie la fit soudain s'épanouir. C'est d'ailleurs ce que lui écrivit son amant :

« Je t'ai montré la simple alchimie de la lumière, de l'argent et de quelques produits chimiques. Mais c'est toi qui devais trouver ta voie avec la photo. Je voulais qu'elle t'apporte ce qu'elle m'avait apporté. Je voulais que toi, dans ton désarroi intense, tu sois capable de tenir en main quelque chose de fini, quelque chose que tu réalises toi-même. Il y avait en toi une fêlure qui aurait pu te conduire à l'alcoolisme ou au suicide. Pour toi, comme c'est parfois le cas, cette dépression a débouché sur l'art. »

Marie fit d'abord de la photo pour plaire à son amant. Un an après, c'était devenu une véritable passion. Elle se rendait compte que c'était la seule chose qui l'aidait à vivre ; par ailleurs, elle était incapable de se mouvoir, d'agir. Elle pleurait sur le sort de ses enfants ; il y a pourtant des femmes qui quittent leur mari et trouvent quand même l'énergie nécessaire pour élever leurs enfants tout en travaillant, pensait-elle. Mais, étant donné son état, elle savait qu'elle ne pouvait leur être que néfaste. Pour sortir de ce dilemme, elle prit une décision que la plupart d'entre nous trouverait impensable. Elle laissa ses enfants à leur père.

Elle essayait de leur expliquer : « Vous savez bien que Papa et moi, nous nous battons souvent. Ce n'est pas juste que je crie après vous quand c'est avec quelqu'un d'autre que je suis fâchée. » Le plus petit, qui avait neuf ans, se mit à vouloir s'habiller comme sa sœur aînée ; c'était elle la préférée. S'il lui ressemblait, il arriverait peut-être à convaincre sa mère de rester.

Tout le monde vint l'accompagner et lui dire au revoir à la porte quand elle partit. Les yeux lui brûlaient et son cœur battait la chamade, mais elle conduisit droit devant elle. Une vraie clocharde. Elle trouva un studio médiocre dans un gratte-ciel de Manhattan où elle rangea ses livres et ses appareils, s'installa une chambre noire. Elle ne voyait jamais personne et ne sortait que pour aller au cours et prendre des photos.

« Il fallait que je me constitue un dossier, et j'étais prête à le faire. C'était passionnant et dur à la fois. »

On croirait entendre parler un jeune homme de vingt-cinq ans qui cherche sa place dans le monde adulte et subordonne tout le reste à cette recherche.

Mais, pour Marie, il fallait aussi composer avec les jours où les enfants venaient en ville rendre visite à « Maman-la-folle ». Elle se demandait s'ils lui pardonneraient jamais de les avoir laissés. Elle ne revit son mentor qu'après être bien installée. « Nous étions dans cet état à la fois étrange et effrayant où l'on se demande pourquoi les choses ne sont pas ce qu'elles devraient être. »

Ses photos s'amélioraient constamment. Et parallèlement sa vie amoureuse se dégradait. Quand elle travaillait, ses yeux prenaient une intensité extraordinaire. Mais, pour son mentor, l'éclat et la profondeur de ce regard étaient une trahison. Sa vision originale et personnelle des choses débordait son influence. Il était un excellent professionnel, mais Marie, elle, était douée.

Ils ne pouvaient même plus pique-niquer car elle voyait la nature mieux que lui. Le soir, elle craignait toujours qu'un ami prononce des louanges sur son travail. Car alors, en rentrant, il se mettait en colère, buvait, et cherchait à frapper les yeux de Marie qui savaient voir ce que lui ne voyait pas. Bientôt ils atteignirent un point de non-retour.

Tôt ou tard, l'élève doit rejeter l'influence de son mentor s'il veut acquérir son autonomie. Levinson dit qu'un homme ne peut pas avoir de mentor après quarante ans. Les femmes d'affaires qui abandonnent leurs conseillers sont celles qui accèdent aux plus hauts postes. Les autres stagnent et deviennent vite un poids pour leurs mentors, qui généralement finissent par les abandonner.

Elle avait dit non à son guide. A quarante ans enfin, elle osa dire non à son père.

Un soir, elle tapa du poing sur la table en criant :

— Mais tu te prends pour Dieu, ma parole.

— Exactement, lui répondit-il.

— Eh bien, tu ne l'es pas, rétorqua-t-elle et l'aura magique de cet homme fut aussitôt rompue.

Aujourd'hui, les femmes admirent Marie pour ce qu'elle a osé être, pour son caractère et sa passion intense, pour sa fierté et sa force. Mais il ne serait pas honnête de laisser croire qu'elle a trouvé l'harmonie complète entre l'amour et le travail.

Son authenticité, acquise au prix de tant de difficultés, effraie les hommes. Même des hommes comme le célèbre professeur. A le voir, on le croirait homme assez sûr de lui pour se réjouir librement du talent de Marie. C'étaient ses qualités intellectuelles qui l'avaient tout d'abord attiré. Mais bientôt il commence à en avoir peur, et même à les nier. Il essaie de détruire la confiance que Marie a si ardemment et durement acquise dans son travail, et cherche à reprendre son assurance auprès de ses gentilles et stupides petites étudiantes qui défaillent quand il entre en classe.

J'ai déjeuné récemment avec Marie ; habillée d'un jean, portant des bottes et des lunettes non fumées, elle semblait fatiguée mais plus résolue que jamais. Elle sortit de son dossier la monographie qui vient de paraître et qui constitue la reconnaissance publique de sa « vision artistique ». C'était l'heure du triomphe. Elle parlait de tout ce qu'elle avait à faire en vue de la préparation de son exposition, mais une ombre planait sur toute cette effervescence. Le professeur était justement à New York. Voulant délibérément ignorer ce qui se passait dans la vie de Marie, il attendait d'elle qu'elle soit prête sur un coup de téléphone à le suivre dans ses voyages. Elle en était irritée et restait sur ses gardes. Pourquoi se comporte-t-il ainsi ? se demandait-elle.

« Il boit et fume trop. Il conduit comme un fou comme s'il défiait la mort. » Marie me décrivait les signaux de détresse qu'envoie l'homme au bord de la crise qui marque le milieu de la vie ; on aurait dit qu'il voulait la forcer à y porter attention. « Maintenant, me dit-elle, son travail me le révèle. C'est un artiste, et son travail est le reflet parfait de la manière dont il traite la vie. Les formes se superposent les unes sur les autres tout en se désintégrant. Elles sont cruelles, obscènes. Je lui fais peur parce que je n'aime pas ce qu'il fait. C'est déshumanisé. Et quand il m'arrive de le lui dire, il est pris de panique. »

Le « célèbre » professeur (tout comme avant lui le pasteur et le père de Marie) me donnait l'impression d'être un enfant-dieu. J'avais rencontré un certain nombre de ces personnages dont le succès public était énorme mais qui semblaient coupés du sens de leur propre humanité. Les subordonnés de ce type d'hommes ne cessent de leur répéter de diverses manières qu'ils sont des dieux. Ils ne lui demandent pas un rapport humain. Ils ne lui créent pas non plus de souffrances ou d'embarras domestiques. Satisfaits de la sorte, ces mêmes hommes finissent par ne s'entourer que de subordonnés. Dès qu'un soupçon de dépression ou d'anxiété menace d'envahir leur univers, ils retournent au travail, où on les rassure bien vite en leur disant qu'ils sont de grands hommes, des génies, etc., et la dépression disparaît aussitôt. Petit à petit, ils finissent par croire qu'ils sont vraiment des enfants-dieux, et sont de plus en plus réticents à vivre chez eux où leurs femmes ne leur demandent que d'être des hommes. Le « célèbre » professeur dont nous avons parlé est marié et il a quarante-trois ans. A un moment de la vie où l'on doit faire face à des problèmes graves, il cherche tout naturellement à se rassurer. Mais, compte tenu de la psychologie particulière de l'enfant-dieu, il est infiniment difficile pour lui d'accepter l'indépendance de Marie. Aussi l'appelle-t-il à cinq heures du matin comme pour lui rappeler qu'elle n'est qu'une subordonnée.

— Allô, c'est moi.

— Je le sais bien. Et alors ?

Un signal d'alarme se déclenche aussitôt chez Marie et son instinct lui dit que, derrière l'attrait évident qu'elle éprouve pour ce compagnon, se cachent des dangers qui tiennent à sa faiblesse.

« Pourquoi, pour moi, être avec lui, c'est comme être sur le bord d'une falaise et vouloir *sauter,* sachant que cela pourrait me détruire ? Mais je ne le ferai pas. »

Comme cela aurait été facile pour Marie dans le passé de continuer à rire comme une fillette, fascinée par un homme dominant et égocentrique qui aurait fini par lui ôter toute velléité d'indépendance.

En fin de compte, elle n'a pas trouvé le partenaire idéal — la vie ne distribue pas toujours les partenaires de façon très équitable. En revanche, elle s'est trouvée elle-même et elle peut enfin faire confiance à son instinct de conservation.

« Ça m'a pris trop de temps et trop d'énergie psychique pour arriver là où je suis, tant sur le plan affectif que sur les plans intellectuel et professionnel. Je ne suis pas disposée à laisser quelqu'un tout gâcher. La vie est trop courte. Je préfère être seule pour un temps ; après tout il y a pire que la solitude ! »

Cette perspective complètement nouvelle de la vie, du temps et de la conscience de soi paraît inimaginable pour une fille de vingt-cinq ans, qui pense que la vie suit son cours et qu'il n'est rien de pire que de ne pas être aimée. En fait, c'est une perspective que l'on acquiert généralement au moment où l'on dépasse la trentaine.

La vie humaine n'est pas éternelle. Le temps nous est compté et nous sommes seul au cours du voyage. Personne d'autre que nous-même ne peut veiller sur nous. Il existe enfin des aspects de notre personnalité que nous ne pouvons ni changer ni ignorer si nous souhaitons un jour trouver notre unité intérieure.

QUATRIEME PARTIE

LE PASSAGE DES TRENTE ANS

Chapitre 13
Le tournant de la trentaine

Une vitalité sans bornes nous anime à l'approche de la trentaine et nous voulons pour la plupart changer un peu notre vie. Celui qui s'est consciencieusement acharné au travail se trouve quelque peu étouffé et limité. Celui qui sort d'un long apprentissage, la médecine par exemple, finit par se demander si la vie ne sera que travail sans répit. Celle qui est restée à la maison en élevant ses enfants éprouve le désir d'élargir son horizon. Celle qui s'est attelée à sa carrière commence à avoir envie de fonder une famille.

Le besoin de nous ouvrir au monde nous pousse souvent à l'action, avant même que nous sachions vraiment ce qui nous manque.

A l'approche de la trentaine, nous avons le sentiment d'être étouffés par la continuité des activités dans lesquelles nous nous sommes engagés à vingt ans. Bien qu'elles aient parfaitement pu nous convenir à cet âge, ce n'est maintenant plus le cas.

Nous prenons soudain conscience de l'existence de certains aspects de notre personnalité que nous avions négligés. Le phénomène peut se produire brusquement, mais le plus souvent il commence par le sentiment vague mais persistant de vouloir être quelque chose de plus.

« De temps en temps, je me dis : Ecoute, tu as trente ans maintenant. Au mieux, il t'en reste cinquante à vivre. Mais que vas-tu en faire ? Tu te traînes jour après jour, tu passes ton temps à désirer autre chose : ce que tu as n'est jamais bien et ce que tu n'as pas est merveilleux. Mange ton pain blanc, mon vieux. Mange-le avec plaisir et avec joie. Aime ta femme. Fais des enfants. Aime tes amis et aie le courage de dire à ceux qui te critiquent qu'ils aillent au diable et ne les écoute pas. Courage, mon vieux, courage et bon appétit ! » (George Blecher, *La Mort du roman russe.)*

Au cours de ce « passage », qui dure généralement de vingt-huit à trente-deux ans, il faut faire des choix importants, changer ou approfondir ses engagements. C'est un travail qui implique de grands bouleversements, qui aboutit souvent à une crise —

c'est-à-dire le sentiment simultané de toucher le fond et de vouloir crever la surface. Cette transition inaugure une période plus calme et plus stable au cours de laquelle on s'enracine et s'épanouit.

Une réaction habituelle pendant cette transition est de rejeter la vie que l'on s'est faite pendant plusieurs années. On souhaite tout recommencer. On envisage le divorce, ou, en tout cas, on remet son mariage en question. Les célibataires ou les couples sans enfants sentent avec étonnement qu'ils désirent se marier et avoir des enfants.

Des années plus tard, on se demande pourquoi il a fallu tant de confusions et tant de doutes pour faire des changements qui, rétrospectivement, semblent aller de soi. C'est parce qu'il s'agit de beaucoup plus que de changements extérieurs. Il s'agit de transformations profondes qui touchent notre être intime. A trente ans, on est moins sur ses gardes. La porte d'acier que nous avions claquée au nez de notre « gardien intérieur », alors que nous nous efforcions d'affirmer notre identité, commence à s'entrouvrir. Nous avons par ailleurs gagné un peu plus d'assurance et nous nous sentons davantage capables de donner une expression plus souple à notre attitude dans la vie.

Un combat courageux et quelque peu maladroit s'engage alors avec les legs et habitudes de notre passé. Le défi consiste à conserver les qualités de nos modèles d'enfance et à y associer celles qui nous sont propres et font de nous un individu particulier, pour donner une certaine consistance à notre personnalité. Notre ouverture au monde et le dépassement de nos propres limites rendent alors possible l'harmonisation des différents aspects de nous-même.

Les résultats d'un grand nombre d'interviews, d'études et de statistiques suggèrent que ce processus d'ouverture débute vers la fin de la vingtaine, culmine dans un processus de rentabilisation pour se terminer vers la fin des quarante ans. Quand Else Frenkel-Brunswick a délimité cette période, elle la caractérisait comme l'époque la plus fructueuse du travail professionnel et créatif. Il se passe beaucoup de choses tout au début, mais l'entrée dans cette phase est généralement assez bien définie par le choix d'une vocation. Les relations personnelles acquises avant ce passage sont souvent temporaires. C'est pendant la transition des trente ans que la plupart des gens établissent des liens permanents et se créent un foyer.

Pour ceux qui sont déjà mariés, une réévaluation de leur vie intervient et la majorité des couples tendent à remettre en question leur union : ils s'interrogent d'abord sur le fait de savoir s'ils veulent rester mariés. Le contrat leur paraît le plus souvent devoir être révisé, ne serait-ce que pour laisser place aux nouveaux aspects des personnalités qui se sont révélées.

Néanmoins, le passage des trente ans induit un subtil déplacement psychologique sur tous les fronts. Le « moi » commence à prendre autant de valeur que les « autres ». Le besoin de s'élargir déborde sur le besoin de sécurité. Une vitalité nouvelle nous anime. Notre conception du temps change elle aussi.

« La peur de la mort me cloue au trottoir...Mais cette constatation ne m'aide pas à vivre », dit Blecher.

C'est parce qu'à cet âge la peur de la mort demeure quelque peu abstraite. On a encore le temps de tout faire. De nouvelles expériences sont encore possibles. Nous sommes impatients, certes, mais rien n'est encore urgent.

La fin de la vingtaine nous réserve une autre surprise : la volonté et l'intelligence ne peuvent venir à bout de tous les obstacles, contrairement à ce que nous pensions.

« Les expériences subjectives importantes révèlent aux gens que la vie est beaucoup plus difficile et pénible qu'on ne le croyait à vingt ans. » (Gould)

La vie devient plus compliquée en effet, mais c'est de cette complexité que l'on tire de nouvelles richesses.

Le tournant de la trentaine dans la vie du couple

Si les individus se sentent perdus à ce point, que dire alors des couples ! La réponse se trouve dans le nombre de mariages brisés. Depuis cinquante ans, l'âge le plus commun du divorce en Amérique est de trente ans pour les hommes et vingt-huit pour les femmes. C'est l'écueil de la trentaine.

Les hommes et les femmes dont nous parlerons dans ce chapitre se sont mariés au début de leurs vingt ans. Il était sous-entendu que Madame resterait à l'écart de la vie active, en dépit d'une participation marginale : elle était censée reproduire pour l'homme le monde de la famille. Quelque sept ans plus tard, Monsieur est devenu compétent et il a appris à devenir un véritable adulte.

Il a notamment appris à manœuvrer avec ses illusions professionnelles. Il sait, par exemple, que les preuves d'intelligence ne sont pas toujours aussi bien acceptées que la loyauté et la fidélité, parce que ceux qui sont plus âgés ont souvent peur des jeunes. Mais, au début de ses vingt ans, quand il n'était pas très sûr de lui dans ce domaine, il n'osait en parler à sa femme : il n'aurait plus alors dispensé la sécurité qu'elle attendait de lui.

Maintenant, fort de sa nouvelle confiance, n'ayant plus besoin qu'on s'occupe constamment de sa solitude, et s'ennuyant un peu avec sa maman-substitut, il change les termes du contrat : « Il faudrait que tu sois quelque chose de plus ; deviens une compagne au lieu d'être une enfant et une mère. »

« Prends des cours de quelque chose. » Cela commence généralement ainsi, parce qu'il ne veut pas qu'elle s'éloigne trop vite et trop loin de lui et des enfants. Mais quand il pense l'encourager, elle pense de son côté qu'il la menace ou veut se libérer.

Elle est en guerre contre les démons de ses propres trente ans, mal à l'aise et impatiente, mais surtout mal équipée pour faire face à des changements.

Dans le contrat originel, on lui avait dit qu'elle n'était pas obligée de se mesurer vraiment au monde. Et, tant qu'elle ne fait pas de grands efforts pour s'individualiser, elle peut prendre part à toutes ces illusions qu'elle tient de sa mère et qui lui donnent un sentiment de sécurité. Tout ce qui la pousse à changer est perçu comme un danger et son propre mari peut alors être considéré comme maléfique.

Quelle trahison ! on la chasse de sa propre maison. La revoilà à dix-huit ans, avec les mêmes angoisses éprouvées en quittant la maison de ses parents. Quelques cours de tricot ou de cuisine ne mènent nulle part, et à la fin du cours on retourne à la maison. Cela n'a rien de commun avec le projet d'être quelque chose de plus. Elle n'a toujours aucune influence sur les personnes et sur les événements dans le vrai monde des adultes, aucun accès à la hiérarchie du succès, aucune visée. Sa confiance s'est détériorée. Qu'a-t-elle donc à offrir au monde ? Et même si le monde la prenait au sérieux, cela vaudrait-il la peine d'abandonner la sécurité du foyer ?

Point important : le désir de risquer est fondé sur un passé actif ; plus on a su agir lorsqu'on était jeune, moins on a peur à l'âge adulte.

Au fur et à mesure que croît son trouble, elle devient de plus en plus étourdie. Ses amies la consolent un peu (dans la mesure où elles aussi ne font pas grand-chose hors de la maison). Peut-être un amant la guérira-t-il (et cela punirait son mari en même temps). Recevoir les collègues ou les clients de son époux ne fait que remuer le couteau dans la plaie. Quand les hommmes parlent, avec leurs manières à eux, de ce qu'ils connaissent bien, comme par exemple de savoir comment mieux diriger — le pays, la société, le syndicat, l'université —, elle n'a rien à ajouter qui relève de sa propre expérience. L'exutoire le plus facile à son vrai problème est de canaliser toute son agressivité vers les tâches domestiques en menant la maison au doigt et à la baguette.

Au fond de lui-même, son mari sait qu'il lui en veut de ne rien faire. « Je m'inquiétais de ce que Denise, qui travaillait au musée avant notre mariage et avait l'esprit alerte, ne fasse plus rien. » Ou bien : « A cette époque, je souhaitais que ma femme apporte une contribution personnelle à notre union. » Malheureusement, s'il désire cette contribution, il ne veut pas en payer le prix. Un homme de trente ans a du mal à imaginer l'effort que requièrent des études sérieuses. Il encourage sa femme à devenir avocate, docteur, professeur, actrice ou femme d'affaires. Mais cela représente un travail très prenant, moins de temps et d'attention consacrés au mari.Et que dire si elle voulait devenir aussi compétente et investie dans son travail qu'il l'est souvent lui-même.

La contradiction entre ce qu'il désire et ce qu'il craint lui donne un sentiment de culpabilité. Pour arranger les choses, elle devient souvent jalouse. « Je commençais, à trente ans, à voir se dessiner un avenir pour moi dans le " monde académique ", dit un jeune fonctionnaire. Je crois que ma femme en a conçu du ressentiment. Elle s'arrêta de me soutenir. Elle participait bien encore un peu à ce que je faisais, mais sans montrer beaucoup d'enthousiasme pour la responsabilité d'être ma femme, comme celle de recevoir. Elle n'avait aucune activité qui la concerne personnellement et cela la terrifiait. »

Il souhaiterait que le problème n'existât point, car il l'empêche de se consacrer exclusivement aux siens. Etant donné qu'il a fait ses « classes », il voudrait maintenant élargir le domaine de ses responsabilités.

D'abord, il doit transformer ses rêves en objectifs précis ou bien les rejeter carrément pour en choisir d'autres. Quel que soit le choix, il oblige à certaines décisions importantes et il n'a pas le temps de s'occuper des problèmes de sa femme, ou plutôt cela ne l'intéresse pas. « Je suis trop occupé par mon avenir pour m'occuper de tes problèmes en même temps. »

Plus tard (généralement après le divorce), les maris disent : « Mais si, je l'ai encouragée », et se plaignent que leur épouse ne suivait pas leurs conseils.

« A trente ans j'étais mobilisé par l'idée de devenir quelqu'un, et tant qu'elle s'occupait des enfants, tout allait bien ; je ne voulais pas qu'ils m'encombrent. Je pensais que ma femme ne devait pas rester à se tourner les pouces. Elle avait fait des études artistiques, mais elle se morfondait à la maison. Elle est brillante mais ne donne pas son maximum ; alors que moi, je donnais tout ce que je pouvais. Elle tisse bien, dessine bien, cuisine bien, mais ne finit jamais rien ! Elle commence quelque chose, laisse tomber pendant six mois, et passe à quelque chose d'autre. A un moment elle voulait apprendre à faire du pain, alors on a eu toutes sortes de pains merveilleux pendant quelque temps. Et puis la passion du pain s'est éteinte. Elle me rend fou ! On a discuté un peu pour qu'elle retourne travailler ou entreprenne des études sérieuses. Elle l'a interprété comme si je voulais qu'elle gagne de l'argent. Je voulais seulement qu'elle devienne plus intéressante, plus productive.

« D'autre part, je devais être le pire des pères. Même à la maison, je travaillais toujours. Je me rappelle avoir décrit ma vie comme une bande dessinée ! J'ai une bande dessinée en route. Il faut toujours avoir quelques images d'avance. Quand je suis chez moi, je suis dans ma chambre, qui est plutôt un bureau, et je prévois ce que je vais faire la semaine prochaine, le mois prochain, pour que la bande dessinée continue.

« Ma femme et mes enfants ne m'intéressaient pas beaucoup. Je lui disais que mon travail passait avant tout. Elle l'acceptait. C'est une femme gentille et placide, et elle ne m'a jamais ennuyé pour que je gagne plus d'argent. J'ignore si elle a un rêve à elle. Je pense que son rêve devait être : Comme j'aimerais avoir un mari extraordinaire ! »

Un homme dont la réussite fut des plus spectaculaires m'exprima le même genre d'exaspération aveugle. Né pauvre, il se maria à un mannequin et la casa dans une belle propriété de banlieue. A trente ans, il était devenu P.D.G. d'une grande firme d'industrie alimentaire.

« Oh ! la, la ! La maison est remplie des livres pour les cours que ma femme a commencés. Plus toutes les activités bénévoles : à l'hôpital, à l'église, mais tout disparaît, et comme chaque fois je l'avais bien prédit ! Bien sûr, je la critiquais. Ne commence pas quelque chose que tu ne vas pas terminer. Mais surtout, tu devrais élargir tes centres d'intérêt. Tu gâches ta vie ! »

Le même homme, après vingt ans et plusieurs présidences, se souvient de ce qu'il cherchait dans sa femme de trente ans : les motifs sont plus nets, et moins altruistes : « Je lui donnais tous ces conseils sans doute pour avoir la paix. C'est toujours facile de donner des conseils. » Est-ce qu'il aurait aimé que sa femme trouve vraiment un autre intérêt en dehors de lui-même ?

« J'aimerais répondre oui à cette question. Mais, honnêtement, je ne crois pas que j'en aurais été capable à ce moment-là. Je voulais en réalité une femme pour s'occuper de moi, mais qui ne se mette pas sur ma route et devienne ennuyeuse. »

Si la femme n'agit pas de son propre chef pour s'épanouir pendant cette période, le blocage s'aggrave. En poursuivant ses ambitions, en y consacrant le temps, l'effort et la discipline nécessaires pour les réaliser, elle sent poindre la jalousie de son mari, et elle régresse dans la sécurité de son immaturité, essayant même de l'y entraîner avec elle : « Pourquoi ne restes-tu pas un peu plus à la maison ? » Il ressent cela comme un piège, la sécurité de la maison devient un danger, elle s'accroche à cet arrangement et commence à haïr son mari.

En fait, tous deux ont raison. C'est là l'écueil classique de la trentaine.

La femme témoin

Un troisième personnage qui offre à l'homme une issue adéquate à ce conflit peut apparaître dans sa vie : « la femme témoin ». La transition de la trentaine se caractérise en effet souvent par les premières infidélités ; cette femme témoin peut se rencontrer n'importe où. La femme-témoin rend un grand service à certains hommes : elle fortifie leur masculinité.

En effet, l'épouse a été le témoin des débuts. Même si elle n'émet aucun reproche, le mari ne peut s'empêcher de penser qu'elle se souvient de ses fautes, de ses échecs et de ses angoisses. Or la nouvelle femme est là pour témoigner de ce qu'il est devenu. Elle le voit comme s'il avait toujours été ainsi. Elle est généralement plus jeune, subordonnée mais pleine de promesses. Il peut même prendre envers elle le rôle du professeur. Elle devient son émule, affirmant ainsi son admiration.

L'épouse traditionnelle, coincée à la maison avec les enfants et qui dépend de son mari, ne peut littéralement pas se permettre de savoir ce qu'elle sait déjà à moitié. D'où la situation catastrophique.

La description classique de la femme-témoin me fut donnée par un cadre de publicité âgé de trente-six ans : « Le grand changement de mes vingt-neuf ans, c'est que j'ai cessé d'être fidèle. Tout est arrivé à la fois. J'ai découvert que je savais écrire des annonces et le faire bien. Mon salaire a doublé en un an. La puissance va de pair avec la compétence. Et plus vous êtes puissant, plus vous plaisez aux femmes. Je commençais à découcher régulièrement. C'était formidable. J'avais ma femme à la maison qui s'occupait des marmots. Puis il se passa quelque chose de très significatif. Je rencontrai une fille qui me fit réaliser que je ne resterais pas marié, bien qu'elle rompît notre liaison brutalement. Deux ans plus tard, elle réapparut dans ma vie. Je la pris comme secrétaire, j'utilisais tous les trucs pour l'impressionner : " Va me toucher un chèque ", etc. Je lui appris à écrire et la lançai.

« Ce qui me déchirait, c'était le sort que je faisais subir à ma femme. Je la rendais misérable sans lui expliquer quoi que ce soit. Je la blâmais de n'avoir rien fait de sa vie. Vous savez, du genre " Combien de fois t'ai-je dit de faire des études ? "

— Et que disait votre femme ?

— Elle disait : " Ma vie est consacrée aux enfants. "

— Et si votre femme avait soudain changé de mode de vie, lui demandai-je, auriez-vous pu l'accepter ?

— Je ne peux pas répondre à cette question, dit-il gravement. En tout cas, depuis notre divorce, elle a vraiment changé.

Après qu'un grand nombre d'hommes m'eurent rebattu les oreilles avec ce genre de commentaires, j'en suis venue à me demander si, par hasard, le divorce n'était pas, du moins aux Etats-Unis, un rite de passage. En d'autres termes, le divorce était-il nécessaire aux femmes pour qu'elles se prennent au sérieux et éprouvent le besoin de s'épanouir ? La femme que le divorce a transformée est devenue un stéréotype, une figure dynamique qui laisse son mari décontenancé.

« Qu'est-ce qui se passe ? Elle a maigri, elle s'est coupé les cheveux, elle a ouvert une boutique, et, d'après ce que j'entends, elle sort avec d'autres hommes. Cela me scie en deux. Elle ne cherche même pas à se remarier ! Elle dit qu'elle ne veut plus s'attacher. »

Il voudrait faire croire qu'il avait tellement dépassé sa femme que le divorce était indispensable parce qu'elle devenait trop collante et trop ennuyeuse. Pourtant, la « femme changée » n'a pas l'air ennuyeuse du tout. Elle a du mystère. Il s'étonne, plusieurs années après le divorce, de la dimension qu'elle a prise. D'ailleurs, les raisons superficielles de la rupture ne sont plus satisfaisantes, une fois qu'il en sait plus sur son propre compte. Cela n'avait pas grand-chose à voir avec sa femme, quelle qu'elle puisse être.

Dans le cas du cadre de publicité, il s'agissait d'un conflit bien défini avec une mère dominante dont il est resté dépendant financièrement jusqu'à vingt-sept ans. On ne serait pas surpris qu'il retrouve les mêmes problèmes avec la femme pour laquelle il a quitté son épouse. Après avoir vécu quatre ans avec la femme témoin, « je suis incapable de lui promettre fidélité », dit-il. Son rêve, maintenant, c'est de s'installer à son compte et de devenir millionnaire à quarante-cinq ans. Il est significatif qu'il a mis un terme à ses autres désirs d'ici là. Il ne sera sans doute pas capable d'avoir une relation profonde avec une femme avant cet âge-là. Il semble qu'il lui faudra tout ce temps pour résoudre ses problèmes personnels et devenir indépendant sur le plan affectif. Mais, contrairement à ce qu'il croit, il n'acquerra pas cette indépendance parce qu'à quarante-cinq ans il sera assez riche pour ne plus jamais avoir à dépendre de sa mère. Il ne l'acquerra que lorsqu'il fera face à cette dépendance émotionnelle et qu'il essaiera de la comprendre.

Commencer à comprendre sa propre complexité permet de voir chez un compagnon quelque chose de plus qu'un objet de gratification. Car il devient évident que lui aussi est divisé et compliqué, qu'il a son histoire, et qu'il est confronté à des crises.

Le divorce, cependant, n'est pas la panacée au déséquilibre prévisible de ce passage, comme le montrent les témoignages que nous avons recueillis.

Le dialogue de sourds

Des problèmes différents attendent le couple qui s'est embourbé dans un dialogue de sourds comme le sont par exemple les « mari-épouse » tournés sur eux-mêmes, le « papa-maman » de la famille idéale. Le couple fermé sur lui-même est efficace pour le succès rapide et l'ascension sociale, mais il va à l'encontre de la vie de la communauté. Ce que ces couples obtiennent en retour de leur sécurité relative, c'est la perte d'un cercle amical : les vrais amis, les voisins, les autres membres de la famille. Sans le soutien du reste de la communauté, le couple fermé sur lui-même risque de donner lieu à une folie à deux.

L'anthropologue Ray Birdwhistell, pionnier dans l'étude des communications non verbales entre hommes et femmes, a passé un temps infini à examiner le comportement du couple dans ce type de situation. Il pense que c'est le caractère de « fermeture » qui rend pathologique ce type de relation. L'intensité qui caractérise le début d'une relation, qui est à l'origine du couple, est naturellement réduite lorsque les deux personnes sont ouvertes sur l'extérieur. Mais les couples fermés sur eux-mêmes considèrent qu'il ne faut pas avoir des sentiments profonds pour qui que ce soit en dehors de la famille. Cela peut s'exprimer de mille manières différentes.

LUI : « Tu es toujours pendue au téléphone avec ton amie. »

ELLE : « Encore un voyage d'affaires ? Tu ne passes jamais une minute en famille. »

LUI : « Je ne veux plus passer un seul Noël avec ta mère. »

ELLE :« Pourquoi éprouves-tu le besoin de dîner avec des gens que tu vois toute la journée au bureau ? »

Il est normal de rechercher des supports latéraux par l'amitié, et verticaux par la famille. Mais quand les supports sont considérés comme futiles ou déloyaux, il ne reste plus au couple que des « associés » ou des « contacts », ce qui signifie des relations aseptisées.

Pour justifier ces contacts éventuels, on explique le bien qu'ils font à la famille.

LUI : « J'ai besoin des gens que je rencontre au tennis. Tu ne l'imagines peut-être pas, mais je travaille comme un dingue là-bas ! »

ELLE : « Si je retourne au travail, c'est pour payer les études de Jeanine. Tu vois bien que je suis une bonne mère. »

Souvent les femmes abandonnent leurs amies quand elles

fondent un foyer. Bien que le mouvement pour la libération des femmes leur ait rendu un esprit d'équipe, non seulement possible mais également précieux, on insinue toujours que l'amitié féminine n'est là que pour remplir un vide quand il n'y a pas d'homme. Et il est encore commun de voir des femmes abandonner la camaraderie qu'elles avaient avec un homme, sous prétexte que leur mari ne le comprendrait pas.

Quelles que soient les justifications, la triste vérité, c'est qu'on a peur d'admettre le besoin de ce genre de relation.

Racines et expansion

C'est seulement au début de la trentaine que l'on commence à s'installer pleinement dans l'existence. La vie devient moins provisoire, plus ordonnée et plus rationnelle. On attend de nous quelque chose, maintenant. Comme l'exprimait une actrice de cinéma, « après trente ans, il ne reste plus rien à gagner du fait que l'on soit simplement plus jeune que les autres. »

C'est l'heure de planter ses racines et de faire germer ses premières pousses. On commence à investir sérieusement pour acquérir une maison, que ce soit financièrement ou sentimentalement, et l'on devient très attentif à sa carrière. Une grande partie du processus « d'installation » consiste à convertir son rêve en buts concrets. Encore faut-il que l'on ait eu assez de chance et que les années d'essai de nos vingt ans aient permis de donner forme à ce rêve.

Un artisan qui passa six ans à « se bagarrer » pour faire démarrer son affaire dit comment tout commença à changer au début de ses trente ans : « L'affaire allait bien, ce n'était pas la fortune, mais on vivait décemment et nous étions respectés. Ma femme et moi avons trouvé un appartement dans lequel nous vivons toujours depuis quinze ans. A cette époque tout semblait coller et être rationnel. Tout semblait avoir un sens. Les amis étaient sympathiques. On sortait souvent et on avait l'esprit de groupe. Nous avions des aspirations et poursuivions un but. Cette période a probablement été la plus proche du rêve de ma vie. » Cet artisan a eu la chance de pouvoir approfondir ses choix dans le passage de la trentaine. Il était son propre patron. Son affaire avait bien marché. Il était toujours aussi satisfait de la direction qu'il avait prise à vingt ans. Il avait attendu d'avoir vingt-neuf ans pour se marier. Pendant cette période d'enracinement et d'implantation, le mariage représentait une expansion de sa personnalité, et les amis prenaient la place des enfants dont ils ne voulaient pas.

Pour bien des hommes, les premières années de la trentaine, c'est le « complet-veston ». Il s'agit d'avoir un programme pour atteindre son but. Il est très important d'être reconnu comme membre (même junior) de son groupe professionnel. Mais ceux qui ne s'occupent que de leurs objectifs professionnels peuvent devenir, plus qu'à tout autre moment de leur vie, plats et ennuyeux.

Il est naturel et sain d'éprouver le besoin de s'enraciner. Ceux qui ressentent le besoin d'abandonner le comportement qu'ils avaient à vingt ans sont particulièrement aptes à édifier leur vie sur des bases solides.

Mais il ne faut pas non plus passer directement du coup d'essai des vingt ans à l'enracinement, en oubliant la période de transition. Ceux qui le font, souvent emprisonnés dans leurs mariages « de sécurité », trop craintifs ou paresseux pour s'épanouir, risquent de regretter leur manque d'audace et seront susceptibles de se plaindre que leur vie ne leur ménage plus de surprises. Au lieu de donner libre cours à leur besoin d'expansion, ils se leurrent avec des changements extérieurs. Aussi les voit-on déménager de la ville à la banlieue, construire leur maison ou retaper un vieil appartement, comme si cela allait donner un nouveau but à leur vie. Et, pendant que les messieurs concentrent leurs efforts sur la course au succès, les dames commencent « le ballet compétitif de leurs capacités d'organisation », comme dirait Galbraith.

Tout comme il existe plusieurs façons d'aborder la crise du tournant de la trentaine, il existe diverses manières de s'en sortir ; certaines sont fracassantes et efficaces, car elles attaquent le problème directement ; d'autres, les plus communes, « baissent le feu en fermant le couvercle de la marmite », alors que sous le couvercle cela continue à bouillir.

Chapitre 14
La conjugalité
Le célibat

Le noeud conjugal

Et les voilà à trente ans. Lui avocat désireux de se consacrer au public. Elle, un cas à part, une militante politique, mais aussi une mère. Ils semblaient vivre avec beaucoup d'enthousiasme leur expérience conjugale si caractéristique d'un certain milieu *

Je les connaissais en tant qu'amie, mais je ne savais rien sur leur relation personnelle. Simplement, je me rendais compte, comme tout le monde, que le ménage commençait à se dégrader.

Il y avait de mauvais moments à passer, mais rien de vraiment grave. Par exemple, pendant le déjeuner hebdomadaire dans la maison de campagne de ses parents, Richard écoutait, dans un silence religieux, les conseils professionnels de son père sur la façon de gagner un procès. Geneviève était assise à l'autre bout de la table, là où l'on place les enfants à l'écart de la conversation. Parfois elle avait l'air d'une vieille femme.

Ils pouvaient donner l'impression d'un couple jeune et dynamique, mais de temps en temps un commentaire révélait la vacuité de leur relation, la disparité de leurs rêves respectifs.

« L'idée d'avoir cinquante-cinq ans et d'être coincé dans un boulot monotone me rend fou, disait Richard. Ce n'est pas une question d'argent, mais une question de claustrophobie. » Ou alors, si la femme d'un collègue évoquait l'idée de retourner à la faculté, « Quelle bonne idée ! disait Richard, ce fut la meilleure période de ma vie », et il s'empressait de l'encourager, de lui prodiguer des conseils, de lui obtenir des rendez-vous.

« Les femmes des autres peuvent aller faire du droit, mais pas la tienne. » En disant cela, Geneviève prenait un plaisir évident à provoquer une discussion.

---

* C'est par souci de symétrie que j'ai choisi trois avocats pour illustrer la situation du couple. En choisissant une profession unique, on peut voir plus clairement le développement de l'évolution intérieure. Un étudiant en droit (Joseph) dans le coup d'essai des vingt ans ; un associé dans un cabinet juridique, pour le passage des trente ans ; et un homme qui quitte son cabinet pour le service public à la quarantaine.

Ne sachant que répondre, Richard s'en tirait en plaisantant : « Geneviève, par contre, a le don d'engager des querelles. »

J'ai d'abord parlé à Richard. Il avait eu l'idée d'être avocat à treize ans. Ses parents lui avaient offert une action dans une équipe de base-ball et, le jour où il avait reçu sa première procuration, il s'était rendu sur le terrain pour expliquer à l'entraîneur comment diriger son équipe. Cette démarche révolutionna la petite ville et les journaux vinrent interviewer le jeune réformateur. Richard se vantait de voler à son père la publicité qu'on lui faisait d'habitude, étant lui-même un avocat réformiste qui n'avait jamais cédé à la tentation du service public et qui était réputé. Seul garçon de la famille, Richard avait à qui se mesurer.

Après des études médiocres dans une faculté de sciences politiques, Richard fit quelques voyages à l'étranger qui, pense-t-il, lui apportèrent une grande expérience. Durant ses études de droit, il fut fortement influencé par un professeur très exigeant sur le style et la rédaction écrite : il possédait une remarquable maîtrise du langage qui donnait encore plus de poids à son argumentation. Richard eut la même ambition.

« J'ai toujours eu trois buts : j'aime le pouvoir, j'aimerais avoir de l'argent. Et je ne pense pas que ces deux-là en excluent un troisième, celui de travailler pour le bien public. »

Je lui demandai s'il avait jamais pensé « devenir président ».

« Dans le temps, je pensais que je voulais entrer au gouvernement. Mais cela a toujours été très vague, c'était seulement un rêve que j'ai abandonné. Mon but actuel consiste à me trouver suffisamment fort pour que je puisse appeler le maire de New York et lui dire : "Ecoute, voilà ce que je te demande." Il y a quelqu'un dans notre cabinet juridique qui fait cela. Il m'impressionne énormément. »

En dehors de ses activités professionnelles, quelques ratés qu'il n'avait pas prévus subsistent dans l'organisation de sa vie. D'abord, il aimerait avoir encore des enfants. « L'idée du foyer a beaucoup d'importance pour moi. J'aime mon fils comme jamais je n'aurais cru pouvoir l'aimer. Et je veux d'autres enfants. Je ne pourrais jamais vivre seul. »

Autre changement : la tension croissante entre sa femme et lui. « Je ne pense pas que Geneviève avait prévu les soucis que lui apporte sa position, ou même le temps que je passe au travail. Je lui ai dit que j'aimerais qu'elle s'occupe plus de moi. Elle pense, et rationnellement je suis bien d'accord, que je devrais la soutenir un peu plus dans l'éducation de notre fils. Mais sincèrement j'aimerais que toutes ces préoccupations disparaissent. »

De plus, il éprouve maintenant une véritable angoisse devant la fuite du temps. A vingt ans, il lui suffisait de défendre un cas à l'occasion, maintenant il est très impatient de se lancer vraiment

« Je dirais qu'à 85 % du temps j'aime mon travail. Mais quand j'ai une affaire bidon, je rentre du palais en me demandant ce que je fais là. Penser que je perds mon temps me fait mal au ventre. Je me dis qu'il doit y avoir quelque chose de mieux à faire. Et je suis effrayé à l'idée de ne pas trouver quoi. »

Il parle de quitter le cabinet juridique. S'il attend beaucoup plus longtemps, il faudra qu'il prenne alors une décision : s'associer ou non. « Et ça, c'est comme se marier avec le cabinet. »

Avait-il parlé à Geneviève de tous ces problèmes qui l'accaparent ? « Je ne lui ai pas parlé de ce qui se passe dans ma tête parce qu'elle n'y est pas. »

Qu'est-ce qu'il aimerait le plus trouver chez sa femme à ce moment de son existence ? « J'aimerais qu'elle me laisse tranquille. Cela peut sembler cruel, mais j'aimerais ne pas avoir à m'occuper de ce qu'elle va faire la semaine prochaine. C'est pourquoi je lui ai dit plusieurs fois de reprendre ses études, de décrocher un diplôme en sciences sociales ou en géographie, n'importe quoi. Elle serait alors satisfaite et je n'aurais pas à m'occuper de ses problèmes. Je voudrais qu'elle se prenne un peu plus en charge. »

La jeunesse de Geneviève fut beaucoup moins aisée. Pendant onze ans, elle fut fille unique. Puis ses parents eurent d'autres enfants.

« La première fois que j'ai vu ma mère ivre, c'est après la naissance du premier des quatre enfants qui devaient suivre. Cela empira avec chaque enfant. C'était de plus en plus évident ; elle partait toujours, soi-disant faire les courses ; Papa la ramenait du bistrot. Quand je me trouvais à la maison, il fallait que je travaille : les couches, l'aspirateur, la cuisine, faire la maman auprès de mes frères et sœurs. Ce fut une rivalité terrible avec ma mère, parce que j'étais plus patiente et plus habile qu'elle pour m'occuper des petits. Elle ne faisait que crier. »

Geneviève en était fière mais en même temps se sentait un peu coupable : elle avait remplacé sa mère là où celle-ci faisait défaut. Néanmoins, elle avait su prendre en main une situation difficile et paraissait avoir une très forte personnalité.

La touche de lumière qui vient éclairer ce sombre tableau, c'est qu'étant assez douée elle obtenait de très bonnes notes en classe, ce dont son père la félicitait avec beaucoup de chaleur. Ensemble ils veillaient, après avoir fait le ménage, et il l'aidait à préparer ses examens. Lui était ingénieur, elle très bonne en maths. Ils furent très vite complices sur le plan intellectuel. Mais son père n'était satisfait que si elle ramenait des 20 sur 20. A dix-sept ans, Geneviève commençait à vouloir se dégager un peu de toutes ces responsabilités, mais on ne la laissa pas franchir le jardin. Elle ferait ses études dans la ville même, là d'ailleurs où son père travaillait.

« J'avais très peur de faire des études de maths. Les maths, c'était pour les garçons. Mais je réussis si bien au premier semestre qu'on me demanda de donner des cours. Et puis, je ne sais pas ce qui s'est passé, j'ai raté l'examen final. » Le professeur insinua qu'elle avait dû tricher au début de ses études. Il lui dit qu'il lui donnerait la moyenne si elle promettait de ne pas refaire de maths l'année suivante.

« Ce fut un choc de rater cet examen, parce que, jusque-là, ça avait toujours très bien marché. J'en conclus que je n'étais pas aussi intelligente que je le croyais. Je n'aurais qu'à faire de l'histoire, avoir de bonnes notes et ne pas faire chavirer la barque. Mon père ne s'intéressait plus à moi. Je l'avais vraiment déçu. Ce fut la fin de quelque chose. »

Un soir qu'elle se maquillait avant de sortir, son père lui fit la remarque qu'elle faisait sans doute des études pour bien s'amuser et se trouver un mari. Elle gémit : « Comment peux-tu dire ça », mais il ne changea pas d'avis. Et quand vint le temps de se décider pour une bourse de troisième cycle, son père lui recommanda en plaisantant de devenir hôtesse de l'air.

Sans support financier, avec peu de possibilités professionnelles, elle décida de partir pour New. York. Agence après agence, on lui répétait qu'elle avait fait trop d'études et qu'elle ne savait même pas taper à la machine. Elle décida finalement de faire une maîtrise de lettres et prépara son diplôme avec un traitement de misère. Elle travailla dans une école maternelle de Harlem en compagnie d'un instituteur noir ; ensemble ils s'occupèrent des cas sociaux avec beaucoup de dévouement.

Un an plus tard, elle rencontrait Richard. « Pour moi, c'était Richard ou le travail. Et je voulais être avec Richard. » Abandonnant son poste d'institutrice avec un peu de honte, elle s'ennuya vite au bout d'un an de mariage. Elle décida de faire du droit. Richard lui dit d'essayer ; si elle réussissait la première année, elle pourrait sans doute, l'année suivante, suivre les cours à mi-temps.

« Sa seule condition était que j'entre dans une des trois grandes universités réputées pour leur enseignement du droit, Columbia, Fordham ou New York University. " Si tu n'arrives pas à entrer dans une de ces trois-là, c'est que tu ne feras jamais une bonne avocate ", me disait-il. Je pensais qu'il y en avait d'autres qui valaient celles-là, mais ce n'était pas la peine de m'y présenter. Le fait que je désire devenir avocate était peu de chose comparé à ce qu'il faisait. La seule chose qui lui importait, c'était que je puisse lui consacrer le temps qui me restait.

« Je travaillais dur. Mais c'était la première fois que mes aspirations et mes goûts concordaient avec ce que je faisais : mon intérêt pour la politique, mon esprit d'analyse, mon goût pour le service public ; j'avais enfin une direction, un but. »

L'épisode suivant de sa vie, elle s'en souvient très bien, jusque dans le détail du dialogue. Un mois avant les résultats de ses examens d'entrée, elle alla voir un médecin : elle avait quelques malaises. Elle téléphona au bureau de Richard.

— Je suis enceinte.

— Geneviève, c'est merveilleux !

— Mais ce n'est pas tellement le moment. On devrait en discuter.

— Discuter quoi ?

Il rentra chez lui le soir ; il avait bien préparé la défense.

« Tu vas faire une mère superbe, Geneviève. Ne t'effraie pas. Tu as peur parce que c'est la première fois. Crois-moi, je n'ai aucun doute sur tes compétences. »

Elle se jeta sur lui avec rage et pleura. « Mais je ne suis pas prête pour avoir un enfant ! C'est toi qui as fait ça. Tu me forces à choisir.

— Qu'est-ce que tu racontes ?

— Tu m'as fait un enfant pour que je ne fasse pas mon droit.

— Ce n'est pas juste ! » Il se défendit en évitant toujours d'aborder le vrai problème, avec cette habileté qui parvient à vous faire tout accepter : « Tu n'as pas encore les résultats, n'est-ce pas ? Ce n'est pas comme si tu avais été reçue à Columbia et que j'avais fait quelque chose pour t'empêcher d'y aller. Ce que tu t'es mis dans la tête est faux.

— Je pourrais me faire avorter, dit-elle.

Son visage perdit toute expression. C'est avec un regard froid et détaché qu'il considéra sa femme.

— On pourrait re-essayer plus tard », ajouta-t-elle.

Il l'assit sur le sofa du salon et de sa voix ferme : « C'est une très mauvaise idée. Tu dis cela parce que tu es un peu effrayée. »

Elle pleura sur son épaule ; elle savait que son refus de combattre serait sa défaite. Elle ne fit pas son droit.

Après avoir reconstruit leurs histoires séparément, nous pensâmes d'un commun accord qu'il serait enrichissant de parler ensemble des points essentiels de leur conflit conjugal*.

Nous décidâmes de parler des problèmes dont ils m'avaient

---

* Ce qui caractérise le plus les impasses et l'enlisement des conflits conjugaux est le dialogue que nous avons avec notre conjoint. C'est pourquoi j'ai reproduit dans le détail ce dialogue entre Richard et Geneviève. Comme la plupart des gens, ils ont la mémoire sélective et n'entendent que ce qu'ils veulent bien entendre.

donné chacun une interprétation différente : le travail, les enfants, le temps.

Qui veut vraiment des enfants dans cette famille ? Et qu'êtes-vous prêts à sacrifier en retour ?

RICHARD : J'en veux au moins trois, peut-être quatre. Vraiment. Pas seulement pour ma satisfaction personnelle, mais à cause de la façon dont j'ai été élevé. Et comme je suis le dernier garçon de la lignée familiale, je me sens des obligations. J'aimerais avoir deux fils et une ou deux filles. Je ne sais pas ce que j'aimerais abandonner en retour. Quand j'étais petit, je ne voyais guère mon père. Un jour, je fis des comptes et lui demandai un rendez-vous. Je lui annonçai que je ne le voyais que soixante-douze heures par an. Il prit alors l'habitude de m'emmener en week-end avec lui, une fois par an, seulement nous, tous les deux. J'imagine quelque chose comme ça pour mes fils. Et mes filles. Mais je ne suis pas prêt à abandonner quoi que ce soit de mon travail. Il semble qu'il faut pourtant sacrifier quelque chose.

GENEVIEVE : Je suis beaucoup plus réservée sur le fait d'avoir des enfants. Je suis honnête avec moi-même et avec Richard quand je dis que je veux attendre et voir comment je réagis après chaque naissance avant d'en avoir un autre. Si tout va bien, d'accord pour quatre. Mais je sais trop combien la vie de famille peut se détériorer quand on a plus d'enfants qu'on n'a la patience d'en élever.

GENEVIEVE : Je trouve complètement inacceptable que tes relations avec ton père ou avec ton fils soient basées sur des horaires précis. C'est comme si tu lui disais : « Voilà, fiston, tu as l'occasion de me voir, profites-en bien vite, sinon, tant pis pour toi. » Je pense que les parents doivent être là quand on a besoin d'eux.

RICHARD : En ce moment, je me suis organisé d'une manière qui me satisfait avec les heures de sommeil de notre fils : je m'arrange pour le voir une demi-heure le matin et une demi-heure le soir.

Quel est celui qui a mis le premier le sujet des enfants sur le tapis ?

GENEVIEVE : C'est toi, n'est-ce pas ?

RICHARD : La seule chose dont je me souvienne, c'est de Geneviève et de sa copine qui parlaient chacune d'avoir onze enfants et de les opposer comme des équipes de football.

GENEVIEVE : Ah ! la bonne blague ! On s'amusait à comparer notre productivité. Mais Richard prétend maintenant que nous avions toujours été d'accord pour avoir beaucoup d'enfants et que c'est moi qui ai changé d'avis.

Qui voulait que Geneviève laisse tomber la profession qu'elle avait avant de se marier ?

RICHARD : Je pense que son travail la prenait trop. Beaucoup plus que le mien, par exemple. Elle s'était totalement engagée. Et je trouvais cela incompatible avec le mariage et les enfants.

Est-ce que le travail qu'elle faisait vous attirait parce qu'il concernait des enfants ?

RICHARD : Non, ce qui m'attirait, c'est qu'elle s'était engagée et qu'elle était indépendante. J'aime les femmes comme ça.

GENEVIEVE : Il ne voit toujours pas la contradiction.

RICHARD : Voilà, en fait, je pensais que Geneviève avait laissé tomber son travail momentanément parce qu'il y avait beaucoup de petits détails matériels à régler en vue du mariage. C'était aussi la première fois qu'elle était à l'aise financièrement ; cela devait bien lui plaire.

GENEVIEVE : Je voulais te voir le plus possible. Le choix, c'était ou te voir moins ou abandonner l'enseignement. Et puis tu m'avais bien fait comprendre que d'après toi il était impossible de faire les deux.

RICHARD : Franchement je ne m'en souviens pas. Mais cela ne m'étonnerait pas.

Et vous, Geneviève, qu'est-ce que cela vous faisait, pour une fois, de pouvoir vous amuser un peu ?

GENEVIEVE : Cela me plaisait beaucoup.

Au fond de vous-même, est-ce que vous ne vous réjouissiez pas d'abandonner toutes les responsabilités que vous aviez eues jusque-là, avec les enfants à l'école et avec vos frères et sœurs à la maison ?

GENEVIEVE : C'est bien possible. Mais, intellectuellement, je méprisais les femmes qui ne faisaient rien. Après notre lune de miel, Richard et moi nous accordions à dire qu'une femme qui reste chez elle est une femme assez méprisable. Il s'attendait à avoir une femme active qui ferait du volontariat ou quelque chose à mi-temps. Un de nos plus grands désaccords, c'est que Richard ne comprend pas pourquoi j'ai besoin d'être payée. Je ne tire pas beaucoup de satisfaction du travail bénévole.

Comment envisagiez-vous, chacun de votre côté, l'avenir de Richard lorsque vous vous êtes mariés ? Quel rôle chacun de vous devait-il jouer dans le mariage ?

RICHARD : Je sais que j'ai dit à Geneviève que je devrais beaucoup travailler pour devenir célèbre. Et pour faire d'autres choses : améliorer les conditions de vie dans New York par exemple, pas nécessairement en tant que politicien, mais en agissant avec les hommes politiques.

GENEVIEVE : Il n'était pas question que tu ne sois pas toi-même un homme politique ! Quand on s'est mariés, toute notre vie mondaine était centrée sur les soirées électorales. Les gens me parlaient toujours de ton avenir politique. Et toi-même tu discutais avec moi pour savoir si tu devrais entrer au ministère de la Justice. C'était ça la vie que j'imaginais avec toi.

RICHARD : A ce que j'entends, ce qui intéressait Geneviève, c'étaient les soirées de discussions politiques. Je ne crois pas pourtant que je me prenais pour Robert Kennedy.

GENEVIEVE : Tu avais l'habitude qu'on te regarde comme quelqu'un qui allait devenir important, et cela me fascinait.

RICHARD : C'est vrai que certains amis de mes parents projetaient sur moi leur désir de voir mon père entrer dans le service public.

GENEVIEVE : Oui. Et ils ont commencé aussi à m'inclure dans les projets qu'ils formaient pour toi. Tout d'un coup, c'était : " Comment envisagez-vous tous les deux votre future vie politique ? " Je me voyais en pleine campagne électorale, je me voyais prendre des décisions, résoudre des problèmes. J'aurais eu quelque chose à dire sur le sujet et on m'aurait écoutée.

RICHARD : Ça alors ! Je me demande où elle est allée chercher ça ! Moi, je voyais un genre de participation différente de sa part. Plutôt le rôle de l'hôtesse. Mes projets n'ont pas changé ; ce que je fais maintenant est conforme au but que j'avais alors, excepté sur un point : je ne dispose pas du temps suffisant pour apporter une véritable contribution à la société.

Voilà l'exemple typique de la manière dont deux personnes traduisent ce qui semble être un même rêve. Geneviève se voit comme une femme politique à travers son mari. Plutôt que de faire elle-même de la politique, le mariage lui parut un moyen plus facile d'exaucer son désir. Aussi n'a-t-elle retenu des conversations dont Richard était l'objet que les propos relatifs à sa candidature. Quant à Richard, c'est le côté indépendant et engagé de sa femme qui l'avait attiré. Mais ce qu'il voulait vraiment à l'époque, semble-t-il, c'était une femme qui lui assurerait une descendance et s'occuperait de lui pour qu'il réussisse, devienne célèbre et riche. Aussi, la seule chose dont il se souvienne, c'est la plaisanterie de Geneviève à propos des onze enfants.

Pourquoi Geneviève ne fait-elle pas son droit ? Qui l'en empêche ? Ou bien de quoi a-t-elle peur ?

RICHARD : Il paraît que j'aurais dit à Geneviève de ne se présenter qu'aux trois plus grandes universités.

GENEVIEVE : Tu ne te souviens pas de m'avoir dit de ne pas me présenter dans d'autres universités parce que c'était humiliant ?

RICHARD : Je ne le nie pas, mais je ne m'en souviens pas.

Et si Geneviève voulait commencer son droit maintenant ?

RICHARD : J'aimerais bien. Mais pour parler franchement, je ne crois pas qu'elle ferait une bonne avocate, et cela, je me souviens le lui avoir déjà dit. Je ne la recommanderais jamais comme membre du barreau.

D'après vous, qu'est-ce qu'elle fait bien ? Par opposition à ce qu'il serait pratique qu'elle fasse ?

RICHARD : Il y a deux choses qu'elle fait très bien : elle sait communiquer avec les enfants, les jeunes enfants, et je suis sûr qu'elle est bonne institutrice ; elle semble aussi savoir administrer, organiser. La raison pour laquelle elle ne ferait pas une bonne avocate, c'est qu'elle ne sait pas écrire.

Richard, vous m'avez parlé, un jour, du professeur qui vous avait servi de modèle. Celui qui préconisait qu'un juriste doit avant tout savoir très bien rédiger. N'y a-t-il pas une autre façon d'être ?

RICHARD : Les meilleurs juristes de notre cabinet sont ceux qui d'un argument de poids font un argument massue.

Est-ce que vous vous sentez menacé par le fait que Geneviève a envie de faire la même chose que vous ?

RICHARD : Je ne peux pas dire qu'inconsciemment je ne me sente pas menacé. Elle, en tout cas, pense que c'est l'explication.

GENEVIEVE : Il m'a même dit une fois qu'échouer me détruirait. Et aussi que trois années d'efforts concentrés ne seraient pas compatibles avec le fait d'être une épouse.

RICHARD : Permets-moi de t'interrompre. Je suis sûr de lui avoir dit que la faculté a été pour moi ce que l'enseignement a été pour elle : l'occasion de me dévouer aux autres.

GENEVIEVE : A ce point, nos positions sont presque institutionnalisées : je suis la femme et la mère maintenant, aussi faut-il que je défende mon foyer. Que je défende le temps que Richard doit nous consacrer à mon fils et à moi. J'ai donc le droit, dans ce domaine, d'être la voix de sa conscience et j'ai aussi le droit de défendre sa santé.

RICHARD : Ce n'est pas de cette manière que j'envisage notre désaccord sur la question. Mon attitude n'est pas autre chose que l'attitude d'un homme qui veut réussir, à la fois financièrement et professionnellement. Je ne vois rien de mal à mes horaires. Ils sont tardifs, mais ils restent dans la norme au bureau.

GENEVIEVE : Ah ! alors là, tu ne t'en sortiras pas comme ça ! Déjà la deuxième année de ton entrée dans ce cabinet juridique, c'est toi qui avais, et de loin, le plus grand nombre d'heures de travail. A tel point qu'un associé t'a demandé de ralentir un peu. Tu n'aurais jamais dû me dire ça, d'ailleurs, parce que maintenant je peux te dire que tu n'as pas des horaires normaux. Tu peux très bien réussir sans y laisser ta peau.

Vous voulez dire : « Tu peux très bien réussir sans me fuir » ?

GENEVIEVE : Oui.

RICHARD : Geneviève et moi ne disposons certes pas du même temps ensemble que si j'étais professeur. Mais il y a des avantages : nous avons les moyens de voyager ; Geneviève peut avoir une femme de ménage ; on va pouvoir envoyer notre fils dans une école privée vraiment huppée. Et puis j'ai la satisfaction personnelle de travailler sur les affaires les plus intéressantes. Mon principe est le suivant : c'est celui qui travaille le plus qui récolte les meilleures affaires.

Geneviève comprend sans doute que la véritable raison pour laquelle vous travaillez beaucoup n'est pas tant de lui offrir une vie facile et luxueuse que de vous élever jusqu'à une position qui vous satisfasse, vous personnellement ?

RICHARD : Vous avez absolument raison là-dessus. Si je ne me défends pas maintenant, il y a beaucoup de chances pour que je me retrouve sur une voie de garage quand je serai plus âgé, sans aucune chance de m'en sortir.

GENEVIEVE : Pour moi, cela veut dire : " J'aime mieux mon travail que la maison. "

Pensez-vous que le fait que Geneviève fasse son droit ou non, ou s'épanouisse d'une autre façon, soit en réalité le point central du conflit relatif aux horaires qui vous oppose ?

RICHARD : Non. Je ne pense pas que Geneviève ferait une bonne juriste. Un point, c'est tout.

Supposez qu'elle devienne une juriste de deuxième rang, ou une para-professionnelle, mais que cela lui plaise ?

RICHARD : Ce n'est pas moi qui l'aiderai à le devenir. Mais je ne lui barrerai pas le chemin. Je ne pense pas que la conception du bébé fut un moyen de l'empêcher d'entrer en faculté.

GENEVIEVE : Moi, je me souviens exactement de la manière dont il a été conçu ce bébé. Et toi ?

RICHARD : Tu as refusé de faire l'amour plus tôt dans la soirée.

GENEVIEVE : Très juste. Et la manière dont cela s'est finalement produit n'a fait qu'accroître mon idée qu'il s'agissait bien d'un moyen de coercition. Richard avait inconsciemment intérêt à créer la situation. Mais Richard ne croit pas aux motivations psychologiques.

RICHARD : La motivation était très simple. J'avais...

GENEVIEVE : .... envie de faire l'amour ! Tout d'un coup, ce jour-là justement. Impossible de l'arrêter pour que je puisse mettre mon diaphragme, ce que je néglige très rarement. Et me voilà enceinte. D'un seul coup.

RICHARD : Très juste.

GENEVIEVE : Très fort. N'est-ce pas ? Te souviens-tu de la discussion quand j'ai appris que j'étais enceinte ? Je t'ai accusé d'avoir fait ça pour m'empêcher de poursuivre mes études de droit.

RICHARD : Ça ne m'étonne pas de toi.

GENEVIEVE : Tu ne te rappelles pas ? On était assis sur le sofa.

J'étais dans tes bras et je pleurais.

RICHARD : Vaguement. Tout ce dont je me souvienne, c'est que nous sommes allés au restaurant après pour fêter ça.

GENEVIEVE : Incroyable ! Je ne me souviens pas du tout de ce dîner. (Silence gêné.)

N'êtes-vous pas un peu jalouse, Geneviève, du fait que Richard fasse un travail intéressant ?

GENEVIEVE : Oh ! si, beaucoup. Surtout quand il rentre à la maison après avoir gagné un procès. En tant que mère, je peux être fière de mon fils, mais pourquoi devrais-je me réjouir de la réussite de quelqu'un d'autre ? Le pire, c'est que Richard conseille toujours aux autres femmes de devenir avouées.

RICHARD : Pas n'importe qui. Je n'encouragerais jamais quelqu'un dont je penserais qu'elle n'en est pas capable.

GENEVIEVE : Seraient-elles plus intelligentes que moi, par hasard ?

RICHARD : Pourquoi veux-tu toujours attacher le concept d'intelligence à l'avocat ? A mon avis, avocate, institutrice ou mère de famille, tout cela se vaut.

L'écho évident que Geneviève entend dans les paroles de Richard, c'est le jugement de son père : « Pas si intelligente que ça. » Elle essaie de résoudre les questions laissées en suspens par son père en reprenant l'argument avec Richard. Pourquoi a-t-elle déclaré forfait quand son père a mis en doute ses capacités intellectuelles ? Etait-ce la faute de son professeur ? Voulait-elle échouer pour ne pas devenir une bête curieuse ? Ou bien était-ce vraiment qu'elle « n'était pas si intelligente que ça » ! S'il s'agissait seulement d'un problème extérieur, elle le résoudrait rapidement. Après tout, elle n'a pas besoin de devenir avocate comme son mari ; elle pourrait aussi bien débuter dans l'action sociale au niveau du quartier ou faire démarrer un groupe de conseil judiciaire gratuit dès demain. Richard a raison lorsqu'il dit qu'être avocat ne constitue pas une référence. C'est seulement sa façon à lui de l'être qu'elle idéalise. Il y a aussi le fait qu'elle est assez mal à l'aise dans son rôle maternel et cela pour des raisons évidentes. Maintenant que son fils est là, elle l'adore. Mais elle est effrayée à l'idée de mettre au monde d'autres enfants : elle pense à sa mère.

De son côté, Richard est débordé par les décisions relatives à sa carrière. Comme il l'admet facilement, il aimerait que tous les problèmes concernant sa femme et son fils disparaissent. Il essaie d'y parvenir en neutralisant les arguments de Geneviève par des manœuvres d'avocat et en refusant la confrontation. Il renforce son appréhension de n'être bonne qu'à reproduire des enfants. Et il joue avec sa peur de l'échec. Mais il montre aussi de temps en temps qu'il n'est pas aussi déterminé qu'elle le donne à penser.

En poussant continuellement son mari à tenir un rôle autoritaire, Geneviève contribue à son propre affaiblissement. A la fin de cette longue soirée, ils se mirent d'accord là-dessus.

GENEVIEVE : Vous pourriez interpréter ce conflit entre nous de la manière suivante : il m'était impossible d'entreprendre une carrière professionnelle sans encourir une désapprobation de la part de Richard. Il a utilisé une autre méthode pour me contraindre à ne rien entreprendre.

RICHARD : Tu y as coopéré. Tu as décidé de garder le bébé.

Est-ce que vous réalisez, Richard, que ce que vous faites est extrêmement intéressé, vous donne un but et vous permet de mesurer votre compétence, et que cela même rend Geneviève jalouse, parce qu'elle ne pourra jamais trouver la même satisfaction dans un travail à mi-temps ou dans un travail bénévole ? Elle a besoin de quelque chose qui corresponde à son niveau, qui lui rende l'estime d'elle-même. Et que tant qu'elle devra rester à la maison, elle fera tout ce qu'elle peut pour vous y retenir ?

RICHARD : Je ne pense pas en ces termes. Quelle que soit la motivation, le résultat est le même. Vous voulez savoir comment je vois le problème ? Geneviève cultive son rôle de mère, d'épouse et de gardienne du foyer, parce que ce sont des rôles enviables. Je ne lui en veux pas. Il y a de la tension entre nous. Mais c'est nécessaire.

GENEVIEVE : J'en suis aussi venue à la conclusion que cette tension fait partie de notre relation. J'essaierai de tirer tout ce que je peux de lui et il essaiera d'évaluer la légitimité de mes plaintes.

Si l'avenir de Geneviève doit être celui de sa mère — avoir plus d'enfants qu'elle n'en peut supporter et se mépriser parce qu'elle n'accomplit rien — alors elle pense qu'elle a le droit de se plaindre, comme sa mère le faisait. Et Richard semble être d'accord sur le fait que c'est ce prix qu'il lui faut payer pour pouvoir faire exactement ce qu'il veut. C'est ainsi que l'on fait des mégères.

Où vous voyez-vous à trente-cinq ans ?

GENEVIEVE : Je ne vois pas de travail pour moi dans un avenir immédiat. En somme je me résigne, et je ne recommence pas. Je ne pense pas que j'aie la chance de pouvoir changer. Richard, par contre, élargit ses visées.

RICHARD : J'ai bien des chances de terminer comme associé dans le cabinet. Et de ne pas faire tout le travail social que je souhaiterais faire.

Ainsi vous vous voyez tous les deux dans cinq ans toujours en train d'essayer de résoudre les conflits d'aujourd'hui ?

RICHARD : Je crois que je ne les résoudrai jamais entièrement.

GENEVIEVE : Je crois que les miens pourront se résoudre une fois que les enfants seront grands.

Voilà une des réponses types aux problèmes que pose le cap des trente ans : rester mariés, résister au changement, prendre des positions suffisamment rigoureuses pour qu'elles mènent à des impasses jusqu'à ce que, comme le dit Richard, « quelque chose cède ».

L'écueil du célibataire

Mais venons-en à ceux qui restent célibataires. L'histoire suivante est celle d'une personne de trente-cinq ans que j'appellerai Béatrice. « Je rêvais d'être sur la couverture d'un grand hebdomadaire, mais je voulais également avoir quatre enfants », dit-elle.

Béatrice est maintenant consciente qu'il s'agissait là de désirs contradictoires. Lorsqu'elle était obnubilée par sa soif de réussite, ce genre de contradiction ne l'effleurait même pas.

En 1954, elle avait seize ans, et elle sortait du lycée. Elle tomba amoureuse, non pas d'un homme, mais de la gloire.

« Il fallait que je devienne quelqu'un d'extraordinaire. »

A seize ans, elle jugeait inutile de perdre son temps à faire des études, et d'ailleurs ses parents ne l'y encourageaient guère. Elle prit un travail d'assistante chez un concessionnaire automobile. Quelques années plus tard, elle était prête à conquérir la General Motors. Elle monta sa propre affaire (dans l'automobile, avec une autre femme). Elle se gorgeait des louanges qu'on lui faisait, et cela lui rappelait son père qu'elle adorait : c'était un intellectuel, un homme de gauche, qui avait fait son chemin et dont le but était de se servir de son esprit et d'arriver le premier. Il se flattait entre autres choses que Béatrice ait sauté deux classes. « Comme elle était précoce ! » pensait-il avec orgueil.

Après quelques années dans la jungle de l'industrie automobile, elle décida de monter à l'assaut d'une des pyramides les plus prestigieuses de Chicago : une agence de publicité très connue. Je lui demandai si elle souffrait du « symptôme » de « la course à la présidence ».

« Il ne s'agit pas vraiment de la présidence, me répondit-elle. Quand mon patron m'a emmené déjeuner pour un anniversaire, il m'a demandé ce que je voulais être à vingt-cinq ans. Je lui ai répondu : " Vice-présidente de cette agence. " Pour moi, c'était le maximum. »

Son patron devint vite un modèle pour elle. Il encourageait ses ambitions et, en retour, elle l'adorait.

« J'étais extrêmement attachée à cet homme. Il me suggérait de lire un certain nombre de livres que je dévorais. On voyageait ensemble. Il lui arrivait même de passer la nuit chez moi. Mais nous étions copain-copain. Il était très strict là-dessus. »

C'est un poète qui conquit son cœur en l'apitoyant sur son dur labeur d'animateur d'un club de livres — mais pour la quitter lorsqu'il découvrit qu'elle était enceinte.

Cette ambivalence la rongeait. « J'attirais les hommes, puis ils me disaient que je leur faisais peur. Alors que, dans les affaires, je ne pouvais jamais en faire trop. Tout le monde aimait mes idées, je recevais tous les prix. Dans ce monde-là, j'étais adulte ; dans l'autre, j'étais un monstre. »

Rappelons-nous que nous sommes alors en 1960 : le mouvement des suffragettes était mort et celui des féministes n'était pas encore né. Béatrice manifestait un esprit d'initiative et un courage peu communs à l'époque.

Puis son père s'enfuit avec une danseuse mexicaine. Elle le prit comme un affront personnel. Elle commença à le soupçonner de n'être ni l'intellectuel ni l'homme de gauche qu'elle avait imaginé. Et tout en craignant de devenir comme lui, c'est-à-dire un papillon qui ne s'attache à rien, elle continuait cependant à le prendre inconsciemment pour modèle.

Elle qui avait su jusqu'alors se faire respecter des hommes, elle s'offrait maintenant au premier venu : « Viens quand tu veux, dîner ou passer le week-end, comme tu veux », pour donner l'impression qu'elle était heureuse, qu'il y ait un homme ou pas. Il fallait laisser à ces messieurs l'impression qu'ils étaient libres de partir. Mais quand ils partaient, elle en pleurait de frustration.

Ces amours légères et deux avortements lui coûtèrent très cher. Pourtant, à ses débuts, au moment où toute son énergie était absorbée par son travail, il était finalement plus facile de ne pas trop se poser de questions sur sa vie sexuelle. Que pouvait-elle en faire ? Se marier et rejoindre le troupeau des handicapées, voir un patron vous dire en vous regardant droit dans les yeux : « Pourquoi perdre mon temps à vous former ? Vous ferez comme les autres et partirez pour avoir un bébé. » Il valait mieux laisser toutes ces émotions en réserve — pour plus tard. Leur permettre de s'exprimer, c'était s'exposer à toutes sortes de contradictions insolubles.

Béatrice savait d'ailleurs comment compenser ses sentiments maternels : elle gâtait une myriade de nièces et de neveux et les couvait comme une mère poule. Elle se concentrait sur la satisfaction qu'elle tirait de son originalité et de son courage à mener une vie qu'aucune femme de son entourage n'était capable de mener. Le jour viendrait sûrement, pensait-elle parfois, où elle recevrait, de quelque puissance suprême, un énorme cadeau avec une carte sur laquelle on pourrait lire : « A quelqu'un de vraiment exceptionnel ».

A vingt-six ans vint le moment où elle dut prendre la décision de se séparer de son patron ou de piétiner. Une autre société avait en effet offert à ce dernier un poste plus important. Mais cette offre, lui dit-il, ne lui permettait pas d'amener avec lui une femme dont le statut et le salaire auraient semé la révolte au sein des secrétaires.

« Bien plus tard, il m'a avoué qu'au début il n'aurait vraiment pas pu dire si je deviendrais quelqu'un ou non. Et puis je suis devenue vice-présidente. Il a eu peur que je ne le dépasse si je continuais à travailler à ses côtés et il a préféré partir seul. »

Elle partit aussi, mais pour la vice-présidence d'une agence encore plus prestigieuse, dans laquelle elle s'occupait des clients nationaux. Un peu par surprise, à son vingt-septième anniversaire, elle se retrouva à un poste encore plus élevé que celui qu'elle avait toujours rêvé d'atteindre.

C'est à partir de ce moment qu'elle ressentit une certaine lassitude pour son mode de vie. « Ce n'est pas que j'aie rencontré l'homme de ma vie. J'avais épuisé tout ce que je pouvais faire dans les affaires ; tout le monde autour de moi était marié. Je voulais à mon tour goûter à la vie d'épouse. »

Une épouse est si souvent la réplique de sa mère ! La mère de Béatrice, tout comme sa jeune sœur, avaient toutes deux choisi le pavillon de banlieue, le statut de leurs maris et la sécurité permanente. « Le pire, en somme ! Il n'était pas question que j'en fasse autant ! Mais j'ai fini par capituler. » Elle choisit pour époux un cadre dynamique qui nourrissait des ambitions politiques.

Elle quitta le travail peu après son mariage. Elle remplissait son rôle d'épouse avec une perfection malicieuse.

— Tu n'as pas l'air d'aimer recevoir mes collègues, lui disait son mari.

— Mais je fais exactement ce que tu attends de moi ! Je suis une femme à la page ! Je suis même dans les journaux. C'est bien toi qui voulais une femme qui ne travaille pas !

Tout cela ennuyait fort son mari. Il avait déjà bien assez à faire avec l'approche de ses quarante ans.

« Eh bien alors, partons ! On ira vivre tranquille ailleurs. » Il suggérait ce genre de choses après une journée de réceptions lorsqu'ils se retrouvaient tous les deux, tard, au lit. « J'en ai assez de me surmener pour les clients. »

Béatrice s'enfermait dans sa coquille et faisait semblant de dormir.

« Tu ne m'aimes pas », disait-il en attendant un démenti qui ne venait jamais.

La vérité cachée que Béatrice ne pouvait s'expliquer, c'était qu'elle était en train de mener une vie semblable à celle de sa mère, vie qu'elle haïssait. Après avoir fait ses preuves dans le monde du travail, elle avait senti que quelque chose lui manquait. Mais, au lieu d'essayer d'approfondir les aspects de sa féminité dont elle pouvait jouir et de les intégrer à sa vie professionnelle, elle s'était jetée corps et âme dans le rôle de la « mauvaise mère ». Il lui avait fallu parodier son gardien intérieur avant de s'en affranchir. Ce genre de réaction n'est pas inhabituel. Au cours du passage des trente ans, il arrive qu'on joue le rôle de son père ou de sa mère sans le savoir, et qu'alors on déteste la rigidité de ce nouveau personnage et qu'on se sente dominé par quelque démon intérieur. Mais il est en fait souvent nécessaire de vivre les mauvais côtés d'une forte identification conflictuelle avant d'être capable d'en dégager les bons côtés et de les utiliser.

Prise dans l'engrenage de cette situation, Béatrice se laissa sombrer, tandis que son mari se débattait de son côté dans sa crise du milieu de la vie sans y comprendre quoi que ce soit. Puis elle se mit à grossir. Les bourrelets commencèrent à s'accumuler ici et là et, si l'on peut dire, à « tout recouvrir » : sa beauté, ses désirs sexuels, ses rêves. « Je sentais que quelque chose n'allait pas. Je n'étais plus responsable de moi-même. Quelque chose grippait, mais j'ignorais où et comment. Il était plus facile d'en accuser ma silhouette. »

A trente ans, elle déclara à son mari qu'elle allait partir et maigrir.

Malgré sa vive intelligence, il lui fallut attendre trente-cinq ans pour y voir plus clair. Comme bien d'autres, elle pensait qu'il suffisait de divorcer pour que tout aille mieux. Croyance magique : se débarrasser de ses problèmes en se débarrassant de la personne sur qui on les projette. Dans le cas de Béatrice, le problème projeté était celui de son propre conflit entre son rôle d'épouse gâtée, comme sa mère, ou celui d'une femme d'affaires exceptionnelle qui correspondait au rêve de son père. Ce n'était pas son mari qui l'empêchait de travailler. C'était elle-même qui voulait « goûter à la vie d'épouse ». Elle découvrait qu'être une femme pourvue de cartes de crédit n'était pas plus enrichissant que d'être une « machine à réussir ».

Malheureusement, avant qu'elle ne se rende compte de ses propres contradictions, elle finit par pousser son mari à l'infidélité, à casser des assiettes et à conduire son mariage à la ruine.

« Quand je suis finalement partie, dit-elle, j'avais ruminé certaines pensées pendant trois ans. Aurais-je eu le choix que j'aurais préféré ne pas vivre ces trois années, mais j'y étais contrainte. Maintenant, pour la première fois, je suis honnête avec moi-même. Je ne peux plus être l'appendice de quelqu'un. Mais je ne laisserai pas non plus les hommes traverser cavalièrement ma vie, comme dans le temps, quand je m'étais transformée en hôtel. Tous mes problèmes ne venaient pas de mon père, comme je le pensais, mais en partie de ma mère et de mon incapacité à m'identifier à un rôle de femme. Je voudrais être désormais une personne entière qui n'a pas peur d'aimer ni d'être aimée. »

Il serait possible de s'arrêter à ce point, alors que le passage des trente ans s'est réalisé. Mais je voudrais tout de même parler du changement intervenu chez Béatrice à partir de ses trente-cinq ans.

Le jour de ses trente-cinq ans, Béatrice s'est acheté une petite maison. Elle semble y être aussi bien implantée qu'une tubéreuse. Propriétaire — l'acte même de s'engager ainsi envers soi-même et par soi-même a défini une base autour de laquelle elle peut maintenant évoluer. Quand elle invite quelqu'un à dîner, elle l'invite chez elle et le choisit judicieusement. Quand elle cuisine, elle le fait avec plaisir, pas comme un robot. Son nouveau travail exige beaucoup d'elle-même, mais en tout cas pas de conquérir les sommets.

« Aujourd'hui, je considère les grands pontes d'un œil adulte et je me dis qu'ils peuvent bien rester là où ils sont, si cela leur plaît. Ce qui m'intéresse le plus, c'est de faire un travail de qualité. Et je peux le faire sans brûlures d'estomac, sans la peur qui m'angoissait — la peur qu'ils découvrent que je n'avais pas de diplôme et que je faisais des fautes d'orthographe. »

Elle conserve un espoir, celui d'ajouter une pièce maîtresse à sa vie : les enfants qu'elle n'a jamais eus. « Je suis bien consciente que les enfants que j'aurai seront aussi ceux de quelqu'un d'autre. » Elle sourit et termine son cognac. « Après tout, j'ai tellement plus que ce que je voulais. Et c'est la vie. La boîte du cadeau n'a pas toujours de ruban. »

Le ricochet

Personne n'est tout à fait à l'origine des décisions qui changent sa vie. Qu'arrive-t-il à ceux qui se contentent de rester installés comme à leurs vingt ans, et à qui l'on vient soudain demander de changer de place ? Il y a plusieurs réactions possibles. L'histoire de Roselyne illustre une réponse qui peut ne pas paraître la meilleure, mais qui constitue un moyen d'atteindre la maturité.

Roselyne avait quitté l'enfance, mais à quoi bon devenir adulte, se demandait-elle ? Ses vingt ans n'avaient pas donné consistance à son rêve ; ils l'avaient plutôt détruit. Et ce rêve était typique de celles qui font un mariage d'évasion.

« Quand j'ai quitté la maison pour entreprendre mes études, je pensais : “ Ça y est, j’ai fait mon temps, fini les parents ! ” Mais quand mes études furent terminées, j’ai dû retourner à la maison. Pas de proposition de mariage. J’ai dû retrouver ma ville et ce milieu qui me répugnait. J’allais accepter un petit boulot de rien du tout (les diplômes ne servent pas toujours à grand-chose), quand j’ai fait la connaissance de Bernard et me suis mariée avec lui. J’avoue que je n’ai pas beaucoup réfléchi. »

Roselyne n’imaginait rien de pire que de rester à Brooklyn et d’avoir à se marier avec un Juif pauvre de son milieu d’origine. Mais, heureusement, Bernard était apparu dans sa vie et elle pensait que lui au moins était un garçon « comme il faut ».

« Il sortait tout droit du genre de livres que je lisais en fac. Je n’ai jamais désiré travailler; je n’étais pas du tout du type féministe. Dépendre de mon mari ? Oh oui ! entièrement, pour l’argent comme pour l’amour ! Je ne savais rien de la réalité. J’étais satisfaite de ma vie, qui consistait surtout à faire des courses. »

Ce couple n’avait jamais l’air de s’entendre sur les notions de bonheur ou de tristesse. Il fut une époque où toutes les amies de Roselyne se séparaient de leurs maris. Elle y pensa aussi. « Non, non, disait Bernard, nous sommes très heureux ». Il décidèrent d’avoir un deuxième enfant. Quand le petit eut un an, Bernard revint un jour du bureau et demanda à sa femme si elle était heureuse.

« Oui, pas toi ? » lui répondit Roselyne. Elle aurait mieux fait de se taire ou de lui suggérer de regarder la télévision !

— Il y a une autre femme dans ma vie, dit Bernard, et je l’aime.

— Depuis quand ?

— Depuis que tu es enceinte.

Elle avait été heureuse tout le temps. Il le savait, et cela ne faisait qu’aggraver ses remords. (Il pensait qu’il avait une haute conscience morale.)

— D’accord, je m’en vais, ronchonna sa femme.

— Non ! Tu ne peux pas m’enlever les enfants !

Et il lui assura que, maintenant qu’il était déchargé de son secret, il pourrait enfin être heureux. Il pouvait avoir un mariage merveilleux et une petite amie passionnante ; « une sorte de prime », expliquait-il.

Roselyne se convainquit progressivement que Bernard avait tout simplement pris dans sa vie la place de sa mère. Ce n’était pas ce qu’il lui fallait ! Elle se disait : « Je me suis mariée avec lui pour échapper à ma mère, à cette ville de Brooklyn et à tout ce milieu vulgaire. En fait, j’ignore tout des endroits et des milieux où on s’amuse vraiment. Bernard ne veut même pas prendre du L.S.D. avec moi. Je veux avoir une existence intérieure. »

A trente ans, elle décida qu’elle ne voulait plus être Roselyne, la femme au chariot du supermarché, mariée à Bernard le mari adultère. Un changement radical s'imposait. Au fond d'elle-même, pensait-elle, elle devait être une personne différente, une sorte d'artiste ou quelqu'un de ce genre. Elle « voyagerait » avec Joan Baez à Big Sur. « Je pars pour la Californie », déclara-t-elle un jour à son mari.

— Pourquoi ?

— Je ne veux plus continuer comme ça.

— Tu vas me rendre malheureux.

Elle fit alors connaissance d'un sculpteur qui traversait sa période de réflexion et désirait « s'approfondir spirituellement ».

Roselyne fut séduite.

Le cadeau d'adieu de Bernard fut sa carte de crédit-essence. Elle se mit en route le jour de l'An avec son sculpteur, son manteau de mouton d'Afghanistan et les deux petits à l'arrière. Ils avaient trois et sept ans et adoraient défaire les lits dans les motels. Ils se nourrissaient tous dans ces mêmes motels parce que Roselyne pouvait payer grâce à sa carte de crédit. Ils suivirent les courbes climatiques comme une chasse au trésor, passant du froid au chaud, de Chicago au Texas, du Texas à l'Arizona, et arrivèrent enfin en Californie. La liberté en instantané et en couleurs !

Le sculpteur préférait un petit village appelé Marin County. Mais Roselyne connaissait des homosexuels à Big Sur. Et d'ailleurs, c'était là que se rencontraient les artistes. Roselyne pensait : « Je n'ai aucune idée de ce qui va m'arriver. Voilà quelque chose d'intéressant. Avant, je savais toujours très exactement ce qui allait m'arriver. »

Pendant ce temps, Bernard se débarrassait de son « autre femme » qui était devenue trop collante.

Nous pouvons ici observer une attitude caractéristique du tournant de la trentaine : le ricochet. Si transférer sa dépendance de ses parents à son mari ne mène à rien, on retourne à l'adolescence. On recommence à arracher ses racines, tout en se trouvant de nouvelles idoles. Si cette histoire illustre le cas d'une femme, ce phénomène touche également les hommes.

Peu après avoir rejoint les marginaux de Big Sur, Roselyne compris que, si un accident nucléaire engloutissait l'autre moitié de la planète, ces gens ne le sauraient jamais. Il n'y avait pas de télévision, pas de journaux. La conversation n'existait pas ; le grand plaisir était d'avoir un camion, de couper son bois et de jouer de la musique. D'abord, Roselyne pensa que c'était de sa faute si elle ne se sentait pas à l'aise. Elle essaya de s'amuser aux fêtes de la communauté voisine, de « transcender » ce monde silencieux en écoutant les flûtes de bambou et les tambours africains. Mais ce qu'elle voyait surtout, c'était des gens sans talent, qui jouaient mal, sur des instruments rudimentaires. On n'entendait jamais parler de rien, il n'y avait aucune nouvelle.

Elle commença à attendre le moment des courses au grand supermarché de Carmel. C'était son seul contact avec le monde civilisé. Elle se gardait bien d'acheter trop, de manière à pouvoir revenir une ou deux fois par jour. Près des caisses, il y avait des périodiques. Elle se plongeait dans le *Times* et parcourait avidement la rubrique des personnalités. Ah ! ils étaient toujours là : fascinants, vigoureux. Et elle, Roselyne, était redevenue une femme à chariot de supermarché. Seul ce fil minuscule la reliait à son ancienne vie.

Il était évident que son sculpteur tant admiré avait la tête vide. Ils ne travaillaient ni l'un ni l'autre, mais cela ne dérangeait guère son amant. Il se sentait tout à fait à l'aise avec ce rêve de la Californie-nourricière et était très content de lui. C'était cependant assez pénible pour Roselyne de réaliser qu'il dépendait totalement de sa petite pension alimentaire. En fait, il surpassait Roselyne dans la dépendance, c'était rageant ! L'attrait du supermarché devenait de plus en plus fort. Il devint si fort que, finalement, elle déménagea à Carmel en y emmenant le sculpteur et les deux enfants. Et puis au moins, à Carmel, il y avait la télévision !

Je suis allée voir Roselyne à Carmel, au milieu de ces autres femmes de trente ans en liberté, qui sont légion dans cette ville, toutes rescapées de mariages « parfaits » ayant mal tourné. Je fus reçue à l'aéroport par une divorcée toute pimpante, qui jouait apparemment le rôle de maman pour ces jeunes femmes. Sa voiture était dans un état lamentable. Une de ses amies à la dérive lui avait enfoncé le coffre arrière et était tout simplement remontée dans sa voiture après le constat avec ces mots : « Enchantée de t'avoir amochée aujourd'hui. » Cela faisait rire la « maman ». La seule règle ici, c'est en effet de ne rien prendre trop au sérieux.

Dans ce Pays des Merveilles qu'est Carmel, les petites routes serpentent délicieusement pour vous faire apercevoir de temps à autre l'océan merveilleux où les phoques jouent avec les coquillages, comme des enfants avec un seau et une pelle. Les fleurs ne sont pas ordinaires non plus. Ce sont plutôt des montagnes aberrantes de lilas sauvages de couleur rouge. Roselyne habite une petite maison louée. De sa fenêtre, on aperçoit Point Lobos, secteur d'élection des OVNI. Le plus curieux est que la plupart des gens dans la région ressembleraient à des OVNI : créatures venues d'ailleurs et allant vers une destination inconnue. Carmel est une manière d'être : une façon d'éviter la maturité et la vieillesse.

La plupart de ceux que connaît Roselyne ont su tirer assez d'argent de leur situation précédente (mariage ou travail) pour pouvoir arrêter le temps. Les offres locales d'emploi trouvent rarement de réponses. Le long de ces collines, on préfère rester dans sa maison de verre, temporairement encapsulé dans une expérience intime avec la vie. « Ici on accepte les choses comme elles viennent », dit la «maman » de Carmel.

Roselyne était à Carmel depuis plus de deux ans et ses illusions adolescentes s'étaient presque entièrement dissipées.

« Je trouve que je suis exactement la personne que j'étais avant et je crois bien que la veine artistique n'a jamais existé chez moi. »

Sa seule activité, depuis le début de son séjour californien, avait consisté à se droguer, à changer les chaînes de la télévision en couleurs, à lire des magazines et à manger des sucreries, toutes choses menées d'ailleurs de front. Cela ne valait aucunement la peine de se concentrer. L'essentiel restait la communication avec les autres. La façon dont elle en parle donne la clef de son problème. Elle a fait le tour de toutes les filles qui ne font rien comme de celles qui trafiquent. « Elles me déçoivent toutes », dit-elle. A trente-deux ans, elle revient enfin vers le monde adulte, à petits pas, parce que c'est pénible.

Un après-midi, assise devant cette vue magnifique, elle se mit à pleurer.

« Je dépends trop des autres et des choses. En fait, je ne crée pas grand-chose, j'ai l'impression d'être vide. J'ai mes enfants et, mis à part le fait de faire la maman et les courses, je ne fais rien, tout comme les autres. »

Cette sorte de prise de conscience constituait déjà un progrès. Apparemment, elle s'était rebellée contre ses parents, mais le conflit était resté sans solution. Elle avait seulement transféré sa dépendance envers sa mère à un mari idéalisé, puis à un amant lui aussi idéalisé quoique pour d'autres raisons et, durant cette dernière année passée à Carmel, elle avait essayé de remplir, au hasard, le vide qui se creusait en elle.

« Je veux rejoindre le monde, mais sans me hâter. L'été prochain, j'irai à Los Angeles. Pour l'instant, je ne pense pas être capable de me trouver toute seule du travail ; je crois que je ne pourrais m'y mettre qu'en y étant forcée. »

Quelques mois plus tard, Roselyne alla s'installer à Los Angeles. Les enfants pleurnichaient dans la voiture : « On veut retourner voir Papa. » Roselyne resta imperturbable : « Les enfants, maintenant ça va être les palmiers, Hollywood et les stars. »

Quand je la vis à Los Angeles, elle avait fait encore un pas en avant. Elle commençait à rédiger son curriculum vitae, et nous avons évoqué un éventuel travail comme lectrice de scripts ; l'important était que Roselyne acceptait enfin d'être plus authentique, ce qu'elle avait plus ou moins refusé depuis quinze ans.

« Tout le monde ici est juif et vient de Brooklyn comme moi ! » Cela l'amusait et ne l'irritait plus. « Je les trouve très intéressants, ce sont les gens dont je ne voulais pas approcher avant et que je ne connaissais pas bien. »

Après avoir bouclé la boucle, elle rentra à New York définitivement. Elle se présenta chez un éditeur qui cherchait des écrivains en free-lance pour son département scolaire, capables d'écrire des livres d'orientation professionnelle.

Un an plus tard — elle avait maintenant trente-cinq ans —, Roselyne m'appelait de Fire Island. « Je suis avec les enfants et avec un homme que nous aimons tous, et mes bouquins, ça marche. » Elle venait de terminer son troisième livre.

Quand j'ai d'abord parlé du tournant de la trentaine, le lecteur a pu penser qu'il n'y avait pas d'issue. Or, si nous avons eu l'exemple de quelques personnes qui ont préféré laisser aller les choses, nous en avons vu d'autres qui s'en sont sorties. Le tournant de la trentaine ne se définit pas seulement par un métier, un travail, une carrière ; certains problèmes trouvent aussi bien une solution en quittant sa carrière qu'en en choisissant une. Ce n'est pas non plus nécessairement un dilemme qui exige plus d'indépendance ; certains le résolvent en laissant libre cours à leur côté dépendant. Enfin le problème ne disparaît pas non plus quand on prend la fuite, même si quelquefois cela peut être très utile. Roselyne, par exemple, a jugé qu'elle était plus à l'aise avec un mode de vie traditionnel qu'avec un mode de vie marginal, mais elle en a fait l'expérience. Si elle était restée la femme au chariot de supermarché, elle se serait probablement retournée vers son mari à quarante ans en lui disant : « C'est à cause de toi que je n'ai jamais pu découvrir l'artiste en moi. »

Le passage de la trentaine demande une solution personnelle.

Le seul aspect commun à toutes les solutions est la volonté de changer.

CINQUIEME PARTIE
MON CAS EST UNIQUE !

Sans doute un crabe serait-il très outragé s'il nous entendait le classer, sans autre forme de procès, parmi les crustacés : « Je ne suis pas cela du tout, dirait-il, je suis moi-même, moi-même seulement. »

William James

Parvenus à ce point du livre, j'entends déjà les lecteurs s'indigner : « Et moi alors ? Je ne ressemble pas du tout à ceux que vous avez décrits. Ce sont des cas ordinaires. Moi, je suis unique. »

Il faut bien préciser le point suivant : chacun est différent car suivant un modèle différent, qui dépend surtout des choix qu'il a faits à vingt ans. Parce que l'on ne dispose que d'une seule vie, les choix que nous faisons sont limités à une ligne possible de développement.

Ces différences m'ont intriguée, m'ont troublée d'abord. S'il y a beaucoup de modèles à suivre pour passer d'une période à l'autre, il existe cependant un ordre à respecter. « On va de A à B, on ne peut pas sauter de A à C, et pour arriver à D il faut avoir résolu les problèmes de C » (Levinson).

S'il est vrai qu'il nous faut entrer dans le monde adulte entre vingt-deux et vingt-huit ans, avant de passer le cap des trente ans (vingt-huit à trente-deux ans), avant d'être prêt à s'installer (trente-deux à trente-neuf ans), alors qu'arrive-t-il, par exemple, à la femme qui ne sait pas ? Tout d'un coup, son mari, impatient de franchir ce cap des trente ans, lui demande de sauter le passage de l'entrée dans le monde adulte. Il veut soudain une compagne pour la phase « installation ». N'est-ce pas affolant ? C'est ce que je demandai à Levinson.

C'est tout à fait cela, dit-il. Et sa conclusion était qu'il est très difficile pour une femme d'être mère de famille et de réussir professionnellement avant d'avoir trente ans ou trente-cinq ans. De plus, « il y a bien des chances pour qu'au moment où elle y parvienne enfin, il y ait eu dans son existence tant d'avatars et d'expériences ratées qu'elle se retrouve à cette époque divorcée ou sans vie de famille. »

Je demandai à Levinson d'abandonner son point de vue théorique pour me parler de son propre mariage. Sa femme et lui avaient choisi des modèles différents, et pourtant le résultat fut le même. Maria Levinson passa la période des vingt ans mariée, mais sans enfant, à continuer ses études, à faire de la recherche avec son mari, ce qui contribuait à les rapprocher. « Quand elle eut trente ans, cette époque coïncida avec un grand désir de changement, mais de la carrière à la famille », explique-t-il. Pendant les six années qui suivirent, Maria devint de plus en plus casanière. Quand son mari l'exhortait à travailler avec lui, comme elle le faisait auparavant, elle acquiesçait mais n'avait plus cet enthousiasme qu'il lui avait connu.

« Je croyais qu'elle s'étiolait, qu'elle se renfermait sur elle-même, admit Levinson. C'est toute la complexité du développement psychologique de la femme. » Et il attendit.

Cette complexité tient, j'en suis sûre — et cela est valable pour les hommes comme pour les femmes —, à la disparité des modèles que chacun de nous choisit et auxquels nous nous conformons entre vingt et trente ans. Où ces choix précoces nous mènent-ils ? Quel est le modèle qui nous pousse vers l'extérieur, et celui qui nous incite à l'intériorisation ? Il y a des personnes plus aptes à exploiter un compagnon qu'à en dépendre. Ce qu'il ne faut pas oublier, c'est que ces modèles ne sont pas définitifs et que l'on peut changer la direction de sa vie si l'on n'en est pas satisfait. Il est commun de voir les gens accumuler les expériences, aller de l'une à l'autre, ceci permettant de se mieux connaître en profondeur. En fait, dans les exemples que je relate, personne n'est resté fidèle à son premier modèle.

Vous n'éprouverez sans doute pas une sympathie particulière pour la personne dont je raconte l'histoire. Surtout si sa façon de vivre n'est pas très éloignée de la vôtre. On préfèrerait être représenté par des modèles plus dignes d'inspiration. Mais ce n'est pas l'auteur qui est responsable de ces modèles ; ce sont des êtres humains qui ont fait ce livre, avec l'histoire de leur vie. On ne faisait pas de concours. C'est seulement après avoir lu les cent quinze témoignages biographiques que j'avais recueillis que j'ai défini les différentes façons d'aborder la vie. Dans cette partie du livre, chaque récit relate l'existence d'une personne entre vingt et trente ans, et même au-delà. Si, en apparence, rien ne change réellement, c'est d'une façon toute différente qu'à partir de trente ans nous concevons notre existence, et cette nouvelle prise de conscience est parfois la cause de bouleversements ultérieurs. Nous n'avons plus cette obsession, caractéristique de nos vingt ans, de vouloir être à tout prix un cas unique. A trente ans, nous acquérons un certain équilibre qui nous permet de mieux nous appréhender et de considérer avec plus d'attention cette partie de nous-même que nous avions ignorée dans nos engagements précédents et qui devient maintenant le pôle de notre vie intérieure.

Chapitre 15
Styles de vie masculins

D'après les interviews que j'ai faites, il se dégage trois types d'hommes :

L'homme *transitoire* qui ne veut ni ne peut prendre un engagement résolu à vingt ans, qui prolonge les expériences de sa jeunesse.

L'homme *pris au piège* : celui qui prend des engagements définitifs à vingt ans sans s'interroger.

L'enfant prodige : il prend des risques, joue le tout pour gagner, persuadé que son insécurité disparaîtra quand il arrivera au sommet.

On trouve aussi des cas courants.

Les hommes *encore célibataires après quarante ans* : très rares.

Les altruistes : ceux qui choisissent de s'occuper de la grande famille humaine (prêtres, missionnaires médecins...) ou qui se dévouent à quelqu'un (généralement leur femme).

L'éternel adolescent : dépendant toujours de leur mère et ceci même durant leur vie adulte.

Et enfin un modèle séduisant, cas encore exceptionnel : *l'homme complet,* celui qui sait partager sa vie d'une façon harmonieuse entre sa famille et son occupation professionnelle, qui sait modeler son ambition personnelle et se dévouer au bien public. Il est un peu l'équivalent de la femme qui veut être mère tout en poursuivant sa carrière.

Mais abordons maintenant les cas les plus courants.

L'homme transitoire

L'homme des expériences, des essais, l'homme un peu instable, toujours à l'affût du changement, est généralement incapable de se fixer affectivement, incapable de garder un emploi.

Il y en a cependant pour qui la poursuite d'expériences diverses peut être positive parce que c'est toujours avec énergie et sincérité qu'ils s'engagent dans une nouvelle voie. Ainsi, un jeune qui milite pendant un an dans une formation politique sera l'année suivante chauffeur de taxi tout en essayant de faire publier ses poèmes, puis partira vers des pays lointains, des paradis plus ou moins artificiels d'où il rentrera fauché mais ayant acquis une grande expérience et prêt à s'initier aux affaires pour diriger son groupe de rock. Ce genre d'expérience est toujours positive si elle contribue à un choix futur.

D'autres qui, à vingt ans, suivent le modèle transitoire se laissent aller à la dérive, d'une manière destructrice. Que l'on se souvienne des deux films : *Five Easy Pieces* et *Macadam Cowboy* ; ce sont des auto-stoppeurs sur les grands chemins de la vie, à la recherche d'une cause dans laquelle ils ne peuvent jamais vraiment s'investir parce qu'ils n'ont pas conscience de leurs motivations. Leur voyage intérieur peut être chaotique, la structure essentiellement transitoire de leur vie restera probablement la même pendant six ou sept ans.

Ces jeunes gens furent les superstars des marginaux des années 60. Puis ils eurent (eux aussi) trente ans.

Jerry Rubin disait à vingt ans : « La jeunesse américaine cherche une raison de mourir. » A cette époque Jerry Rubin raisonnait comme un tambour. Parmi les milliers de jeunes qu'il a touchés, certains sont morts en effet. Mais pas lui. A trente ans il déclare : « Je me voyais destiné au rôle de martyr. Les martyrs meurent... je voulais vivre — et aimer. Faire ce que je n'avais pas le temps de faire quand je faisais des meetings. Me découvrir. »

Admettant maintenant ce qu'il avait toujours rejeté, le côté féminin de sa personnalité, Jerry Rubin conclut : « Dans les années 60, on n'avait pas conscience de la nécessité d'une évolution personnelle. En 1970, on se regarde et l'on découvre qu'on est le créateur de son expérience. »

Il a encore du mal à considérer qu'il s'agit là d'une évolution normale plutôt que d'un fait sociologique de son époque.

Un autre type humain, auquel l'on pense moins, et qui illustre aussi ce genre de démarche, c'est le jeune homme des classes défavorisées : son statut économique est marginal, et il est rejeté aussi bien culturellement qu'économiquement. Son travail n'est pas défini à vingt-cinq ans. Il vit peut-être encore chez ses parents ou chez ses beaux-parents. Il a manqué les occasions qu'ont à leur disposition ses confrères de la classe moyenne pour couper leurs racines, et il a toujours des liens de dépendance avec sa famille. Il n'a souvent aucune vision satisfaisante de lui-même. Allant d'un emploi à l'autre, il ne peut envisager une carrière professionnelle. Il n'a personne qui puisse lui donner des conseils. Ce n'est pas à la chaîne ou dans un restaurant routier que l'on trouve un mentor. S'il se marie, c'est surtout pour faire comme tout le monde.

On a pourtant l'impression en le regardant qu'il a pris des engagements d'adulte, mais il y a fort à parier qu'il a très peu participé à aucun d'entre eux. Un accident de parcours peut l'emmener à la dérive : le chômage, la mort d'un parent, un accrochage avec la police. Il passera sa vie à la gagner, et cherchera ailleurs son plaisir, à la chasse, à la pêche, peut-être en construisant sa maison, au PMU ou au café.

Pendant combien de temps peut-on reporter les engagements adultes sans devenir un raté ? D'après George Bernard Shaw, on peut jouer le vagabond désagréable, tourmenté par ses défauts et sa lâcheté intérieure, jusqu'à trente ans. C'est le genre de moratoire qu'il s'était alloué lui-même. Pour sortir d'un emploi qu'il détestait, il quitta son pays à vingt ans, adhéra au parti socialiste et finit par donner libre cours à ses talents d'écrivain. Il écrivit ainsi cinq romans avec l'assiduité d'un écolier ; ils ne furent publiés que cinquante ans plus tard, mais c'est de cette manière qu'il apprit à écrire. De plus, cette longue période d'exploration en liberté lui permit de développer sa personnalité.

La sagesse populaire préconise aujourd'hui qu'à vingt ans il est préférable de s'engager à court terme. Trop de jeunes gens ont vu leurs pères pris dans les filets de la bureaucratie.

Mais, d'un autre côté, ceux qui n'investissent pas beaucoup d'eux-mêmes dans leurs choix précoces n'obtiendront rien en retour qui leur permette de changer ou d'évoluer. Poussée à l'extrême, la volonté de ne pas s'engager ne laisse aucun moyen d'expression du côté union. Si l'on ne peut faire confiance à aucune école, à aucune organisation ou à aucune relation affective (ou si, comme dans le cas d'Eldrige Cleaver, le seul moyen de redresser les torts de la société est de l'écraser ou de s'exiler), on risque de se trouver complètement isolé. Cet état transitoire de révolte perpétuelle finit par prendre au piège ses adeptes, ou par les exclure.

En général, ceux qui commencent par suivre ce modèle éprouvent vers trente ans un besoin urgent de s'astreindre à un but et de développer une relation amoureuse (sans nécessairement se marier), mais il arrive qu'on reste dans cet état transitoire, à la recherche d'une identité et d'un système de valeurs, jusqu'au milieu de la vie.

Pris au piège

La majorité des hommes que j'ai rencontrés se sentent installés en toute sécurité dans la vie... et pourtant ils étouffent. Ce sont ceux-là qui, à vingt ans, prenaient des engagements solides, cherchant par là à s'assurer le plus tôt possible la stabilité, un certain confort matériel et moral. N'ayant pu ou voulu prendre le temps de beaucoup s'interroger sur eux-mêmes, sur leur système de valeurs et sur leurs buts, ils ont ainsi évité une crise d'identité profonde. Et puis, à trente ans, ils regrettent de n'avoir pas réfléchi davantage à ce qu'ils entreprenaient.

Ceux qui ont le courage de leurs opinions profitent généralement de cette période pour changer de métier si celui-ci ne leur plaît pas. Trente ans, c'est un peu tôt pour changer de profession, mais cela devient de plus en plus fréquent.

J'ai parlé de courage parce qu'il s'agit d'une décision pénible à prendre. C'est une crise, moins difficile certes que d'effectuer le même changement à quarante ans, mais plus douloureuse cependant que pour l'homme qui ne s'est pas laissé prendre au piège.

Quand on parle de « pris au piège », on pense tout de suite à ceux qui ont suivi les traces de leur père. Mais ce n'est pas la majorité des cas. Tous ceux qui s'emprisonnent dans le fonctionnariat par manque de choix deviennent vite les petits tiroirs de la bureaucratie et, dans la vie privée, des « cher locataire », « cher client », « cher abonné », etc. Ce sont aussi les fils de la bourgeoisie, grande et petite. Ils y sont tous représentés. En somme, il s'agit de personnes qui continuent à faire ce qu'on attend d'elles. Des hommes qui rechignent à prendre des risques ou qui craignent d'être trop différents, qui suivent les filières qui mènent aux titres et aux fonctions. Des titres et des fonctions : quelque chose de concret au moins.

Daniel en est un bon exemple.

Diplômé en 1950, c'est un de ces garçons nés avec le sentiment d'une destinée familiale à accomplir. Il n'avait rien à envier à son père, mais son grand-père, qu'il vénérait, avait commencé comme garçon de courses et avait terminé à la tête d'un empire dans la métallurgie. En regardant Daniel, on voyait tout de suite qu'il était né pour porter des costumes anglais et pour manier avec virtuosité une raquette de tennis.

Sous ces apparences, pourtant, un petit rien de solitude. Fils unique, il avait vécu seul avec sa mère pendant que son père était au front, jusqu'à ce qu'elle disparaisse à son tour : un jour, en revenant du terrain de jeux, il avait trouvé une file de voitures stationnées devant la maison ; sa mère était morte. Explication officielle : pneumonie, puis on n'en parla plus. Il alla vivre chez ses grands-parents. Quelques années plus tard, en cherchant du papier dans le bureau de son grand-père, il tomba sur une coupure de presse qui relatait le suicide de sa mère. Son père revint de la guerre et se remaria. Daniel n'était pas plus haut que trois pommes quand il commença sa vie de pensionnaire. Il aimait passionnément le collège. Il avait enfin trouvé de la compagnie. Il n'y causa jamais d'ennuis, il ne connut jamais aucun sentiment de révolte. En fait, à vingt ans, Daniel semblait prêt à s'enfermer dans un coffre avec ses économies.

Non pas qu'il ait eu des problèmes pécuniaires : son grand-père, très ému d'avoir vu son seul héritier entreprendre des études, lui avait offert un beau petit pécule. Avec une chance pareille, les possibilités deviennent illimitées. Il aurait pu partir faire des fouilles en Crète, vagabonder en Europe, ou bien se lancer dans l'aventure capitaliste. Rien de tout cela. Le pécule fut investi dans les responsabilités familiales. Premier verrou.

Vivienne avait fait ses études dans une université pour jeunes filles de bonne famille. Il l'avait rencontrée au cours d'une croisière. Il savait qu'elle était bonne skieuse. Se basant sur ces qualités, Daniel se convainquit qu'il l'aimait. Il s'empressa de faire son service militaire (solitude) et de l'épouser. Deuxième verrou !

A la fin de son service, il n'avait toujours aucun grand projet. Vivienne non plus, bien sûr ; elle fit ce que font les bonnes épouses : les enfants, et le coiffeur le vendredi. Tous les camarades de Daniel se battaient pour entrer dans l'administration ou pour faire un stage dans une grande banque. Il savait que cela ne l'intéressait pas. L'image de son père, le cadre dynamique, ne l'attirait pas. Son supérieur militaire lui suggéra d'enseigner, et, peut-être parce que l'école était pour lui une seconde famille, Daniel décida d'essayer. Il trouva un poste dans un collège en province.

« Vivienne n'a pas du tout participé à ma décision, dit-il, pas même pour dire si l'endroit lui plaisait. Mais, une fois parti, je n'avais plus aucun doute. J'y mettais toute mon énergie. J'adorais l'idée de faire partie des intellectuels. » Presque sans aucune expérience, Daniel avait trouvé sa voie dans la vie. Troisième verrou !

A l'approche des trente ans, quelques fissures commencèrent à lézarder ce beau tableau. Pour se changer les idées, Daniel décida d'aller passer un an dans la capitale et d'y travailler comme aide-administratif auprès d'un sénateur. Il se flattait de pouvoir entrer en contact avec des personnes célèbres.

Vivienne se plaignit un peu, mais rien de bien concret. Daniel : « Je ne sentais aucun enthousiasme derrière moi. Ni d'ailleurs aucun véritable antagonisme. »

Quinze ans plus tard, il peut enfin envisager ce qui le troublait, mais aujourd'hui encore il en est déconcerté. « Je suppose qu'un de nos problèmes réels était que le seul sentiment que Vivienne avait d'elle-même, c'était moi. Elle cherchait constamment quelque chose à faire pour occuper son temps. »

C'était une mère exemplaire. C'est toujours une mère exemplaire d'ailleurs. Et elle en est encore, à ce jour, à se chercher.

A trente ans, la carrière de Daniel dans le monde académique se dessinait encore plus nettement : on le rappela pour lui offrir le poste de bras droit du doyen. Extra ! Il se voyait déjà dans la chaise du doyen, influent, responsable comme son grand-père.

Il rayonnait ; mais Vivienne flanchait, effrayée à la fois de se sentir confinée dans son petit univers étroit et d'envisager un épanouissement possible. Elle se repliait sur elle-même, par exemple en rappelant à Daniel l'engagement qu'il avait pris de se consacrer à l'enseignement. Qu'était-il advenu de l'intellectuel qui devait recevoir une bourse d'études et écrire des livres qu'on s'arracherait dans les milieux cultivés ? Elle réagit en méprisant quiconque n'était pas professeur. L'opinion de Vivienne envers ceux qu'elle devait inviter pour les dîners de son mari était la suivante : « Ces personnes sont sublimement emmerdantes... »

Malheureusement, Daniel n'était pas capable d'admettre qu'il était d'accord. Vivienne, cette chère Vivienne, savait mettre au jour tout ce qu'il refusait d'affronter. En désertant la recherche pour le pouvoir administratif, était-il en train de compromettre ses talents pour acquérir une certaine sécurité ? Au lieu de combattre le mal là où il était, il le transposa sur Vivienne : « Elle me rabaissait toujours », dit-il. Et lui de son côté ne cessait de la critiquer avec méchanceté. Il lui disait par exemple : « Tu prends des cours de peinture et tu peins n'importe quoi, tu te fous de la qualité, de ce que tu fais. Tu trouveras autre chose pour passer le temps. Tu ne finis jamais ce que tu commences ; qu'est-ce que tu fabriques ? Ça m'énerve à la fin. Il n'y a rien de bon. Retourne donc finir tes études. »

Beaucoup plus tard, Daniel prétendit que c'était lui qui l'avait encouragée : « A son actif, il faut le reconnaître, elle est retournée à l'université et elle a terminé ses études. Mais déjà notre mariage avait tourné au vinaigre. » Daniel dira aussi : « Je pense qu'elle éprouvait de la jalousie parce que, moi, j'avais une certaine idée de moi-même. Elle cessa de me soutenir. En réalité, elle participait à ma vie, mais sans jamais montrer d'enthousiasme pour ses responsabilités d'épouse, comme celle de recevoir par exemple. Elle ne vivait que pour son propre compte. Et cela la rendait furieuse. »

Le couple décida de se séparer pour un an. Vivienne emmena les enfants dans une grande ville ; Daniel resta dans la petite ville où était située l'université. Il eut bientôt une relation avec la jeune secrétaire du doyen dont le mariage n'était guère plus brillant. Ils se consolèrent l'un avec l'autre et se convainquirent mutuellement de changer, de devenir quelqu'un d'autre. « Comment redevenir étudiant à trente-deux ans ? » lui demandait-il pour la forme. Et elle riait : « Eh bien, tu auras des rhumatismes avant d'avoir une chaire et puis c'est tout ! » En fait, il se plaisait à jouer les Pygmalion. Il la convainquit d'abandonner la sécurité étouffante de son mariage et de préparer une maîtrise. Quand Vivienne revint pour tenter de reprendre la vie commune, il était dans un tel état d'excitation qu'il ne l'entendit même pas lui dire : « Mais ce que tu fais, c'est exactement ce que j'ai toujours souhaité que tu fasses. »

Daniel détruisit pratiquement tout ce qu'il avait construit entre vingt et trente ans : son mariage, son foyer, sa carrière administrative. Il était remonté à bloc. A part le fait que ses enfants lui manquaient, il ne regrettait rien.

« J'étais très amoureux de cette fille, c'était aussi une nouvelle aventure sexuelle et, ce qui est important, elle me soutenait dans mes ambitions. A ce moment de ma vie, je décidai de jouer ma carrière. J'avais envie de devenir professeur dans l'enseignement supérieur. Il me fallait l'agrégation. J'abandonnai donc mon poste auprès du doyen et je revins dans la capitale. Marielle croyait en moi. Nous sommes venus ensemble dans cette ville froide et impersonnelle. Nous étions extrêmement proches l'un de l'autre. J'étais prêt à refaire ma vie avec elle. »

Entendez-vous la voix de Vivienne que Daniel n'entendait pas ? « Reste fidèle à tes valeurs. Tu sais bien que ce qui compte davantage pour toi, c'est ta vie intellectuelle et non le pouvoir. Tu devrais donc être professeur, et non pas viser l'administration. » C'était vrai, seulement elle le formulait comme une critique : « Elle me rabaissait toujours. »

A trente ans par contre, une évidence impérative commença à naître en lui : celle que la poursuite du savoir a plus de valeur que celle du pouvoir et qu'il devait donc être professeur et non avoir un poste dans l'administration. Le message était le même. Mais il venait maintenant de lui-même. Il eut alors un sursaut d'énergie ; peu importait la sécurité, il valait mieux prendre des risques.

Ainsi, l'impact d'une même vérité communiquée à des périodes différentes dépend uniquement de la personne qui en est porteuse. Il y avait peu de différence entre la femme et la maîtresse de Daniel, mis à part le moment où elles entrèrent dans sa vie. Pour Daniel, avant qu'il ne soit prêt à abandonner la sécurité d'une carrière administrative, la femme qui l'y incitait était un traître. Quand il y fut prêt, elle devint un supporteur. Il y a aussi le fait que Marielle avait de lui une vision très différente : à ses yeux, il avait de la trempe. Il était prêt à abandonner des positions sûres. Elle n'avait jamais été le témoin de ses hésitations, n'avait jamais assisté à ses débâcles antérieures. Alors que, pour sa femme, c'était un lâche. Et ce qui est encore plus important, c'est qu'enfin il désirait qu'on l'aide.

Quant à elles deux, Daniel changea quelque peu leur destin. Elles avaient fait de brillantes études jusqu'à leur mariage. Elles devinrent des mères et des épouses exemplaires. Et aussi, à l'approche de la trentaine, des femmes mornes et désespérées.

A sa femme, Daniel disait implicitement : « Vois comme c'est intéressant l'administration. Tu feras une hôtesse merveilleuse ; tu soutiendras ma carrière. Et n'oublie pas d'être en même temps une maman merveilleuse, bien sûr. Et puis...tu devrais finir tes études, pour te sentir plus à l'aise et être plus cultivée. Ce serait mieux pour les invités. »

A sa maîtresse, il tendait le tapis magique dont sa femme aurait eu besoin : « Envole-toi avec moi, redevenons étudiants, nous allons reprendre les rêves de notre jeunesse et croire l'un en l'autre, nous allons construire ensemble quelque chose d'autre, commencer par abandonner toutes nos vieilles habitudes sexuelles. »

Et ils s'envolèrent en effet. Mais trois ans plus tard Daniel s'écrasa. Sa maîtresse l'avait abandonné en plein bonheur pour un autre. « Ce fut soudain et brutal. Alors que je n'avais eu aucun regret pour ma femme, cette fois j'étais complètement déboussolé. Je ne comprends pas ce qui s'est passé. Je commençais sans doute à la considérer comme quantité négligeable. »

Tout cela montre qu'à trente ans l'on peut très bien briser des verrous sans vraiment s'évader. Quand Daniel en prit conscience plus tard (vers trente-cinq ans), changer de compagne n'était pas une solution. Ce qui était nécessaire, c'est qu'il change lui-même. Et ce changement n'eut lieu qu'au moment où il cessa d'attendre un soutien de sa partenaire (ce qu'il faisait en utilisant sa femme, ou en cherchant un appui auprès de sa maîtresse).

En s'assumant tout seul, Daniel s'épanouit à tous les niveaux. Il travailla plusieurs années sur un projet de recherche, tout en partageant le reste de son temps avec tout un cortège de femmes qui avaient chacune leur vie personnelle. Il se prit au jeu, se laissa pousser la moustache, goûta à l'érotisme auprès d'une femme voluptueuse, participa à des manifestations antimilitaristes. Finalement, il s'est remarié et a publié un livre. Sa femme est productrice de films.

A l'approche de la quarantaine, fringant, plein de vie et plus audacieux que jamais, il est parti avec sa femme réaliser un documentaire dans son domaine à lui, avec son moyen d'expression à elle.

L'enfant prodige

« Quand je joue, c'est pour gagner et pas seulement pour ne pas perdre. Ce qui n'est pas exactement la même chose », explique le fils d'un ouvrier, devenu P.-D.G. d'une grande société.

En effet, ce n'est pas exactement la même chose. C'est même ce qui différencie celui qui se laisse prendre au piège de l'enfant prodige. Ils ont tous les deux de grandes ambitions. Mais ils ne prennent pas les mêmes risques. Celui qui veut accéder au sommet ne reculera devant rien : opportunisme, infidélité, mensonges. Il ne prend pas seulement des risques, il les crée. L'incertitude de l'issue du combat lui donne la passion du jeu. De plus, il est presque toujours assisté d'un mentor.

Chez lui, la précocité est presque caractérielle. Parlez-lui du développement psychologique de l'adulte, ça ne l'intéresse que s'il est en avance : « Vous avez peut-être raison d'évoquer ce passage et ses caractéristiques, mais moi, ça fait cinq ans que je l'ai franchi. » D'ailleurs, il apparaît que, dans sa profession du moins, il va plus vite que tout le monde — même s'il ne va pas jusqu'au bout ou s'il abandonne en cours de route. Le travail est sa passion. La ligne de séparation entre son travail et sa vie privée est très floue. Il travaille le soir, sous la douche, en dormant, en rêvant ; il arrive même à travailler en s'amusant ; quand il joue au golf, c'est pour élargir ses relations d'affaires, ou, à tout le moins, c'est pour gagner le championnat.

Le monde du sport est rempli d'enfants prodiges. Plus que tout autre groupe professionnel, les athlètes ont besoin de concevoir la vie d'une façon cyclique : beaucoup d'entre eux voient leur carrière s'achever quand ils sont encore jeunes et ceci avant d'avoir eu le temps de se préparer à une reconversion. Les plus malins prolongent leur célébrité en devenant journalistes, restaurateurs, etc. On en voit parfois consacrer leur énergie à des œuvres humanitaires.

Einstein a élaboré sa théorie de la relativité à vingt-cinq ans. Napoléon et Alexandre ont édifié leur empire avant d'avoir trente ans. L'admiration que l'on éprouve devant de tels exemples de précocité perpétue l'aura de séduction attachée au mythe de l'enfant prodige. Ceci n'est pas sans conséquences, regrettables d'ailleurs.

Les scientifiques, par exemple, sont généralement convaincus de l'idée qu'ils sont « finis » après trente ans, et ceci parce que l'on admire davantage une œuvre précoce qu'une œuvre achevée qui est le résultat de toute une vie. Les conclusions d'Harriet Zuckerman sur les lauréats du prix Nobel sont consternantes ; les prix Nobel ont leurs travaux publiés plus tôt que leurs collègues (moyenne : vingt-cinq ans) et continuent à un rythme démentiel (quatre œuvres par an), jusqu'à quarante ans environ. Leurs efforts prodigieux sont bien récompensés, mais ces récompenses, destinées à stimuler leurs travaux, semblent plutôt les écarter. Dans les cinq ans qui suivent la remise du prix, leur productivité décline rapidement. Les voilà devenus soudain des vedettes, accaparés par les discours, les conseils à donner, les émissions de télévision, le service public. Quel temps leur reste-t-il à consacrer au travail ? Ils deviennent victimes des préjugés que nous avons en faveur de la précocité.

L'attitude des scientifiques moins célèbres est à peu près identique : ils quittent la recherche assez tôt (avant d'être « finis ») pour prendre un poste dans l'administration. Et parce qu'ils bâtissent leur vie professionnelle sur la certitude qu'ils ont que la créativité est le seul fait de la jeunesse.

Un autre mythe, existant dans certaines professions, est de croire que, si l'on n'a pas atteint un certain niveau avant un certain âge, il vaut mieux ne pas continuer ou même ne rien commencer du tout. Or, cette croyance est erronée. L'enfant prodige possède aussi le don inné de savoir tirer parti d'un échec. Pertes financières, pertes de prestige, élections ou procès perdus ne sont pas des catastrophes : on s'en remet vite ; au contraire, ces expériences aguerrissent l'individu et lui permettent de mieux gagner.

Pourtant, en observant plus attentivement la vie de ces hommes, on a l'impression qu'ils manquent de maturité, qu'ils sont peu généreux et parfois incapables de s'émouvoir. Ils sont tout *action*, et ne laissent aucune place à la tendance *union*.

Il est classique que l'enfant prodige fasse un mariage utilitaire, s'offre une « assistante » et accumule des maîtresses qui souvent sont lasses d'attendre qu'il quitte sa femme. Il ne faut donc pas s'étonner du fait que ces hommes épousent des femmes qui leur prodigueront mille attentions, qui les serviront : ce sont souvent des filles de bonne famille, qui ont des pensions, ou des parents riches. Ils aiment aussi les mannequins et les actrices, qu'ils étalent comme des signes extérieurs de richesse et de prestige. Ils n'attachent pas non plus une importance exagérée au mariage traditionnel. Dans une étude qui les concernait, j'ai trouvé ceci : « Leurs femmes forment un sanctuaire qui les libère littéralement et psychologiquement pour leur travail. L'existence d'une famille en tant que fonction est cruciale pour eux, mais malheureusement la femme et les enfants y sont interchangeables. »

L'« assistante » est un autre phénomène. Elle connaît tout : ses papiers, ses points faibles, son linge sale professionnel, l'emploi du temps qui doit le mener au succès. Leur relation peut aussi être sexuelle, mais elle se développe surtout autour d'une entente mutuelle. Cette femme-là n'est pas facilement interchangeable. Parce que l'enfant prodige est un homme compliqué et peu enclin à l'introspection, il lui faut quelqu'un qui le comprenne sans le mettre en demeure de s'expliquer. Si cette personne n'est pas son assistante, c'est une amie qui l'adore, ou une élève, ou encore une protégée. Il lui confie peut-être qu'il a l'impression de se prostituer dans son travail, lui fait part de ses espoirs et ses angoisses, choses dont il ne parle jamais à sa femme. Pourquoi ? Précisément parce qu'il est incapable d'abandonner son langage de spécialiste et d'oublier le système de valeurs en cours dans les coulisses du pouvoir, qu'elle ignore totalement et qui serait sans doute de nature à la dégoûter. Les nombreuses études faites sur le sujet sont explicites sur ces points.

Il se trouva que les gens que j'interviewais avaient une raison plus profonde de ne pas s'expliquer. Ils avaient plutôt peur d'admettre qu'ils ne savaient pas tout. Peur de laisser quelqu'un trop s'approcher d'eux. Peur de cesser le remplissage de leur vie avec des défis extérieurs, parce qu'alors il leur faudrait marquer un temps d'arrêt et affronter leur vide intérieur. Peur qu'en relâchant la garde on vienne les ridiculiser, montrer leurs faiblesses et les réduire à l'état d'impuissance de petits garçons. Ce n'est pas leurs femmes qu'ils craignent, c'est eux-mêmes. Cette partie d'eux-mêmes que j'appelle le gardien intérieur, ce substitut des parents et des autres témoins importants de notre jeunesse.

Quelque part dans leur enfance, ils avaient tous connu quelqu'un qui les avait rendus insécures, qui les avait laissés sans recours. Une mère trop abusive, un père incompréhensif, alcoolique ou absent. Dans certains cas, c'était carrément un destin contraire : la pauvreté ou les préjugés raciaux.

L'argent est souvent une motivation secondaire dans leur cas. Ce qu'ils briguent avant tout, c'est d'être premiers. Ils y parviennent en y subordonnant tout le reste. Une fois arrivés, ils pensent que l'insécurité qu'ils ont connue disparaîtra, qu'on les aimera, les admirera et que personne ne pourra jamais plus ni les humilier, ni les dénigrer, ni les rabaisser.

A l'approche des quarante ans (qu'ils appréhendent), ces hommes brillants ont plusieurs possibilités. La grande crise pour eux coïncide souvent avec le succès, car ils ont misé sur la réussite pour chasser définitivement leurs démons intérieurs.

Quelquefois, on les retrouve en prison. Mais le plus souvent, c'est à la tête des plus grandes sociétés du pays, ou à la tête du pays lui-même. Ils constituent une élite restreinte, mais, à cause de l'influence qu'ils ont, on ne peut les ignorer.

En effet, dans une culture basée sur la compétition comme l'est la nôtre, c'est parmi les enfants prodiges que l'on rencontre le plus de sociopathes et de paranoïaques. Or, c'est le type d'homme qui réussira le mieux à devenir P.-D.G. ou à être élu président. Le psychiatre Willard Gaylin l'explique très bien.

D'abord les sociopathes. Ce ne sont pas des malades mentaux, simplement des personnes qui n'ont pas conscience des autres et ne ressentent ni sentiment de culpabilité ni sympathie. Voici ce qu'écrit W. Gaylin : « L'aptitude à être dur, ambitieux et immoral, ajoutée à l'intelligence et à l'imagination, forme la combinaison gagnante pour la politique et le sens des affaires. »

Quant au paranoïaque, « avec son esprit de conspiration, sa tendance à tout personnaliser, à interpréter chaque remise en question politique comme une attaque personnelle, avec ses obsessions de fierté et d'humiliation, sa propension à créer des conflits, ce besoin constant d'affirmer son courage et sa virilité, la terreur qu'il ressent à l'idée de montrer son incapacité, il constitue une menace particulière quand il se trouve au pouvoir. »

Et puis, il y a tous ceux qui assument leur succès et commencent une nouvelle existence en mettant leurs talents au service de la société, en s'occupant de la génération suivante.

Dans une autre étude concernant vingt personnes appartenant à cette catégorie, réalisée par l'université du Michigan, il apparaît que chacune d'elles avait radicalement changé l'orientation de sa carrière ou s'était reconvertie dans une espèce d'activisme social. Un grand docteur avait abandonné son cabinet pour ouvrir un hôpital pour les gens les plus défavorisés. Un grand professeur consacrait son temps et son intelligence à réformer la politique sociale du pays.

Mais ce qui est caractéristique, c'est qu'aucune de ces vingt personnes n'avait vers la quarantaine connu une crise quelconque. Ils n'en attendaient pas non plus. Ils n'avaient pas davantage conscience de leur mort. Ils n'étaient pas enclins à l'introspection. A part quelques exceptions, comme le docteur et le professeur, ces gens ne travaillaient pas dans un but humanitaire, mais plutôt pour se faire plaisir et pour quelque chose qui leur paraissait valable. Il faut noter que ces préoccupations éthiques n'étaient apparues cependant que lorsqu'ils avaient atteint une position de pouvoir.

Quant à leurs épouses, toujours dans cette même étude, elles étaient pour eux un sujet de préoccupation. En effet, comme la plupart d'entre elles ne travaillaient pas, ou du moins pas à plein temps, ils s'interrogeaient sur ce qu'allait être leur vie lorsque leurs enfants quitteraient la maison. Mais ce qu'il y avait de plus flagrant dans ces déclarations, c'est la différence qui existait entre leurs premiers propos faisant l'éloge de « leurs femmes merveilleuses » (c'est-à-dire des mères et des épouses merveilleuses) et la vérité qui surgit à la fin des entretiens : les trois quarts d'entre eux ne considérant pas leurs femmes comme des êtres humains à part entière.

Si l'épouse ne se révoltait pas, ils laissaient libre cours à leur égocentrisme. Ils pouvaient surmonter un échec professionnel mais n'étaient pas capables de faire face à une crise conjugale. Les hommes qui ne purent y échapper eurent de la chance : c'étaient les seuls qui s'étaient vraiment remis en question au milieu de leur vie.

Tous ceux que j'ai vus ont eu ce genre de crise. Pas nécessairement une crise professionnelle, mais tous se sont arrêtés à un moment pour faire le point, soit que leur solitude fût devenue trop pesante pour qu'ils puissent continuer à l'ignorer, soit que leur femme fût partie, soit qu'elle eût sombré dans l'alcoolisme. Quelques-uns essayaient d'évaluer ce qu'ils avaient perdu : « C'était une mère extraordinaire », ou bien : « C'est à elle que je dois mon succès », puis, se laissant aller à l'abandon au milieu des larmes, ils confessaient : « J'ai dû être vis-à-vis d'elle d'une insensibilité criminelle. »

Célibataires endurcis, altruistes et éternels adolescents

Ces trois modèles sont beaucoup plus rares.

Toutes les études et statistiques prouvent que les hommes ont beaucoup plus besoin du mariage que les femmes. Les hommes divorcés se remarient plus vite que les femmes divorcées. Et même si le nombre de célibataires est important parmi les hommes au-dessous de trente-cinq ans, il décroît très vite pour les hommes au-dessus de cet âge.

Les hommes âgés, en particulier, sont désespérés quand ils doivent trouver en eux-mêmes le soutien que le monde extérieur leur refuse. Ou, comme le dit très justement Margaret Mead : « A la retraite, les hommes ont bien des chances de mourir, alors que les femmes continuent à faire la cuisine. »

Le mariage, contrairement à ce que l'on croit, n'offre pas le même soutien aux hommes et aux femmes. Comme tout le monde le sait, les femmes jouissent d'un moins bon état de santé physique que les hommes jusqu'à soixante-cinq ans, et d'un état meilleur après. Mais ce que tout le monde ne sait pas, c'est que l'état de santé mentale des femmes mariées est loin d'égaler celui des hommes. La sociologue Jessie Bernard, qui a beaucoup travaillé sur ce sujet, le montre très bien : les femmes mariées sont plus sujettes aux dépressions nerveuses, à l'angoisse psychologique et physique que les hommes mariés ; elles sont beaucoup plus sensibles qu'eux à l'insuffisance de leur relation conjugale et se font le reproche de ne pas savoir s'y adapter. La plupart d'entre elles présentent des comportements phobiques, des états dépressifs, un abandon ou une altération mentale qu'ils n'ont pas. Ce n'est pas seulement une question de différence de sexe : les mêmes conclusions ressortent si l'on compare le même groupe de femmes mariées avec un groupe de femmes célibataires.

Encore un mythe qui s'effondre. Les femmes sans mari sont de pauvres frustrées, alcooliques, vouées au désespoir, alors que le célibataire en goguette a bien de la chance, n'est-ce pas ? Complètement faux. Les psychologues Gurin, Veroff et Feld montrent que les femmes seules maîtrisent avec plus de force et de bonheur les situations inhérentes à leur condition que leurs homologues masculins. Les hommes célibataires sont plus névrosés, antisociaux, déprimés et passifs que les femmes. Et l'âge ne fait qu'accentuer cette disparité.

Entre vingt-cinq et trente-cinq ans, les hommes et les femmes célibataires ont à peu près la même culture, la même occupation et le même revenu. Mais, à partir d'un certain âge, vers quarante-cinq, cinquante-cinq ans, ce n'est plus la même chose. Les femmes sont alors plus cultivées, mieux payées et plus prisées. Et ce n'est pas la vieille fille mais le vieux garçon qui montre des signes de détresse psychologique.

De temps en temps, la société a la chance de pouvoir bénéficier des talents extraordinaires d'un célibataire qui se consacre totalement à une cause. Un homme comme Arthur Mitchell *, dont l'unique but a été de faire connaître la danse classique aux enfants de sa race, est exemplaire.

Mitchell a abandonné la troupe du New York City Ballet au summum de sa carrière pour monter une école de danse classique pour les enfants noirs de Harlem, la première de cette sorte dans le pays. « Il y a dix ans, je n'étais qu'un danseur. Maintenant, je suis administrateur, professeur, homme d'affaires, et, surtout, un être humain plus conscient. Je suis persuadé que plus on donne, plus on reçoit en échange. La plupart des gens se contentent d'exister au lieu de vivre. »

J'exagère en classant Arthur Mitchell dans la catégorie des célibataires endurcis : il n'a que quarante-deux ans. Mais il est intéressant de voir comment il est devenu altruiste grâce à son travail. « Je me suis presque marié trois fois. Mais ça ne s'est jamais fait. Quand on se marie, il y a tant de choses qui changent. On devient possessif. Les trois dames en question étaient danseuses. Ce

* Monsieur Mitchell m'a permis de me servir de son vrai nom.

n'est pas bien parce que l'on ne peut pas à la fois être en tournée, pris par sa carrière et s'occuper d'un foyer. Avec ma troupe, je suis si absorbé, je suis presque un père pour ces gosses. En ce moment, je n'ai vraiment pas le temps de me marier. Je sais bien qu'un jour ça viendra. Oui, j'aimerais bien avoir des enfants à moi. Mais je n'aurais jamais pu accomplir tout cela si je m'étais marié. C'est un travail de vingt-quatre heures sur vingt-quatre. »

Ceux qui ont ces tendances altruistes, comme les prêtres ou les missionnaires médecins, qui ont choisi de se consacrer à la grande famille humaine, se trouvent confrontés à des problèmes différents vers le milieu de leur vie. Comme la plupart des femmes, ils ont dépensé toute l'énergie de leur jeunesse à s'occuper des autres. Ils ont maintenant besoin de s'occuper d'eux-mêmes, d'abandonner leur rôle de maîtres, d'être ceux qui ont toujours à penser les réponses, pour endosser celui du disciple qui, lui, a des questions à poser.

L'homme dévoué, attentif à sa femme et qui lui prodigue toutes ces petites attentions que l'on attend généralement plutôt d'elle, est un oiseau rare. Janet Travell, le docteur de John Kennedy, a eu la chance d'avoir un mari auquel la profession d'agent de change a permis de cesser ses activités à cinquante ans, et qui a consacré le reste de sa vie à l'accompagner pendant ses longs voyages professionnels et à lui faire la lecture le soir, quand elle était trop fatiguée.

Les hommes les moins riches intérieurement sont ceux qui évitent la crise d'identité. Leur adolescence est placide, et ils n'ont jamais à souffrir des bouleversements qu'apportent généralement les périodes suivantes.Ils n'entrent à aucun moment dans le cycle de la vie. Ils se conduisent toujours comme des « éternels adolescents » trop dépendants de leur mère, suivent des carrières professionnelles médiocres et perdent le reste de leur temps auprès d'une épouse, s'ils en trouvent une.

Equilibre

Sa femme est un peu angoissée parce que sa grossesse ne se passe pas bien. Georges va moduler ses ambitions professionnelles pour mieux s'occuper d'elle. Elle est élue au conseil municipal ; il faut quelqu'un pour s'occuper des enfants en fin d'après-midi, il le fera volontiers : tout a son importance. Il est honnête dans sa profession ; il préférera donner sa démission plutôt que de commettre la moindre fraude. C'est un homme qui essaie de rendre compatibles, et d'une façon harmonieuse, ses ambitions et sa vie familiale, qui refuse de sacrifier sa moralité à des intérêts matériels.

Ce n'est pas facile. Surtout dans notre société où les récompenses sont matérielles et impersonnelles. La jeunesse est souvent idéaliste : elle se lance dans la vie sans toujours se rendre compte que dans les affaires, par exemple, il faut apprendre à fermer les yeux sur bien des choses, ou que l'administration est ingrate par nature, qu'en général on sort meurtri de la course au succès.

Qu'on se rappelle Joseph. A vingt-cinq ans, il espère atteindre cet équilibre : « D'un côté, j'aimerais devenir célèbre, dit-il, et, d'un autre, je n'ai pas du tout envie de me surmener pour y arriver. Ce qui compte le plus, finalement, ce sont mes rapports avec Sabine, je tiens à ce qu'ils soient toujours les meilleurs possible. Ceci dit, je ne voudrais pour rien au monde être un raté ou même tout simplement me sentir incompétent. »

Les choix de Joseph sont au conditionnel. Il n'a pas encore d'enfants. Il faudrait pouvoir lire dans les années à venir...

Un jour, un jeune avocat-conseil m'avouait qu'il n'arrivait pas à concilier son désir de Réussite avec un grand *R* (il voulait dire la réussite matérielle, sociale) et la réussite avec un petit *r*, c'est-à-dire celle de sa vie privée, de sa vie intérieure et de sa vie de famille, celle que l'on ne voit pas.

« Il y a en moi une tension sourde dont je ne parviens pas à me défaire, j'ai peur de m'engager dans la course au succès et de perdre tout le reste ; et pourtant, je ne peux pas me résoudre à passer pour un médiocre aux yeux de la société. »

Quand je vois ces hommes jeunes qui rêvent de tout concilier immédiatement, comme si cela était réalisable en un seul jour, je leur conseille de ne pas vouloir brûler les étapes. Il est normal, à trente ans, de ressentir ce dilemme, il est difficile de le surmonter avant trente-cinq ans ; mais c'est une ambition légitime.

Si nous désirons cultiver une certaine perfection, bien souvent nous nous heurtons à de nombreux obstacles devant lesquels nous somme désarmés : nous portons tous le poids d'une éducation rationnelle qui nous a appris à tout résoudre à la façon d'un problème mathématique. Dans notre culture, on attache plus d'importance aux faits qu'aux sentiments, l'esprit de compétition prime sur l'esprit d'entraide. On nous demande d'observer des règles et de nous soumettre à un système sans nous permettre de faire usage de nos qualités d'adaptation. Nous avons été désensibilisés pour faire de nous des esprits rationnels. En cela, nous sommes bien les enfants de l'âge technocratique.

Il n'y a pas que les nécessités du travail pour faire obstacle à l'assimilation dynamique de toutes nos facultés humaines : des recherches actuellement en cours tendent à montrer qu'il existe une dichotomie fondamentale entre les fonctions de nos hémisphères cérébraux. Ainsi l'hémisphère cérébral gauche fonctionne comme un ordinateur. Il enchaîne des messages sensoriels qui ne s'appliquent pas directement à la solution du problème posé. Il agit comme un centre de déduction abstraite. L'hémisphère droit, au contraire, agit intuitivement. Grâce à lui, nous pouvons faire le lien entre des qualités internes et externes, et ainsi nous sentir en syntonie avec la nature, les autres, la vie en général. C'est cet hémisphère aussi qui détient les pouvoirs d'imagination et d'invention.

Or toutes nos méthodes conventionnelles d'éducation font jouer notre hémisphère cérébral gauche. Les techniques modernes de management et l'analyse des systèmes, par exemple, en dépendent entièrement.

L'hémisphère droit est celui qui permet à un enfant de prévoir où le ballon de foot va tomber, par exemple. C'est celui de l'esprit d'initiative, du bon sens, de l'adaptation au milieu. Il utilise couramment l'image visuelle, il nous ouvre l'esprit sur certains aspects de notre environnement que notre côté linéaire ignore. C'est probablement grâce à lui qu'un artiste peut nous communiquer un sens de l'univers que jamais un scientifique ne pourrait mettre en chiffres.

Or, voyez les préjugés qu'on a encore aujourd'hui envers ceux qui adoptent la conscience mystique des philosophies orientales aux dépens de certains aspects de leur pensée linéaire ! Dans notre civilisation occidentale, il est de meilleur ton d'utiliser son hémisphère rationnel. Aussi éblouissantes que puissent être les fonctions de l'hémisphère droit, on a coutume de les faire paraître ridicules. Le sociologue Robert Samples raconte qu'on les regroupe généralement sous le terme d'« intuition féminine ». C'est tout dire. Il a aussi découvert que, lorsqu'un groupe de travail ne fonctionne pas, c'est généralement parce que certaines personnes dans le groupe ne parviennent pas à s'exprimer intuitivement. Le niveau du groupe ne joue pas. Or, chez les directeurs d'entreprises, les professeurs, les étudiants, les couples, l'intuition est toujours reléguée au second plan.

Les choses bougent. La technocratie a de moins en moins de partisans. Les jeunes gens d'aujourd'hui recherchent des modes de vie qui leur permettent de s'épanouir sur différents plans simultanément, ainsi que des partenaires qui ne soient plus les conjoints de naguère. A deux, ils essaieront toutes les recettes possibles pour respecter au maximum la liberté de l'autre. On les voit même ne plus cohabiter. Peut-on aujourd'hui encore s'en étonner ?

Chapitre 16

Modèles féminins

Personne ne peut dire à une femme ce qui lui convient le mieux. Il y a aujourd'hui beaucoup plus de possibilités de choix et surtout il est loisible de faire plusieurs essais avant de prendre une option définitive. Cela laisse les femmes dans l'embarras.

Auparavant, on invoquait des excuses du genre : « Mon mari ne veut pas que je travaille ; ma place est à la maison ; de toute façon, même si j'essayais, on ne m'offrirait jamais rien de décent — je suis une femme. » (Aujourd'hui, hélas, de la même manière, les femmes se sentent obligées de justifier leur décision de rester au foyer.)

Le désir des femmes d'accéder à une certaine égalité est le fait de toutes les classes, tous les âges, toutes les couleurs. Il a bousculé les vieux modèles. Et de ce bouleversement émerge un nouveau style de femmes, dont le but principal est d'être autonome. L'important, c'est de ne pas s'appuyer sur quelqu'un, de ne pas devenir dépendant. Cet engagement fondamental régit tous leurs choix.

Mais cette idée n'apparaît dans toute son évidence que pour les jeunes femmes de vingt ans.

Les autres ne se sont pas encore débarrassées des anciennes conceptions en vigueur au temps de leur jeunesse. Nous ne savons pas très bien ce qui sortira de cette nouvelle génération, quel nouveau modèle féminin va naître de leurs déclarations théoriques. Je ne serais pas étonnée si, par exemple, les jeunes femmes qui nous disent aujourd'hui : « Je ne veux surtout pas d'enfants — jamais ! » devenaient à trente ans des mères de famille.

Trois sur cinq des femmes interviewées par la Ropert Organization en 1974 parlaient de combiner mariage, enfants et carrière. Le même nombre préférait le divorce à un mariage houleux. Elles ne s'attendaient pas non plus à profiter de la situation : la majorité refusait la pension alimentaire pour la femme qui gagne raisonnablement sa vie. Et seulement une sur quatre déclarait que la garde des enfants devait revenir automatiquement à la femme.

Voilà pour les attitudes actuelles de la classe moyenne. Et la classe ouvrière ? Une étude récente faite sur les femmes de cette catégorie montre que l'ambition de ces jeunes femmes étaient, bien sûr, de retourner travailler dès que leurs enfants seraient d'âge scolaire ; mais aussi de faire un travail plus enrichissant que celui simplement utilitaire qu'elles avaient eu auparavant. Leur rêve étant, une fois les enfants élevés et installés, de s'embarquer pour de longs voyages avec leurs maris ou de s'adonner à leur passe-temps favori.

« C'est l'un des changements les plus significatifs du dernier quart de siècle », dit Burleigh Garner dont l'organisation « Recherches sociales » a effectué ces études depuis 1940 : « Le femme ouvrière ne retournera pas là d'où elle vient. »

L'idée réconfortante qu'il faut bien garder à l'esprit, c'est qu'on peut toujours changer d'avis et modifier son genre de vie. Les femmes ont une durée de vie assez longue et beaucoup de saisons devant elles.

Les modèles de femmes dont je vais parler sont ceux qui ont une histoire. Je vais essayer de les présenter de manière chronologique, en commençant par les plus traditionnels pour terminer par les plus expérimentaux.

Les mamans : ce sont les femmes qui se marient à vingt ans ou avant, et qui, à ce moment-là, n'ont pas l'intention de sortir du rôle de « femme au foyer ».

L'un ou l'autre : ce sont les femmes qui se sentent obligées, vers vingt ans, de faire le choix entre carrière et famille. Il y a :

— celles qui choisissent de rester d'abord chez elles avec la ferme intention de reprendre l'idée de la carrière plus tard ;

— et celles qui préfèrent donner la priorité à leur carrière et compléter leur formation professionnelle, avec l'intention de se marier et d'avoir des enfants plus tard.

Les femmes complètes : ce sont celles qui veulent tout faire à la fois, et ceci dès l'âge de vingt ans : mariage, carrière, enfants.

Les célibataires : celles qui se dévouent à l'humanité, et les « assistantes ».

Les « transitoires » : elles choisissent des modes de vie qu'elles savent temporaires et errent dans tous les domaines : professionnellement, sexuellement et géographiquement.

Encore une fois, les récits biographiques qui suivent servent ici d'exemples et ne sont en aucun cas des modèles à suivre ou à conseiller. Ce que nous avons essayé de faire, c'est saisir, dans l'histoire de ces personnes, le côté dynamique, progressif de leur existence en suivant le chemin qu'elles ont parcouru depuis les choix de leurs vingt ans jusqu'à l'élaboration d'une nouvelle conception de leur vie. *

Les mamans

C'est le plus familier de tous les modèles que l'on a en tête à vingt ans. Il évoque tout un univers d'amour, de tendresse, de petits soins, d'attention et de confiance en les autres. Les mamans développent les relations humaines et font en outre aboutir leurs ambitions personnelles par les autres.

Plutôt que de poursuivre son ambition personnelle, la « maman » poursuit celle du mari le plus prometteur qu'elle puisse trouver. C'est un signe caractéristique de ce modèle. C'est un système qui semble avoir fait ses preuves.

Les « mamans » sont rarement préparées aux bouleversements qui peuvent surgir dans leur vie et les propulseront sans ménagement dans le vrai monde du travail. Elles oublient que leurs maris peuvent, après tout, partir à la guerre, perdre leur travail, prendre une maîtresse, avoir une crise cardiaque, abandonner leur femme pour satisfaire au démon de midi, et tout ceci avec une régularité déconcertante. Les enfants grandissent. Même si tout se passe bien, elles ont de grandes chances de survivre à leur mari. Ce genre d'éventualité n'effleure pas la jeune « maman », et si on lui dit « Tu devrais te mettre sérieusement à apprendre quelque chose, tu pourrais en avoir besoin, un jour », elle n'écoute pas.

La plupart d'entre nous ont des mères qui sont conformes à ces modèles. Il y en a certaines qui, malgré une vie remplie, se sont mises à cinquante ans à rechercher une activité quelconque dans l'immobilier ou autre chose du même genre. Et d'autres qui emportées, sans s'être préparées, par la vague du mouvement féministe se sont retranchées derrière leurs positions en se faisant une vertu de défendre leur statut inférieur. La plupart d'entre elles n'ont rien fait — elles sont simplement demeurées ce qu'elles étaient auparavant.

L'émergence d'une Marabel Morgan était probablement inévitable. Reine de beauté de sa petite ville natale durant sa jeunesse, femme au foyer et mère de famille, Marabel Morgan écrivit, à trente-six ans, un des best-sellers de 1974 : *La Femme totale*.

* Les lecteurs remarqueront que ce chapitre est plus long que celui qui concernait les hommes. Mon expérience fait écho à celles d'autres chercheurs dans ce domaine, comme celle d'Irwin Deutscher, dans son étude sur la vie postparentale : « Les entretiens avec les maris se caractérisaient par une absence de qualité émotionnelle — un manque d'expression. Ces hommes n'étaient pas du tout communicatifs comme leurs femmes. Ceci ne signifie pas que leur tendance à répondre d'une façon neutre était un artifice de la méthodologie ; l'impression de l'écrivain — (et de l'interviewer) — est qu'il s'agissait plutôt d'un artifice de culture. »

Complètement ignoré de la critique et inconnu des femmes des grandes villes, ce livre a fait son chemin par le biais des librairies religieuses jusqu'au cœur de l'Amérique moyenne. Marabel raconte une histoire vieille comme le monde. Elle avait épousé Charlie, et, ayant pensé que le conte de fées serait éternel, elle resta désarmée quand tout commença à changer.

Marabel a donc étudié la Bible, Ann Landers et le Dr Reuben, et en a tiré certains principes qu'elle a « avec succès » appliqués à son propre mariage. Voici quelques citations de son livre :

« C'est seulement lorsqu'une femme se donne à son mari, le vénère et l'adore, accepte de le servir qu'elle devient vraiment belle à ses yeux. »

« Dieu a fait l'homme pour qu'il soit le chef et le président de la famille et sa femme le vice-président. »

« Toute organisation a un chef, et la famille ne fait pas exeption. On ne peut en aucune manière changer ou améliorer cet état de choses. »

« Dites-lui que vous aimez son corps... faites-lui un beau compliment par jour, et vous le verrez s'épanouir sous vos yeux. »

« Adaptez-vous à son mode de vie. Acceptez ses amis, ses habitudes alimentaires et faites-les vôtres. »

« Troublez-le dès son arrivée en l'attendant vêtue de votre parure. » (Celle de Mme Morgan, en l'occurrence, consistait en un pyjama rose et une paire de bottes blanches.)

« Soupez aux chandelles, vous allumerez la sienne ! »

« Soyez préparée physiquement et mentalement à faire l'amour tous les soirs cette semaine... Soyez la séductrice plutôt que la femme séduite. »

« Lisez la Bible à vos enfants tous les jours. »

Les résultats de l'application de ces principes furent révolutionnaires, d'après Marabel : « Charlie commença à me rapporter des cadeaux le soir... Un camion vint me livrer un nouveau réfrigérateur-congélateur... Maintenant, sans que je le tarabuste, il commence à me donner ce que je veux. » Tout cela incita Marabel à divulguer ces principes dans le cadre d'un enseignement qu'elle donne maintenant, avec ses disciples, dans le pays tout entier.

Laissez-moi un peu vous dire ce que je pense de ce phénomène. S'il y a quelque chose de « total » dans ces principes, c'est bien la malhonnêteté. La femme n'y apprend pas à manifester ses sentiments, mais seulement le mode d'emploi qui lui permettra d'acquérir une certaine sécurité, des baisers inoubliables et des appareils électroménagers. A mon avis, c'est une insulte à l'intelligence masculine et cela force la femme à jouer le rôle de l'enfant qui mène l'autre par le bout du nez. Et, même si le procédé est efficace pendant la première partie de la vie, on ne peut continuer à jouer éternellement la comédie, sous peine de ne jamais devenir adulte.

Il y a certainement des femmes qui ont choisi ce rôle maternel, et qui se sont cependant épanouies sans pourtant cesser d'évoluer psychologiquement. On penserait que les femmes éduquées ont les meilleures chances de ne pas tomber dans le piège. J'ai pourtant découvert que même les diplômées des universités les plus prestigieuses avaient choisi en masse ce rôle de « femme au foyer ».

L'une d'entre elles a bien voulu reconstruire sa vie avec moi. En la suivant à chaque étape, nous pourrons peut-être voir comment ce type de femme fait face à ses problèmes.

Sans doute la crainte la plus grande de la mère est-elle d'être abandonnée de ses enfants. Mais elle redoute aussi de mener une existence progressivement plus terne, plus monotone et plus passive. Fréquemment, le conflit entre sécurité et autonomie ne vient pas à maturité avant la quarantaine. Il faut qu'elle fasse alors preuve d'un grand discernement. A-t-elle sournoisement amené son partenaire à devenir une entrave à son propre développement ? Ou bien est-il, en vérité, un partenaire peu satisfaisant ? Si c'est le cas, une femme dans la quarantaine se trouve-t-elle mieux seule, ou à côté d'un mari mal assorti, insensible ou infidèle ?

Une jeune femme d'une université, qui a été confrontée à tous ces problèmes, a accepté de retracer avec moi sa biographie. En la suivant de passage en passage, peut-être pourrons-nous mieux appréhender la façon dont la mère, en particulier, résout les problèmes courants du développement.

Pendant toute son enfance, le rêve de Catherine fut d'avoir quelqu'un à qui parler le soir. Ses parents étaient âgés. Ils aimaient le calme et la tranquillité. Il n'y avait qu'eux trois dans le silence d'une petite ville. Papa et Maman rentraient du travail, dînaient avec leur fille unique et allaient se coucher tôt. Catherine attendait toujours l'été avec impatience pour retourner en colonie de vacances, où sous les couvertures elle partageait des confidences avec d'autres petites filles de son âge.

A quinze ans, elle s'inventa un grand frère — le garçon d'à côté. Ils se parlaient par la fenêtre en langage codé durant des heures et des heures. Lui savait tout. Il commença ses études. Il fut alors pour Catherine une fenêtre ouverte sur le monde. Sans lui, elle n'aurait jamais su qu'il existait des trotskystes, un Tolstoï, des théâtres et que la fac était un endroit merveilleux. Quand il revint cet été-là, ils s'assirent sur le perron et s'enlacèrent en se parlant. La mère de Catherine l'appela de l'intérieur : « Tu ne le reverras plus jamais, il est trop âgé pour toi ; ce n'est pas convenable. » Catherine hurla, comme si on lui avait arraché un bras. « Tu ne peux pas faire ça ! C'est le meilleur ami que j'aie jamais eu, et il n'y a rien entre nous. » Sa mère fut intraitable : « Tu dois obéir à ce que je te dis parce que je suis malade. » C'était vrai. Quelque chose n'allait plus très bien chez sa mère. Et Catherine n'avait personne à qui en parler. Elle pensait pourtant que sa mère se remettrait un jour ou l'autre.

Ensemble, elles avaient entrepris quelques activités : cours d'art dramatique, équitation, dessin, toutes choses qu'elles adoraient et que le père désapprouvait. Il s'était marié assez tard. Sa femme avait eu Catherine à trente-huit ans et avait pris en main toute l'éducation de sa fille. Mais maintenant, tout semblait différent. Sa mère était devenue distante et dure.

Elle laissa donc tomber son grand frère et se reprocha de n'avoir pas été plus gentille avec sa mère. Et pourtant, elle rêvait toujours d'avoir de beaux et jeunes parents qui joueraient avec elle. Elle en rêvait tellement qu'elle s'en sentait coupable.

Le jour de la mort de sa mère, Catherine insista pour aller au lycée. Elle ne manifesta aucun chagrin. Elle joua même dans une représentation à l'école. On distribua les bulletins scolaires. Ce fut un triomphe. Pour plaire à son grand frère l'étudiant, elle s'était surmenée après des années de résultats médiocres pour obtenir cinq vingt et un dix-huit. Elle ramena le précieux bulletin à son père, qui se contenta de lui dire : « Qu'est-ce que c'est que ce dix-huit ? » C'était tout ce qu'il avait trouvé pour l'encourager.

Pour pallier la solitude qu'avait entraînée la mort de sa mère, Catherine chercha refuge dans son amour désespéré et entreprit une longue correspondance avec son ami éloigné. Elle l'idéalisait. C'était sa dernière année de lycée. Le jour des résultats d'entrée à l'université, elle trouva une lettre de lui, lui expliquant qu'il avait rencontré une autre jeune fille qu'il aimait beaucoup plus qu'elle. Elle se précipita en pleurs chez son professeur d'anglais qui crut qu'elle n'était pas reçue. Mais elle était bien reçue. Et Catherine lui tendit la lettre. Ce n'est que dix ans plus tard, quand elle le revit, que Catherine se rendit compte que son grand amour n'était qu'un homme insipide et de petite envergure.

Mais, jusqu'à ce jour, elle ne s'était toujours pas consolée de la mort de sa mère qui ne l'avait pas rapprochée de son père. Il se remaria l'année suivante avec une femme que Catherine n'aimait pas. Ils déménagèrent. Catherine n'avait vraiment plus personne. A partir de ce moment-là, la maison ne fut plus un endroit où elle pouvait retourner, sauf pour les cérémonies habituelles de Noël et de Pâques, et elle se mit désespérément en quête d'une sorte de substitut familial.

En donnant des cours d'art dramatique dans le cadre d'un stage estival, elle fit la rencontre d'un coupe éblouissant : deux acteurs jeunes, brillants et sans enfants, qui avaient environ trente ans. Elèves et enseignants les écoutaient religieusement. Ce qui émerveillait le plus Catherine dans ce couple, c'était la manière dont chacun finissait les phrases de l'autre. Elle travailla pour eux avec passion pendant toutes ses études. La jeune femme était une femme forte. Elle disait à Catherine qu'il faut apprendre à se débrouiller et à se défendre. L'homme encourageait les discussions profondes, à cœur ouvert. Catherine rêvait d'un mariage comme le leur. Et de vingt-quatre enfants.

On pourrait penser qu'elle avait maintenant perfectionné ses dons d'une façon remarquable. C'était vrai. Qu'elle voulait sans doute devenir une grande actrice. Non, elle cherchait toujours l'homme de sa vie, celui qui finirait ses phrases. Elle voulait une maison pleine d'enfants pour ne plus jamais se retrouver seule le soir, sans personne à qui parler. Si bien qu'à vingt ans elle prit le parti de se dévouer complètement aux autres.

Pendant sa dernière année d'études, elle mit tout en œuvre pour tomber amoureuse. Nous l'appellerons Charles. Il était de deux ans plus âgé qu'elle, et elle avait fait sa connaissance au cours d'art dramatique. Shakespeare lui-même n'aurait pas pu trouver mieux pour jouer Hamlet. Il l'emmena chez lui pour la présenter à son père, un homme élégant, et à sa famille qui avait dans ses antécédents toute une lignée d'acteurs distingués.

J'ai trouvé ma voie, pensait-elle, je vais me marier et occuper une place dans cette famille merveilleuse. Charles ne finissait pas vraiment ses phrases, mais au moins corrigeait-il sa prononciation. Il lui faisait la lecture — Tchékhov en russe par exemple. Elle abandonna l'art dramatique : elle voulait être tout entière à lui, et c'était surtout lui qui devait se destiner au répertoire classique. Quand elle le voyait jouer, elle le couvrait d'éloges. Elle mentait. En fait, il jouait faux.

Admettre, bien des années après, qu'elle en était alors consciente la désempare. A l'époque, elle avait trop idéalisé Charles. C'était à la fois une perfection, un refuge et un protecteur. Tout était conforme à ses souhaits. Simplement, elle fermait les yeux sur son jeu médiocre. Ils se fiancèrent.

L'année suivante, il partit au service militaire. Elle se trouva du travail à la télévision. La vie dans la capitale était passionnante. Elle partageait un appartement avec deux autres filles, fiancées elles aussi, et tout un cortège d'amis qui venaient partager les dîners et les soirées. C'était une année de répit, elle était libérée de cette obsession : trouver un compagnon. Elle pouvait enfin s'amuser en toute liberté.

Quand il revint et qu'elle alla vivre avec lui, l'idée qu'elle venait de passer la meilleure année de sa vie lui traversa l'esprit ; mais elle la chassa bien vite. Catherine croyait aux stéréotypes : elle devait être exactement ce que son mari voulait qu'elle fût. Elle devint donc pour un temps une remarquable maîtresse de maison : thés, petits gâteaux...

Dès qu'ils retournèrent s'installer dans la ville où ils s'étaient connus, Catherine s'empressa de retrouver sa famille-substitut, le couple d'acteurs. Elle découvrit une femme déprimée, égarée, qui animait seule les stages. « Tu ne vas tout de même pas me dire que tu ne savais rien pendant toutes ces années ? » Apparemment, son mari donnait aussi des cours d'initiation sexuelle aux stagiaires complaisantes. Ce qui devait arriver arriva, avec une ancienne collègue de Catherine. Il s'était donc marié et avait déménagé vers la banlieue. L'ironie de l'histoire était que sa femme, qui avait toujours désiré ardemment un enfant, n'en avait pas eu. Il avait toujours refusé. A cette période de sa vie, il n'en voulait pas : ils étaient acteurs et les acteurs doivent être libres, les enfants sont des boulets aux pieds.

Cette histoire plongea Catherine dans un grand désarroi. Cette révélation était pire que la mort de sa mère. Elle continua d'avoir des relations très amicales avec cette actrice, qui reste toujours pour elle un modèle de femme à la fois admirable et effrayant : elle a environ cinquante ans maintenant et elle dirige tous les stages elle-même. Mais Catherine a une autre interprétation : « En fait cette femme “ lésée ” ne pouvait supporter une relation avec un homme. » Elle semble même y avoir définitivement renoncé, ce que Catherine comprend difficilement.

Catherine n'avait que vingt-trois ans quand elle a découvert la rupture de ce couple parfait. L'idée que les gens puissent changer ainsi sans rime ni raison apparente lui était alors odieuse. Elle l'effaça de son esprit et redoubla d'efforts pour être la personne que son mari désirait. Cependant, elle resta longtemps troublée par cette histoire.

Catherine était pour Charles sa petite révolte intérieure. En se mariant avec quelqu'un de si éloigné de son milieu, il avait montré à sa famille combien il se moquait de leur opinion. Pourtant, dès son retour de l'armée, il se mit à travailler à la métamorphose de Catherine. Elle devait porter des chapeaux et avoir des sacs à main assortis à ses chaussures. Il lui offrait des colliers de perles fines, mais elle avait une carrure trop forte pour porter ce genre de bijou. Et rien ne parvenait à faire oublier ses origines paysannes. On la prenait parfois pour la bonne ! Son mari mit tout en œuvre pour qu'elle fasse partie de la bonne société, ce qui humiliait Catherine qui, soit dit au passage, ne savait pas ce qu'était la « bonne société ».

Pendant ce temps-là, Charles allait au Conservatoire, où il jouait les lions. Plus tard, il s'inscrivit dans un groupe d'acteurs de répertoire au chômage qui jouaient les classiques devant des salles vides.

Catherine fut enceinte en temps et heure. Elle eut deux bébés. Elle les adorait et tenait à s'en occuper elle-même. Charles aurait préféré voir une nurse promener le landau. Le dîner devait être servi à huit heures pile. Ils s'asseyaient comme des chiens de faïence à chaque bout de la table sur les chaises de famille. Le dessert devait être un gâteau conforme à la tradition familiale. Du côté de Charles, on était traditionnellement squelettiques et Catherine essayait constamment de se refaire une silhouette après ses grossesses. Malgré cela, elle faisait fidèlement les gâteaux. Toutes les apparences étaient respectées. Sur ses propos sentiments, Catherine se taisait.

« J'avais toujours eu l'impression que tout allait bien. Ce n'était plus vrai. Je ne sais pourquoi j'avais cette impression. Toute la belle confiance que j'avais en moi pendant mes années universitaires s'était estompée. Je m'étais trop conformée aux idées de mon pari. Ce n'était certainement pas de sa faute. Puis il y eut un moment de grâce. J'avais alors vingt-neuf ans et je ressentais un certain vide. Je ne tenais plus en place. Un jour, en allant voter dans une école primaire, j'ai trouvé cela tellement vivant que j'en fus émue : pourquoi ne deviendrais-je pas enseignante ? J'aurais enfin quelque chose à faire ! J'eus du mal à attendre le lendemain pour aller m'inscrire au cours et suivre le programme nécessaire. »

Voilà une réponse qui n'est pas courante chez ce type de femme à trente ans : elle a ressenti un certain besoin d'épanouissement, elle l'a accepté, au lieu de rechercher une sécurité auprès de son mari. Elle est passée à l'action. (Il ne faut pas confondre cette divergence vis-à-vis d'une attitude classique avec celles des femmes qui, à la différence de Catherine, se marient avec la ferme intention de reprendre le travail plus tard). Ainsi, après trois années d'études supplémentaires et après la naissance de ses troisième et quatrième enfants, Catherine était vraiment heureuse.

« Je sortais enfin de moi-même, dit-elle. Je me regardais souvent dans la glace, pendant ces années d'études. Je commençais à me plaire. C'était la mode des cheveux raides et des jupes courtes, et, pour la première fois depuis des années, je me sentais enfin attrayante. J'avais aimé être enceinte, mais maintenant c'était fini. J'avais le mari de mes rêves et quatre enfants splendides, intelligents et en bonne santé. Nous venions d'acheter un appartement. J'avais un beau métier tout neuf que j'aimais et des élèves qui m'adoraient. »

Peu après qu'elle eut commencé ses cours dans un lycée difficile, ils reçurent la belle-sœur de Charles. Charles était resté toute la journée à la maison à travailler sur une pièce en vers. Ils étaient tous les trois en train de finir de dîner.

— Et le gâteau ? demanda Charles.

— Je n'ai pas eu le temps d'en faire un, répondit Catherine.

Il sauta de sa chaise, courut à la cuisine, fit claquer les portes de tous les placards.

« Voilà, maintenant que Madame est professeur, elle se fout complètement de moi et de sa famille ! Il n'y a jamais de beurre ni de gâteau ici ! »

Sa belle-sœur essaya bien d'arranger les choses en disant : « Ecoute, de toute façon, moi je n'en mange jamais. Je fais un régime. Et puis, tu sais, personne n'aime ça. »

Charles quitta la pièce comme un ouragan. L'invitée, qui était en instance de divorce, ne trouva pas de meilleur conseil à donner à Catherine : « Tu sais, il va te quitter. Tu ferais mieux d'arrêter l'enseignement. » Catherine pensa qu'elle était folle.

Durant les quelques années qui suivirent, le mari de Catherine eut quelques autres petites crises du même genre. Elle faisait des efforts surhumains pour ne jamais oublier le beurre et les gâteaux à la crème en revenant des cours.

Vers trente-cinq ans, elle commença à avoir d'étranges appréhensions. Quand Charles partait en voyage, elle avait peur d'un accident ; si elle entendait la sirène d'une ambulance, c'était un de ses enfants qui venait de se faire écraser. Elle se sentait d'autant plus coupable qu'elle n'était pas obligée de travailler. Charles ne gagnait jamais rien, mais il avait de belles rentes.

Au cours d'une grève des enseignants, Catherine, qui continuait à donner ses cours sans recevoir de salaire, eut une idée qui la remplit de fierté ; pour faire comprendre Shakespeare à un groupe de jeunes gens de milieu très défavorisé, elle traduisit *Macbeth* en argot des rues.

« On ne devrait pas admettre des professeurs comme toi ! » cria Charles. Il lui fit un long sermon et partit d'un air dégoûté jouer une pièce classique pour un patronage. Son hostilité vis-à-vis des activités de Catherine était maintenant manifeste, hostilité qui devint bientôt un mur de pierre. Puis Charles fêta ses quarante ans.

Et, sans que quiconque comprenne pourquoi, il changea. Il se laissa pousser les cheveux et se mit à adopter le style indien. Il abandonna son charme, ses bonnes manières et les classiques pour aller rejoindre un groupe théâtral d'avant-garde. A la maison, il s'asseyait en tailleur et méditait. Il dit à Catherine qu'elle pourrait renaître elle aussi, si elle s'asseyait en tailleur avec lui et regardait les flammes. Elle s'assit et regarda, tout en pensant au beurre et aux gâteaux.

Elle s'efforçait de correspondre à l'image que son mari attendait d'elle. Ce qu'il lui disait en fait, c'est qu'elle ne pouvait « renaître » qu'en suivant ses méthodes à lui. L'idée qu'elle pouvait changer elle-même quand elle le désirait, idée qu'il acceptait quand il avait vingt ans, n'avait plus cours. Elle se trouva obligée de lui dire : « Désolée, mais je ne peux pas faire semblant ! » Il commença à passer quelques nuits avec une « partenaire spirituelle », une femme qui lui disait qu'il était à la fois Burton et Brando. Ses absences se firent de plus en plus longues et fréquentes.

Catherine fut enceinte. Peu après, son mari la quitta définitivement. Elle se fit avorter. C'était l'échec complet.

Pendant deux ans, Catherine fut complètement perdue : « J'étais dans un état lamentable et personne ne le savait. J'essayais de le dire, mais personne ne me croyait parce que je m'en sortais quand même. Je me sentais amputée, je regardais les culs-de-jatte du métro en me disant : « Bien sûr qu'ils fonctionnent. Mais leurs bras et leurs jambes ne repousseront jamais. Ce qui reste de moi sera toujours brave et fort, mais je resterai une invalide. »

Elle invita un homme à partager sa vie. Il aimait les sorties en famille et avait peu d'ambition. Ils vécurent deux ans ensemble comme s'ils avaient été mariés depuis cent ans. Un soir, un vieil ami de Catherine, qui travaillait dans l'édition, vint dîner. « C'est merveilleux de te voir si heureuse », lui dit-il. Elle bouillonnait de rage : comment ne voit-il pas que je suis prisonnière, que ce n'est pas à moi qu'il parle ? Elle pensa soudain avec frayeur que, si elle donnait cette impression à tout le monde, c'est qu'elle-même était dupe de ce qu'elle vivait.

En fait, ces deux années n'étaient pas un mensonge. Seulement une période de ressaisissement. Cette nuit-là (Catherine a maintenant quarante ans), elle décide d'abandonner l'enseignement. Elle explique à son compagnon : « Ce que je désire vraiment, c'est travailler dans l'édition, et je vais consacrer au moins cinq ans de ma vie à devenir rédactrice. » Il fut très intimidé par cette décision qu'elle avait prise de rejoindre le troupeau. Elle savait ce que cela signifiait : aller chacun son chemin. Mais tous ces bouleversements ne l'affolaient pas. Inconsciemment, elle s'y était préparée durant ces deux années.

Reprendre le travail à quarante ans, c'est difficile, dit-elle. (Pour elle d'ailleurs, l'enseignement n'était pas vraiment un travail au sens qu'elle donne à ce mot, mais seulement une extension de son rôle maternel.) Elle ne connaissait strictement rien à l'édition. Elle commença au dernier échelon. Mais elle s'enthousiasma et s'y consacra entièrement. Le soir, elle lisait autant de manuscrits qu'il lui était possible. Elle essaya en une nuit de lire des livres de trois cents pages, de jauger un manuscrit et s'appliqua à faire des rapports d'une grande concision. Au bout d'un an, on la promut rédactrice.

L'effort intense que réclamait alors l'élaboration d'une nouvelle vie et l'installation dans de nouvelles fonctions professionnelles n'est plus nécessaire aujourd'hui. Catherine est devenue une femme de talent, jolie et pourtant sans prétention, une adulte, quoiqu'elle n'y croie pas encore. Mais elle n'est toujours pas débarrassée de l'idée qu'une femme sans vie affective n'est pas complète.

« Je ne peux plus me servir des enfants comme excuse. Ça n'a plus d'importance s'ils rentrent dîner ou pas. Ils savent très bien s'occuper d'eux-mêmes. Ils ont maintenant dix-sept, quinze, onze et neuf ans. Ils vont et viennent. Ils n'ont plus besoin de maman, ce qui m'effraie un peu. J'ai toujours été comme ça. Mais je suis encore plus effrayée en ce moment par l'idée que je pourrais très bien perdre l'habitude de vivre avec un homme. Je ne pleure plus dans mon oreiller comme il y a deux ou trois ans. Je ne suis plus désespérée. Et maintenant, j'aime rentrer à la maison, bien plus qu'au temps du lycée. Les soirées passent vite. Un ami de temps en temps, je fais du piano, je prépare le dîner, je parle avec les gosses, je lis quelques manuscrits, et me mets au lit. J'ai l'impression que cela pourrait durer des années. »

Catherine préférerait quand même être avec l'homme de sa vie. Mais, quoi qu'elle ait pu faire, elle n'aurait jamais pu être heureuse. C'était un homme qui n'avait jamais remis en question ses traditions familiales et qui ne s'était jamais confronté à sa réalité : celle d'être un raté, jusqu'à ce qu'il en prenne conscience à quarante ans. Si Catherine avait abandonné l'enseignement à ce moment-là, elle se serait retrouvée en tête à tête avec un homme dont l'activité principale est l'échec. Si elle n'avait pas suivi son instinct à trente ans, elle se serait retrouvée non seulement seule et abandonnée, mais aussi amère et incapable de se consacrer à autre chose qu'à une fonction domestique.

C'est qu'il arrive un moment où toutes celles qui se sont donné pour mission d'être à la disposition des autres doivent apprendre à se consacrer un peu plus à elles-mêmes.

L'un ou l'autre

C'est le choix d'à peu près la moitié des jeunes femmes interviewées. Celui des femmes qui pensent ne pouvoir réaliser qu'un seul aspect d'elles-mêmes à la fois : ou bien je remets à plus tard ma carrière, je me marie, j'ai des enfants et je me dévoue à une famille, en échange de l'affection sécurisante d'un mari. Ou bien je m'accroche à mon travail, je me marierai plus tard, en me contentant d'une vie affective morcelée. Il arrive en effet un moment où les femmes se sentent obligées de faire ce genre de choix. Si les hommes étaient confrontés au même dilemme, y aurait-il des maris ?

Celles qui remettent leur réalisation à plus tard

Elles choisissent de reporter dans le temps leur vie professionnelle. Mais, en fait, si elles agissent de cette façon, c'est que bien souvent elles ne savent pas exactement ce qu'elles veulent : elles méconnaissent leurs désirs véritables et elles n'ont pas d'elles-mêmes une idée précise, elles le pressentent très bien à cette époque de leur vie.

Betty Friedan parle de ce travail de mise au point qu'elle a eu à faire sur elle-même. Elle avait reçu une des meilleures éducations possible, elle s'était distinguée en recevant les plus hauts titres universitaires. Elle s'est mariée, elle est partie s'installer en banlieue pour avoir des enfants. Elle était heureuse, mais se sentait un peu exclue de la vie, sans savoir, à trente-cinq ans, comment remédier à cette impression de vide.

Si l'on doute de la difficulté que l'on peut ressentir à se mouvoir soi-même, il suffit d'écouter cette confession étonnante de Friedan : « Il m'a été plus facile d'organiser le mouvement de " Libération des femmes " que de changer ma propre vie personnelle. »

On ment aux femmes d'une façon éhontée en leur faisant miroiter la possibilité d'une carrière professionnelle quand elles auront élevé leurs enfants. Ces propos hypocrites, qui traînent dans les magazines avec de vagues promesses de recyclage pour leur clientèle, étaient écrits par celles-là mêmes qui n'avaient jamais arrêté de travailler. On comprend facilement que les femmes les plus amères d'aujourd'hui sont les jeunes intellectuelles des années 40.

C'est l'histoire de Charlotte : dans son esprit elle finirait son diplôme, se marierait, attendrait de terminer son troisième cycle avant d'avoir des enfants ; vers trente ans, elle se consacrerait à eux pendant quelques années et, à l'approche de ses quarante ans, serait prête à commencer une carrière universitaire.

Malheureusement, quand elle fut prête, sa discipline avait évolué dans de telles proportions qu'elle ne pouvait l'enseigner. Dans toutes les disciplines académiques, les théories et les méthodes changent trop vite en dix ans pour que quiconque puisse se recycler rapidement. Elle dut accepter ce qu'on lui offrait : un poste d'assistante avec sept heures de cours par jour. Il était bien trop tard pour qu'elle se mette à travailler sur un projet de recherche quelconque, dont elle aurait tiré une publication qui lui aurait permis de postuler une place dans la hiérarchie académique. Non seulement ses ambitions se trouvaient bafouées, mais encore elle ne gagnait pas beaucoup plus que sa femme de ménage. Ses contemporaines qui avaient continué ont maintenant une chaire à l'université, alors que Charlotte essaie encore de rattraper le temps perdu.

Si seulement il y avait eu une femme pour remplir son rôle à la maison ! Et le travail bénévole ? direz-vous. Il n'est guère apprécié.Diriger la maison et élever des enfants, n'est-ce pas merveilleux ? Mais ce n'est pas considéré comme un travail. De plus, on ne bénéficie pas d'une assurance-chômage lorsqu'on perd son rôle d'épouse (d'où les campagnes menées dans certains pays en faveur des pensions alimentaires). A combien peut être évalué le travail d'une mère de famille ? Et d'abord, que font-elles ? Les responsables d'une enquête réalisée en 1974 par un magazine américain ont demandé à des mères de famille (ayant deux enfants dont un en bas âge) à quoi elles passaient leur temps. Les fonctions qu'elles remplissaient sans salaire étaient les suivantes : nurse, tuteur-précepteur, serveuse, couturière, institutrice, mécanicien-chauffeur-bricoleur, nounou, femme de ménage, cuisinière, blanchisseuse-repasseuse, jardinier, conseillère-psychologue, comptable, décoratrice, traiteur, vétérinaire. Les éditeurs du journal, se basant sur les prix du marché, arrivèrent à un total de 793,60 dollars par semaine, c'est-à-dire 3 174,40 dollars par mois, soit environ 16 000 F. Sur les mêmes bases, le travail d'une mère de famille en France vaudrait 19 494 F, toujours pour un mois !

Ces calculs sont-ils justes ? Une mère de famille vaudrait ce prix-là ? D'ailleurs, si les impôts ne tiennent pas compte de ce travail, c'est que nous n'attribuons pas vraiment de valeur au rôle et au travail des épouses et de ces remarquables mères de famille.

On pourrait peut-être penser que le travail des mères au foyer peut être bénéfique sur un plan psychologique. Malheureusement, nervosité, insomnies, battements de cœur, migraines, vertiges, cauchemars, et, surtout, inertie sont le lot des femmes au foyer. En effet, d'après le département de la Santé (étude réalisée en 1970), elles souffrent davantage de ce genre de problèmes psychologiques que les femmes qui travaillent.

Seule l'approche d'une dépression nerveuse fait plus de victimes chez les femmes qui travaillent à l'extérieur. Je dis bien l'approche, car la dépression nerveuse elle-même est souvent l'apanage des femmes au foyer.

On commence à compenser ces injustices en proposant des programmes culturels tenant compte de toute l'expérience de vie accumulée par ces femmes, en entreprenant des réformes juridiques du système de la retraite. Il est grand temps. Parce que toutes les femmes aujourd'hui ressentent le besoin d'une vie plus enrichissante, et pas seulement les femmes cultivées.

Quand on examine les statistiques sur le sujet, il en résulte que la maternité ne peut être qu'une phase dans la vie d'une femme. Une maman, aujourd'hui, met son dernier enfant au monde vers trente ans et à l'école vers trente-cinq ans.

Et après ? Que se passe-t-il ? Une renaissance ? La panique ? Une temporisation ?

Monique quitta son travail quinze mois après son mariage. Pas pour toujours : simplement le temps d'avoir un enfant « pour consolider le mariage ». Elle avait l'impression qu'on aurait besoin d'elle pour résoudre tous les problèmes. Surtout que, dans sa vie à elle, il n'y avait jamais eu quelqu'un pour faire face aux difficultés.

Orangers, pêchers, mimosa et groseilles... Elle avait été élevée dans le paradis de la côte Ouest, où elle avait toujours eu ses parents à sa disposition. (Son frère s'était enfui de la maison.) Elle faisait de beaux voyages avec eux et ils l'emmenaient dans de belles soirées. Sa maman disait d'elle qu'elle était une enfant parfaite. Le changement fut un peu trop brutal quand elle partit faire ses études en Nouvelle-Angleterre. « C'était petit et joli et j'adorais l'université. Mais j'étais dans un état épouvantable ! Je pleurais sans cesse. Au bout d'un an, je ne pouvais plus supporter cette vie, je suis revenue à la maison. » Elle s'inscrivit à l'université de Californie, ce qui était le prix à payer pour avoir le plaisir de retourner chez elle et de continuer à mener cette vie si agréable.

Elle n'avait jamais éprouvé le désir d'être indépendante avant vingt-deux ans, âge auquel elle eut soudain envie de jouer à la femme au foyer. Ses parents étaient trop généreux pour dire qu'ils désapprouvaient le mari qu'elle s'était choisi. C'était un acteur de télévision qui figurait dans des émissions de variétés et tenait de petits rôles dans des feuilletons. Il y jouait en général le Mexicain qui se fait descendre et tombe de son cheval. Le reste du temps, il restait à la maison et buvait. Il ne paraissait pas très sûr de lui.

Leur premier enfant fut l'objet d'une intense compétition. Armé des derniers livres parus sur la question, chacun s'attaquait aux sucement de pouce du petit ou à ses balancements de tête, déterminé à prouver lequel des deux était le meilleur parent. Après cinq ans de vie conjugale, le mot divorce devait délibérément être tenu à l'écart de toute conversation.

— Essayons encore, disait-elle sans cesse.

— Tu as peur de divorcer et moi aussi, remarquait-il.

— C'est vrai.

Elle s'efforça de l'aimer. Tout plutôt que l'incertitude de l'inconnu. Ils firent des arrangements divers, du genre liaison passagère avec un professeur de tennis. Monique eut un deuxième enfant. Cela ne faisait que renforcer l'« impossibilité » de leur rupture. Etait-ce une ruse ? Cela semble évident.

Même la mère de Monique le savait : « Pourquoi ? Il y a beaucoup de jeunes femmes qui se remarient, même en ayant des enfants, disait-elle à Monique. Cela n'a vraiment pas beaucoup d'importance pour un homme normal. »

Sept ans après, la situation n'avait qu'empiré, même si le couple n'en discutait jamais ouvertement. Pourtant, Monique avait intérieurement changé d'attitude : « Pourquoi rester ? Je brûle de retourner au travail. Et je tiens vraiment à mon indépendance. Je ne me remarierai jamais. »

Le couple déménagea, tout en restant proche des parents de Monique. Les enfants se firent facilement des amis, et, quand Monique entendit son mari lui annoncer qu'il était amoureux de quelqu'un, elle ne le retint pas et entreprit les démarches nécessaires à son divorce.

C'est à ce moment seulement qu'elle réalisa qu'elle s'était préparée à cette éventualité depuis un an. Elle avait vingt-neuf ans et commençait à ressentir un besoin d'ouverture et cette nécessité de s'épanouir caractéristique du passage des trente ans.

« Son départ fut une délivrance pour moi, comme si on m'avait enlevé des chaînes. Je n'ai jamais versé une larme. Ce fut un grand changement dans ma vie. Je suis allée m'acheter des livres, m'inscrire à l'université, me faire couper les cheveux ; j'ai même fumé un joint pour la première fois. Je sortais beaucoup. Ma mère m'aidait énormément. Elle me mettait de la viande dans le congélateur, par exemple. Elle ne voulait pas que je dépense mes économies. Ce fut le meilleur moment de ma vie. Je me sentais pleine de promesses. Plus que ça : je me sentais renaître. »

Attendez de connaître Jacques. Je suis en train d'interviewer le second mari de Monique. Un imprésario très affairé. Nous sommes censés parler de son mariage avec Monique. Mais l'interphone sur son bureau le rappelle continuellement à ses préoccupations quotidiennes, qu'à la vérité il préfère à mes questions. Il fume un bon cigare et s'exprime par à-coups.

« J'ai envoyé le script. C'est superbe, superbe. Ils veulent Paul ? Qui parle à qui ? Merde. J'en ai parlé à Antonioni. Des chances ? Cinquante sur cent. Ecoute, je vais à Cannes, moi aussi. Pourrais-je parler à Paul ? »

Jacques explique qu'il est comme un docteur, sur la sellette vingt-quatre heures sur vingt-quatre. « Il y a toujours quelqu'un qui me demande de lui consacrer davantage de temps. Mes clients, ma femme ou les enfants. »

A la maison, Monique semble perdue. N'avait-elle pas l'impression de renaître après son divorce ? N'était-ce pas elle qui voulait son indépendance ? Elle aurait pu suivre des cours d'horticulture, ouvrir une pompe à essence ou emmener ses enfants voir les ruines maya.

Six mois après son retour dans le monde, elle se mariait avec Jacques. « Après notre troisième rendez-vous, je savais que nous nous aimions. Je cessais de voir mes amis. J'entrais complètement dans sa vie, ses amis, ses lieux habituels. Il m'a donné beaucoup de force. J'étais si faible et si angoissée. Tout ce que je voulais faire, c'était apprendre à devenir Madame Jacques Pomerois. »

Quand son mari parlait de la guerre de Sécession, elle se ruait à la bibliothèque, prenait un livre relatif au problème évoqué. Parlait-il d'un contrat, il fallait qu'elle le lise, d'un film, qu'elle en connaisse le script.

« Je voulais être ce qu'il désirait que je sois. »

C'était tellement plus facile !

Il y avait une certaine constante dans les passades de Monique. Chaque fois qu'elle quittait le confort ouaté de la maison, elle se sentait revivre. Comme lorsqu'elle partit pour la Nouvelle-Angleterre, ou l'université lui plut. A peine eut-elle goûté aux premiers sursauts de l'indépendance que l'attrait de la maison reprit le dessus. Après sept ans encore de demi-sommeil, elle rejette ce mariage qui la contraint. Elle se lance alors dans le monde, mène une vie animée, et la voilà qui soudain retourne vers la sécurité. Cette fois-ci, elle « épouse » la vie de son mari, et ce d'une façon si totale que cela la dispense de s'occuper d'elle-même.

Elle a maintenant trente-quatre ans et le malaise revient. Mais, cette fois, il commence à prendre l'allure d'une crise majeure. « Je me sens complètement écrasée. Par les enfants, la femme de ménage, le mari, les amis, les téléphones, la télévision. Je donnerais tout au monde pour retrouver mon intimité. Etre seule comme après mon divorce, c'était le meilleur moment de ma vie. »

Ceci ne veut pas dire qu'elle désire rompre le deuxième mariage. Ce qu'elle voudrait, c'est avoir le courage de se détacher de ce pôle de sécurité que représentent son mari et ses enfants.

« Je pourrais commencer maintenant, dit-elle hésitante. Oui, il va y avoir une période cruciale. Cet été, les enfants vont partir un mois avec leur père. C'est une grande épreuve pour moi : est-ce que je vais rester à pleurer, ou me mettre à penser à retravailler ? Si je passe ce mois avec succès, je serai heureuse. »

Une voiture klaxonne. C'est le père du samedi après-midi qui attend. « Au revoir, mes anges », soupire-t-elle. Les enfants se précipitent dehors en poussant des cris de guerre.

Elle est seule maintenant avec les valises et les téléphones. Les valises la rendent coupable, parce qu'elle les a faites pour aller à Cannes avec son mari. Ce sera leur premier voyage ensemble.

Jacques a dû se battre pour qu'elle vienne. « Je sais que je dois suivre mon mari ; mes enfants partiront un jour et me laisseront seule, et l'on n'a qu'un mari. Mais, sentimentalement, je n'ai jamais pu me séparer de ces enfants. Je n'arrête pas de penser : Et s'ils ne voulaient pas revenir avec moi ? »

Et puis les téléphones. Il y en a dans toute la maison. « Ses » téléphones. Dans le salon, dans les chambres, dans la cuisine. Une orgie sans fin de rallonges et de fils qui enlacent son mari, dès qu'il rentre, le réveillent à trois heures du matin, l'ennuient tout le week-end. Il y a des jours où elle pense qu'elle communiquerait mieux avec lui si elle était standardiste.

La question essentielle de sa vie se pose de nouveau mais avec plus d'acuité. Monique a presque trente-cinq ans. « Comment une femme peut-elle trouver son identité sans faire échouer sa vie sentimentale et sa vie de famille ? Franchement, je ne connais aucune femme de mon âge qui ne se pose pas ces questions en ce moment. »

C'est la question clef de toutes celles qui ont décidé de remettre leur épanouissement professionnel à plus tard.

L'attitude vague et peu précise de Monique sur la façon dont elle va se remettre au travail est caractéristique : « Cette année, c'est décidé. J'ai tellement envie de retravailler. Et dire que je suis encore en train de me débattre avec ça. »

Puis, dans le même souffle, elle continue : « L'année prochaine, c'est sûr, je me lance. »

Une des constantes qui apparaît dans l'éducation des enfants, c'est qu'elle nous rapatrie toujours vers notre propre enfance.

Les désirs insatisfaits, les jalousies, les amours non partagées, les peurs et les frustrations que l'adule a connus enfant et qu'il a plus ou moins refoulés sont revécus à travers son enfant. C'est un processus reconnu par les psychiatres. Mais beaucoup de parents n'en sont pas conscients et les querelles qui les opposent sont en réalité des comptes qu'ils règlent avec leurs parents. Cependant, ce processus qui permet de revivre les expériences de l'enfance donne aussi aux parents l'occasion de résorber les vieilles rancunes et d'effacer leurs vieilles blessures.

Avec une occasion si pratique sous la main, les mères n'ont pas souvent envie de quitter le côté des enfants. Leur décision semble toujours s'appuyer sur des raisons maternelles et on a même parfois l'impression qu'elle représente un sacrifice : « J'avais l'intention de retourner travailler, cette année, mais je vois que mes enfants ne sont pas encore prêts à m'abandonner. »

Une femme de quarante ans, que je connais, dit cela depuis longtemps maintenant, et son choix semble en définitive la rendre heureuse. Sa propre jeunesse fut une veillée cauchemardesque à attendre la mort de sa mère alcoolique, qui finit par arriver, d'ailleurs, assez atrocement. On dirait que l'expérience qu'elle fait chaque jour de la sécurité de ses enfants joue un grand rôle dans sa décision de rester à la maison.

Les mères qui ont eu une jeunesse traumatisante ne sont pas les seules à vouloir revivre par l'intermédiaire de leurs enfants. Quand Monique dit : « Je veux vraiment retourner au travail, justement cette année, c'est décidé », puis : « L'année prochaine, je me lance », ce qui ressort de tout cela, c'est son vœu profond de prolonger la béatitude de sa propre enfance. Ses parents représentaient un tel refuge pour elle qu'elle fut peu motivée pour chercher à acquérir son indépendance. Chaque fois qu'elle le faisait, Maman était là pour remplir son congélateur ou approvisionner son compte en banque. Comment pouvait-elle jamais évoluer, prise dans un tel cocon, comment pouvait-elle devenir adulte ? Son comportement est un peu le résultat de l'attitude de ses parents. Et son plus grand désir est de retrouver cette enfance douillette, de rester la petite fille facile et gâtée.

C'est ainsi que les mêmes attitudes se répètent. La mère, qui a vécu dans une ambiance familiale heureuse dont elle était le centre d'intérêt, recrée avec ses enfants la situation privilégiée qu'elle a connue et accroît chez eux, par la même occasion, une relation de dépendance vis-à-vis d'elle.

Quand Monique évoque la façon dont elle referait sa vie, elle choisit exactement le modèle opposé au sien : « Celles qui ont de la chance sont celles qui étaient déjà installées professionnellement quand elles se sont mariées et qui ont eu un enfant plus tard. C'est ce que je ferais si je devais tout recommencer. Poursuivre ma carrière, absolument. Et me marier à vingt-huit ans. »

Sans le vouloir, elle est allée droit à l'âge idéal.

Celles qui remettent à plus tard la maternité

Pour reprendre l'exemple des Etats-Unis, parmi les mille cinq cents femmes qui ont fait carrière et qui sont sélectionnés dans plusieurs éditions du *Who 's Who*, un peu plus de la moitié se sont mariées. Mais tout d'abord, immédiatement après avoir acquis leur diplôme, elles se sont consacrées complètement à la profession qu'elles s'étaient choisie — et ceci pendant sept ans. Le cycle des sept ans apparaît de nouveau.

Quelles études ont été faites sur ces femmes ? Vraiment très peu. Ce qui intéresse les biographes, ce sont surtout les petits faits existentiels des stars, des impératrices, des grandes artistes ou des savantes mondialement connues. Mais on ne s'occupe jamais des femmes qui remettent à plus tard leur rôle de mère et d'épouse pour se consacrer à leur carrière. Les modèles sont rares. Aussi rares que les hommes qui restent à la maison avec les enfants qui ont la varicelle. Margaret Hennig a retracé la vie de vingt-cinq d'entre elles, et ses découvertes sont très intéressantes.

D'abord, elies ont toutes considéré que le mariage était incompatible avec la poursuite d'une carrière. Elles ont donc refusé le rôle que traditionnellement on attribue aux femmes, mais, en même temps, elles ont dû étouffer leur féminité. Sont-elles simplement les copies des hommes, ou alors de ce choix sortira-t-il un nouveau modèle féminin ?

Il faut constater aussi, trait caractéristique, que les femmes qui ont choisi ces options sont toutes les aînées d'une famille, elles n'aimaient pas quand elles étaient plus jeunes qu'on leur interdise certaines choses. Leurs pères généralement les confortaient dans cette attitude. L'émergence précoce et explicite de cette opposition entre les impératifs culturels et la personnalité individuelle, encouragée à la maison, est un facteur très important dans la réussite de ces femmes.

Aucune de leurs mères n'avait beaucoup de personnalité. C'étaient des femmes de type maternel classique qui essayaient d'apprendre à leurs filles ce qu'on leur avait enseigné. Adolescentes, entre onze et douze ans, elles avaient refusé le rôle de « petite femme » et s'étaient éloignées de leur mère, pour trouver refuge chez leur père. Jamais cependant le père ne les avait traitées comme des garçons. Il y avait eu une relation dialectique entre père et fille qui transcendait toute différence sexuelle.

Les pères n'avaient pas rejeté la féminité de leurs filles. Ils les avaient simplement encouragées à développer leurs dons plutôt que de se prêter à des rôles stéréotypés. Ensemble, ils jouaient au tennis, ou faisaient de la voile, ou parlaient affaires. On a l'impression que ces hommes recherchaient chez leurs filles une certaine camaraderie qu'ils ne pouvaient avoir avec leurs épouses. Une fille qui réussit est souvent la préférée, parce que, à la différence d'un fils, elle peut renvoyer à son père sa propre image sans pour autant se poser en rivale. De plus, un père ne risque rien à encourager sa fille : cela ne le prive pas pour autant des petits services que peut lui rendre sa femme.

Quand Hennig interrogea ces jeunes femmes sur leur éventuel complexe d'Oedipe, elle ne furent très choquées : l'idée qu'elles aient pu s'opposer à leurs mères en tant que rivales ne leur était jamais venue à l'esprit. Leurs mères ne représentaient pas une menace pour elles. L'affection de papa avait toujours été gagnée.

Les relations père-fille étaient restées constantes pendant tous les bouleversements que provoque l'adolescence : les pères continuaient de promouvoir les talents de leurs filles dont les succès étaient pour eux une source de récompenses et de gratifications.

Toutes les personnes qu'Hennig a analysées ont fait des études, et toutes, sauf une, dans des universités mixtes, préférant recevoir une éducation, orientée dès le départ vers une certaine profession, en compagnie d'hommes. La moitié d'entre elles ont choisi les affaires et l'économie, sans doute influencées par le métier de leurs pères : quelques-unes seulement ont choisi les lettres et les arts. Elles ont toutes fait d'excellentes études. Trois ans après leurs diplômes, on les retrouvait secrétaires de direction dans l'industrie, le commerce, la banque, les relations publiques ou l'administration.

A la différence de leurs homologues masculins, les enfants prodiges, elles restaient fidèles à la société qui les avaient employées. Elles avaient compris qu'une femme ne peut gravir les échelons qu'en prouvant sa supériorité sur les candidats masculins au même poste. Et, comme cela demande beaucoup d'efforts, elles auraient perdu beaucoup de temps et des possibilités d'avancement en abandonnant les relations satisfaisantes qu'elles avaient su créer au sein de leur entreprise. Elles avaient donc été fidèles à leur premier employeur jusqu'à ce qu'elles parviennent à leur plus haut poste.

Par ailleurs, elles n'avaient jamais pensé un seul moment qu'elles devaient rejeter définitivement le mariage et la maternité. Mais, à vingt-cinq ans, elles avaient décidé de mettre leur féminité en veilleuse. De plus, afin de se protéger de leur sensualité, et ce, bien qu'elles aient connu des hommes, elles avaient décidé de ne s'attacher qu'à des hommes mariés ou du moins inaccessibles.

A vingt ans, la personne qui avait le plus compté pour elles était leur patron, qui prenait la place de leur père. Une fois sous la protection des mentors, elles leur avaient subordonné toutes leurs autres relations. Il est évident qu'il s'agissait là d'une réminiscence de leur jeunesse : le mentor était la personne à qui elles pouvaient se confier, comme elles l'avaient fait avec leur père, et qui, comme lui, les encourageait : s'il recevait une promotion, il veillait à ce qu'elles en reçoivent une aussi.

Toutes ces femmes étaient restées dépendantes de leur guide jusqu'à ce qu'elles deviennent cadres supérieurs et atteignent l'âge fatidique de trente-cinq ans.

Trente-cinq ans ! Le temps les avait soudainement rattrapées. Aussi exceptionnelles que fussent leurs réussites, elles réalisèrent alors que leur seule compétence était professionnelle. L'attrait du défi ne les fascinait plus autant. En regardant de plus près l'association Grand-Mentor/Petit-Moi, elles découvraient que le rapport avait évolué en relation d'égalité. Mais l'absence de vie affective commençait à leur poser des problèmes, qui pouvaient dégénérer en crise.

Cette crise, elles ne l'envisageaient que sous un angle biologique : « Je réalisai soudain que, si je voulais avoir des enfants, le temps était limité. » En fait, cette ligne de démarcation biologique n'était pas au cœur du problème. Ce n'était qu'un catalyseur. Le fond du problème était le suivant : « Qu'est-il arrivé à cette partie de moi-même que j'ai mise de côté en me promettant d'y revenir six ou sept ans après ? Cela fait maintenant quinze ans ! »

Elles résolurent toutes cette crise de la même façon : en prenant une année sabbatique ou en continuant à travailler, mais d'une façon intense et avec enthousiasme. Avec une exubérance de gamine, elles s'achetèrent des robes de femme fatale, changèrent de coiffure : elles se distrayaient et s'offraient enfin le temps d'avoir une vie sexuelle.

Presque la moitié d'entre elles se marièrent avec un homme qu'elles avaient rencontré durant cette période. Leur côté maternel venait prendre la relève. Aucune n'eut des enfants à elle, mais toutes celles qui se marièrent devinrent des mères par adoption.

L'autre moitié ne trouva personne avec qui se marier. Quand le temps les surprit, elles n'avaient aucune vie sociale. Mais le fait de se marier ou pas ne faisait guère de différence. Celles qui restèrent célibataires avaient réalisé, autant que les autres, qu'elles ne pouvaient continuer à vivre de la même manière, sans changer. Aussi s'ouvrirent-elles davantage au monde extérieur, agrandirent-elles leur cercle d'amis et souvent, pour la première fois, acceptèrent de devenir elles-mêmes des mentors.

Deux ans après cette période de répit, elles s'étaient donné comme but d'atteindre la plus haute fonction de leur carrière. Mais leur attitude et leur façon d'envisager leur vie avaient subi un changement profond. Leurs relations avec les autres étaient plus honnêtes et spontanées. Là où avant elles se sentaient un peu brisées, elles commençaient à se sentir maintenant plus équilibrées. Et au lieu de se décrire « satisfaites » ou « récompensées » comme avant, elles parlaient, pour la première fois, d'être « heureuses ».

« Le conflit qui apparaît dans les vies de ces femmes d'action n'est jamais dû à l'attitude de l'entourage, dit Hennig, mais plutôt à leur propre comportement. Ce qui est paradoxal, c'est que le chemin qu'elles ont suivi est beaucoup plus difficile et, pourtant, elles ont eu moins de mal à dépasser ces critiques extérieures qu'à surmonter leur conflit intérieur. »

Les femmes qui étaient restées à l'échelon de cadre moyen avaient eu une fin heureuse. C'étaient celles, d'ailleurs, dont l'enfance avait été très différente : leurs pères les avaient traitées comme de véritables garçons et toujours ignoré leur féminité. Certaines portaient même des prénoms masculins. Dans leur vie professionnelle, elles n'avaient eu que des relations de camaraderie avec les autres. Et, ce qui est peut-être le plus important, elles ne s'étaient jamais permis d'avoir la moindre crise, même pas vers les quarante ans. Elles étaient restées prisonnières de leur choix. Aucune ne s'était mariée. Elles avaient gardé une relation de dépendance vis-à-vis de leurs mentors jusqu'à ce qu'ils les laissent tomber. Elles avaient toujours occupé le même poste et avaient vécu assez seules avec, à cinquante ans, une certaine amertume et l'impression d'avoir été « bien eues ».

Les femmes qui ont su concilier leur féminité et leur carrière professionnelle sont celles qui se sont le mieux épanouies.

Femmes prodiges

Il faut le reconnaître, ce sont des femmes qui n'ont pas eu d'enfants avant trente-cinq ans. Qu'elles l'aient choisi ou qu'elles aient eu des difficultés psychologiques ou physiques, elles occupent une position très particulière dans la chaîne des générations. La femme dont la fille atteindra la puberté au moment où elle-même entre dans la ménopause se trouve confrontée à des problèmes différents de celle dont les enfants quittent à cette époque la maison familiale.

Si je devais choisir quelqu'un pour illustrer la femme prodige américaine, je prendrais Margaret Mead.

Elle a tout fait. Elle est partie à l'aventure à Samoa quand elle avait vingt ans. A trente ans, elle avait déjà fait plusieurs fausses couches, contracté la malaria et vécu un grand amour sur le fleuve Sepik. A quarante-cinq ans, elle avait fait l'expérience extraordinaire d'un mariage communautaire. Elle a étudié sept civilisations, écrit dix-neuf livres, conservé cinquante années de notes de voyages sur les civilisations appelées primitives, donné des cours à 2 500 élèves, fait des centaines de conférences sur la sagesse humaine et captivé des millions d'auditeurs à la télévision. Elle fut mère, grand-mère et mariée trois fois. Elle a écrit son autobiographie.

A cinq heures du matin, les bigoudis sur la tête, elle tape à la machine sur la table de la salle à manger. Elle travaille. Elle a de moins en moins besoin de sommeil. Après tout, elle n'a que soixante-quatorze ans.

Elle est la générale des armées de la libération de la femme. De celles qui ont dû souffrir pour acquérir leur indépendance, de celles qui ont perdu ou quitté leur mari, qui ont choisi leur carrière au prix de la maternité, des femmes qui sont parties à la recherche d'autre chose, et de certaines féministes célèbres qui, de temps en temps, lasses de jouer toujours le rôle de femme virile, confessent qu'elles meurent d'envie de passer une nuit de « bon vieux plaisir » avec un phallocrate — elle est la plus libérée de toutes. Elle a toujours été marginale. Il y a cinquante ans, elle avait déjà compris.

Fille aînée, c'est son père, dit-elle dans son autobiographie, qui lui traça son destin. Professeur à l'université de Pennsylvanie, il avait toujours été convaincu que la seule chose qu'un être humain devait faire pour l'humanité, c'était d'accroître ses connaissances. Elle a aussi observé très tôt, comme seule une fille peut le faire, que le fait d'avoir de nombreux enfants avait été un obstacle à la carrière de sociologue de sa mère. Elle n'y pensa plus et laissa Dieu décider de son sort sur cette question, tout en restant consciente des difficultés de la condition féminine. Dans cette ambiance propice au développement intellectuel, elle comprit d'elle-même que les filles intelligentes pouvaient faire mieux que les garçons intelligents, mais qu'elles auraient à en souffrir. Elle appliqua cette théorie à son travail de recherche, et décida de ne pas se battre sur le terrain des hommes. Il y avait deux sujets qu'une anthropologue pouvait mieux traiter que n'importe qui : d'abord l'étude des mères et des enfants, ce qu'elle fit en épousant successivement deux anthropologues avec lesquels elle travailla de concert, eux s'occupant des hommes, elle travaillant sur le thème qu'elle avait choisi ; puis la réflexion d'une femme mûre, « ayant dépassé les problèmes de l'âge », sur les deux sexes. Ainsi se créa-t-elle une vie qui l'empêcha d'être prisonnière de son sexe et de son âge.

J'ai demandé à celle qui est maintenant devenue un mythe comment elle avait pu vivre toutes ces vies. « Il a sans doute fallu faire des sacrifices et vivre des compromis ? » ai-je suggéré.

« Oui. Pour les femmes de ma génération, avoir un enfant et poursuivre une carrière était déjà un exploit. Il fallait une énergie extraordinaire. J'en avais d'ailleurs. Ou alors beaucoup d'argent et beaucoup de chance. Moi, j'ai la chance de comprendre la culture dans laquelle je vis, et donc de la dépasser. »

Elle évoqua aussi l'exploitation du travail de la femme au foyer. Cela me rappela une remarque qu'elle avait faite un jour : « Les Américaines sont de bonnes mères, mais de mauvaises épouses. » Je lui demandai pourquoi.

« Les Américaines en général ne font pas très attention aux autres. Les Américaines ont toujours été fortes, avec un très grand sens de la justice, elles ont toujours su assumer à la fois le bon et le mauvais côté des choses. Mais être une bonne épouse, si on n'est que cela, c'est savoir prévoir les besoins d'un autre, être prête à s'occuper du partenaire quand il revient à la maison. Tous les hommes qui ont un travail comportant des responsabilités, des soucis, un professeur ou un homme politique par exemple, ont besoin d'une épouse à plein temps s'ils veulent pouvoir mener à bien leur mission. »

Quelles idées traditionnelles ! Comment pouvait-elle les concilier avec sa propre expérience ?

« Nous devrions respecter celles qui consacrent leur vie à d'autres — à leur mari ou à leurs enfants — et le font avec passion. »

Margaret Mead a toujours été très sensible aux problèmes des enfants : elle a toujours pensé que la société devait être responsable de sa progéniture.

Depuis sept ans que je la connais, je me pose toujours la question de savoir ce qu'elle pense de la famille américaine. Avec à la fois les plus hautes intentions et un humour caustique, elle dissèque nos façons folles d'aimer, de nous loger, de travailler, de donner naissance, de creuser des fossés entre nos générations. Elle voudrait regrouper ses troupes, les réorganiser en vue d'une stratégie plus efficace : en une communauté où toutes les générations se côtoient, où les personnes âgées, les célibataires se rapprochent des enfants. Ainsi ses troupes retrouveraient-elles confiance en l'avenir. Pourquoi ses légions ne suivent-elles donc pas ?

Mead a très peu de patience envers les gens qui s'embourbent dans leurs problèmes. Elle a vaincu les siens ou les a ignorés. Pourquoi ces mignonnes petites jeunes femmes ne sortent-elles pas de leurs banlieues barbares sans s'attarder sur leurs mariages ratés, pourquoi ne rassemblent-elles pas leurs enfants abandonnés et n'admettent-elles pas que l'expérience de la famille, fermée et constituée comme un noyau, ne fut qu'un désastre ? Mais qu'est-ce qui les retient ? Tout le monde n'est pas Margaret Mead. Mais elle ne le comprend pas. Un incident, survenu il y a quelques années, nous fait mieux comprendre la distance qui sépare la « Générale » de ses bataillons.

J'étais chez une amie, amie de Margaret elle aussi, qui se plaignait de sa condition de femme. Elle n'en finissait pas de pleurer sur l'histoire de son mariage avec un « excentrique ». Je le connaissais : un homme charmant, créatif et infantile à la fois. Mon amie avait passé vingt ans de sa vie à être « l'auxiliaire complète » de son mari. Il l'avait abandonnée à la veille de l'âge mûr. Elle avait basculé dans le désespoir pendant quelques années, ne sachant comment envisager son avenir, puis s'était recyclée. Elle travaille maintenant dans une université.

J'ai toujours pensé, néanmoins, que cette femme avait repris le travail sous l'effet du choc, plutôt que pour se libérer. Margaret

Mead connaissait ce couple depuis des années. Mais sa manière d'envisager la situation était bien différente de la mienne.

Un jour que nous parlions d'eux, je lui disais que c'était triste, mais que notre amie ne se sentait toujours pas complète sans un homme. « Pourquoi diable aurait-elle besoin d'un homme ? réagit-elle, incrédule. Elle travaille avec des hommes. Ils la respectent tous. Elle a créé son propre département universitaire et elle ne s'ennuie pas. Et n'oublie pas qu'elle a encore des enfants. »

Je lui dis alors que je ne savais pas si cette femme était au courant de la liaison de son mari et qu'il était délicat de lui en parler. Mead me rassura : tout le monde le savait.

Je lui dis aussi que j'avais l'impression que notre amie semblait attendre le retour de son mari.

« Certainement pas », dit-elle. Le problème fut ainsi résolu et réglé, de façon catégorique par la Générale.

Dans la soirée, je téléphonais à notre amie. « Oh ! non, Daniel et moi n'avons jamais parlé de cette femme. Je l'ai appris par Margaret. Mais je suis convaincue que Daniel reviendra quand il aura besoin d'amour. C'est pourquoi je l'attends. C'est comme ça que moi j'envisage le mariage. Et c'est ce que Margaret ne peut pas comprendre, parce qu'elle a été élevée d'une manière trop différente de la mienne. »

Cela, c'est encore Mead qui passe en revue ses troupes, de loin, pendant qu'une de ses amies, perdue parmi tant d'autres, essaie tout simplement de ne pas mourir.

Son père lui avait dit un jour : « C'est dommage que tu ne sois pas un garçon ; tu serais allée loin. » Mais il n'abusa jamais de son pouvoir sur elle, et elle a pu aller jusqu'au bout du monde.

Elle avait décidé de continuer ses études et de se marier avant de les avoir terminées avec un futur pasteur. L'argent se faisait rare. On était en 1919. Son père prétendait qu'une femme mariée n'avait pas besoin de faire des études supérieures. Elle lui fit remarquer qu'il avait lui-même épousé une femme qui faisait son doctorat, lorsqu'elle, Margaret, était née. Vaincu, il l'envoya faire ses études.

A vingt ans, elle était très belle. Une de ces beautés à la bouche sensuelle et aux yeux langoureux. Tous les hommes étaient amoureux d'elle. Pour une femme nantie de telles ambitions, sa beauté était un handicap. Ses fiançailles de cinq ans avec l'étudiant pasteur Luther Cressman la libérèrent de ces soucis : en effet, la vie ronronnante de la petite université de province où elle s'était exilée lui pesait, l'endormait. New York l'attirait par son côté intellectuel, de plus Luther y habitait. Elle persuada son père de l'envoyer à Barnard College. Elle y joua joyeusement les intellectuelles avec un groupe d'avant-garde, épris à la fois de psychologie freudienne, de poésie et des nouvelles disciplines scientifiques. Avant tout, elle changerait le monde d'une manière ou d'une autre.

Afin d'éviter qu'elle ne se marie avant la fin de ses études, son père lui offrit un tour du monde. Elle refusa. Deux ans plus tard, elle l'obtint mais à ses propres conditions, en manipulant son père contre son mentor Franz Boas. Entre-temps, elle s'était mariée avec son patient séminariste, qui plaisantait quelquefois sur l'emploi du temps de sa femme : il lui fallait presque prendre un rendez-vous pour la voir. Mead croyait avoir ce qu'elle voulait : un mariage et la liberté d'être elle-même.

Son mentor est un peu ce que sera Margaret Mead quelques dizaines d'années plus tard. Il était directeur de thèses en anthropologie à l'université de Columbia. « Il faisait des plans, comme un général, et il n'avait à sa disposition qu'un misérable bataillon pour sauver tout le pays. » Boas la dirigea sur les Indiens américains. Mais la jeune Margaret était décidée à explorer la Polynésie.

Elle arriva à ses fins avec des ruses de femme — ce qu'elle réprouve aujourd'hui. S'il insistait, c'est qu'il n'était pas aussi libéral qu'il le disait. Il n'était qu'un dictateur comme les autres, après tout. Et en même temps, elle montait son père contre son professeur. La rivalité masculine aidant, elle arriva sans peine à ses fins. Son mentor approuva son projet, son père finança le long voyage pour l'autre hémisphère, et notre Margaret mariée s'en fut pour Samoa. Selon son idée. Sous son nom de jeune fille.

Sur le bateau, elle s'enticha d'un anthropologue de Nouvelle-Zélande, Reo Fortune, un bel homme d'après les photos que j'ai pu voir. Mais professionnellement, il lui arrivait à peine à la cheville. Et, aux yeux de Margaret, il n'aurait jamais fait un bon père. Elle retourna vers Luther, rêvant d'une grande famille dans une petite paroisse de campagne.

Quand, à vingt-cinq ans, un gynécologue lui fit un diagnostic erroné en lui disant qu'elle ne pourrait jamais avoir d'enfants, Margaret repensa entièrement son avenir. Voici son raisonnement : « Si je ne pouvais pas être mère, il valait mieux que je travaille avec Reo... plutôt qu'avec Luther en sociologie (il avait changé de discipline). » Comme toujours, ce choix était le sien et n'impliquait qu'elle. Elle épousa Reo.

L'épisode suivant de sa vie se passe en Nouvelle-Guinée. Elle avait juste trente ans et venait de vivre des mois cauchemardesques dans la région très inhospitalière des Mundugunor, où les bébés qui n'ont pas le sexe désiré sont noyés. Reo et elle mouraient d'envie d'avoir un peu de compagnie intellectuelle. La rivalité professionnelle qui les opposait avait atteint son paroxysme. Ils en étaient là de leurs relations lorsque leur expédition arriva dans le village hospitalier des Istmul, où il se trouvèrent immédiatement attirés par un anthropologue anglais, lui aussi désireux de contacts. Il s'appelait Gregory Bateson et il était très différent : il avait fait ses études à Cambridge et avait encore plus de compétence que Margaret. Sa douceur et ses manières contrastaient avec la jalousie et l'agressivité de Reo. Ce dernier voulait écrire ses livres tout seul et n'acceptait à aucun prix de partager son travail avec Margaret.

Au travers des rapports de travail, des sentiments amoureux naquirent entre Margaret et Bateson. Il n'y eut pas d'éclats entre eux mais au contraire de longues conversations au sujet des rapports entre le sexe et le caractère ; ce thème devait devenir le sujet d'un livre de Margaret Mead.

Un soir, alors que tous les trois étaient dans la hutte d'honneur d'un village à attendre l'attaque annoncée d'une tribu ennemie, Gregory se décida à sortir pour calmer les indigènes ; de son côté Reo attendait revolver au poing. L'attaque n'eut jamais lieu, mais ce soir-là les relations du trio se détériorèrent.

Trois ans plus tard, Margaret Mead se mariait avec Gregory Bateson. Les premières années de ce mariage furent les plus riches de la vie de Margaret. Chacun était pour l'autre un partenaire idéal, ils s'entendaient parfaitement : à Bali, ils partagèrent une expérience de travail et d'efforts sans précédent. Ils travaillaient la nuit à développer leurs photos et se rafraîchissaient le visage à l'aube avec le peu d'eau qui restait. Ils avaient pensé prendre deux mille photos, ils en prirent vingt-cinq mille.

Les souvenirs de cette période, qu'elle relate dans son livre, sont émouvants, mais un peu désenchantés : « Je pense qu'il est bon d'avoir un modèle comme il le fut une fois dans sa vie ; mais les quelques années vécues avec semblable modèle sont d'une telle intensité qu'on ne pourrait vivre ainsi toute son existence ». Elle prétend avoir essayé, sans réussir, de renouveler l'expérience de Bali. Les souvenirs n'en restent que plus vivaces.

Même dans le domaine de la maternité, l'expérience de Margaret Mead demeure exceptionnelle. Quand elle eut finalement un enfant, elle était déjà bien trop avancée en âge et en célébrité pour qu'un tel événement vienne déranger sa carrière. Elle avait trente-huit ans. Un célèbre médecin accoucheur vint en personne « assister » lors de la naissance. Elle emmena le bébé chez son père à Philadelphie et le confia aux bons soins d'une nurse et d'une dame de confiance. Quand Gregory Bateson revint expressément d'Angleterre, où il avait été envoyé en mission, pour les coliques infantiles de sa fille, « lui et sa femme donnèrent congé à la nurse pour s'occuper d'elle pendant tout le week-end ».

La syntaxe de la nurse américaine n'est pas très pure, insistait le papa anglais, aussi notre couple installa la petite dans « le tiroir d'une commode » chez des amis, en attendant de trouver un appartement à New York, et une nurse comme il faut. Mead reprit un travail à mi-temps au musée d'Histoire naturelle, et donna des cours entre les tétées. Elle adorait sa fille Catherine. Comment pourrait-on ne pas adorer un enfant désiré qui est arrivé comme un don du ciel dans sa vie ?

Margaret Mead trouva assez vite une solution encore plus satisfaisante à son problème de mère qui travaille. Elle fonda une famille coopérative — encore une idée exceptionnelle — grâce à un collègue sociologue entreprenant, Larry Frank, qui possédait une immense propriété dans le New Hampshire et une femme remarquable, Mary. Mary Frank était jeune et belle, et c'était elle qui assumait le rôle de mère communautaire.

Après deux ans d'expérience concluante à la campagne, les deux familles décidèrent de s'unir complètement. Elles déménagèrent pour la grande maison que les Frank avaient à Manhattan. Mead et Larry furent presque immédiatement envoyés à titre permanent à Washington. Ils revenaient à la maison le week-end. Mary Frank avait très bien accepté la fille de Margaret dans sa nursery. Et Bateson commençait à passer de plus en plus de temps en Angleterre.

J'étais très curieuse de l'attitude de Mary Frank. Car, finalement, c'était elle le pivot autour duquel les trois « scientifiques » faisaient leur expérience communautaire. Est-ce qu'elle était heureuse d'être la mère de tout le monde ?

« Oui, répond le Dr Mead. Tout le monde n'a pas besoin de travailler. » Et elle s'empressa d'ajouter qu'elle participait à 50 % aux frais de personnel (une cuisinière et une femme de ménage), ce qui permettait à Mary de s'occuper réellement des enfants. Par ailleurs, les plus grands gardaient les petits. N'y avait-il pas de jalousies ?

« Pour être franche, je crois que Mary devait penser que j'étais incapable de faire cuire un œuf, et je me suis bien gardée de l'en dissuader. Je me comportais souvent comme si je n'étais qu'un homme de plus dans la maison. Je pensais que c'était plus simple qu'elle se charge de tout. A cette époque j'étais extrêmement occupée. »

Un sujet, que l'on aborde toujours en liaison avec le mariage, est généralement celui de la fidélité. Mead ne voit pas le rapport.

« La vie en groupe requiert un tabou général contre l'inceste. Les vies de chacun étant si liées aux autres, il ne faut pas faire chavirer la barque. Le mariage monogame est assez difficile comme ça ; la polygamie est d'ailleurs encore plus difficile ; il faut que tout soit encore plus codifié. Et le mariage de groupe est tout simplement trop difficile pour tout le monde. Il n'a d'ailleurs jamais été pratiqué. Nulle part dans le monde. Il s'agit d'un fantasme pur et simple. »

Le travail qu'elle avait accompli avec Bateson avait été si riche qu'il fallut presque vingt-cinq ans pour qu'il soit exploité et connu du monde de l'anthropologie. Mais, déjà à cette époque, leur amour n'était plus ce qu'il avait été.

Le passage critique de la vie de Mead, alors qu'elle avait quarante-trois ans, reste vague dans son autobiographie. Elle dit notamment :

« La bombe atomique a explosé à Hiroshima en 1945. A ce moment je déchirai toutes les pages du livre que je venais d'écrire. Les phrases n'avaient plus de sens. On entrait dans une ère nouvelle. Mes années de femme-collaboratrice, passées à essayer de combiner un travail intense et une vie personnelle tout aussi intense, se terminaient. »

Je lui demandais pourquoi elle avait écrit cela.

« Parce que j'ai divorcé, répondit-elle ; sinon, je n'aurais jamais pris cette décision. » C'était sans queue ni tête.

Au milieu de sa vie, Margaret Mead a renié son passé. Elle orienta sa vie intellectuelle dans le domaine de la santé mentale. Elle apprit à travailler et à vivre seule tout en étant capable de partager son appartement avec une collègue. Aujourd'hui, elle reste toujours un professeur ; elle conserve un fichier de ses milliers d'élèves, qu'elle continue à conseiller et à aider. Elle voyage à travers le monde pour apporter sa contribution là où on la demande. Quelle différence existe-t-il entre cette vie nouvelle et la retraite prématurée qui attend la plupart d'entre nous ?

On a l'impression, lorsqu'on la voit à la télévision dans un débat sur le retour des femmes au travail après la ménopause, ou encore sur les bébés-éprouvettes, que Mme Margaret Mead s'impatiente devant le refus obstiné que manifestent tant de gens à tirer une leçon de leurs expériences passées.

Et pourtant, demain, elle se lèvera à cinq heures, comme Auguste le faisait pour inspecter ses légions, elle aura encore des bigoudis sur la tête, le regard lointain, une cape jetée sur les épaules pour aller défendre ce en quoi elle croit.

Les femmes complètes

Qu'est-ce qui nous faisait courir à vingt ans ? On voulait tout faire à la fois ! Apprendre. Aimer. Explorer. Dépasser. S'échapper de la province où des idées rétrogrades sur la féminité régnaient en maître. Réussir. Trouver le grand amour. Avoir un enfant. Ce genre de programme était encore révolutionnaire dans les années 1950-1960. Les femmes comme moi furent les pionnières de notre génération. Ni le mariage, ni les naissances n'ont freiné notre accomplissement personnel. Le problème majeur de nos vingt ans était de savoir comment intégrer les enfants sans se couper du monde. Quelquefois nous les emmenions avec nous à la bibliothèque ou au bureau. Nous leur donnions des crayons de couleur pour qu'ils nous laissent tranquilles. Le plus souvent, nous travaillions de nuit, nous essayions d'assembler les morceaux dispersés de nos laborieux travaux réalisés solitairement dans le cadre du métier que nous avions choisi.

Ah ! nous ne voulions pas finir comme la dure femme d'affaires stéréotypée, ni comme la ménagère qui attend son mari tous les soirs dans sa banlieue, c'est-à-dire comme toutes ces femmes misérables que nous connaissions, avant même que Betty Friedan donne un nom à leur problème. Nous avons passé le cap de la trentaine en traversant une crise différente, car il nous fallait abandonner quelque chose et nous le savions.

La plupart des femmes « complètes » ont dû laisser tomber leur mariage, ou bien leur carrière, ou encore leurs enfants.

Celles qui ont essayé de tout faire furent submergées par la tâche et trouvèrent qu'elles ne réussissaient nulle part. Les psychiatres essayèrent de les « aiguiller » vers leur rôle « normal ». Tout ce qu'elles pouvaient faire, c'était acquiescer ou entrer à l'asile.

Un homme que je connais bien disait à sa femme qui voulait tout faire à vingt-cinq ans : « La meilleure chose pour une femme, c'est d'accepter d'abandonner sa carrière après son premier enfant. »

Il est, en effet, rarement possible pour une femme de cumuler mariage, carrière et maternité à vingt ans, et il est temps que quelqu'un, qui en a fait l'expérience, le dise. C'est possible à trente ans et encore davantage à trente-cinq, mais, avant, l'équilibre personnel n'a pas encore été atteint. Levinson et Margaret Mead étaient bien d'accord sur ce sujet. Levinson pense pour sa part : « Lorsque les tâches d'une période ne sont pas accomplies, elles se compliqueront ou viendront se cumuler avec celles de la période suivante. Dans les cas extrêmes, le développement risque d'être gêné à tel point que la personne ne peut véritablement commencer la nouvelle phase ; dépassée par le travail et les nouveaux problèmes alors qu'elle se débat encore avec les anciens, elle peut devenir suicidaire, sombrer dans la psychose ; elle peut aussi trouver une “ niche ” qui, tel un refuge, la libère temporairement des demandes extérieures en lui donnant l'espace nécessaire pour le travail préparatoire que comporte la nouvelle période. »

Un jour, quelqu'un a posé à une féministe connue la question clef : pourrait-elle avoir un enfant et rester la journaliste active qu'elle était ? Certainement, dit-elle. C'était tout simple : elle écrirait pendant que le bébé ferait la sieste.

La vérité, c'est que les bébés ne dorment en général qu'une demi-heure. Les voilà fourrés dans votre vie de telle sorte qu'ils absorbent tous vos instants.

Consuelo Saer Bahr, dans un livre qu'elle essaie d'écrire (à trente-trois ans), est plus proche de la vérité quand elle parle de son petit garçon : « Après le dîner, mon enfant se glisse par la porte avec son nounours, pour me dire au revoir, encore une fois... Qu'est-ce qu'il y a, mon amour ?... T'avoir à moi pour trente longues minutes sans m'entendre dire : " Allez, maintenant joue tout seul jusqu'à ce que maman ait fini. " Or, nous savons tous très bien que maman n'aura jamais fini ! »

De temps en temps, on entend des histoires de femmes « complètes » qui ont décidé d'oublier leur carrière. A la fin de leurs vingt ans ou au début de leur trentaine, éduquées, mariées à des hommes bien placés, mères d'enfants en bas âge, ce sont des femmes qui ont travaillé cinq ou dix ans et peuvent maintenant se permettre de ne plus le faire. Elles prétendent avoir épuisé leur énergie psychique pour pouvoir continuer. Ce qu'elles semblent chercher dans cette transition, c'est un adoucissement de l'emploi du temps rigide du passé, une sorte de récréation pour s'amuser avec les enfants ; aller au musée, faire du lèche-vitrine et peut-être un peu de travail bénévole. C'est un rafraîchissement qui semble idyllique pour ceux qui peuvent se le permettre, y compris les hommes. Mais c'est probablement provisoire. Quand on commence à leur demander : « Qu'est-ce que tu fais en ce moment ? » elles parlent toujours de leur envie de retourner travailler.

Trente ans pour ce genre de femmes, c'est le temps des bilans. Elles sont peut-être assez habiles et expérimentées maintenant pour essayer de vivre toutes leurs envies.

Une nouvelle forme d'existence s'est dessinée dans la dernière décennie en réponse à ce problème ; c'est celle de la mère qui vit seule, le père n'étant présent que tous les quinze jours. Ce n'est pas toujours une très bonne solution d'emblée mais c'est peut-être le moyen le plus commun d'éviter la crise prévisible dans la vie du couple.

Les parents divorcés sont forcés de se traiter avec tolérance, courtoisie, et d'acquérir une vision réaliste des problèmes de temps et d'obligations financières qui leur incombent à tous les deux ; ils y sont obligés en quelque sorte à cause des enfants. Le père s'occupe d'eux la plupart des week-ends et en alternance avec la mère au cours des vacances scolaires ; cela permet à une femme d'équilibrer ses obligations de mère de famille avec une carrière professionnelle tout en ayant un peu de temps à se consacrer à elle-même. Si les mêmes hommes avaient été aussi attentifs durant leur mariage, leurs femmes auraient peut-être eu la possibilité de mieux organiser leur vie.

Comment se fait-il que les pères qui ont la garde de leurs enfants s'en sortent ? C'est qu'ils engagent des employées de maison et libèrent ainsi partiellement leurs soirées et leurs week-ends. Ils demandent quelquefois des horaires plus flexibles à leurs patrons. Les jeunes veufs font la même chose. Et souvent tous ces hommes s'en tirent très bien.

On peut seulement se demander pourquoi ce genre de solution n'est applicable qu'à la suite d'un veuvage ou d'un divorce ?

Célibataires

La société n'aime pas reconnaître le fait pourtant établi qu'à tous les âges la célibataire moyenne surpasse le célibataire moyen, que ce soit du point de vue de l'éducation, du métier, des revenus. En vieillissant, elle semble aussi attacher moins d'importance à sa carrière. Les femmes seules réussissent mieux leur développement que les hommes seuls.

Errance

Beaucoup de femmes de vingt ans choisissent de vivre au jour le jour, sans s'engager.

On peut tirer des riches expériences à rechercher l'aventure. Ces femmes connaissent, en effet, celles de la liberté. Elles peuvent prendre l'initiative de leurs relations sexuelles, essayer toutes sortes de vies marginales, quelque fois plus prometteuses que réellement satisfaisantes. Je pense aux communautés, par exemple, souvent régies par des hommes qui renvoient les femmes faire du pain à la cuisine. Gagner sa vie est un défi instructif pour les marginales, du fait qu'elles ont peu de qualifications et qu'il leur faut survivre par leur « débrouillardise » et leur talent. Alors, elles font du tissage, de la poterie, des bijoux, etc... ou bien s'arrangent pour tirer le maximum des allocations de chômage, ou encore vendent de « l'herbe » ou même se contentent de moins.

Les hommes marginaux ne trouvent généralement pas de travail. Aussi rejettent-ils les responsabilités familiales. Même dans les groupes d'avant-garde, élever les enfants reste le rôle de la femme.

En fait, même une femme marginale a des obligations. Je pense aux mères célibataires que j'ai rencontrées en 1969. Il y en avait depuis longtemps déjà, bien sûr, de ces jeunes femmes peu ordinaires qui défiaient les conventions et élevaient leurs enfants sans s'embarrasser du mariage ; maintenant, cependant, elles annoncent la couleur.

L'exemple de Laurette me revient à l'esprit. Elle faisait partie des premières hippies. Comme elle me disait : « Grandir à mon époque, avec des valeurs si vagues, rend le choix d'un rôle précis très difficile. » Elle choisit le nomadisme, de rigueur dans son milieu : études classiques, une chambre dans un quartier étudiant puis une communauté.

Tout le monde parlait d'amour, mais la vie communautaire n'offrait aucune relation humaine profonde. Laurette cessa de prendre la pilule. « Ce n'était pas très intelligent. Mais j'avais vingt-quatre ans, et c'était le moment d'avoir un enfant. »

Elle continua la navette entre la capitale et le village de la communauté pendant sa grossesse. C'est seulement au septième mois qu'elle découvrit le changement qui se manifestait en elle. Elle réalisait soudain, en se voyant dans les vitrines, le changement de sa silhouette. Il y avait là quelque chose de plus qu'une réflexion brumeuse sur son besoin d'amour. Quelque chose de lourd et de vivant. Une idée qui allait bientôt devenir réalité.

Après la naissance de sa fille, Laurette continua à vagabonder, mais ses journées avaient maintenant un début, un milieu et une fin. Elle entra une nouvelle fois dans une communauté où tout le monde travaillait. Elle semblait plus heureuse : « Maintenant, je suis obligée d'organiser ma vie à cause d'elle. »

Encore quelques changements, puis l'enchantement des communautés disparut. Elle aurait pu dériver vers la drogue, mais l'enfant lui donnait un but. Elle loua une toute petite maison et se piqua au jeu de vivre seule. Ce qu'il y a d'étonnant dans la maternité des célibataires, c'est que cela les propulse dans le monde adulte. Le temps passe ; l'enfant grandit ; la vie prend forme.

Laurette n'est plus perdue. Elle s'est installée dans une ferme. Sa vie s'écoule entre la poterie, sa fille et l'artiste qu'elle a épousé. Il fait de la menuiserie pour gagner sa vie.

Quand Laurette voyage, maintenant, c'est pour livrer sa poterie en ville, puis elle s'en retourne vite chez elle : la vie à la maison, elle ne veut pas en perdre une seconde.

Elle avait exactement trente ans quand elle s'arrête de vagabonder.

Je vais donner le dernier mot à Margaret Mead. Après avoir entendu toutes les personnes que j'avais interviewées et dont j'ai parlé dans les pages précédentes, elle affirma que le seul moyen de mener une vie équilibrée qu'elle imaginait était d'oublier les rôles stéréotypés. On doit accepter tous les modèles de vie possibles :

« Il y a des hommes qui s'intéressent davantage aux rapports humains qu'à la réussite publique. Il y a des hommes qui préféraient s'occuper de la maison plutôt que d'aller au bureau tous les jours. Et il y a des femmes qui ne sont pas faites pour s'occuper de la maison et des enfants. Il faudrait qu'on puisse concevoir toutes les combinaisons possibles : homme plus âgé, femme plus âgée, homme au travail, femme au travail, homme et femme travaillant chacun à mi-temps, ou bien l'un qui travaille pendant un an et l'autre l'année d'après. Si cela était possible, aucun modèle ne semblerait privilégié. On en parlerait comme on dit par exemple : " Les Untel vont en Espagne tous les ans ou les X passent leurs vacances dans leur maison de campagne ! " Il s'agirait seulement de différences intéressantes. »

SIXIEME PARTIE
LA DECENNIE DE LA DERNIERE CHANCE

Quoi que tu rêves d'entreprendre, commence-le. L'audace a du génie, du pouvoir, de la magie.

Goethe

Chapitre 17
Aborder l'âge adulte

Les années qui suivent la trentaine constituent le milieu de la vie humaine. Bien que rien ne l'annonce, d'imperceptibles murmures se font entendre. Au plus profond de nous-même apparaissent des changements insidieux ; notre manière de percevoir le monde se modifie, qu'il s'agisse de sécurité ou de danger, du temps ou du désir, de soi ou bien des autres, tout a évolué. J'ai atteint une sorte de méridien ; le temps est venu de faire le point, de regarder ce que j'ai fait et de décider de la façon dont j'entends désormais vivre.

Au-delà de ces réflexions, on sent que l'on aborde l'autre versant de la vie et on réalise que le temps est maintenant limité pour trouver sa vérité.

Comme ces pensées apportent l'inconfort, la continuité de l'existence s'en trouve altérée. On aborde « la décennie de la dernière chance ». Entre trente-cinq et quarante-cinq ans, la plupart d'entre nous, à condition de le vouloir, faisons l'expérience d'un moment de vérité.

Ce que nous envisageons souvent, en premier, est la possibilité de notre propre mort ; l'appréhension est si forte et si soudaine que nous ne savons pas très bien comment réagir ; on ne croit jamais à sa propre mort quand on est jeune. Peu importe à ce moment que l'on soit en parfaite santé ou que l'on se sente en sécurité, la première fois que cette idée nous touche, nous mettons soudain une attention morbide à déchiffrer les moindres signes de vieillesse ou de déclin prématuré.

On pourrait logiquement penser que l'angoisse devrait s'amplifier à mesure que nous vieillissons. Mais il en est rarement ainsi. Lorsqu'on a réussi à retrouver l'équilibre, passé les quarante-cinq ans, le spectre de la mort s'éloigne. Il se peut qu'on en parle beaucoup et que l'on envisage des moyens de défense, mais c'est pour faire face à une réalité et non au monstre intime et innommable auquel nous pensions auparavant.

Ce chapitre va examiner les changements prévisibles auxquels nous pouvons tous nous attendre au cours de cette dizaine d'années, tandis que le reste du livre est consacré à l'histoire d'hommes et de femmes qui tantôt se débattent pour trouver leur vérité, chacun d'ailleurs à sa manière, tantôt essaient de se fuir et de retarder cette échéance.

Ceux qui traversent les crises les plus pénibles ne sont pas nécessairement ceux qui trouvent les solutions les plus inspirées. Ce sont plutôt ceux qui s'astreignent à un arrêt pour réfléchir et examiner les vrais problèmes qui savent en tirer profit.

La nuit au bout du tunnel

La raison majeure de la dépression qui nous affecte à ce stade est due à l'équilibre bouleversé de notre sentiment de danger et de sécurité. L'optimisme de nos jeunes années nous permettait d'éviter ce côté sombre en louvoyant d'une activité à l'autre. Tout allait en progressant : notre corps s'endurcissait, notre sexualité s'épanouissait, nous accomplissions des choses de plus en plus difficiles, nous avions davantage d'amis et gagnions mieux notre vie ; nous étions heureux et aimions le montrer ! Pourquoi cela n'aurait-il pas toujours continué ainsi ? Tout semblait contredire cette inadmissible affirmation selon laquelle rien n'est éternel.

Demandez à n'importe quelle personne de plus de trente-cinq ans à quel moment elle a réalisé qu'elle vieillissait. Etait-ce quand, dans le miroir, elle s'est rendu compte que sa peau se distendait ? Les premières lézardes dans nos enveloppes physiques sont vues en distorsion, comme dans un miroir déformant.

Et ce que l'on ne veut pas voir dans la glace, on le voit dans les yeux de ses amis, de ses parents, de ses enfants. Ce sont « les autres » qui témoignent d'un changement.

Ainsi, au cours d'une réunion de promotion, alors que chacun a maintenant un titre, on écoute ce que les autres ont à dire, mais on regarde surtout avec obsession le crâne dégarni de Untel, et on entend dire avec horreur qu'un autre est mort en dansant le rock.

A trente-cinq ans, aux vestiaires des tennis, quand une jeune femme voit les cuisses de celles qui ont passé la quarantaine, elle se demande si elles osent encore se déshabiller devant leurs maris.

On a par ailleurs des sautes d'humeur. D'un optimisme foufou le matin, on cède au cafard à midi, mais on plaisante sur soi-même : ce doit être la ménopause. En fait, on n'y croit pas ; après tout, on a encore ses règles, et les femmes à trente-huit ans sont à l'apogée de leur sexualité. Si on est un homme, on se rassure en pensant à Charlie Chaplin qui faisait encore des bébés à quatre-vingt-un ans.

Il est triste de constater qu'en atteignant nos meilleures années nous en apercevions aussi la fin.

Le changement dans notre perception du temps

Au début de cette période, à la jonction de la fin de la croissance et du début de la vieillesse, il faut s'attendre à éprouver une distorsion de notre notion du temps.

De même que l'appréhension associée à l'idée de la mort, cette distorsion dans la perception du temps nous trouble beaucoup à l'entrée de ce « passage », mais le choc n'est pas ressenti par tout le monde de la même manière.

Les hommes et les femmes qui poursuivent une carrière le perçoivent en se disant : « Le temps s'épuise. Il faut que je le prenne de vitesse. Est-ce que je vais pouvoir accomplir tout ce que j'avais projeté avant qu'il ne soit trop tard ? »

Pour les femmes au foyer, le temps va sembler soudain très long : « Ah ! tout ce temps devant moi ! Quand les enfants seront partis, que vais-je faire ? »

Béatrice Neugarten confirme cette différence de perception chez les deux sexes. La carrière est tellement partie intégrante de la vie d'un homme que, au même titre que sa santé, elle dirige sa perception du temps.

Les femmes, au contraire, se trouvent soudain submergées par les nouvelles possibilités qui s'offrent à elles. Un sentiment initial de timidité fait vite place à une nouvelle vigueur. Pour beaucoup d'entre elles il reste encore tant à découvrir.

Ce changement dans la perception du temps nous force à accomplir un travail de réflexion sur la notion que nous avons de l'avenir, en l'évaluant par rapport au temps qui nous reste à vivre.

Les changements dans notre conception du dynamisme et de l'inertie

Avant que nous n'entreprenions cette réflexion, il y a bien des chances que le problème du temps nous ait laissés à la dérive. Notre perspective tronquée d'un avenir raccourci nous amène à créer de l'inertie. « Après tout, nous disons-nous, il est trop tard pour commencer quelque chose de neuf. » Si l'on a l'impression de s'ennuyer, c'est qu'on a en fait tendance, comme l'explique Barbara Fried, à confondre ennui et fuite du temps. C'est très différent. L'ennui banal se soigne vite : il suffit de trouver de nouvelles activités. La fuite du temps est un malaise engendré par notre manque dramatique de confiance en l'avenir et par notre difficulté à croire que cela vaut encore la peine de continuer.

La confiance est le fondement de l'espoir et nous l'acquérons dès notre plus tendre enfance. Au-delà de la quarantaine, nous sommes ramenés au point de départ et, de nouveau, il nous faut apprendre à trouver un équilibre entre nos besoins et leur satisfaction, en supposant que l'on puisse les satisfaire. La différence est que désormais nous n'avons plus de « maman », nous sommes devenus nos propres parents. Or, il n'est pas très facile de faire confiance à notre capacité d'organiser l'avenir quand on n'a pas encore trouvé ce que l'on veut vraiment être.

Il peut paraître paradoxal, au moment où l'on sort de cette crise, et alors même que nous avons une plus claire perception du temps qu'auparavant, que les sentiments de dépression et d'ennui s'évaporent. Nous redécouvrons l'avenir sous un jour plus authentique du seul fait que nous avons su l'investir d'une foi renouvelée en nous-même.

Les changements dans la perception que nous avons de nous-même et des autres

Vient l'époque où votre fils vous bat au tennis pour la première fois ; où il vous demande si sa petite amie et lui peuvent prendre leurs sacs de couchage et aller dormir dans le jardin. Vous passez toute la nuit à vous demander ce qu'ils font et le lendemain matin vous posez quelques petites questions insidieuses. Mais, aux réponses dégoûtées, vous vous rendez bien vite compte du manque de pertinence de vos investigations.

Votre fille vous emmène faire des courses, vous contemplez les vitrines en rêvant et éventuellement vous essayez une robe « provocante » en lui demandant son avis : « Oh ! Maman, c'est ridicule ! » vous dit-elle.

Il peut en effet paraître bizarre que nos enfants ne tolèrent pas que nous ayons les mêmes fantasmes romantiques et sexuels qu'eux.

On cherche un réconfort chez ses parents, mais ils se sont affaiblis, leur vue a baissé, ils ne sont plus aussi assurés. Et voici que, quand un parent est atteint d'une maladie incurable, vous vous demandez : de qui est-ce le tour maintenant ? Vous ne pouvez vous empêcher de penser que vous êtes à la tête de nouvelles générations et que ce pourrait bientôt être *votre* tour.

Tant que vous êtes dans votre rôle d'enfant vis-à-vis de vos parents, vous vous sentez en sécurité. Mais qu'ils viennent à disparaître, et vous voilà exposé. Aujourd'hui, on fait l'expérience de la mort d'un premier parent entre trente-cinq et quarante-cinq ans. C'est un fait nouveau. La mort du dernier ascendant constitue l'un des moments les plus critiques dans les rapports que nous entretenons avec nous-même.

Nous nous retrouvons soudain pour la première fois au contact des colonnes nécrologiques, intéressés comme à notre insu par les âges et les maux.

Les gens d'âge mûr disent souvent : « Tous mes amis meurent du cancer. » Tous leurs amis ne meurent pas, mais il suffit d'un ou deux pour qu'ils en éprouvent un choc. On parle tellement de longévité accrue qu'on se demande pourquoi tant de gens tombent sérieusement malades vers la fin de la quarantaine. C'est qu'en fait, la mortalité infantile ayant baissé, des personnes qui seraient mortes très tôt ont pu survivre sans toutefois être aussi résistantes que nos grands-parents pouvaient l'être. La conséquence est qu'il y a un accroissement de la population d'âge mûr, et du même coup un accroissement de la mortalité dans ce groupe d'âge.

La mort eût-elle frappé un de vos amis ou parents quand vous aviez vingt-cinq ans, vous auriez compati d'une manière plus distante. Le drame vous aurait concerné tel un « accident de vie ». Plus tard, cela devient un signal d'alarme qui vous incite à vivre plus intensément votre vie avant qu'il ne soit trop tard.

Perdre ses illusions

Les changements dans notre perception des choses se reflètent le plus nettement par une nouvelle manière d'envisager nos activités. Quelle que soit notre occupation, nous ne pouvons nous empêcher de constater qu'il y a un fossé entre la vision que nous avions de nous-même à vingt ans et celle que nous avons à quarante ans. Toute la vocation d'une mère qui atteint quarante ans va bientôt être sans objet. Le cadre supérieur, à cet âge, sait que l'on parle de lui lorsqu'il entend : « A l'approche de la cinquantaine, personne ne devrait tenir les tout premiers rôles. » Cela veut dire qu'il est susceptible d'être mis à l'écart. On a besoin de jeunes loups, et non d'hommes mûrs qui philosophent sur leur désir de contribuer au progrès ou au bien-être de la société.

Peu importe ce que l'on fait, la question posée reste la même : Est-ce là tout ce qu'il me reste ?

La même désillusion saisit chacun d'entre nous. Il ne sert donc à rien de s'apitoyer. Dans son livre extraordinaire, *Travail*, Terkel trouvait que le dénominateur commun à des gens exerçant des activités totalement différentes était le souci de l'âge. « C'est peut-être le spectre qui hante le plus les hommes et les femmes qui travaillent. »

Il faut aussi éviter de croire que tout sera parfait quand nous aurons atteint nos objectifs. Si les buts que l'on s'est fixés sont intangibles et si l'on refuse de s'adapter à la réalité, on risque de sombrer dans une grave dépression.

Si l'on a eu la chance de pouvoir atteindre les buts que l'on s'était fixés, qu'arrive-t-il ensuite ? Il faut trouver de nouveaux buts sous peine de ne plus savoir que faire de son avenir. Grâce au succès, on est enfin libéré de toutes ces envies provisoirement négligées, comme celles d'ouvrir un petit restaurant, de se lancer dans la chanson folklorique ou encore d'aider les handicapés. Je connais néanmoins des gens qui, vers le milieu de leur vie, se sont tournés vers ce genre d'activités. Ils sont beaucoup plus vivants que ceux qui se sont figés dans leur réussite et commencent à cinquante ans à manquer d'oxygène.

A la recherche de notre vérité

Quand nous avons une vision déformée de la vie et que nous ne pouvons en changer, notre personnage, quel qu'il soit, nous semble soudain étriqué, tandis que notre manière de vivre devient une contrainte. De plus, tous ceux en qui nous avions foi : mari, femme, mère, père, enfants, aînés ou amis, sont perçus comme les acteurs des hantises qui nous assiègent.

Nous perdons notre jeunesse, nos facultés physiques commencent à décliner, nous ne croyons plus aux rôles stéréotypés joués jusque-là, nous n'avons plus de réponse définitive. La perception d'un seul de ces facteurs peut nous précipiter dans la crise. Mais, avant la fin de la décennie décisive, la même crise peut permettre des changements de personnalité. Dans une certaine mesure, pourrait-on ajouter, ces changements sont inévitables.

Ce sont eux qui permettront à une femme de s'affirmer, à un homme de donner libre cours à ses émotions, ou encore, aux uns comme aux autres, de se départir d'un rôle professionnel ou économique trop étroit. Quand le changement a lieu, nous sommes enfin prêts à donner un sens personnel à notre vie. Le seul fait de se lancer dans cette recherche ouvre la porte à une meilleure communication entre ceux que nous aimons et nous.

En premier lieu, il faut accepter la crise car elle permet de se libérer de ses démons. Tous les problèmes non résolus lors des « passages » antérieurs vont réapparaître et nous perturber. Il y aura même des épisodes de notre enfance, des aspects cachés de nous-même qui demanderont sinon à être acceptés, du moins à être reconnus.

Nos démons intérieurs peuvent nous conduire à la dépression, à la débauche, à l'hypocondrie ou encore à des actes destructifs (alcoolisme, drogue, suicide). On sait que toutes ces manifestations se multiplient pendant la période qui correspond au milieu de la vie.

Les psychiatres expliquent l'arrêt de la créativité par cette crise. Il est encore plus terrifiant de penser qu'on peut en mourir. Si nous sommes disposés à admettre notre moi profond, que pouvons-nous découvrir ? Que nous sommes égoïstes, dépendants, agressifs, jaloux, possessifs, que nous avons un côté destructif.

Avons-nous peur d'évoluer ? Quand nous commençons à réexaminer ce que nous pensons, ce que nous ressentons et ce que nous croyons vraiment, dans un effort pour nous créer une vision qui soit authentique, nous pouvons nous heurter à notre propre résistance. Il existe en effet un moment dans ce processus d'auto-analyse où l'on voudrait pouvoir bien vite faire marche arrière, avant d'affronter une réalité plus ou moins connue : celle de la solitude.

Nous sommes seuls avec nos pensées et nos sentiments. Les autres peuvent à l'occasion les partager, mais personne d'autre que nous ne pourra jamais les vivre comme nous les vivons, ni femme, ni mari, même s'ils savent finir nos phrases, ni amis, ni aînés, même s'ils témoignent de la meilleure volonté, ni même, pour finir, nos parents.

De nos identifications enfantines avec nos parents, nous avons gardé une image primitive de protection imaginaire ; c'est celle de notre sur-moi que j'ai appelé le « gardien intérieur ».

Ce besoin intériorisé de protection nous donne l'impression d'être toujours confortés et cela même jusqu'au milieu de la vie dans le face à face avec notre solitude. Nous sommes alors enclins à rechercher chez notre conjoint, chez nos enfants, par l'argent ou le succès, cette même protection dont nous jouissions enfants. Le pouvoir magique du « gardien intérieur » nous a fait croire qu'en faisant attention, en ne voulant pas tout tenter, nous serions à l'abri du danger, de l'échec, de la maladie et de la mort. Mais c'est là une illusion.

On peut essayer de conserver cette illusion, en se contentant d'une « identification incomplète » comme l'appellent les psychiatres. On peut alors se rebeller, battre en retraite et trembler. On peut partir en quête de sa jeunesse mais, finalement, nous devrons admettre que nous portons un côté sombre et qu'il nous faut subir cet effondrement intérieur sans pouvoir l'empêcher.

Ceux avec qui j'ai parlé de ce problème peuvent dire vers quarante-quatre, quarante-cinq ans : « Ce fut vraiment l'enfer pendant quelques années, et je m'en sors à peine. » Ceux qui sont en pleine crise sont parfois si perdus qu'ils peuvent seulement dire qu'ils ne s'habituent plus et ils se demandent quelquefois s'ils pourront jamais s'en sortir. Aller plus loin dans l'introspection deviendrait dangereux.

Un dessinateur de quarante-trois ans que j'ai interrogé put formuler les sentiments éprouvés au cours de cette période : « Ce que j'ai découvert, cette année, c'est combien de choses j'avais voulu supprimer parmi celles que je trouvais inadmissibles. Des sentiments que j'avais toujours refusé d'admettre émergent sans que je puisse les en empêcher. Je suis prêt à accepter ce que je ressens vraiment. Il ne sert à rien de prétendre que ces sentiments n'existent pas et de me conformer à l'image de moi que je poursuivais. »

Il reconnaît qu'il traverse une crise grave : « Je suis choqué par ces sentiments — il y a la peur, l'envie, la jalousie, l'avidité. Je suis étonné de l'énergie que nous consacrons dans notre vie à faire croire qu'ils n'existent pas. »

La crise du milieu de la vie est tout aussi critique que celle de l'adolescence, mais elle exerce une plus forte pression. Faut-il vraiment traverser cet enfer pour devenir plus authentique ?

J'aime la réponse que donne un livre d'enfants appelé *Le Lapin de velours*. Un jour, le petit lapin demandait au Cheval de Peluche, qui traînait dans le coffre à jouets depuis bien longtemps : « Qu'est-ce qu'être *vrai ?* Et cela fait-il mal ?

— Quelquefois, répondit le Cheval de Peluche, qui disait toujours la vérité. Mais quand on est *vrai,* cela n'a pas d'importance d'avoir mal.

— Est-ce que cela arrive tout d'un coup, comme lorsqu'on remonte votre ressort, ou petit à petit ? demanda le lapin.

— Cela n'arrive jamais tout d'un coup, dit le Cheval de Peluche, on le devient. Cela prend très longtemps. C'est pourquoi cela arrive rarement à ceux qui se cassent facilement, ou qu'on doit ranger soigneusement. En général, quand on est devenu *vrai,* on a perdu presque tous ses poils, on a les yeux qui pendent, on a des faiblesses dans les articulations et on est bien usé. Mais tout cela n'a aucune importance, parce qu'une fois qu'on est *vrai* on ne peut plus être laid, sauf aux yeux de ceux qui ne comprennent pas. »

De la désintégration au renouveau

Ce qui se défait en nous, c'est le moule étroit dans lequel nous nous étions jusqu'ici coulés pour nous conformer à notre culture et à notre milieu. L'image que l'on cherchait avec fébrilité à vingt ans, l'identité qu'on s'est construite pour se stabiliser à trente ans : le cadre dynamique, la super-maman qui s'en sort toujours, l'homme politique courageux, l'épouse qui demande la permission. Autant de masques qui témoignaient que l'heure n'était pas venue d'agir de notre propre chef.

La promesse contenue dans ces masques était que, si nous en restions là, nous serions récompensés et pourrions toujours vivre de la sorte.

Le choc que l'on ressent plus tard provient de la découverte que cette promesse était illusoire, que notre personne étriquée et innocente doit mourir, pour laisser place à notre vraie personnalité avec tous ses aspects, l'égoïste, le sacré, le cruel en même temps que le doux et le tendre, ou, en deux mots, le bon et le méchant.

Si cette découverte d'une autre réalité est effrayante, nos possibilités de renouveau sont étonnantes.

Il ne s'agit pas d'un dilemme exclusif entre désintégration et renouveau mais des deux à la fois. Quand on voit la vérité en soi-même, on voit également le monde dans une perspective plus vraie. C'est ce genre de maturité qui nous épargne la perte de temps qui consiste à chercher l'approbation des autres, à se conformer aux règles de la société, et nous permet au contraire d'avoir des rapports moins méfiants avec les autres.

Nous pouvons enfin affirmer : « Je n'ai rien à faire de vos diktats, je sais très bien ce qui est bon pour moi. J'ai vu le pire, et maintenant je peux me permettre de dire ce que je crois et, parce que c'est mon seul voyage dans la vie, je le conduirai comme bon me semble. »

Réussir la traversée du désert

Une solution à ce problème consiste à s'enfoncer jusqu'au bout du tunnel et à l'explorer. Il s'agit en quelque sorte de prendre un moratoire adulte. C'est une manière de connaître ses propres profondeurs et d'être animé par cette connaissance en vue d'une redéfinition de la vie.

Certains seront portés à passer comme un éclair devant cette station-relais, sans faire de pause. Leur solution consiste à continuer à nier l'existence de ce côté nouveau : jouer plus souvent au tennis, courir plus longtemps, donner des réceptions de plus en plus fastueuses, découvrir de meilleurs traitements pour la calvitie, se faire faire plus souvent des liftings et avoir des aventures amoureuses avec des partenaires de plus en plus jeunes. Je ne veux pas dire que le footing est mauvais, ou que des partenaires plus jeunes ne peuvent aider à revitaliser une vie sexuelle défaillante, mais le recours à ces « expédients » peut être plus néfaste que bénéfique. On risque de perdre l'occasion d'un développement personnel, comme on peut aussi devenir superficiel.

Une activité frénétique est une autre forme d'échappatoire. Les hommes d'affaires brillants, les dames qui reçoivent sans cesse, les hommes politiques, pour ne citer qu'eux, semblent rarement traverser des crises de ce genre. Ils sont bien trop occupés à monter un nouveau coup, ou à recevoir ou à faire campagne. Ils se consument à l'extérieur pour éviter d'avoir à découvrir la pauvreté de leur vie intérieure.

Le drame est que les questions intérieures refoulées à un

moment resurgiront avec plus de force à un autre moment. Une crise de ce type qui se déclenche vers les cinquante ans peut être terrible (sans être irrémédiable). Par ailleurs, si l'on s'entête à garder ses œillères, on bloque son développement psychologique, on devient étroit d'esprit, on se gâte, et, en fin de compte, on est rempli d'amertume.

« Si un homme passe la transition du milieu de la vie sans rien ressentir, dit Levinson, son évolution sera limitée. Beaucoup d'hommes qui n'ont pas fait de crise à quarante ans perdent vite le souffle et la vitalité dont ils ont besoin pour continuer à traverser les autres phases de la vie adulte. »

En somme, le meilleur moyen d'éviter la peur de cette traversée, c'est de carrément l'entreprendre. Plus vite nous accepterons les vérités de cette période, plus vite nous pourrons les intégrer à notre vie et prendre un nouveau et plus authentique départ. Qu'émergent les sentiments et les changements.

Mais on ne peut tout emporter avec soi au cours de ce passage car on va loin. Loin de l'emploi du temps des autres, des « valeurs » acceptées et de l'approbation de l'entourage. On abandonne les rôles pour se chercher soi-même.

Or nous n'atteignons pas notre but si nous refusons l'incertitude. La sécurité contrefaite, la vérité des autres et des institutions doit être combattue. Il faut faire taire le « gardien intérieur ». Aucune suggestion étrangère ne devra jamais plus nous diriger. Nous trouverons seuls notre direction.

Chapitre 18
Vous n'êtes pas le seul

Considérons le cas de deux hommes qui ont décrit leur crise de la quarantaine. La similitude de leurs tourments est évidente. Ils ont pourtant vécu à six siècles de distance.

Le premier est le poète Dante. Il dépeint dans les premières strophes de *La Divine Comédie* les remous psychologiques du milieu de la vie : « Au milieu du voyage de la vie, j'arrivais dans une sombre forêt où se perdait le chemin. Ah ! comme il est dificile de parler de ce bois sauvage et dur, et dense, et dont la pensée suffit à faire renaître mes frayeurs ! Elles en sont si amères qu'à leurs côtés la mort n'est guère pire. »

Depuis l'âge de trente-sept ans, Dante avait ressenti ce qu'il n'exprima qu'à quarante-deux ans. Quelques années auparavant, la vie lui souriait : il avait une femme riche et plusieurs enfants. Il avait été élu magistrat à Florence. Son idéalisme le poussait à rendre une véritable justice au milieu de violents combats politiques. En 1303, on le condamne *in abstentio* pour avoir refusé de reconnaître l'autorité papale en matière civile. C'était une position dont il était fier et qu'il entendait maintenir.

Refusant le « repentir », il fut banni de la ville et commença à errer à travers bois et villages, toile de fond à son épopée. Il se retrouvait alors face aux « démons » des hommes à cet âge, profondément divisé dans son être.

Eliott décrit la tâche de Dante en termes que l'on peut considérer comme universels : « Pour devenir lui-même, il lui fallait trouver un moyen d'assembler les parties de son rêve en un seul tout. »

Homme d'idée et d'action, Dante ne pouvait se contenter de mener une vie purement intellectuelle ; il avait la passion de la politique qui l'empêchait de se confiner entièrement dans la théologie. Il aurait voulu tout autant favoriser l'établissement de l'Eglise et celui de l'Etat. Les amours platoniques de son enfance avaient fait place à des amours plus humaines. En assumant le rôle du pèlerin dans *La Divine Comédie*, il devint comme chacun de nous, et choisit un païen pour le mener en enfer. « Renoncer au monde, comme le font les religieux, aurait été la négation en grande partie de lui-même, ce que sa fierté se refusait à faire. Il voulait être tout, même son propre enfer » (Eliott).

Le second cas appartient à notre époque. Il s'agit de l'auteur de *L'Autre Amérique*, livre qui ouvrit les yeux des Américains sur la pauvreté dans leur pays. Comme Dante, il pensait que la raison conduit à la vérité. Il s'appelle Michael Harrington et faillit perdre l'équilibre au milieu de sa vie alcrs qu'il devait faire une conférence sur son livre ; il décrivit cet épisode plus tard dans son autobiographie : « En arrivant sur l'estrade, je me sentis soudain si faible que je dus m'accrocher au pupitre pour garder mon équilibre. J'avais l'impression très nette que j'allais perdre connaissance ; je dus m'asseoir et m'excuser auprès du public. Je retournai à l'hôtel. En arrivant dans ma chambre, je transpirais abondamment et j'éprouvais de violentes douleurs dans la poitrine.

Je crus à une crise cardiaque. Le lendemain, je rentrai à New York dans un brouillard complet et me couchai. Le docteur qui vint m'examiner, comme tous les autres qui vinrent plus tard, ne put jamais trouver de cause physique à ces malaises. Et pourtant, je ne m'étais jamais senti aussi mal en trente-sept ans d'existence. »

Comme beaucoup, il avait recours à des motifs extérieurs pour se convaincre qu'il ne s'agissait que d'un épisode isolé. Il était surmené et épuisé. Mais cette sensation de mal de mer et de perte d'équilibre revenait constamment.

Oublier et continuer, tels sont les mots d'ordre que l'on se donne. Aussi rejoignit-il Martin Luther King dans la lutte pour les droits civiques des Noirs. Il y eut des manifestations meurtrières, mais la volonté avait surpassé le malaise. Ainsi en décida-t-il, du moins : « J'avais tort... De retour à New York, après des tournées dans le pays, je me retrouvai encore une fois face à cet antagonisme puissant et réprimé en moi-même, qui allait dominer ma vie pendant toute l'année et l'influencer encore profondément pendant les quelques années qui suivirent. »

Il avait en l'occurrence entre trente-sept et quarante-deux ans. C'est l'âge du paroxysme de l'angoisse pour presque tout le monde. Et pas davantage que les autres, il ne connaissait ce qu'on appelle maintenant la crise du partage de la vie. Aussi crut-il, comme beaucoup à ces moments-là, qu'il devenait fou. « Je n'avais jamais fait la connaissance de moi-même, du moins jamais face à face. Aujourd'hui, et j'ai mis quelques mois à le reconnaître, je sais que mon inconscient m'avait saisi au collet et me détruisait. C'était littéralement un “ ça ”, une autre chose, étrangère, qui habitait en moi et dirigeait frénétiquement et impérieusement ma volonté, mon moi rationnel. »

C'est ainsi que s'installe l'angoisse, cette peur sans rapport avec le monde des événements. Son corps, son travail, sa femme, toute sa vie était intacte. Mais il y avait ces toutes petites choses, le bruit d'une clef dans la serrure, avoir à faire la queue, etc., qui pouvaient déclencher la rage ou la panique.

« Qu'est-ce qui avait ainsi bouleversé ma vie ? » se demanda-t-il. Il commença une psychanalyse. Pendant les quatre ans qui suivirent, la réponse s'échafaudait : « Mon univers s'était transformé de manière incroyable et je continuais à vivre comme avant, comme si de rien n'était. »

L'étudiant radical qui vivait en blue-jeans, étranger à l'argent bourgeois et à son pouvoir, s'était métamorphosé en un autre homme oublieux de la vie fruste consacrée à la communauté, puis s'était marié et vivait avec joie la vie de famille ; bien plus, ce même homme était devenu un des conseillers du pouvoir établi, avait à ce titre accepté des honoraires pour ses conférences et profité de son succès d'écrivain soudain célèbre.

Tout cela représentait la part impure et étrangère de lui-même. Il fallait pourtant l'accepter car cette part « inadmissible » le définissait aussi.

La crise de créativité

Une des preuves les plus évidentes de la crise de la quarantaine nous est donnée par le psychanalyste anglais Elliott Jaques. Il avait observé que les grands artistes occidentaux semblent éprouver des difficultés dans leur travail de création vers le milieu et la fin de leur trentaine. Beethoven, Goethe, Ibsen, ou Voltaire faisaient partie du groupe étudié. De ces cas historiques, il passa à ses propres clients pour confirmer l'existence d'un point critique à cette période de la vie. En 1965, il publiait ses conclusions en indiquant notamment que vers l'âge de trente-cinq ans débute pour tous les hommes une crise existentielle, qui s'étend sur plusieurs années et dont la durée exacte varie avec l'individu.

Les crises de l'inspiration créatrice peuvent s'exprimer de trois façons. En premier lieu, le désir de créer peut faire son apparition pour la première fois au cours de cette période. C'est l'exemple de Gauguin qui, à trente-cinq ans, abandonne sa femme et sa carrière dans la banque pour devenir peintre.

En second lieu, les capacités créatrices de l'artiste peuvent diminuer. Trente-sept ans est aussi un âge crucial dans la ligne de vie de nombreux artistes ou créateurs. Sur un total de 310 peintres, écrivains, compositeurs, sculpteurs et poètes de grand talent étudiés, on a constaté que le taux de mortalité s'élève subitement entre trente-cinq et trente-neuf ans, et se trouve très au-dessus du taux de mortalité normale. Le groupe étudié comporte des noms comme ceux de Mozart, Raphaël, Chopin, Rimbaud, Purcell, Baudelaire, Watteau... Après quarante-quatre ans, on constate un retour à des moyennes semblables à celles du reste de la population.

Enfin, parmi ceux qui survivent à cette crise, la plupart changent le contenu de leur œuvre d'une manière décisive. Or, le changement dans cette perspective est celui qui caractérise les entreprises de chacun d'entre nous au cours de cette période de la vie.

La créativité spontanée et intense, qui fait appel à la totalité de l'expérience pour nourrir l'œuvre, appartient aux périodes des vingt et trente ans. Keats, Shelley et Mozart sont les prototypes de ce type de créateurs. La biographie de Keats, telle que Robert Gitting l'a reconstituée, est à ce titre révélatrice : « Toutes ces années, Keats avait vécu sur son capital spirituel. Il avait utilisé et dépensé toute expérience aussi vite qu'il en prenait possession. Tout regard, toute personne, tout livre, toute pensée étaient immédiatement convertis en poésie. Comment aurait-il pu durer à une allure pareille ? »

L'artiste qui essaie d'aller dans ce sens au-delà de la spontanéité risque de se consumer. Scott Fitzgerald l'a dit lui-même : « Je commençais à réaliser que, pendant deux ans, j'avais puisé dans des ressources que je ne possédais pas, que je m'étais hypothéqué physiquement et spirituellement jusqu'au cou. » Il écrivait cela à trente-neuf ans. Cinq ans plus tard, il mourait.

Si l'artiste veut durer, cette fébrilité doit disparaître. Pour laisser place à une « créativité sculptée ». A partir de la fin de la trentaine, « l'inspiration peut être brûlante et intense...mais il y a une grande différence entre la première ébauche, fruit de l'inspiration, et le produit achevé. L'inspiration est d'abord plus lente à venir. Même si elle saisit brusquement, elle n'est que le début d'un long travail qui doit aboutir à son extériorisation ».

Avec son imagination et sa sensibilité, l'artiste mûr commence un patient travail de création qui se poursuivra des années sur l'idée initiale pour aboutir à une toile, un roman ou une symphonie.

Un sens tragique commence à pénétrer l'œuvre mûre. Shakespeare écrivait des comédies à vingt ans, des tragédies à trente ans et ses plus belles pièces entre trente-cinq et quarante ans.

Il peut être utile de méditer sur les exemples de Shakespeare ou de Dante pour remettre en perspective nos tourments et nos problèmes quand nous atteignons quarante ans. Il ne s'agit pas d'un problème d'époque particulier à une société. Dante vécut jusqu'à cinquante-six ans, et Shakespeare, trois siècles plus tard, jusqu'à cinquante-deux. Leur première rencontre effrayante avec la « décennie de la dernière chance » passée, ils continuèrent à être de prodigieux créateurs durant encore quinze ans.

La crise spirituelle

A une époque où la religion a de moins en moins d'influence, elle peut néanmoins représenter une vue du monde qui apporte encore un réconfort et une lumière au bout du tunnel. A l'époque de Dante, l'univers chrétien était ordonné et sensé, il y avait l'existence terrestre et l'enfer par lequel il fallait passer pour atteindre l'état permanent de joie. Dante, poète et pèlerin de *La Divine Comédie*, s'égara à un moment de sa vie, mais il savait cependant vers quoi diriger ses pas. L'intention divine était partout. Elle montrait le chemin.

Aujourd'hui, derrière les philosophes, on pense comme Nietzsche : « Voilà ma vérité : laquelle est la tienne ? La vérité n'existe pas. »

Un homme comme Harrington, pourtant catholique fervent dans sa jeunesse, ne demande plus son chemin à Dieu mais à la psychanalyse. Les interprétations sont désormais en perpétuel changement, qu'il s'agisse des rôles sexuels, des systèmes de valeurs et des attitudes « saines ». Le seul réflexe de « santé » valable est de tout laisser ressortir.

Mais les choses étaient bien différentes du temps de Freud : ses malades appartenaient à une classe bien définie de la société viennoise. L'appel au secours engendrait une manœuvre de résurrection dans un monde rigide, aux idées arrêtées. Le psychiatre d'aujourd'hui n'a plus la même chance : le noyé qu'il va repêcher, pour essayer de le ramener patiemment au radeau, risque de ne plus trouver de radeau lorsqu'il reprend connaissance.

Bien des gens enfermés tôt dans une tradition religieuse trop stricte se retrouvent à la quarantaine en train de combattre des positions absolutistes qui n'ont plus rien à voir avec leur expérience.

C'est le cas d'un Révérend Père que j'ai interviewé.

— Enchanté de faire votre connaissance, Révérend.

— Ne m'appelez pas révérend, appelez-moi Robert, tout simplement.

Il avait enlevé son col de clergyman et, apparemment, cela lui plaisait. C'était l'histoire classique du jeune homme qui suit la destinée familiale et aboutit à ce que j'ai appelé l'identité exclue. Dans son cas, le père était un pasteur retraité. « Les trois garçons de notre famille sont entrés au séminaire, m'expliqua-t-il en riant, ce qui indique bien qu'on exerçait une certaine pression sur nous. J'ai marché. Je portais la destinée de la famille sur mes épaules. Je n'ai jamais pu me dégager de mon père pendant l'adolescence, aussi me faut-il le faire maintenant. C'est seulement ces dernières années que j'ai commencé à réaliser la force du modèle qu'il représentait pour moi. »

A quarante ans, le Révérend sentait que sa personnalité s'était fondue dans son apostolat. Il était supposé avoir toutes les réponses, et il n'en avait aucune. Il voulait pouvoir admettre ses failles, sa colère, son besoin d'affection et tous ses autres sentiments refoulés. Convaincu qu'il ne devait pas être le seul à faire ce type d'expérience à ce moment de la vie, il créa un centre de retraite et de réflexion, où il partage ses incertitudes avec des hommes et des femmes : clergymen, chercheurs, écrivains, en bref des gens comme lui, qui sont à la recherche d'un renouvellement du sens de la vie. Telle est sa solution personnelle.

La différence entre le milieu de la vie et l'âge mûr

Celui qui traverse le passage du milieu de la vie est très différent de celui qui en est au-delà, déjà stabilisé dans l'âge mûr.

Les ouvriers considèrent qu'ils atteignent l'âge mûr à quarante ans, et qu'ils sont vieux à soixante. Les directeurs, les cadres, les individus exerçant des professions libérales, en revanche, n'envisagent pas l'âge mûr avant cinquante ans, et la vieillesse avant soixante-dix ans.

On a beau dire aux hommes de quarante ans que l'âge mûr est celui des décisions, et que, même s'ils vivent dans une société orientée vers la jeunesse, elle reste contrôlée par ceux d'un certain âge, c'est comme si l'on disait à une adolescente délaissée que tout va bien dans le meilleur des mondes.

Obsédés par ce passage critique, par la vieillesse et la mort qu'il laisse entrevoir, nous devenons incapables de nous projeter plus loin, et de croire à la beauté de l'âge mûr.

Après quarante-cinq ans, ceux qui ont vécu une crise existentielle profonde sont prêts à accepter l'âge mûr et ses nombreuses prérogatives. Le réexamen déchirant du passé est laissé de côté, et la perspective alarmante de l'avenir se teinte d'humour. Le présent reprend de nouveau ses droits.

En conservant à l'esprit cette description de la psychologie qui caractérise la décennie des trente-cinq à quarante-cinq ans, examinons maintenant quelques attitudes d hommes et de femmes au cours de cette période et voyons s'il est possible de prévoir les changements qui attendent le couple qui la traverse.

Chapitre 19
Le tour d'horizon des trente-cinq ans

Nous pensons tous que notre passage du milieu de la vie est le plus dramatique. Les femmes l'éprouvent plus tôt que les hommes. La pression du temps à trente-cinq ans devient celle de « la dernière chance ». Celle-ci dépend du style adopté jusqu'à ce moment. Mais toutes les femmes se trouvent pressées par des questions qui les poussent à revoir les rôles et les choix déjà connus et à les confronter à ceux qu'elles aimeraient connaître avant qu'il ne soit trop tard.

« Qu'est-ce que j'ai abandonné pour ce mariage ? » ou « Ce métier ne me prive-t-il pas de bien des joies personnelles ? »

« Pourquoi ai-je eu tous ces enfants ? » ou « A quoi va bien pouvoir me servir mon diplôme, après tant d'années hors de tout circuit professionnel ? »

« Devrais-je travailler ? » et « Pourquoi le fait que je serai obligée de retourner au travail n'a-t-il jamais été évoqué ? »

« Est-ce que j'ai peur de me lancer, mon mari me retient-il ? »

« Suis-je restée célibataire parce que je n'ai pas trouvé de mari ? » ou « Ai-je refusé le mariage de peur de nuire à ma carrière ? »

Autant de questions auxquelles s'ajoutent la quantité de détails spécifiquement féminins qui soulignent l'approche imminente de la crise du milieu de la vie.

Trente-cinq ans : l'âge moyen auquel une femme envoie son dernier enfant à l'école

C'est à trente-cinq ans que commence l'âge dangereux des infidélités, ainsi que le montre le rapport Kinsey. Le désir d'une vie sexuelle remplie correspond chez la femme à la période de la pleine maturité qui se situe vers les trente-huit ans. Tout autant que les hommes, les femmes sont très attirées à ce moment-là par l'aventure sexuelle, espérant ainsi mettre fin à l'« ennui » et à la perception de leur déclin physique. Plusieurs études récentes confirment ces faits, ainsi que les entretiens de ce livre. Il ne s'agit pas d'amour ou d'un nouveau mariage. Le thème qui inspire les femmes serait le suivant : « C'est la dernière chance que j'aie de m'amuser avant de perdre le reste de ma beauté. » Une femme, qui avait décidé, après vingt ans d'un mariage paisible et quatre enfants, de prendre des vacances sans sa famille, exprimait ainsi ce que beaucoup de femmes pensent sans oser le dire : « Ecoute chéri, toi, ça fait sept ans que tu te promènes dans le monde, pendant que moi je me morfonds à la maison. J'aimerais aussi connaître d'autres choses. »

Ni les hommes ni les femmes n'ont vraiment envie, au cours de ce passage, d'abandonner la sécurité du mariage et de risquer de se retrouver seuls. On cherche surtout à échapper au déclin physique, à se délivrer de l'idée de la mort par la magie d'une expérience narcissique que peut provoquer le regard d'un nouveau partenaire. Au-delà de ce thème général, les femmes en particulier cherchent à compenser l'absence de leurs enfants, à occuper leur temps, et à assouvir une énergie sexuelle à son apogée que leur mari de plus en plus surchargé de travail ne peut pas toujours satisfaire. Par-dessus tout, elles cherchent une diversion à un moment où leur vie perd ses points de repère habituels.

La femme au foyer est rarement préparée à cette situation. On ne lui a jamais appris ce qui suivait le choix d'un mari, d'appareils électroménagers et d'écoles pour les enfants : il va falloir travailler assidûment et mettre à l'épreuve ce qu'elle a appris avant d'être mariée (si elle a toutefois appris quelque chose) ou bien se résoudre à devenir vendeuse ou standardiste. Les filles ne sont jamais informées du fait que la maternité ne dure que la moitié d'une vie.

En 1970, aux Etats-Unis, les 7/8 des femmes qui travaillaient le faisaient pour « mettre du beurre dans les épinards ». Le mouvement de libération des femmes passe un peu vite sur ce facteur et insiste trop sur le côté enrichissant du travail. De plus, le caractère de nécessité du travail des femmes se retrouve dans toutes les couches de la société. Ainsi, la femme du directeur de banque travaille parce que le salaire de son mari, si élevé soit-il, n'est pas suffisant pour entretenir la maison de campagne et envoyer les enfants en avion chez leur grand-mère au bord de la mer. Le « beurre dans les épinards » dépend du style de vie auquel on aspire : qu'on veuille passer d'une H.L.M. à un pavillon de banlieue, s'évader de la ville vers une résidence secondaire ou encore envoyer les enfants à l'étranger plutôt qu'en colonie de vacances, le besoin de revenus supplémentaires se fait toujours sentir.

Il faut admettre que celle qui n'est pas absolument obligée de travailler et parvient à trente-cinq ans entourée de facilités, déprimée par le seul fait de son oisiveté, doit se battre sérieusement contre l'absence même d'obligation.

Mais, pour la majorité, la reprise du travail professionnel ne consiste pas à être payée pour vendre des pendentifs en dents de requin dans une boutique à soi. Il s'agit d'avoir à accepter sans broncher les seuls emplois dont sont capables, étant donné leur absence de qualifications : serveuses, dactylos, standardistes, couturières, femmes de salle en hôpital, vendeuses, emplois intérimaires, etc. C'est en général ce qui attend celles qui n'ont pas fait d'études supérieures et qui ne sont pas préparées à reprendre un jour le travail.

90 % des femmes entre trente et quarante-quatre ans n'ont pas reçu d'éducation supérieure. La plupart d'entre elles pensaient qu'elles avaient embrassé l'état de femme au foyer pour toujours.

Les 3/4 des femmes qui travaillent ne sont pas mariées ou, quand elles le sont, leur mari gagne un salaire insuffisant pour prendre en charge plus d'une personne.

Ces femmes viennent souvent de milieux ouvriers où la vie à la maison est précisément très importante : la bonne soupe et les déjeuners du dimanche. « On rêvait de se marier avec des employés qui nous sortiraient un jour de cette situation ; en voyant ce qu'ils gagnaient, il fallut se rendre à l'évidence ; mieux valait nous mettre nous aussi au travail. »

Davantage encore que le manque de qualification, c'est l'interruption qui pénalise la femme. Si ces femmes de plus de trente ans ont du mal, celles qui en ont plus de quarante en ont bien davantage encore.

Les données du ministère du Travail montrent que bien des femmes mariées se contentent d'emplois moins qualifiés que ceux qu'elles avaient occupés avant leur mariage. Les femmes qui reprennent le travail entre trente et quarante-quatre ans ne progressent pas au-dessus du niveau qu'elles avaient atteint avant de se marier. Et le chômage, pour les femmes de plus de quarante ans, est supérieur de 30 % à celui des hommes du même âge !

Ces tristes réalités sont celles que devront affronter les jeunes épouses employées, en dépit de leurs espoirs. Nous avons dit que des études récentes montraient qu'elles souhaitaient entreprendre une carrière plus enrichissante au moment où elles reprendraient le travail ; s'il s'agit d'un changement d'attitude spectaculaire par rapport au passé, la réalité est loin de pouvoir leur donner satisfaction.

Trente-cinq ans : l'âge moyen du second mariage l'âge le plus commun de la femme qui quitte le foyer

C'est un phénomène qui s'accentue aujourd'hui.

Qui sont ces femmes qui changent ainsi leur mode de vie ? C'est une femme qui s'est souvent mariée à dix-neuf ans et a eu un enfant dans les onze mois qui suivirent. Depuis elle s'est dévouée aux enfants et au ménage exclusivement. Elle arrive maintenant à trente-cinq ans et elle sent qu'elle n'a plus le temps de changer son style de vie. Son mari s'est bien souvent peu occupé d'elle.

Des questionnaires envoyés aux maris de ces femmes par un organisme d'études et de sondages sont révélateurs :

COULEUR DES YEUX : Je ne m'en souviens pas.

COULEUR DES CHEVEUX : Jaune pisseux.

PASSE-TEMPS : Aucun.

HABITUDES : ---

ETAT MENTAL : Dérangée.

Le plus étonnant, c'est que la femme qui quitte le foyer n'a en général pas de problèmes financiers. Ce n'est pas le manque d'argent qui la désespère. C'est de ne plus rien représenter aux yeux de son mari, et de ressentir que sa vie n'a pas de but.

Trente-cinq ans : l'âge de certains changements biologiques

Cet âge marque, en effet, la fin de la fécondité. Celles qui ont attendu pour avoir des enfants n'en ont désormais plus le temps. Le moment est venu pour celles qui sont restées célibataires de reposer tout le problème. Dans les pays où la loi le permet, le plus grand nombre d'adoptions réalisées par les femmes célibataires a lieu entre trente-cinq et trente-neuf ans. Et les femmes qui ont préféré la carrière au mariage rêvent d'être enceintes.

Irma Kurtz est une journaliste qui prit précisément cette décision à trente-sept ans. Célibataire, spirituelle, quelque peu égoïste, elle avait atteint le sommet de sa profession en Angleterre, et, de ce fait, n'avait jamais pris le temps de faire un enfant. « C'était ma dernière chance », écrivit-elle. Elle fut très heureuse d'être enceinte. « C'était mon premier acte de dévotion. » Puis, elle eut les moments de panique habituels, quand on se rend compte que certaines choses devront finir : « La fin de la vanité et de l'aventure, la fin de la liberté et de ma jeunesse égoïste ». Mais il existe un réconfort universellement ressenti dans la grossesse, quand le bébé commence à bouger. « C'était délicieux d'entrer dans ce nouveau royaume et cela à l'âge où l'on s'imagine avoir connu toutes les expériences possibles. »

Les surprises que lui apporta l'enfantement modifièrent sa conception du temps, d'elle-même et des autres, ainsi que cela arrive chez les mères âgées. Après la naissance de son fils, elle cessa d'avoir une vie mondaine. « C'est surprenant comme le refus de boire restreint la vie mondaine dans ma classe d'âge ; c'est encore plus surprenant de trouver ennuyeuses ces conversations autour d'un cocktail, alors que je les aimais tant...Quand j'y repense, il me semble qu'avant la naissance du bébé je ne parlais guère que de moi-même. Maintenant je sais que je suis mortelle et que je vieillis...Mon Dieu, quelquefois je réfléchis : quand il aura treize ans, ce qui est très jeune, j'en aurai cinquante ! Et cela ne m'effraie pas du tout ! »

On dit qu'il est risqué d'avoir un bébé après trente-cinq ans. Dans les livres de gynécologie, la femme qui enfante pour la première fois à cet âge est qualifiée de « primipare âgée ».

Quels sont les risques véritables ? Après avoir consulté une douzaine de références médicales, le seul risque dû à l'âge de la conception qui peut être retenu semble être celui du syndrome de Down (mongolisme). Chez les mères de vingt ans, le risque d'avoir un enfant mongolien est de un sur deux mille. A trente-cinq ans, il est de un sur mille, et à quarante, un sur cent ; l'incidence du mongolisme double après cet âge tous les ans.

Mais, actuellement, on peut facilement détecter le mongolisme en temps et en heure par l'amniosynthèse, technique qui offre 99 % de certitude ; elle consiste à prélever du liquide amniotique de l'utérus et à en faire l'analyse, ce qui permet en même temps de détecter d'autres anomalies chromosomiques éventuelles.

Les autres facteurs de risque tiennent surtout au milieu économico-social, et aux soins médicaux de la période prénatale. Une bonne nutrition et de bons soins médicaux diminuent en effet les risques de mort fœtale.

En dehors de ces risques, les plus grands spécialistes m'ont affirmé qu'il n'en existait pas d'autres. Tout ce qu'on entend sur la rigidité du col et sur l'absence d'élasticité des tissus est exagéré. Sous bonne surveillance obstétricale, il n'y a guère de différence entre une femme qui a plus de quarante ans et une autre. La primipare âgée la plus commune est la femme divorcée sans enfant qui se remarie vers trente-huit, trente-neuf ans.

« Ces femmes feraient n'importe quoi pour avoir un enfant. Quand quelque chose n'est pas parfait, elles veulent se faire opérer sans y réfléchir à deux fois. * » Quand le travail est trop long, on le

* Dr Raymond L. Van Wielde, directeur du département d'Obstétrique et de Gynécologie du Columbia Presbyterian Medical Center à New York.

termine souvent par une césarienne. Il y a quand même quelques petites complications possibles dues à l'âge, mais elles sont rares : l'hypertension et le diabète sont en effet plus fréquents, de même que les fibromes, qui peuvent causer des hémorragies avant la conception. La seule anomalie non prévisible est le *placenta previa,* descente du placenta qui expose la mère à de sérieuses hémorragies à la fin de sa grossesse ou pendant la naissance.

La plupart des obstétriciens n'aiment pas voir les femmes commencer une grossesse après quarante ans. Mais que cela ne vous en dissuade pas. Consultez-en plusieurs, si vous vous posez la question de savoir si vous pouvez encore avoir un enfant.

Certaines femmes particulièrement « maternelles » ont un autre problème. Elles pensent reprendre des études, s'adonnent à un art, ou travaillent mais souvent, juste avant de passer à l'acte, elles veulent un autre enfant. « Ce n'est pas une erreur, me disait le Dr Ruth Moulton, assistante en psychiatrie à l'université de Columbia. En ayant un autre enfant, elles laissent le bébé prendre pour elles l'ultime décision. »

Quand une mère a déjà pris une des plus importantes décisions de sa vie — « C'est le dernier » — et s'en trouve heureuse, elle sent qu'une période importante va se terminer : « Je serai plus libre quand les enfants grandiront, et c'est merveilleux ; mais je me demande si je trouverai jamais quelque chose d'aussi important pour les remplacer. »

Lorsqu'on considère tous ces problèmes, l'on ne s'étonne plus que trente-cinq ans constituent un âge charnière pour la femme. Qu'elle se détermine à l'action ou pas représente une tout autre question. Parfois, elle est contrainte au changement par quelque événement extérieur. Nous savons que ce genre d'événement précipite les crises de doute et de renouveau.

La transplantation de Patricia

Voici le cas d'une personne dont la vie est apparemment réussie, chez laquelle tous les rêves de l'enfance se sont réalisés et qui pourtant n'est pas heureuse.

Elle pleure tous les soirs et tous les matins depuis six mois de façon incontrôlée. Elle semble cependant tout avoir : elle est belle, jeune, elle a fait un second mariage avec un journaliste politique connu et influent.

Ils sont par ailleurs parfaitement complémentaires l'un de l'autre. Elle savait par exemple recevoir qui il fallait et quand il fallait. « Je veillais scrupuleusement à ce que tout marche comme sur des roulettes, dit-elle, je ne voulais pas ennuyer Christian avec mes soucis. Il avait un travail fou. »

Washington est une ville publique, et la séparation entre vie publique et vie privée n'y est pas nette. Patricia était arrivée là à trente-trois ans et ses deux enfants avaient trouvé un nouveau père. C'était l'époque où J.F. Kennedy venait d'être élu président des Etats-Unis. « J'avais un peu le vertige. Je me demandais si Christian réussirait, s'il serait heureux avec moi. Il m'impressionnait beaucoup et j'étais follement amoureuse de lui. J'étais aussi sans doute séduite par sa force, par ses compétences, par son ambition. »

Peut-être, suggérai-je, participait-elle à l'ambition de son mari, faute d'en avoir pour elle-même.

« Oh ! Nous n'avons rien de commun », me répondit-elle.

Elle avait reçu une éducation de jeune fille comme il faut : elle avait appris à ne jamais se mettre en avant. En projetant ses propres souhaits de réussite et son ambition sur son mari, elle devint la promotrice de sa carrière. Elle le dit elle-même sans s'en rendre tout à fait compte : « Christian était un lutteur, plein d'angoisses : est-ce que ceci allait marcher ou pourquoi cette personne me met-elle en colère ? Il me demandait sans cesse mon avis, me parlait de tous ses problèmes. S'il est devenu journaliste, c'est parce que je l'ai obligé à envoyer ce qu'il écrivait aux journaux et aux magazines, afin qu'il se fasse publier. »

Patricia a vraiment contribué à la réussite de Christian, mais il y a toujours quelque chose qui sonne faux dans le succès que l'on fait obtenir à quelqu'un.

Elle s'occupait autant qu'elle le pouvait avec d'autres femmes comme elle à Washington ; elles jouaient au tennis et se retrouvaient chez le conservateur de la Maison Blanche, qui leur donnait des cours d'histoire. Tout le monde riait et s'amusait dans une ambiance amicale un peu forcée, car, en fait, seuls les maris avaient véritablement quelque chose en commun, parce que leurs conversations avaient un contenu. C'étaient eux notamment qui échangeaient des informations sur la politique et le pouvoir. A Washington, seuls les hommes ont cette prérogative.

« Je ne savais pas pourquoi je pleurais ! C'était quasiment physique et j'étais incapable de me poser des questions. Cela ne vint que beaucoup plus tard. Il fallait d'abord que je me calme. »

Les réponses qui auraient surgi du plus profond d'elle-même lui auraient sans doute fait peur. Patricia n'était pas prête à lutter contre elle-même. Dès qu'apparaissaient des questions qui la touchaient de plus près, elle se mettait à pleurer.

Dans un moment de désespoir, elle se tourna vers Christian : « S'il te plaît, emmène-moi dîner toute seule, pour une fois ! » lui demanda-t-elle. Puis elle s'expliqua — elle dit qu'elle était constamment déprimée et en larmes : « Tu sais, ce doit être à cause de Washington. Tu sors cinq fois par semaine, et tous les soirs du mois tu vois Arthur Schlesinger ; après neuf mois te rends-tu compte que tu ne le connais pas mieux qu'au début ! »

Christian sut comprendre la situation. Il sut voir autre chose en elle que l'assistante aimable de ses ambitions. Il comprit qu'elle ne supportait plus l'absence de communication entre eux. Et il savait qu'elle ne pénétrerait jamais dans les antichambres politiques de Washington.

« Ne reçois plus, lui suggéra-t-il, cela n'a pas d'importance. Et puis ne cache pas sans cesse tes pensées ; tu peux dire tout ce que tu veux. Pourquoi ne recommencerais-tu pas les Beaux-Arts ? »

Patricia mit deux ans à en croire ses oreilles. Elle remit de l'ordre dans sa vie, repartit au cours, et s'organisa pour recevoir quand cela lui plaisait.

« J'ai quand même mis deux ans à croire que Christian n'avait pas besoin de moi pour voir les gens qu'il devait voir, et que je pouvais me remettre sérieusement à la peinture. Pour retrouver confiance en soi dans cette discipline, il faut beaucoup de temps et d'encouragements. Heureusement, un de mes professeurs pensait que j'avais du talent. Cela m'a beaucoup aidée. Qu'y eut-il d'important pendant cette période ? Oh ! mon Dieu, j'allais oublier, Christian a failli mourir ! »

Elle avait trente-sept ans quand Christian eut une crise cardiaque. Il passa trois semaines à l'hôpital pendant lesquelles il lut les tragédies de Shakespeare. De retour à la maison, il annonça qu'il ne végéterait pas et qu'il ne changerait pas un iota à sa vie, même au risque d'avoir une autre attaque. Il n'avait que quarante et un ans.

« Je ne pensais qu'à la mort », se souvient Patricia. Elle s'affairait autour des appareils de son mari, tandis que lui, bien qu'assommé de tranquillisants, se replongeait dans le travail. Mais il réduisit considérablement leur vie mondaine. L'étonnant est qu'ils adorèrent cette nouvelle vie au point de ne plus vouloir en changer. Patricia savait de mieux en mieux apaiser les frayeurs de Christian. Et, la nuit, ils avaient la merveilleuse habitude de ne pas laisser les questions ou les soupirs sans réponses, comme tant d'autres le font.

« Nous remettions sans cesse tout en question, dit Patricia. Puis, il y eut l'assassinat de Kennedy. Je devins complètement paranoïaque. Nous arrêtâmes tous les deux de fumer. Je ne voulais pas prendre l'avion. Je ne le pris pas pendant deux ans. C'était ridicule ; j'ai même emmené les enfants en Floride par le train : vingt-sept heures de train ! J'étais vulnérable, je me sentais fragile. Mais plus je peignais, moins je pensais à la mort. »

Pendant les deux ans qui suivirent, Patricia s'absorba dans son art, avec un talent qui la faisait vivre intensément. Elle avait une activité, un nouveau groupe d'amis, et une ambition qui ne se confondait plus avec celle de son mari. Rentrer à la maison, pleine de peinture et épuisée mais heureuse comme une femme après l'amour — ce fut le début de sa nouvelle vision d'elle-même, comme d'ailleurs du regard nouveau avec lequel Christian la considérait. Comme tant d'hommes qui conseillent à leur femme de faire quelque chose, il tomba des nues lorsqu'il vit qu'elle s'y mettait sérieusement. « Au début, il ne remarquait rien. Il était trop pris par ses problèmes. Il voulait que je sois heureuse. Je suis retournée à l'école et je me suis arrêtée de pleurer ; il en fut content. Avec le temps, selon son humeur, son attitude envers moi différait. " Tu ferais mieux de faire réparer le lave-vaisselle, au lieu de rester toute la journée enfermée dans ton atelier ! " Et pourtant, quand je vends une toile, ou que je fais une exposition qui réussit, il est fier comme un paon. Il ne comprend pas très bien ce que je fais, mais il apprécie les éloges de gens importants. » Elle atteignit la quarantaine sans presque s'en rendre compte. Elle avait dépassé les moments les plus difficiles. Son changement intérieur se poursuivait et prenait forme autour de la maison de campagne qu'ils s'étaient achetée. C'était devenu son monde à elle, sa propre création. Elle s'y retira deux mois de suite pour préparer une exposition pendant que Christian parcourait le monde.

« Tu ne t'ennuies pas toute seule, là-bas, Patricia ? » lui demandent les vieilles connaissances de Washington, toujours à l'affût d'un mariage à la dérive. Mais le mariage des Blum ne s'est jamais si bien porté.

Quand les questions se font trop nombreuses, il lui arrive d'avoir un instant de doute. « Christian ? Suis-je une bonne épouse ? Tu ne crois pas que je devrais repousser mon exposition et rester avec toi à Washington ? »

« Tu es folle, tu me connais, j'ai le nez dans mon travail jour et nuit. Et toi, quand tu prépares une exposition, tu ne penses qu'à ça. Je prends tant de plaisir à venir te rejoindre le week-end. Ne laisse pas les autres te faire peur. Ce serait une défaite pour toi. »

Patricia a quarante-cinq ans maintenant et elle a éliminé tous les aspects superflus de sa vie. Il reste ce lien privilégié entre Christian et elle, quelques amitiés profondes et entretenues, le goût de la campagne, et la peinture. « Je n'ai qu'un petit talent, m'explique-t-elle, je ne suis pas une grande artiste, mais peu m'importe, car j'apporte du plaisir à certaines personnes ; je ne pourrais plus vivre sans mon métier. »

Elle n'entre plus dans les salons en s'attendant à ce que tous les regards masculins se retournent sur sa beauté. Elle est plus forte, et elle veut préserver cette nouvelle force.

« Si tu dois peindre, me dis-je en me regardant dans la glace, ne t'use pas à combattre l'inévitable ! Tu vas vieillir, tant pis ; à chaque âge son succès. Si l'on me regarde désormais, c'est davantage en raison de ce que je suis, non de ce à quoi je ressemble. »

C'est donc le cas d'une femme de trente-cinq ans, aux prises avec des problèmes qu'elle ne savait pas bien interpréter. Effrayée de changer et désirant mieux que ce qu'elle avait, même s'il n'y avait rien de négatif dans ses précédents choix. Epouse et mère, elle avait transféré ses ambitions sur son mari. Arrivée au tournant de la maturité, ce style de vie ne lui convenait plus. Si, au début, elle était très utile à Christian, maintenant qu'il avait assuré sa position il y avait une part de jeu dans son métier à laquelle elle n'était plus obligée de participer, et elle pouvait se contenter d'être présente d'une façon purement formelle, à titre de figurante.

On peut imaginer que son mari, s'il avait été moins perspicace, se fût effrayé, comme il arrive souvent qu'on le soit à cet âge lorsque ceux qu'on aime changent trop soudainement. Il aurait alors pu nier l'existence de cette crise et dire à sa femme qu'elle se comportait comme une petite fille, qu'elle devait cesser de broyer du noir et trouver une occupation quelconque pour se changer les idées. Une telle réaction n'aurait fait que renforcer le sentiment de culpabilité de sa femme. Des pleurs, elle aurait pu passer à l'alcoolisme ou à la drogue, ou encore divorcer. Son mérite fut de la laisser opérer le changement nécessaire.

On peut dire que ce fut la crise cardiaque qui a permis à ce couple une complète remise en question. En abandonnant les activités futiles qui étaient devenues une perte de temps, chacun d'eux apprit à mieux définir ses objectifs et à mieux accepter la liberté de l'autre. Lui adore le monde, la stimulation des contacts. Elle a une sensibilité plus intériorisée et son énergie se dissout au contact du monde. Elle aime la solitude et s'y épanouit. Ils ont, peut-on dire, trouvé un art de vivre qui leur convient parfaitement, à tous deux, à ce moment précis de leur existence.

Chapitre 20
L'épreuve des quarante ans

Les hommes aussi à l'approche de la quarantaine sentent le temps les presser, mais ils éprouvent rarement le besoin de s'arrêter et de faire le point, comme le font les femmes. Pour leur part, ils déclenchent une course contre la montre : c'est leur dernière chance de se distinguer.

Quelle que soit son activité, une femme cadre veut devenir cadre supérieur. Le conseiller technique, fatigué de conseiller les autres, a envie de s'établir à son compte. L'ouvrier qualifié considère ses économies et la possibilité d'avoir son propre taxi ; l'administrateur, qui a un peu travaillé pour certaines causes sociales, désire entrer à plein temps dans la politique. Il ne suffit plus d'être compétent et plein de promesses. Il faut être reconnu et respecté. Devenir un écrivain de renom dont on reconnaît le style. Ou encore chercheur ou professeur connu dont les travaux sont publiés, ou, tout simplement, P.D.G. Telles sont les ambitions de la majorité des hommes.

Cette ambition professionnelle qui précède la remise en question sert aussi à en reculer l'échéance. Quand l'heure arrive de faire face à des questions jusqu'alors repoussées, leur impact sera sans doute d'autant plus grand et il s'agira d'une épreuve plutôt que d'une simple remise en question.

Jung fut le premier à admettre qu'entre trente-cinq et quarante ans « des changements importants se préparent. Ce n'est jamais frappant au premier abord. Il s'agit plutôt de quelques signes discrets... » Mais Jung admettait aussi que ces changements ont lieu plus tôt chez les femmes alors que la dépression est plus fréquente à quarante ans chez les hommes.

Dans notre société, franchir le cap de la quarantaine est quelque chose de marquant. Comme pour une marchandise, on a tendance à réévaluer l'homme à partir de cette période. Pour son patron, sa compagnie d'assurances, ses concurrents, c'est l'heure du réexamen. Les pyramides d'âges étant ce qu'elles sont dans le monde du travail, la plupart des hommes devront accepter le fait d'être sur la pente descendante. Ce qui ne veut pas dire qu'ils doivent accepter un rôle secondaire. En fait, ils peuvent même trouver un avantage en se gardant d'avoir de trop grandes ambitions, car cela peut les pousser à chercher une autre orientation, soit dans une nouvelle carrière, soit dans une nouvelle manière de travailler, susceptible d'apporter plus de sens à leur vie.

Il est étonnant de constater à cet égard que le bourreau de travail qui réalise ses ambitions a plus de mal à accepter la transition de l'âge que ceux qui manquent leur but. Où mène le succès ? Que faut-il faire après ? Pour éviter la stagnation, il faut à ce genre d'hommes savoir faire naître de nouvelles aspirations et donner libre cours à des intérêts jusque-là négligés.

Un autre fait étonnant dans ce passage est l'aspect complètement différent qu'il prend chez les hommes et chez les femmes. Comme nous l'avons vu, la plupart des femmes reconsidèrent les aspects personnels et extérieurs de leur vie, et tentent ensuite de rééquilibrer les distorsions qu'elles ressentent entre leur bonheur personnel et l'aspiration vers l'extérieur. Comment se fait-il que le même type de problème pousse un homme à accélérer en quelque sorte le mouvement plutôt qu'à s'arrêter ?

La vie des affaires ne fait qu'amplifier cette tendance, en gommant tout aspect de la personnalité qui ne soit pas lié à l'efficacité. Sous l'influence d'un certain conformisme, un homme peut être amené à croire que sa performance au travail est le seul critère de sa valeur.

Le cadre moyen

Edouard n'a jamais été un de ces jeunes loups comme on en rencontre souvent aujourd'hui. Il est directeur d'une des usines de production d'une grande société automobile. Il avait été élevé dans la petite-bourgeoisie provinciale. Si un officier supérieur, connu à l'armée, ne lui avait pas conseillé de se sortir de là, il n'aurait jamais commencé ses études. Trois ans après son entrée dans la société, il travaillait encore sept jours par semaine dans l'équipe de nuit des 3 x 8 en se disant que c'était bien la peine d'avoir fait des études pour en arriver là. C'est sa promotion au poste de contremaître du contrôle de la qualité qui, d'après lui, marqua le début de sa carrière. Il avait trente ans. Depuis, il a eu des promotions régulières, mais pas remarquables. Avec quelques primes à la clef, il s'est contenté de s'occuper d'une presse hydraulique de la taille du monstre du Loch Ness.

Aujourd'hui Edouard a trente-six ans et veut devenir P.D.G. « L'âge commence à jouer un rôle, dit-il. C'est encore à mon avantage. Mais quand on regarde ceux qui grimpent, il faut se dépêcher, sinon on meurt avant d'y arriver. »

Je demandai à cet homme sans prétention s'il avait toujours eu derrière la tête l'idée d'être P.D.G.

— Absolument pas.

— Et maintenant ?

— Oui, maintenant, je veux être le numéro un. Les primes rendent les cadres plus efficients jusqu'à un certain point. Seulement, après, c'est ce qu'on m'a dit, la motivation tient au désir de devenir le numéro un : P.-D.G. ou directeur général. C'est moins pour l'argent que pour le goût du pouvoir et de la direction des affaires. Il y a des stades bien sûr ; je pense néanmoins que si l'on doit y arriver, étant donné le travail que cela représente, autant arriver au sommet. Une fois qu'on a tout l'argent que l'on désire, on devient philanthrope. Le vieux type charitable qui fait des dons à l'humanité est déjà millionnaire. »

Comme beaucoup d'hommes à cet âge, Edouard est maintenant entré en compétition avec son mentor ; il est devenu d'une susceptibilité maladive quand sa femme lui demande de ranger son manteau ou lui fait toute autre remarque de nature à lui rappeler son enfance. Il a le téléphone branché dans la salle à manger pendant le dîner. Les problèmes que lui posent l'absentéisme et l'alcoolisme à l'usine sont toujours présents à son esprit et il n'en parle d'ailleurs plus à sa femme, comme il en avait l'habitude. Il répète à qui veut l'entendre qu'elle a une « personnalité fantastique », mais son idée sur le rôle d'une épouse a bien changé.

« Si je dois vous parler franchement, nous étions convenus qu'avant d'avoir des enfants elle nous ferait vivre pendant que je faisais mes études. Nous pensons seulement maintenant à avoir des enfants et une maison. »

Aujourd'hui, il compte sur elle pour organiser le ménage et s'occuper des petits, mais il fait des réserves sur son manque d'éducation, qui pourrait le gêner quand il fera partie de sphères plus élevées. Ils s'amusent beaucoup plus, jouissent d'une liberté financière beaucoup plus grande, mais, au même moment, Edouard s'impose de limiter cette liberté par davantage de travail.

« Je ne suis pas le meilleur des pères, cela m'ennuie un peu. Je pensais parfois y remédier comme cette année où j'avais décidé de prendre quatre semaines de vacances. Finalement je n'en ai pris qu'une seule car je ne peux vraiment pas laisser tourner l'usine plus d'une semaine sans moi. C'est probablement une erreur, mais c'est ainsi que je le ressens. »

Le changement de perspective chez Edouard est encore entièrement axé sur des problèmes de carrière ; comme tous ceux qui veulent aller vite, il s'est établi un calendrier très strict. La seule chose originale est le fait d'avoir une solution de rechange.

« Mon but est de devenir directeur général de l'usine. Il faut que cela soit fait avant six ans et je veux arriver jusqu'au bout. Si je ne le suis pas à quarante-quatre ans, plutôt que de me mettre la famille à dos ou d'abandonner, j'essaierai de m'établir à mon compte. J'ai toujours désiré devenir agriculteur. Après tout, c'est de là que je viens. Ce serait un choix limité, mais cela vaut mieux que de me laisser engloutir dans la boîte. Si je ne pense pas être capable d'aller jusqu'au bout, ça ne vaut pas le coup d'aller plus loin que directeur général de l'usine. Parce qu'après cela il y a encore quatre échelons de directeurs et qu'il est extrêmement pénible de les passer. De plus ces positions intermédiaires ne sont pas glorieuses. On gagne beaucoup d'argent, mais on y perd le pouvoir. »

Abandonner un rêve impossible

« Il y a deux tragédies dans la vie. L'une est de ne pas avoir ce que l'on désire, la seconde est de l'avoir. » Ce bon mot de Bernard Shaw s'applique peut-être à nous tous. Le rêve, même atteint, ne satisfait pas. La crise du milieu de la vie sera plus sévère pour celui qui a fait de la réalisation de ses ambitions la solution de ses problèmes personnels, que pour celui qui sait s'adapter et changer ses objectifs. Les plus vulnérables sont en effet ceux que j'appelle les prodiges ou les ambitieux parce qu'ils croient profondément qu'une fois le succès atteint ils seront comblés et libérés.

Etre comblé signifie ceci : une fois que je serai président, que j'aurai ma chaire de professeur, que j'aurai construit l'édifice, écrit le livre, ou fait le film le plus impressionnant... du siècle, on me reconnaîtra, on m'admirera, on me respectera. Je pourrai enfin avoir tous les plaisirs dont je me serai privé.

Etre libéré veut dire ceci : une fois que je serai puissant ou riche, personne ne pourra plus me critiquer, ou me commander, ou me faire ressentir un sentiment de culpabilité. On ne me traitera plus jamais comme un petit garçon.

Ils veulent être comblés, comme dans l'enfance on veut être le centre du monde et voir tous ses désirs réalisés. La libération qu'ils recherchent est celle de la vague promesse de maîtriser leur destinée.

Quelle déception lorsqu'ils découvrent que les choses ne sont pas ainsi faites ! Le succès, quelle que soit son importance, n'apporte pas la toute-puissance. Il y a toujours quelqu'un qui peut nous « faire sauter. » Le directeur général, les actionnaires, les électeurs, la publicité, ou tout simplement peut-être quelqu'un de très proche, notre fille adolescente et son mépris : « Tu n'es qu'un profiteur élitiste d'un système corrompu. »

Sans compter que les collègues sont rarement charitables. « Même les gagnants ne sont pas à l'aise parce qu'ils se rendent compte du mélange d'admiration et d'hostilité qu'on leur témoigne », dit Karen Horney. Même lorsque les collègues du gagnant ne sont pas plus qualifiés, ils restent convaincus qu'ils valent autant que lui et que ce n'est que grâce au hasard ou à des influences qu'un autre a triomphé. Aussi guettent-ils la moindre défaillance de sa part. Il est attristant de devoir arriver à cette situation pour se rendre compte qu'on ne peut même plus compter sur les collègues.

Il n'est pas automatique non plus que le « gardien intérieur » se taise. Le travail d'individualisation est personnel. Il est indispensable, si nous ne voulons pas rester des enfants attardés.

La joie de s'occuper des autres

Une fois admise la disparité entre nos ambitions et leur réalisation, que peut-on faire pour continuer à mûrir ?

Erikson affirme que l'on peut surmonter la crise par ce qu'il appelle la générativité. La générativité, c'est un sentiment d'obligation morale qui nous pousse à nous occuper des autres, au sens large. Avoir des enfants n'assure en aucune manière la générativité, et le manque d'enfants ne l'empêche pas non plus. La définition d'Erikson comprend aussi la créativité et la productivité.

A quarante ans, il n'est pas rare que les hommes comprennent soudain que l'avancement n'est plus aussi important. Ils commencent à prendre plaisir à enseigner à d'autres ce qu'ils savent, ou à essayer de corriger un peu certaines injustices sociales. Un agent de change de ma connaissance utilise son temps libre à aider les réfugiés juifs dans le monde. D'autres, d'une manière moins voyante, prendront quelques responsabilités politiques au sein de leur commune ou de leur quartier, le genre de choses que personne ne veut faire mais qui doit être fait. D'autres enfin, tout en restant à leur travail, et sans peut-être même s'en rendre compte, consacrent plus de temps à enseigner des choses à leurs jeunes collègues, ou à améliorer leurs produits ou leurs services dans l'optique du bien public.

Les problèmes de la générativité

Pour chaque magnat de la finance qui devient philanthrope et pour chaque directeur qui devient mentor, il y a au moins un cadre moyen qui croira toujours qu'à moins de pouvoir conserver son pourcentage du marché des déodorants il est un bon à rien. A mesurer si longtemps sa valeur aux profits et aux pertes du bilan, ce type d'homme a intériorisé les valeurs de l'économie de marché dans son propre système de référence. Le cadre moyen qui s'aviserait de vouloir retirer les produits chimiques cancérigènes d'un engrais ou de produire quelque chose de plus véritablement utile qu'un nouveau déodorant s'expose aux furies du système : « Allez donc dire ça aux actionnaires ! »

Derrière leurs carrières protectrices, leurs révoltes étouffées, la majorité de ces cadres ont conscience de la baisse de leur valeur. Former les plus jeunes, ce n'est pas toujours agréable, et ce sont souvent des concurrents pour l'avenir que l'on prépare ainsi.

Un soir, au cours d'un banquet, j'étais assise entre deux hommes barbus qui devaient avoir chacun dans les quarante ans et se situaient professionnellement parmi les quatre cents cadres moyens d'une grande société de cosmétiques. Barbe Grise disait à Barbe Noire qu'il avait récemment revu un de leurs anciens camarades de classe. « C'était le champion du plongeon, tu te souviens ? Oui, je vois, non, ce n'était pas le champion, corrigea Barbe Noire, aux Jeux Olympiques, il n'était qu'une doublure. »

Barbe Grise continua et raconta que le copain-champion gagnait maintenant sa vie en plongeant des toits des supermarchés sur un matelas en mousse, ce qui attire beaucoup de monde pour l'ouverture des dits supermarchés. Il était ainsi constamment en tournée dans le pays. il était devenu une sorte de bouteille de champagne humaine. Il s'était blessé gravement deux fois et avait dû passer de longs mois à l'hôpital. Dès qu'il en sortait, il retournait à ses plongeons.

« Est-ce que tu imagines ce que c'est que de prendre le train pour Bécon-les-Bruyères en pensant que tu vas peut-être mourir dans un parking de supermarché ? » demanda Barbe Grise.

Barbe Noire lui répondit : « Je ne suis pas sûr que je n'aimerais pas dire à mes enfants que je saute d'un toit plutôt que de leur dire ce que je fais réellement, c'est-à-dire tourner en rond à dire des bêtises dans un boulot que je déteste. »

Les hommes se trouvent souvent dans cette situation où ils se sentent méconnus. Ils ravalent leurs larmes. Mais ils ont des ulcères, ou bien ils prennent de la brioche. Assis au restaurant, ils mangent en se disant qu'ils ne devraient pas le faire, mais ils le font quand même. Ceux qui s'avisent de conseiller à un quadragénaire de reconsidérer ses objectifs — sa femmes, ses amis, son médecin — deviennent des ennemis. Il s'abandonne à toutes sortes d'illusions : l'alcool, l'hypocondrie ; accuse sa femme d'être un monstre ; quitte sa famille ; en bref, il fait tout pour éviter d'affronter son désordre intérieur. S'il y regardait d'un peu plus près, il ne pourrait plus s'ignorer. Et cela impliquerait tant de changements qu'il préfère ne rien voir.

La réponse idéale serait d'envisager d'alléger sa vie — hypothèques, voitures, les soixante heures de responsabilités au bureau par semaine — pour se libérer l'esprit et explorer d'autres possibilités plus profondément satisfaisantes : des activités ou des contacts plus intimes qu'il n'a jamais eu le temps d'avoir alors qu'il lui fallait « percer ». On ne peut pas dire où chacun trouvera ce renouveau. Je connais des hommes qui font partie des équipes volontaires de pompiers de leur ville ou de leur quartier, et sont heureux de travailler physiquement au bien-être de la communauté. J'en connais d'autres qui apprennent la cuisine, ou la poésie, ou encore passent un week-end entier à l'hôtel pour refaire connaissance avec leur femme. De ces week-ends d'amour découle parfois la décision d'essayer de vivre ensemble autrement.

Le courage de changer de carrière

Changer de voie pour un cadre moyen est souvent vécu comme une déchéance. Il a peut-être envie de s'en aller, mais c'est encore plus dur pour lui d'avoir un métier moins prestigieux que pour un ouvrier qualifié.

J'ai eu l'occasion de confirmer cette observation avec un conseil en organisation qui travaille activement avec des cadres de grandes sociétés. Il était d'accord avec moi. « Un stade particulièrement défini dans une carrière, comme le montrent de nombreuses expériences, c'est celui de l'homme qui a travaillé vingt ans dans une société et atteint un haut niveau dans la hiérarchie sans être allé au sommet. Il en a par-dessus la tête. Il gagne bien trop d'argent pour en jouir vraiment et pour le temps qu'il lui reste après le travail. Il le sait ; ils le savent dans la société. Mais accepter moins, ce serait déchoir. »

Aussi, quand il le peut, il conseille certains des cadres, il dit qu'ils sont exactement là où il faut, qu'ils sont efficaces, qu'on ne pourrait se passer d'eux, mais qu'envisager la direction de la société entière n'est pas très sage. A d'autres il suggère de quitter leur poste : puisqu'ils ont beaucoup de temps et d'argent, il leur serait plus profitable de faire quelque chose de complètement différent. Le temps nécessaire à ce changement est une autre histoire. « C'est une question de quelques années. En fait la plupart ont peur de s'arrêter et peur d'échouer dans une autre entreprise. Je les appelle des " travaillomanes ". Ils n'ont qu'une seule spécialité, et s'arrêter et passer à quelque chose d'autre est vraiment difficile. »

Est-il encore besoin de se demander : « Pourquoi recommencer ? » « Pourquoi une seconde carrière ? » Le simple fait que l'on vive plus longtemps et en meilleure forme physiquement prédestine à la stagnation ; cela constitue un engagement de quarante ans dans une carrière unique.

Ajoutons le fait que l'accroissement accéléré du changement technologique rend vite périmée toute spécialisation. On commence à s'accoutumer à l'idée que le mariage soit remis en question. Pourquoi ne peut-on remettre aussi en question sa carrière et, au lieu d'en ressentir une impression d'échec, la considérer comme une manière réaliste de prolonger sa vitalité ?

De plus en plus, les hommes cherchent une nouvelle occupation vers quarante ans, pas nécessairement parce que l'ancienne leur déplaisait, mais pour trouver un nouvel intérêt dans leur vie.

La majorité des hommes ont des obligations financières envers leurs femmes et leurs enfants et ne peuvent se permettre des interrogations de cette nature.

Il est dur d'avoir une crise au milieu de la vie, tant pour les finances que pour le sentiment de sécurité.

Si un homme accepte sans broncher le statu quo des rôles qui l'oblige à supporter à lui tout seul le fardeau économique de la famille (et ils sont nombreux à le faire), il doit aussi accepter le fait qu'il ne verra pas la lumière à la fin du tunnel. Il est bel et bien enchaîné. Son dernier soupir sera pour dire : « L'assurance est payée, chérie », parce que le fait est qu'il devra s'occuper financièrement de sa femme même après sa mort.

Si le couple doit trouver un renouveau à mi-vie, il faut qu'il reconsidère ces rôles du mari-qui-gagne-la-croûte et de la femme-qui-s'occupe-du-reste. C'est plus facile à dire qu'à faire, bien sûr. Que la femme puisse travailler dépend un peu du cours qu'elle donne à sa vie jusque-là. Mais cela dépend surtout de sa volonté. Elle doit pouvoir oser, comme il doit accepter de la voir soudain devenir indépendante, sans avoir peur de la compétition. Elle doit faire face à la timidité féminine, et lui à son complexe d'Atlas.

Chapitre 21
Quarante ans et le couple

Un sanglot lui monte aux lèvres. Ce soir, il ne fumera pas la pipe au coin du feu, après avoir accompli sa tâche quotidienne, il ne retrouvera pas au sein de sa famille ce bonheur si vivifiant d'être ensemble. Quand le feu s'éteindra et qu'il aura promené le chien, aucune femme ne sera à ses côtés pour l'apaiser. Il est affalé dans le living d'un ami, parce qu'il n'a plus de lit où retourner. Sa femme l'a quitté.

« Pendant vingt ans, je n'ai pas versé une larme, dit Patrick. A l'armée, c'était important de ne pas montrer ses sentiments ; et voilà que maintenant je ne suis même plus capable de sortir d'un film sans avoir les yeux rouges. »

Avec rage, il fait des abdominaux, comme si cet exercice pouvait conjurer le mal. Il souffre d'une effroyable solitude. « Je n'ai jamais connu un chagrin de cette ampleur, soupire-t-il. Combien de temps cela va-t-il durer ? Un psychiatre m'a dit deux ans. Je pense que j'adorais ma femme. C'est à elle que je dois mon succès. Je ne sais plus comment faire sans elle. C'était un peu égoïste, probablement, de penser à mes capacités sans penser à ses besoins. Elle est dans l'immobilier maintenant, elle vend des appartements, et elle m'a l'air très heureuse. Elle est heureuse d'être capable de faire quelque chose dont elle ne pensait jamais être capable. J'en suis étonné moi-même. »

Ses dernières illusions se sont évanouies. Il reste un long moment sans parler.

« Je pense qu'un homme passe beaucoup de temps à vouloir résoudre les problèmes du monde. Mais si l'on veut être un " dur " dans la jungle de la politique, il faut aussi devenir un con parfait. Tout ce que je peux dire, rétrospectivement, un an après, c'est que j'abandonnerais tout pour que ma femme revienne et m'aide à travailler sur les choses humaines de la vie. En vieillissant, ce qui importe, c'est la famille, les amis et les enfants. »

Je suis moi-même bouleversée par cet homme, par sa confession. J'en ai pourtant entendu d'autres. Quel tournant n'a-t-il pas pris ?

Si la force de caractère de la femme de quarante ans s'oppose à la vulnérabilité émotionnelle de l'homme du même âge, qu'obtient-on ? Une recherche frénétique des aspects de notre personnalité que nous ignorons. Une crise du couple presque inévitable.

Bien souvent, le côté caché de notre personnalité se trouve en face de nous — chez notre partenaire — parce que nous choisissons le plus souvent le compagnon qui aura ces aspects de nous-même que nous ignorons et que nous avons refoulés ; on entend ainsi dire : « Je suis tombé amoureux de son esprit d'initiative », ou encore :« Il me stimulait intellectuellement à tout moment », et l'on projette sur lui ou sur elle toutes sortes d'illusions magiques. De plus, au fil des années, nous attribuons à notre conjoint nos défauts et nos faiblesses : « Elle me rend jaloux et méchant », ou encore : « Si ce n'était à cause de lui, je serais une artiste. »

Et c'est seulement maintenant, dans ce passage mystérieux qui mène à notre seconde saison, que nous nous confrontons avec notre nature sexuelle. C'est un peu effrayant, d'autant plus que c'est inconscient. Tous les côtés refoulés de notre personnalité ne sont pas nécessairement liés à notre sexualité, mais relèvent toujours, comme je l'ai déjà dit, de sentiments jusque-là plus ou moins réprimés. La femme qui s'est surtout occupée de sa carrière va éprouver le besoin de relâcher son effort et de se consacrer un peu plus à ses amis, à son mari ou à son entourage, de s'ouvrir ainsi à une vie plus intime. Etre ouvert à une vie plus intime présuppose un sens assez fort de son identité, y compris de son identité sexuelle. Dès que l'image que nous avons de nous-même se brouille, comme cela arrive lors de chaque passage, notre aptitude à l'intimité se trouble aussi. Si l'on veut sortir entier de cette lutte, il faut accepter les divers aspects de la personnalité. Nous devons aussi ne plus projeter sur notre partenaire des pouvoirs magiques ou des représentations qui sont notre fait. Si nous y réussissons, qu'obtiendrons-nous ?

Jung offre à mon avis la meilleure réponse : « Par-dessus tout, nous sommes parvenus à une indépendance réelle, et en même temps à un certain isolement. En un sens, nous sommes seuls, parce que notre liberté intérieure signifie qu'une relation amoureuse ne peut plus nous enchaîner ; le sexe opposé a perdu le pouvoir magique qu'il avait sur nous, car maintenant nous le connaissons bien, nous le connaissons en nous-même. Nous ne tomberons plus facilement amoureux, car nous ne pouvons plus facilement nous perdre en quelqu'un d'autre, mais nous deviendrons capable d'un amour plus profond, d'une dévotion complète à l'autre. »

C'est le point capital que je voulais développer dans ce livre : comment se fait-il que l'acceptation de notre solitude absolue nous permette d'être plus aimant et plus dévoué ?

En fait c'est seulement lorsque nous réalisons enfin que notre sécurité ne dépend de personne d'autre que de nous-même, et que notre individualité n'est plus en danger, que nous pouvons être assez confiant pour devenir généreux et nous donner aux autres. Nous pouvons enfin rendre compatibles notre tendance à l'*union* et notre tendance à l'*action*.

« Soyez sûr, dit Jung, qu'il faut une vie entière pour arriver à ce stade. »

Il est possible qu'au bout de vingt années de mariage la vie conjugale se détériore, et qu'un conflit éclate. Ce n'est pas tant le poids de ces vingt années qui rend les gens malheureux, quc d'aborder la phase des quarante ans dans une optique axée sur la jeunesse, avec le faux espoir que tout ce qui avait motivé notre vie jusque-là nous soutiendra encore. Ce n'est pas le cas et ce ne peut pas l'être. La seconde partie de la vie doit avoir un sens propre. Ou alors elle ne sera qu'une pauvre imitation de la première.

Nous avons beaucoup parlé, au cours du livre, des couples qui avaient pris la décision de divorcer et qui par là avaient modifié leur existence.

Dans ce chapitre, nous parlerons surtout des couples qui sont restés ensemble, qui n'ont pas encore réalisé qu'un changement était nécessaire.

C'est à cette époque de la vie que la disparité qui existe entre les rêves du mari et ce qu'attend effectivement sa femme se manifeste.

Un écrivain de quarante-trois ans s'est ainsi confié à moi : « Je fus complètement horrifié le jour où j'ai découvert qu'au fond d'elle-même Julie s'était toujours attendue à ce que je devienne un écrivain célèbre, un homme à best-sellers. Elle n'a admis une autre éventualité qu'après deux échecs consécutifs de ma part. Je réalisai qu'elle avait encore cette vision bourgeoise de l'écrivain. Cela me déprima beaucoup. Je n'écrivis plus pendant six mois. Notre vie sexuelle devenait lamentable. Julie s'en rendait compte. Je la refusais, elle et notre amour. Je savais bien que j'étais un salaud, mais c'est à elle que j'en voulais. Je ne voulais plus coucher avec elle et c'était horrible pour elle. Elle se laissa aller physiquement. »

Bien sûr, cet homme aurait aimé, il y a longtemps, devenir un grand écrivain. Quand il devint évident que ce serait impossible, il projeta son échec sur sa femme. Julie réagit comme les femmes qui ne vivent que pour leur mari. Elle admit tout haut la déception qu'il n'osait admettre lui-même. Quand un homme n'a plus confiance en lui-même et sent qu'il devient un raté, la femme qui vit pour lui se sent doublement ratée. Elle perd la seule identité qu'elle avait. Julie n'aurait probablement pas été si brutale si elle avait eu une existence propre. Elle aurait pu aider son mari à jouir du temps et des libertés dont ne dispose pas un écrivain célèbre.

Et qu'arrive-t-il à celle qui vit du rêve de son mari quand celui-ci se réalise ? Durant quinze ou vingt ans, elle a vécu les étapes successives de son succès montant, lui fournissant souvent l'inspiration, l'intuition dont il avait besoin pour savoir se comporter avec les autres, lui épargnant tous les soucis quotidiens, toutes les peurs et les émotions qui sont le lot de celles qui élèvent des enfants. Les fruits de l'attente étaient peut-être délicieux, mais, quand le temps des récompenses arrive, c'est lui qui s'avance sur scène pour saluer. Elle, c'est Madame Untel.

Ces femmes, vers l'âge de quarante ans, ne se contentent plus de porter en silence les rêves dont elles ont vécu en toute sécurité jusque-là. « Je sens que je deviens agressive, m'expliquait la femme d'un homme connu, et si je suis dans tous mes états, en ce moment, c'est parce que je ne sais que faire de mes désirs. »

La femme enviée

La grande différence qu'il y a entre une femme de quarante ans et son mari, c'est que lui se sent parfois un peu fatigué, alors qu'elle est plus énergique que jamais. Elle a beau se plaindre et ne pas savoir comment aborder l'avenir qui s'ouvre devant elle, elle est libre. Elle peut enfin vivre sans avoir ses enfants dans les jupes. Elle peut organiser son temps, entreprendre de nouvelles activités, déployer toute son énergie.

A cette même époque, son mari se trouve dans une situation bien différente. Quel que soit le monde dans lequel il évolue maintenant, il est condamné à répéter ce qu'il fait déjà. Quelles surprises peut lui réserver l'avenir ? Aucune, à moins qu'il ne les crée lui-même. « Il n'y a pas de deuxième acte dans la vie américaine », disait Scott Fitzgerald. Et, bien que tout dans ce livre démontre le contraire, je suis sûre que la plupart des hommes de quarante ans, n'ayant pas encore vécu la crise de dépression qui s'attache à cette période de la vie, sont d'accord.

En attendant, tous ceux à qui j'ai parlé ont exprimé une certaine jalousie envers leur femme.

« Mon Dieu ! Elle est incroyable maintenant. Elle est belle comme tout, elle a découvert qu'elle était encore attrayante, et tout ça parce qu'elle s'est trouvé un but dans la vie ! Je ne peux m'empêcher d'être jaloux. La vie me semble si dure, en ce moment ; je fais des efforts constants pour me maintenir. Tout mon avenir se résume à faire un bilan annuel après un autre. »

Maintenant, les revendications vis-à-vis du conjoint ne viennent plus de l'homme, mais de la femme. C'est le contraire du tournant des trente ans.

Un homme, au début de la quarantaine, ayant moyennement réussi dans la vie, a fini par admettre, après s'être lamenté pendant plusieurs heures sur la réinsertion récente de sa femme dans la vie active : « Je pourrais très bien résumer toutes mes revendications en une seule question : Où va-t-elle alors que je peux avoir besoin d'elle ? ce qui n'est pas très brillant, j'en conviens. »

Un conseil qui a fait ses preuves : « Construisez-leur un moi d'homme », s'adresse aux femmes de quadragénaires à l'abandon. Obéissantes, les femmes se font excessivement maternelles et ne manquent pas de se sentir trahies dès qu'elles ont provoqué une riposte. Or le mari ne peut pas ne pas riposter. Ce qu'un homme n'est pas en mesure d'admettre, au moment où il traverse la crise de transition entre la trentaine et la quarantaine, avant d'entrer dans l'âge pleinement adulte, c'est une épouse qui joue, manifestement, le rôle de mère.

Et voilà le hic : ce dont nous parlons évoque les tiraillements de l'adolescent ; il veut savoir que l'image sécurisante de la mère (dont il a besoin) est toujours présente, mais il préférerait mourir plutôt que de lui permettre de se pencher (oppressive) sur ses blessures intimes et lui demander : « Qu'est-ce qui ne va pas ? » « Où vas-tu ? » « Pourquoi ne parles-tu jamais avec moi ? »

Ces mêmes qualités qu'à vingt ans il idéalisait chez l'épouse (alors que bénévolement elle s'occupait de ses repas), il les rejette à présent comme si elles étaient sournoisement destinées à l'emprisonner. Sans doute existe-t-il un courant toujours latent d'ambivalence dans la façon dont un homme « vit » sa relation au foyer, mais il semble que cette ambivalence atteigne un sommet pendant le passage de la trentaine à la quarantaine. Quelle qu'ait été jusque-là la stabilité de sa ligne de conduite, son comportement peut très bien, à partir de ce moment, osciller d'un extrême à l'autre, d'une façon qui sera jugée par lui-même et les autres comme inconstante, capricieuse et « folle ».

Une sainte ne viendrait pas à bout de cette ambivalence. Car si sa femme se comporte en sainte, il verra là un des pièges mis en œuvre pour le ramener à sa condition de petit garçon.

Autant pour le point de vue du mari. Elle, de son côté, essaie courageusement de mettre à profit ses facultés ou d'en acquérir de nouvelles, ou bien encore elle s'occupe simplement à mettre de l'ordre dans le désordre des talents qu'elle a cultivés et accumulés au cours des années passées, pour en tirer parti. L'autonomie ne l'effraie plus autant parce que le couple a déjà connu diverses expériences de séparation. Mais l'enthousiasme que manifeste une femme pour ce nouveau mode d'expression de son moi est souvent responsable, à tort, d'un sentiment de dévalorisation chez le mari : « Que recherchait donc Nancy que ni sa famille ni moi pour commencer n'étions en mesure de lui apporter ? » demandait d'un ton chagrin un homme dont la femme s'était consacrée sérieusement à la poterie. « Je me sentais déplacé, n'ayant plus désormais les mêmes droits sur le temps et l'attention de Nancy. Sa poterie était un rival. »

Résumant toutes les revendications (motivées en grande partie par la peur) qui accompagnent généralement ce changement de rôle chez l'un des partenaires, une femme nous a déclaré avec beaucoup de bon sens : « Ed pense que je me suis " endurcie ", mais en réalité ce n'est pas aussi effrayant qu'il le dit. »

Si une femme naguère dépendante est décidée à passer à la phase suivante de son développement, elle doit à cette étape destituer son époux de l'autorité parentale dont elle l'a investi. C'est désormais à *elle* de donner l'autorisation.

Supposons qu'elle fasse certains changements extérieurs audacieux. Supposons, par exemple, qu'elle décide de se présenter aux élections pour la présidence de la Ligue des Femmes, et qu'elle gagne ? Elle voit alors son mari devenir nerveux : à ce stade, il le serait devenu de toute façon, mais une épouse est susceptible de croire qu'*elle* est la cause de ce désarroi. Cette idée la retient. La culpabilité se glisse alors dans le tableau, puis, à son tour, la rancœur.

Elle pense : *Pourquoi ne s'assume-t-il pas en mari solide et fort, pour que je puisse devenir active, m'épanouir sans me sentir coupable pour autant ?*

Lui, de son côté : *Pourquoi, bon sang, faut-il qu'elle s'échappe au moment où je m'effondre ?*

C'est là un défi auquel les couples au seuil de la quarantaine sont plus ou moins exposés.

Aucun contrat de couple n'est éternel. Tout aussi sûrement qu'il doit renoncer à cette idéalisation de la mère-épouse, il faut qu'elle abandonne cette notion magique de père-amant qui ne doit jamais montrer qu'il doute de lui-même, ni même hésiter dans ses engagements. Le contrat de couple est à renégocier au cours de la quarantaine, ce qui ne signifie pas que les deux partenaires prennent place devant le tapis vert pour élaborer en une nuit de nouveaux accords, mais qu'au contraire une série de réajustements doit être mise au point sur plusieurs années. Sinon, la femme risque de devenir très exactement la vieille mégère dominatrice qu'il redoute, la mère abusive qui s'est en quelque sorte juré de rétablir l'équilibre en devenant l'intendante et le gardien de toutes les petites faiblesses de son mari — tandis que lui se laissera peut-être glisser dans le rôle efféminé et passif d'un Dagwood Bumstead *. D'une façon ou d'une autre, si l'autorité croissante de la femme et les sentiments réprimés du mari ne sont pas amenés au plan de la conscience, discutés librement (et sainement), ils ne manqueront pas de réapparaître sous une autre forme, plus désagréable.

Où sont partis les enfants ?

Un autre aspect poignant du tournant des quarante ans, c'est le départ progressif des enfants.

« Elle n'a que onze ans, ma fille, et elle passe si vite de la fleur au fruit ! Elle connaît déjà le privilège d'être jeune et jolie. Elle est encore enfant pour remplir ses ongles de pâte à modeler, mais elle préférerait les vernir jusqu'à ce qu'ils deviennent dix parfaites petites cuillères de plastique rouge. Je sais comme sont précieux les moments où elle m'appelle près de son lit pour partager ses secrets. »

Il y a toute une littérature sur l'amertume des mères qui voient partir leurs enfants, comme si nous étions les seules qui soient émues de ce changement profond dans nos vies. Ce qui m'a le plus frappée, dans les interviews que j'ai menées, c'était la perte irrémédiable que ressentaient les hommes à cette occasion. Leur tendresse se manifeste au moment où leurs enfants demandent du lest. C'est trop tard.

Après avoir consacré toutes ces années à sa carrière, l'homme, au milieu de sa vie, se souvient de sa progéniture, précisément au moment où ses enfants sont en pleine révolte. Ce qui suit parle pour des milliers de situations identiques : « Il est parti de rien, a créé sa propre entreprise, qui est maintenant une affaire mondiale, mais, depuis l'année dernière, il est malheureux. Le jeune P.-D.G. vient d'avoir quarante ans. Il pense de moins en moins à lui et à son travail. Il veut connaître dans les moindres détails la vie de ses enfants. Il a envie de rattraper ses absences passées. Il veut maintenant sortir en famille. Moi j'ai déjà fait tout ça. J'ai plutôt envie de m'amuser toute seule ! Je préférerais qu'on parte tous les deux en amoureux. Nous sommes complètement désynchronisés. Quant aux enfants, la vie de famille leur inspire une peur claustrophobique. »

---

* N.D.T. : Héros de *Blondie*, célèbre bande dessinée américaine de Young et Raymond.

Les pères s'attachent à leurs enfants, en leur demandant l'impossible, c'est-à-dire de leur rendre leur passé. Les racines que nos enfants doivent arracher sont dans notre cœur.

Les pères, qui aux yeux de leurs enfants étaient les dépositaires de la sagesse du monde, sont rejetés au profit d'autres héros, de causes diverses et de messies probablement passagers. Pour les parents, c'est un kidnapping, bien sûr. Doit-on permettre à n'importe quel étranger, assez malin pour savoir manipuler chez un adolescent son désir et son besoin de « figure paternelle », d'empoisonner un enfant qui a mis si longtemps à grandir ? Ou du moins lui ôter tout esprit critique et annihiler ses facultés de jugement ? Ceci n'est pas l'objet du livre. En fait, il s'agit d'une guerre d'influence affective.

L'auteur dramatique William Gibson, ou plutôt le père d'un adolescent de seize ans, confessait que, pendant des années, il a vécu comme un deuil le départ de son fils.

Craignant que celui-ci ne se perde dans la drogue et l'incroyance, Gibson fit mine de rien lorsque son fils partit en Espagne sous la tutelle du Maharishi. C'est un gourou indien, pour qui la voie qui mène à la vérité passe par une vie saine et la méditation. Gibson était catholique, et marié à une psychanalyste. Mais il sut dépasser les concepts acquis et fit preuve d'une grande sagesse. Il se rendit en Espagne et vit que son fils, à sa façon, avait trouvé une certaine paix. Sans porter aucun jugement sur son maître, il encouragea cette quête de la vérité. « Je n'aime pas la vénération qu'il a pour son maître, écrit-il, mais je sais combien c'est important pour son développement psychologique. »

Il faut envier Gibson d'avoir su écrire cela. La plupart des hommes n'ont pas cette chance.

Ainsi l'homme de quarante ans est aux prises avec trois problèmes à la fois. Il manifeste ses émotions au moment où sa femme s'éloigne de lui. Il essaie d'atteindre ses enfants au moment où ils le rejettent. Il cherche désespérément un moyen d'exprimer son inventivité au moment même où sa carrière enfin dessinée le condamne à une répétition stérile. Peut-être tout cela ne serait-il pas aussi difficile si l'on savait que c'est prévisible, et temporaire, condition nécessaire au bonheur à venir.

A quarante-cinq ans, environ, l'homme retrouve son équilibre. Ayant surmonté la crise des quarante ans, il s'efforce de vivre plus conformément à ses aspirations profondes et d'organiser son existence en fonction d'un nouveau système de valeurs qu'il a établi lui-même. Bien sûr, on ne peut jamais être certain de l'avenir. Mais il s'approprie sa propre vie. Si les problèmes que pose presque inévitablement l'approche des quarante ans ne sont pas résolus à cette époque, ils réapparaîtront plus tard vers cinquante ans.

Cinquante ans, c'est l'âge du mûrissement et d'une nouvelle vie plus chaleureuse, plus sereine. La compétition parfois difficile des jeunes années est tempérée par une meilleure connaissance de soi. Quand un homme a pris conscience de sa solitude, il pardonne tout à ses parents. Quand son individualité n'est plus menacée, il a des relations plus détendues avec ses collègues. S'il ne mesure plus sa valeur personnelle à son aptitude professionnelle, il trouve un certain plaisir dans son travail, en privilégiant ce qui l'intéresse. Et s'il a su permettre à son côté féminin de s'exprimer, il saura trouver une amie véritable chez sa compagne.

A condition qu'il lui ait permis d'avoir la même liberté.

Maman s'envole du nid

La « générativité » est un joli concept. Tous ceux qui ont fait des recherches sur les hommes partagent l'opinion d'Erikson qui pense que la voie de la plénitude passe par la paternité, l'enseignement, et le service des autres. Voilà : encore une fois, le cycle de la vie masculine se confond avec celui de la vie adulte.

On n'a pas jugé bon de remarquer que le service des autres était précisément ce à quoi les femmes se consacrent toute leur vie. En quoi consiste la première moitié de la vie d'une femme ? S'occuper des enfants, servir le mari, s'occuper des autres par l'intermédiaire d'une quelconque activité bénévole. Et quand une jeune mère poursuit une activité professionnelle, c'est souvent dans l'enseignement ou dans le cadre d'une carrière para-médicale.

Ce n'est pas en continuant sur la même lancée qu'une femme trouve un nouvel épanouissement dans la seconde moitié de sa vie. Mais plutôt en cultivant les talents qu'elle a laissés en attente, en permettant à ses ambitions de s'exprimer, en approfondissant ses convictions.

La différence qu'il y a entre homme et femme en ce qui concerne la « générativité » est encore plus essentielle. Quel que soit l'âge auquel elle décide de ne plus avoir d'enfants, un phénomène curieux se produit. Une créativité nouvelle s'instaure en elle. Et elle se lance avec beaucoup plus d'enthousiasme dans ce qu'elle entreprend que lorsqu'elle envisageait encore d'avoir des enfants.

Ceci ne veut pas dire qu'une femme s'arrête ou doive s'arrêter de penser aux autres. Au contraire, la maison qui se vide la libère de ses occupations et lui permet de se consacrer davantage aux jeunes gens, à la politique municipale, aux mouvements de réforme, aux congrès nationaux, à la protection des espèces, etc. C'est toute la société qui bénéficie de cette énergie et de cette activité réservées jusque-là à la famille.

Si le combat d'un homme de quarante ans consiste à vaincre un certain état de stagnation par le déploiement de ses facultés créatives, je pense que la tâche comparable pour la femme est de transcender sa dépendance par l'affirmation de soi.

Comment un couple intelligent, comme celui de Patrick qui ouvrait ce chapitre, a-t-il manqué le tournant ? Revoyons son histoire, à partir du moment où l'un des deux ressent le besoin de changer avant l'autre. Parce que, comme toujours, dans un couple, chacun a son rythme propre.

La seconde vie du citoyen-soldat

C'était l'époque où l'on envoyait les marins au Viêt-Nam, mais lui, bien sûr, on ne l'appellerait pas : il avait déjà fait la Corée. Et puis, on n'appelle pas un réserviste de trente-sept ans qui a une femme et quatre enfants en plus d'un cabinet juridique prospère.

Le soleil coulait dans la vallée comme de l'or liquide, cette année-là ; il avait tout son temps. Les années de pauvreté étaient terminées. Il y en avait eu dix, plus cinq pour rembourser le prêt immobilier contracté pour l'achat d'un terrain où maintenant on édifiait la maison de leurs rêves. Les ouvriers veillaient à ce que tout soit bien conforme à leurs désirs, chacun selon son expérience. Patrick avait le temps de s'occuper des scouts et de les emmener faire de l'alpinisme. Avec un peu de chance, les rochers seraient mouillés, et il allait encore une fois connaître des émotions et faire l'expérience du courage avant de revenir s'allonger près de sa jolie femme hâlée par le soleil et de regarder la guerre en tournant le bouton de la télévision. Tout allait si bien ! C'est d'ailleurs ce qui l'ennuyait. C'est terrible, la vie tranquille, pour un héros de guerre.

C'est sa femme qui, par malheur, ouvrit la lettre du corps de la Marine lui refusant la réintégration dans le service actif qu'il leur avait demandée. Elle n'alla pas plus loin. Elle fondit en larmes, puis se mit en colère. Comment avait-il pu même y songer ?

— Je m'ennuie. Ce serait un défi d'aller au Viêt-Nam, je veux servir mon pays.

— Mais tes devoirs envers la famille sont prioritaires !

Elle le disait, elle le croyait, comme si cette vérité avait été tirée tout droit du code justinien. La conception qu'avait Pauline du métier d'avocat était conforme à ce qu'avait toujours fait son propre père : monter un cabinet qui marche bien, remplir un coffre-fort de testaments divers, et rentrer tous les soirs pour jouer avec les enfants et tondre la pelouse. Elle pensait qu'elle avait épousé l'homme idéal. Patrick, cependant, avait préféré s'engager pour la Corée, en plein milieu de ses études de droit, alors qu'il aurait très bien pu l'éviter. Elle était enceinte à l'époque, et elle ne l'a pas oublié.

Maintenant, il avait la réponse facile : « Le cabinet marche assez bien pour pouvoir se passer de moi, tu sais. J'ai dix avocats à mes ordres et dix secrétaires.

— Et tu les paies déjà bien trop.

— C'est toi qui vas me dire ce que je devrais gagner, peut-être ? Tu n'as jamais travaillé de ta vie. Tu n'as aucune idée du monde réel.

Elle lui répondit qu'elle avait une très bonne idée du monde réel des enfants, et de ce que devait être une bonne mère, et que c'était bien plus important que toutes les saloperies de la guerre.

L'année suivante, Patrick essaya de nouveau d'aller au Viêt-Nam, cette fois-ci en tant que civil, dans une agence gouvernementale. Pauline et lui eurent la même discussion au sujet des priorités de la famille sur le devoir patriotique. Et puis, elle changea d'avis. Elle et les enfants ne seraient heureux que si lui aussi était heureux. Patrick fut très surpris. Il avait déjà décidé, au fond de lui-même, qu'il n'irait pas.

Ils se construisirent une piscine cette année-là : ce fut une année de répit, une année d'apéritifs autour de la piscine.

Un jour, Pauline sauva et ramena calmement à la vie un enfant qui se noyait, pendant que tout le monde, y compris Patrick, perdait la tête. Il se souvint combien elle était forte. Lui prenait bien toutes les décisions, et elle croyait encore que les femmes devaient être soumises à leur mari ; heureusement pour lui. Mais il avait entrevu chez elle une dureté, une endurance profondes. « En bien des façons, elle est plus forte que moi, pensait-il. Ceci me mettait mal à l'aise. »

A quarante ans, sans crier gare, Patrick annonça qu'il allait faire de la politique. C'était « le combat glorieux » qu'il devait mener. Toutes les chances étaient contre lui ; c'était ce qui lui plaisait.

Il est important de savoir que Patrick ne se souvient pas d'avoir changé avant cette période. Aucun changement. Quand je lui demandai s'il avait des réserves à faire sur la manière dont sa vie avait tourné à quarante ans, par rapport à ce qu'il avait projeté : « Je n'y ai jamais pensé. J'ai toujours eu exactement le même idéal qu'à vingt ans : un Américain qui devient un bon avocat, sert son pays en temps de paix, et sert son armée en temps de guerre — c'était mon idéal du citoyen. Le citoyen-soldat dans l'esprit grec. »

Et sa femme, avait-elle un but ? « Sa vie s'est déroulée entièrement autour de la mienne. » Que pensait-il de Pauline, lorsqu'il l'a épousée ? « Franchement, je ne sais pas. C'était une personne profondément heureuse de vivre. Je suppose que je l'idéalisais. Je crois qu'elle a compté pour beaucoup dans mon succès. Elle était le cœur et l'âme de ma campagne électorale. Elle y participa avec beaucoup d'enthousiasme. »

Pauline détestait la politique.

Il gagna un siège au Congrès et, rechargé à bloc, partit enfin pour l'Asie du Sud-Est. Il n'y trouva que des réfugiés meurtris par les bombes américaines, vivant dans des caves, et des mendiants qui erraient dans les champs brûlés du Cambodge. Bouleversé et dégoûté, il revint vite pour essayer de lutter contre la guerre.

Aujourd'hui, Patrick a quarante-trois ans. C'est l'année des primaires présidentielles, et il doit faire un discours devant une assemblée très nombreuse. Sa voix se fêle, lorsqu'il réclame un dialogue national sur « la politique de dupes du pouvoir en Asie du Sud-Est ». Il est animé d'une véritable passion. Il se distingue des politiciens ronronnants ; il est encore une fois le combattant solitaire, le héros de sa jeunesse. Dans un Etat aussi conservateur, quand on n'est pas un notable, on ne se paie pas le luxe de parler de ses convictions. Il fait une course avec le temps. Depuis soixante-dix-neuf jours, il n'est passé à la maison que pour avaler un dîner sur le pouce.

Dans l'avion qui retourne à Washington, il écrit une lettre au Pentagone. Il écrit sans interruption jusqu'à l'atterrissage. L'avion se vide. Tout le monde descend, sauf lui, son aide et moi. Nous voilà tous les trois cloués à la banquette. Patrick écrit toujours. Avec un sourire entendu, son aide lui suggère que les autres ont peut-être aussi envie de descendre et de rentrer chez eux.

« Qui ? Oh ! Pardon ! (Voilà le citoyen-soldat, absorbé par son devoir.) Si vous pouvez attendre encore une minute, nous terminerons peut-être cette guerre un jour plus tôt. »

Pauline l'attend, mince, blonde, nu-pieds, pantalon et tunique. De loin, c'est Doris Day. L'homme politique la prend par la taille et l'embrasse.

— Comment vas-tu ? demande-t-elle.

— Pas très bien, chérie. Déprimé. J'avais peur de tous ces gens. (Il reprend sa respiration en mettant un disque.) Parler devant huit mille personnes, c'est une expérience nouvelle !

Pauline aussi entreprend une nouvelle expérience ; elle a quarante ans. La table de la salle à manger est couverte de livres sur l'immobilier. Il faudra manger dans le salon. Elle apporte une pizza surgelée et du vin.

Patrick plaisante un peu sur les nouveaux projets de sa femme, mais ce n'est pas très drôle. L'année précédente, s'apposant lui-même l'étiquette de phallocrate endurci, il avait voté contre l'amendement à la Constitution qui devait apporter des droits égaux aux femmes. Quand il était revenu à la maison, Pauline était restée assise, sans le regarder. Il lui débita tous ses arguments. Elle donna son verdict en un seul mot — un mot qu'elle n'avait jamais dit de sa vie.

« Conneries ! »

Patrick dit qu'elle est comme ça depuis.

Tout en lisant le journal, il évoque avec sa femme les futurs discours et stratégies.

Il cite distraitement : « La moitié des couples de Washington se sépareront l'an prochain. »

Pauline reconnaît que la vie est dure pour les couples à Washington.

« Les veuves vivent plus âgées », lit-il dans un autre article. Pauline réplique que, lorsque les femmes auront les mêmes chances de travailler que les hommes, elles commenceront à mourir aussi jeunes qu'eux. Elle taquine son mari : « Et tu vas nous aider, n'est-ce pas, chéri ? »

Instant glacé. Regard de surprise, de jalousie, de fierté et de peur qui indique le malentendu, l'altération du couple. Pauline ne sera jamais plus la même, et ils semblent le savoir tous les deux.

Patrick se replonge dans son journal, en grommelant : « Voilà ce qu'elle va devenir, une vendeuse agressive. Rien que cette image m'effraie. »

L'année suivante, Patrick n'était chez lui qu'un week-end sur quatre, tant il s'activait dans cette campagne présidentielle. Pauline le rejoignait rarement. Elle avait perdu quelque chose depuis qu'il les avait tous fait venir à Washington ; il ne comprenait pas pourquoi. Il pensait qu'elle se sentait moins en sécurité parce qu'il gagnait maintenant deux fois moins. Elle n'était tout simplement plus la même. Et il lui en voulait.

« On finit par se lasser de rester seul dans les chambres d'hôtel. On a le désir d'avoir près de soi un être humain qui partage votre enthousiasme. »

Gabrielle avait vingt-six ans et acquiesçait à tout ce qu'il faisait. Pendant les six mois où il l'aima, il ne put toucher sa femme. C'était impossible. On dit toujours que ce sont les femmes qui sont victimes de leurs émotions, et que les hommes peuvent faire l'amour avec n'importe qui. « C'est peut-être vrai, mais j'ai souvent constaté le contraire chez mes amis de quarante ans qui se trouvent dans la même situation. Ils ont des liaisons et ne peuvent plus faire l'amour avec leur femme. » Gabrielle en eut vite assez de ne partager que l'engagement politique de Patrick et de satisfaire ses envies sexuelles.

« Tu es adorable et sensible, lui disait-il, mais tu ne seras jamais rien par rapport à la famille et à la maison. »

Pauline, quant à elle, continuait d'être ce qu'elle croyait devoir être. Juste avant les primaires du New Hampshire, elle rejoignit son mari. Il la désirait, mais elle ne réagissait pas.

— Qu'est-ce qu'il y a ?

— Je vais rester avec toi jusqu'à la fin des primaires, lui dit-elle, puis nous engagerons une procédure de divorce.

On était en février. Jusqu'à la fin de la campagne, elle sauvegarda les apparences.

Un soir, sa fille de quatorze ans trouva Patrick abattu et seul.

— Tu comprendrais, Papa, si tu savais qu'il y a un autre homme.

Quand je revis Patrick, ce n'était pas chez lui, parce qu'il n'avait plus de chez lui. Nous nous sommes retrouvés chez un ami commun, et nous avons parlé dans le salon après le dîner.

« Vous me voyez un an après, et quelquefois, maintenant, je me demande si cela vaut la peine de vivre. (Il baissait les yeux.) Je pense que la crise que vivent les hommes de quarante ans et qui les incite à repenser leur vie est tout à fait compréhensible. En revanche, je n'aurais jamais pensé que ma femme puisse éprouver la même chose. Et je n'y aurais jamais pensé si Pauline n'avait pas eu cette attitude. La grande qualité de ma femme était l'enthousiasme. Au début de notre mariage, elle était présente au monde, comme moi. Mais, quand une femme vieillit, cette disponibilité extérieure s'estompe. La plupart des amis de mon âge ont trouvé une maîtresse plus jeune, qui partage leur idéal. Nous sommes dans un monde phallocrate, parce que l'homme qui cherche chez sa femme un soutien moral et un réconfort ne lui reconnaît pas les mêmes besoins. J'ai retiré Pauline et les enfants d'un endroit sûr et merveilleux, d'un environnement qui aurait sauvé notre mariage. »

Quelle autre chose, lui demandai-je, était responsable de ce mariage raté ? « Je pense qu'il y a eu une relation de cause à effet entre mes engagements politiques de plus en plus accaparants et l'intérêt grandissant de Pauline pour le mouvement féministe qui lui a fait prendre conscience de sa vie et qui lui a donné du courage. Elle s'est sans doute demandé si elle voulait passer le reste de sa vie mariée à quelqu'un comme moi, qui suis resté presque criminellement insensible à ses besoins. »

Nous avons alors essayé de parler de ces besoins, mais tout ce dont Patrick pouvait parler, c'était de Pauline, de sa femme telle qu'elle était quand il l'a épousée, de celle qui cherchait un père.

— A quel moment pensez-vous que votre femme se soit mise à changer ?

— Franchement, je ne sais pas.

C'est tellement compliqué ! Parfois les plus admirables décisions peuvent faire du tort. A trente ans, Patrick avait assuré sa carrière. Prenant conscience qu'il était plus important de s'occuper de son pays que de son confort personnel, il prit alors le risque de tout changer, de tout bouleverser. Il en fut transformé ; il apprit à agir selon son cœur plutôt que de satisfaire son intérêt personnel et refusa de se prêter à de basses manœuvres électorales. Et pourtant, le voilà seul et abandonné, à mi-chemin dans cette décennie qu'il avait abordée si courageusement.

Quand un ancien héros militaire comme Patrick arrive à un tournant un peu difficile, il ne recule pas pour examiner la situation avant de s'engager, parce que cela ne se fait pas à l'armée. Il n'a ni repensé, ni remis en question son rêve héroïque de jeunesse d'être le citoyen-soldat, pas plus d'ailleurs que la vision de sa femme, qu'il idéalise encore à ce jour.

Le dilemme qu'il a connu, tiraillé entre son devoir et ses obligations de père de famille, est assez fréquent chez les jeunes couples.

S'il avait capitulé à trente-neuf ans en se conformant aux désirs de sa femme, s'il était resté l'avocat bien établi dans sa ville, il serait probablement devenu un homme conservateur, sceptique sur ses propres croyances, mais obligé de brandir son idéal comme un témoignage de sa fidélité à lui-même. Cela n'aurait pas davantage aidé sa femme.

Mais, bien qu'il ait agi avec une certaine rigueur vis-à-vis de lui-même, il n'a pas su imaginer un seul instant que la femme avec qui il vivait avait besoin elle aussi de repenser sa vie. Et cela ne lui serait jamais venu à l'esprit (il l'admet lui-même) si elle ne l'avait pas quitté. Ce dont, personnellement, je doute.

Pauline semble avoir abandonné l'idée que son mari ressemblerait à son père seulement lorsqu'elle se rendit compte que cela ne se réaliserait jamais. Elle est devenue indépendante par désespoir.

Ce sentiment de désespoir que ressent Patrick est sûrement sincère, mais cet homme continue à surestimer sa femme, à voir en elle quelqu'un qui le protège des dangers et qui contribue à son succès. Il agit toujours comme si elle n'avait pas changé. Quand il veut résoudre son nouveau problème, il fait toujours appel aux vieilles méthodes. Quand il évoque son envie de laisser tomber la politique pour s'occuper de « cette chose humaine », il veut dire que, pour récupérer sa femme, il est prêt à jouer le papa. Et, à moins que Pauline ne régresse, ce n'est plus du tout ce qu'elle désire.

La grande question qui reste à résoudre est la suivante : Est-ce que le passage d'un stade à un autre, est-ce qu'une remise en question de la vie passent par le rejet du partenaire ?

Supposons un instant que Patrick, au lieu de rechercher une

autre femme qui soit la doublure de Pauline, et que Pauline, au lieu de se venger de ses absences en se jetant dans les bras d'un autre homme et en quittant la maison, supposons qu'ils aient eu le courage de faire face au problème ensemble et qu'ils l'aient évoqué.

Alors chacun serait obligé de dépasser ses blocages et de surmonter les auto-censures qu'il s'est imposées. Que nous le sachions ou pas, et généralement nous ne le savons pas, c'est toujours avec elles que nous nous battons pour être libres. Et finalement, si nous le voulons, au terme d'un combat décisif nous parvenons à nous conquérir et à nous posséder nous-mêmes.

Mais en même temps, hélas, nous devons nous confronter à notre solitude, inéluctablement.

C'est si difficile à accepter que l'on esquive souvent cette confrontation finale, jusqu'à ce que l'on ait épuisé toutes les autres solutions apparemment plus faciles.

Si l'on attribue son mal d'être à son conjoint, à son patron, à la société, à l'état dépravé de notre espèce, l'on peut pendant un moment éviter cette impression de solitude profonde que l'on ressent lorsque l'on s'accepte soi-même indépendant et responsable. Mais agir ainsi, c'est se condamner à ne jamais trouver le chemin de l'authenticité. Nous goûtons la plénitude d'« être » seulement lorsque nous sommes prêts à admettre cette vérité essentielle : il n'y aura jamais personne pour s'occuper constamment de nous, susceptible de ne jamais nous abandonner.

Lequel des deux est fou ?

Vouloir lutter contre cette vérité rend les gens fous. La punition la plus simple qu'on puisse infliger à son partenaire est le rejet. On refuse de l'écouter, de le toucher, de lui parler, de s'occuper de lui, ou même d'être là. L'intimité ne peut plus être ce qu'elle était. Ceci laisse libre cours aux malentendus.

La punition la plus cruelle s'exprime ainsi : C'est lui (ou elle) qui est fou. On dirait qu'il y a là l'argument clef de la vie du couple à quarante ans. Ils s'accusent mutuellement jusqu'à ce que l'un d'entre eux se dévoue : « Tu sais, cela te ferait du bien d'aller voir un psychiatre » (ou bien un psychologue, ou tout autre substitut du prêtre). En suggérant cela, l'un des deux conjoints veut culpabiliser l'autre, qui refuse d'aller voir le psychiatre, ou le neurologue, car ce serait admettre qu'il est malade.

Supposons plutôt que le couple résiste à la tentation de cet argument « Lequel des deux est fou ? » Chacun alors décide de se pencher sur ses problèmes et d'analyser son évolution psychologique. Alors ils n'ont plus besoin de manipuler leur partenaire, ni de détériorer leur relation conjugale. Mais tout se résoudra-t-il par un baiser final ?

Non. On peut très bien estimer que la personne que l'on voit maintenant clairement, avec toutes ses qualités, et ses défauts, ne peut faire un bon partenaire. Mais, s'il doit y avoir séparation, elle se fera alors dans une certaine sérénité et dans un respect mutuel qui seuls permettent de préserver une amitié.

Ceci est très important. Parce qu'il y a une chose qui devient absolument certaine, quand on vieillit : les quelques personnes qui passent dans notre vie sont les seuls liens qui nous rattachent à notre continuité dans le temps. Ceci inclut nos parents, nos enfants, nos amours, même les fœtus qui n'ont jamais pu voir le jour. Si nous essayons d'enterrer les images des autres qui portent en eux une partie de notre vie, c'est une partie de nous-même qui disparaît et meurt avec eux.

De toute façon, l'on ne divorce pas à quarante ans, on se sépare. C'est une manière de s'immuniser contre un remariage précipité et cela peut permettre à chacun des partenaires de se repenser vraiment, d'évoluer et, qui sait ? peut-être de revivre ensemble un jour, et ce en toute connaissance de cause.

Qui a fait ça ?

Qui donc est responsable alors dans un couple ?

La vie est un changement perpétuel et il nous faut souvent plusieurs années pour comprendre que la seconde moitié de la vie est un puzzle tout neuf.

Chapitre 22
Le losange sexuel

J'ai délibérément laissé pour la fin les problèmes de changements sexuels qui s'opèrent chez l'homme et la femme au milieu de leur vie. Il y a peu de doute que des changements hormonaux chez les deux sexes stimulent certaines modifications psychologiques qu'on observe à cet âge. D'un autre côté, quand un mari de quarante ans vous dit : « Notre vie sexuelle est inexistante », ou qu'une épouse du même âge raconte qu'elle a pris un amant pour « sauver le mariage », on se rend aisément compte, en approfondissant un peu, que les changements hormonaux n'en sont pas la cause, mais qu'ils sont simplement la conséquence de tous les autres bouleversements décrits plus haut.

Or, voilà que les femmes modernes parlent de leurs possibilités érotiques de manière ouverte, au moment même où l'activité sexuelle devient moins stimulante pour leur mari. Et, pour les hommes, ce fait même est un véritable désastre.

L'impuissance relative chez l'homme au milieu de la vie résulte, dans 90 % des cas, d'une combinaison d'ignorance et d'anxiété. De nombreuses études tendent à le confirmer. Ainsi, Masters et Johnson pensent que « la susceptibilité du mâle humain en ce qui concerne ses prouesses sexuelles dépasse les limites de l'imagination ». Plus que le flux hormonal, c'est l'anxiété, cette peur irraisonnée de perdre ses pouvoirs masculins tels qu'il les a connus qui chez l'homme fait de la première impossibilité d'érection un événement invalidant. La moindre allusion au fait que sa puissance sexuelle diminue le conditionne à répéter ce qui, trop souvent, lui semble être un échec humiliant.

Il remarque qu'il lui faut plus de temps pour avoir une érection. Là où quelques secondes et un coup d'oeil sur un corps féminin suffisaient, il lui faudra quelques minutes, en vieillissant, pour atteindre l'érection. Et il remarque aussi, avec justesse, qu'il est plus lent à renouveler l'acte sexuel. Dans la douce euphorie de l'adolescence, il se promenait probablement toute la journée en érection, sans la perdre jamais complètement après avoir fait l'amour ou s'être masturbé — prisonnier virtuel de ses hormones et de son pantalon trop collant. Mais, maintenant, chaque acte sexuel a un début et une fin, et c'est souvent l'affaire de quelques heures, sinon de toute une journée, avant qu'il puisse recommencer. Comparaisons blessantes... Il n'est plus le jeune homme qu'il était.

L'effet cumulatif de ce genre de souvenirs peut le mener à croire qu'il court tout droit à l'impuissance sexuelle définitive. A essayer de forcer une érection en pensant que ce ne sera bientôt plus possible, il devient candidat à l'impuissance secondaire. Ce qui signifie qu'après une vie sexuelle tout à fait normale il n'arrive plus à avoir d'érection qu'une fois sur deux ou sur quatre. Ou, pire encore, plus jamais, s'il se résigne à croire qu'un échec épisodique est un signe de l'âge.

Les faits sont les suivants : Masters et Johnson affirment que l'impuissance est d'origine psychologique (sauf pour un infime pourcentage). Or, un quart de la population masculine est impuissante à soixante-cinq ans, et la moitié à soixante-quinze.

Quelle est la norme ? De quoi est capable l'homme de trente-cinq ans ? (Il est à noter que le fait d'insister sur cette notion de puissance a toujours été la cause majeure des dysfonctionnements sexuels.) Il se passe quelque chose, et il n'y a personne pour expliquer comment l'interpréter. La plupart des hommes n'oseront jamais demander à un autre homme ; et d'ailleurs, ils n'auraient pas beaucoup de chances d'obtenir une réponse franche, tant le niveau du mensonge sur ce sujet est élevé. Voilà pourquoi chaque homme pense que ses échecs sont, en un sens, exceptionnels.

Il y a pourtant des avantages considérables à accepter et à jouir de cette maturité sexuelle. L'amour prolongé devient naturel. Une intimité profonde devient possible (alors qu'elle ne l'est jamais quand joue la loi du machisme).

Un homme m'a dit à quel point ces changements lui parurent menaçants et combien il les a combattus pendant presque cinq ans. Il avait joui d'un énorme succès auprès des femmes après son divorce, aux environs de la trentaine. A l'approche des quarante ans, heureux d'être remarié, il fut invité à une soirée par une de ses anciennes maîtresses. Sa femme était partie en voyage d'affaires. « Je pensais qu'il fallait que j'essaie, dit-il ; j'avais toujours réussi avant. » Mais, en emmenant la tentatrice au lit, il ne pouvait s'empêcher de penser à sa femme. En fait, il resta complètement passif. C'était elle qui prenait l'initiative (comme tant de femmes mûres, observera-t-il plus tard).

« Après quelques expériences similaires, j'ai commencé à réaliser que c'était parce que je me forçais à faire quelque chose que je ne désirais pas vraiment. »

Il ne pouvait pas s'exécuter sur commande, et, avec le temps, il commença à ne pas apprécier du tout qu'on exige de lui quelque chose qui ne venait pas du cœur. En même temps, il s'attachait de plus en plus à sa femme, était plus proche et plus tendre avec elle. Ce n'était pas facile de passer d'une vie de domination sexuelle à un désir d'affection et de tendresse, mais, petit à petit, il commença à en voir l'avantage.

« C'est la liberté de sentir qu'on n'est plus obligé de courir après les femmes. » Mais, même devant l'aspect positif de ce changement, il essayait de résister.

Le thème qui revient le plus dans les propos des hommes de quarante ans est celui de la saga de leurs escapades avec des femmes plus jeunes, de la restauration de leur puissance sexuelle défaillante. Quelquefois, ces diversions peuvent effectivement les aider à se débarrasser de l'anxiété qui est à l'origine de leur problème. Quelquefois, à leur grand regret, ils se retrouvent soudain plats comme du champagne éventé à la fin d'un festin, et la liaison ne fait qu'accentuer leur flaccidité avec leur femme. Dans tous les cas, ils se retrouvent déroutés, honteux et effrayés.

Quand Jean claironne dans une soirée : « Moi je ne couche plus avec les femmes au-dessus de quarante ans », ou que Simon annonce à ses amis : « Je pars avec une jeunesse de dix-sept ans ce weed-end », ils trahissent le mieux du monde leurs propres frayeurs d'impuissance. Dans leurs propos, la femme de quarante ans n'est pas jugée en tant qu'individu ; la jeune fille de dix-sept ans n'a pas de nom et pas de caractéristique personnelle. Dans les deux cas, la femme n'a plus qu'une seule dimension : son âge.

C'est aussi la période où l'homme commence à apercevoir son propre côté féminin, ou bien, en contrepartie, se sent un peu menacé de trouver une attitude agressive chez sa partenaire. Les caractéristiques changeantes qui deviennent évidentes chez les deux sexes pendant le passage des quarante ans ne peuvent pas se compléter, tout au moins durant quelques années. S'il ne fait pas l'effort de le comprendre et de l'accepter, l'homme risque de se sentir bloqué. Or, les appréhensions, dans le domaine sexuel, ne font qu'aggraver la situation. Dans sa vision des choses, au moment où la nature diminue son potentiel sexuel, une femme de son âge, qui a de l'expérience et qui aime l'amour, en sait trop et demande trop. Le réflexe de défense le plus commun est de trouver un moyen de diminuer la femme.

On peut le faire en cherchant des partenaires plus jeunes ou plus superficielles. Mais ce n'est pas le seul moyen. Toute l'expérience sexuelle peut être réduite en déshumanisant les femmes, en les considérant comme un assortiment d'objets interchangeables. On paie des prostituées. Certains hommes s'amusent à séduire la femme des copains, forme de rivalité masculine où cette dernière est rabaissée pour avoir participé à l'infidélité. Le fétichisme sexuel fait beaucoup d'adhérents, surtout chez les hommes de quarante et cinquante ans. Il y a ceux qui insistent sur certaines positions étranges. Les pieds deviennent soudain une obsession, ou les tétons bruns, ou je ne sais quoi. La motivation réelle est peut-être de disqualifier le plus de femmes possible.

A l'origine de l'ignorance, il y a le fait que, jusqu'à une époque très récente, on ne disposait d'aucune source d'informations sérieuses sur la vie sexuelle. L'homme était d'abord un petit garçon à qui les grands disaient : « Quand tu seras plus grand, tu sauras. » Ensuite, il devenait le grand qui disait à un autre ignorant qu'il saurait. Puis il passait de l'état de fils à celui de mari et de père sans oser poser de questions aux filles rencontrées en chemin, parce que cela aurait été admettre son ignorance.

La dernière chose que l'homme est prêt à accepter, son ultime recours, selon le Dr David Marcott du Kinsey Institute, c'est d'exposer son trouble à un docteur. Révéler à qui que ce soit une faiblesse, réelle ou imaginaire, se mesurer aux standards de la virilité le rebute profondément. De plus, les hommes n'ont pas de docteur capable de les aider vers le milieu de la vie. Quel est celui qui peut avoir avec son urologue la longue et confidentielle relation qu'ont les femmes avec leur gynécologue ? Les hommes ne peuvent concevoir l'idée d'ouvrir les jambes sur l'injonction d'un docteur, comme y sont obligées les femmes quand on les examine, quand on leur fait des frottis, des épisiotomies, des curetages, qu'on leur pose diaphragme ou stérilet ; le rôle masculin pendant les années de reproduction n'y engage pas. C'est pourquoi ils deviennent douillets à l'idée d'aller exposer leurs problèmes sexuels à un médecin.

D'ailleurs, le feraient-ils que la plupart des généralistes seraient incapables de répondre à leurs questions. Il est rare, en effet, qu'un généraliste ait reçu une formation quelconque en ces matières. Il ne s'intéresse pas à l'histoire sexuelle de son patient, et ne s'informe pas sur son impuissance sexuelle, ce qui est pourtant le coeur du problème. Le patient va d'ailleurs déguiser ses inquiétudes véritables en décrivant d'autres symptômes physiques (« je suis au bout du rouleau », « je suis surmené », « je suis trop gros »), ou bien inventera un facteur organique. Si le docteur lui pose des questions sexuelles directes, il mentira probablement. En conséquence, le docteur finira par lui dire : « Ne vous inquiétez pas ; c'est un des phénomènes naturels du vieillissement. » Sous-entendu : « Vous n'en aurez plus besoin longtemps. »

Pendant ce temps-là, sa femme est souvent, littéralement, « en chaleur ». L'épanouissement tardif du désir sexuel et des capacités d'orgasme chez la femme de plus de trente ans est légendaire, et il en est bien trop conscient. Masters et Johnson affirment sans détours : « Une femme de cet âge ne sera généralement satisfaite qu'après trois à cinq orgasmes. »

Nous voilà dans un cercle vicieux : la rencontre entre une femme mûre qui cherche activement satisfaction de ses désirs sexuels maintenant désinhibés et d'un homme qui se méfie de ce genre d'approche et bat en retraite involontairement.

Les cycles de la vie sexuelle masculine et féminine

C'est avant la naissance, à dix-huit ans et à soixante ans que hommes et femmes se ressemblent le plus. Entre dix-huit et soixante ans, ils s'éloignent vers des pôles totalement opposés et dont les extrêmes se situent aux environs de quarante ans.

C'est un mouvement qui prend la forme du losange. A l'âge de l'émancipation, hommes et femmes partent sur un pied d'égalité. Pendant la vingtaine, ils s'éloignent l'un de l'autre de multiples façons : dans leur capacité sexuelle respective aussi bien que dans leur disponibilité vis-à-vis des autres et de la vie (surtout au moment où la femme commence à avoir des enfants). Les rôles sociaux qui leur incombent sont en outre très différents, et favorisent des traits de personnalité opposés. Vers la fin de la trentaine et au début de la quarantaine, la distance entre les psychologies des deux sexes est à son maximum. Ils témoignent d'aspects sexuels étonnamment dissemblables, surtout au niveau de leurs possibilités. Au même moment, il leur faut admettre l'aspect antagonique de leur nature, ce qui est pour le moins inquiétant. A la cinquantaine cependant commence pour tous deux un processus d'involution qui les amènera éventuellement au même type de comportement sexuel dans la vieillesse.

Entrons un peu plus avant dans le détail. Nous sommes tous du sexe féminin pendant les cinq semaines qui suivent la conception. Les instructions génétiques qui déterminent notre sexe ont été données, mais tous les embryons de mammifères sont femelles jusqu'à ce que, chez certains, la croissance des ovaires ne se produise pas. Il faut la stimulation des hormones mâles pour que débute la différenciation des sexes pendant la cinquième semaine. Mais quelles que soient les instructions génétiques, si l'on supprime les organes reproducteurs du foetus avant la cinquième semaine fatidique, celui-ci deviendra une femelle anatomiquement normale, à cette différence près qu'elle n'aura pas d'ovaires.

Les deux sexes produisent continuellement l'hormone du sexe opposé. Si l'on injecte expérimentalement de la testostérone à une femme, son système acceptera facilement cette hormone mâle, et bien que son appétit sexuel s'en trouve accru, ainsi que la taille de son clitoris, elle n'aura pas besoin d'oestrogène supplémentaire pour retrouver son équilibre féminin normal. L'inverse est vrai pour les hommes. Le foie surveille le taux d'oestrogène chez l'homme, et en élimine tout excès. Les hommes résistent très bien aux injections d'oestrogène et à ses effets féminisants.Les années passant, cependant, le foie devient moins actif. C'est pourquoi, à l'âge mûr, le taux d'hormones femelles a tendance à croître, ou du moins à se stabiliser. Alors qu'au même moment le déclin de la production d'hormones mâles, commencé à l'adolescence, continue inexorablement.

En approchant de la cinquantaine, les contours du corps de l'homme gagnent graduellement un peu de l'aspect femelle qui était anatomiquement naturel à l'embryon d'origine. Bien que, de son côté, la femme après la ménopause ne se trouve pas exactement dans la même situation (la production d'hormones mâles n'augmente pas dans les mêmes proportions), son niveau d'oestrogène diminue également après la fin du cycle reproductif. Les deux sexes deviennent donc de plus en plus semblables. Ou, pour être plus précis, en échangeant leurs caractéristiques, ils deviennent moins différents.

Essayons maintenant de savoir en quoi consiste la ressemblance entre filles et garçons à dix-huit ans. Ce qui était tabou et honteux, il n'y a pas si longtemps, sur ce sujet a fait l'objet de recherches sérieuses et bénéficie d'une plus grande honnêteté de la part des femmes.

On sait que les hommes atteignent leur plus grand potentiel sexuel vers dix-huit ans. La puissance sexuelle se définit par la capacité de répondre rapidement et « indéfiniment » à l'incitation ; non seulement le jeune homme est en état d'érection en quelques secondes, mais encore il est capable d'avoir une chaîne d'éjaculations sans perdre complètement cette érection. Dix minutes après le premier orgasme, il peut repasser d'un état d'excitation à l'érection complète. Il est en fait capable d'avoir de multiples orgasmes en repénétrant sans cesse sa partenaire.

Quant à la capacité sexuelle réelle des filles de dix-huit ans, on n'en sait pas grand-chose, du fait de la répression traditionnelle de leurs désirs sexuels par la famille, qui a joué un rôle dominant dans notre culture. Mais ceci ne veut pas dire que cet appétit sexuel n'a pas toujours existé. Certains sont encore choqués d'apprendre que les jeunes filles sont aussi intéressées par le sexe que les garçons. On ne peut pourtant s'empêcher de sourire de cette vieille notion de la sexualité tranquille et léthargique de la femme, petit bourgeon qui ne consent à s'ouvrir qu'après dix ou quinze ans d'entrebâillements progressifs et laborieux.

En fait, le vagin est un espace extrêmement élastique, qui s'élargit encore avec le désir. Même une femme très petite ou très jeune peut recevoir un pénis de taille exceptionnelle, tout comme elle est capable de donner naissance à un enfant de dix livres à dix-huit ans. Plus elle a d'expérience, plus elle est rapidement excitée, et plus elle peut avoir d'orgasmes successifs, avec cet avantage qu'elle n'a besoin d'aucun laps de temps pour être prête.

Toutes les sociétés ont toujours soupçonné cela chez la femme, d'où les efforts pour supprimer la sexualité féminine. Les simplifications sur le jeune homme en érection constante et sur le petit bourgeon fermé de la femme me semblent des généralisations sur des cas extrêmes. La vérité est beaucoup plus complexe.

Ayant pour ma part vécu avec un sentiment de culpabilité une adolescence effrontée, j'ai toujours été très sceptique sur cette notion « d'épanouissement sexuel tardif de la jeune fille ». J'interrogeai donc une amie là-dessus.

« Je me souviens d'une adolescence d'une frénésie absolue ; je ne passais pas une seule journée sans rêver, désirer, regarder, toucher, 75 % de mon temps passait à cela. »

Toutes celles qui n'étaient plus vierges au moment du mariage ont sans doute ressenti une certaine culpabilité envers leur jouissance. Savaient-elles seulement que c'était normal ?

Mais alors même que c'était contraire à leur expérience, les femmes de ma génération acceptaient les idées reçues en la matière, et probablement se forçaient à la passivité sexuelle. Il n'était pas rare, pour les filles « bien », de se punir de leurs irresponsabilités érotiques en entamant une période de nouvelle virginité. Ce qui explique la lettre suivante, écrite pendant les grandes vacances par une jeune fille à son petit ami : « Ce que nous avons fait n'est pas bien ; quand nous nous reverrons, l'automne prochain, il ne faudra pas recommencer. » Il en fut abasourdi : ils s'étaient simplement caressés !

Aujourd'hui, cela nous fait sourire. Grâce à la bataille pour la liberté de l'avortement, nous avons pu devenir plus honnêtes au sujet de cette intensité sexuelle. Toutes les femmes célèbres qui se sont jointes à la cause nous ont beaucoup aidées par leur franchise et leur courage.

Ce qui ne veut pas dire que la majorité des filles de dix-huit ans, avant que la pilule existe, s'employaient à éveiller leur énergie sexuelle ; mais, lorsque cela se produisait, leur énergie égalait au moins celle des garçons dans ce domaine. Cependant, les convictions religieuses, ajoutées à l'antagonisme des sexualités masculine et féminine et aux éjaculations précoces de leurs partenaires lors des premières expériences, constituèrent un frein remarquablement efficace de l'activité sexuelle des jeunes filles.

Les garçons recevaient de leur côté des instructions contradictoires : « Cela ne se fait pas. Mais on s'attend à ce que tu le fasses. » Cette contradiction avait chez eux l'effet bien connu : ils joueraient l'attaquant tout en s'offrant comme proie involontaire. Tout sentiment contraire à cette belle image devait faire l'objet d'excuses, et rien, dans ce concours rituel, ne laissait place au respect mutuel. Au contraire, cet imbroglio allait, jusqu'à l'âge adulte, empêcher la véritable confiance entre hommes et femmes : les hommes continuaient à croire que « les femmes sont toujours réticentes », et les femmes étaient convaincues que « les hommes ne pensent qu'à ça ».

Les cycles divergents de la vie sexuelle

La similitude des hommes et des femmes à dix-huit ans ne réside pas seulement dans leurs capacités sexuelles. C'est l'âge où ils se ressemblent le plus par le besoin de s'éloigner de leur famille. Ils ont tous les deux envie de savoir ce qu'ils sont. Ils sont mal à l'aise, inexpérimentés, et semblables dans leurs rôles sociaux. Captivés par ce qu'ils apprennent sur eux-mêmes autant que par ce qu'ils apprennent sur l'autre, les jeunes amants perdent avec joie leur ego dans les délices de la volupté vécue. C'est pourquoi la fin d'un premier amour est toujours difficile.

Puis, dès les vingt ans, les voilà classés sexuellement entre l'avenir domestique et la carrière, et cette distinction écrasante prend alors tout son poids. Ils commencent à se séparer sous tous les aspects, y compris sexuellement. La majorité des naissances se produit pendant la vingtaine de la mère. Les grossesses causent des interruptions sexuelles, et les enfants en bas âge sont fatigants et asservissants. Les hommes ont déjà atteint leur potentiel sexuel maximal.

Vers trente et un ans, alors qu'elle a accompli son devoir de reproductrice, la femme parvient au contraire à l'apogée de sa capacité sexuelle. Même si un lent déclin physique commence à cet âge, il est largement compensé par la perte de ses inhibitions. La psychiatre Mary Jane Sherfey note l'importance de la grossesse à ce sujet. « La capacité à l'orgasme répétitif (c'est-à-dire des orgasmes qui se succèdent l'un après l'autre sans interruption), dit-elle, se manifeste pendant les quatorze derniers jours du cycle menstruel, à cause d'une importante vaso-congestion. Notamment chez les femmes qui ont déjà eu des enfants. Leurs parties érectiles se rechargent immédiatement après chaque orgasme, ce qui recrée aussi vite la tension sexuelle, engorgeant le pelvis entier d'un flux inépuisable de sang et de liquide. C'est une des différences fondamentales entre l'homme et la femme, et entre la femme et les autres primates femelles. »

Que se passe-t-il de nouveau chez l'homme de trente ans ? Tout le monde semble s'accorder sur le fait qu'après trente ans l'homme perd sa capacité d'orgasmes multiples. C'est-à-dire cette capacité d'avoir des érections toutes les dix minutes et de pénétrer sa partenaire plusieurs fois. La résolution complète de l'acte sexuel suit chaque éjaculation, et il lui faut au moins une demi-heure avant d'avoir une autre érection. Néanmoins, la qualité de sa vie sexuelle s'améliore, de pair avec son statut social et ses talents. Ce statut, le rendant plus enviable aux yeux des femmes, le rend plus puissant aux siens. On ne soulignera jamais assez l'effet de la confiance en soi sur le niveau des hormones mâles.

C'est un fait biologique que, les années passant, les capacités d'érection de l'homme baissent, et qu'il a besoin de périodes de repos de plus en plus longues entre chaque entreprise amoureuse. Cet effet n'est guère compensé par la nouveauté d'une expérience ou d'une partenaire, comme il l'est souvent chez la femme, parce que l'homme a toujours eu moins d'inhibitions, mais qu'en revanche c'est justement maintenant qu'il commence à en avoir.

Etant donné les autres bouleversements auxquels il doit faire face à cette période de sa vie, il est évident que sa confiance en lui-même va en être affectée et, partant, sa confiance dans le domaine sexuel. Il peut essayer de cacher sa virilité amoindrie en se querellant avec sa femme et en battant en retraite dans des attitudes boudeuses. Il peut avoir des troubles psychosomatiques, justifiant ainsi de ne pouvoir faire l'amour le week-end. Il y a des centaines de manière de fuir le fond du problème. Pour aggraver la méprise, si sa partenaire se doute des raisons véritables, elle ne veut pas risquer son anéantissement en les abordant.

Dans les sociétés occidentales, nous avons le tort d'attacher trop d'importance au pénis vertical. « Quand un homme ne peut ériger son pénis à la pure verticale, ou éjaculer prématurément, dit l'anthropologue Ray Birdwhistelle, il pense qu'il est impuissant. »

Il existe pourtant des civilisations qui acceptent le fait que l'acte sexuel est possible même avec un pénis non rigide. Ceci requiert une certaine coopération entre l'homme et la femme, bien sûr. Elle se prépare elle-même à la réception de ce pénis à moitié érigé, en usant de lubrifiant supplémentaire si nécessaire. Dans une société où il est « mal » pour la fille de coopérer, on a créé un tabou contre ce genre d'efforts utiles. La révolution sexuelle n'est pas encore arrivée, mais, au moins, les femmes ont le droit maintenant de dire ce qu'elles savent sur ces questions sans pour cela être « vicieuses », et peuvent aussi l'enseigner aux hommes. Mais il reste un grand bandeau sur les yeux de l'âge mûr, et il y aura encore du chemin à faire pour réduire le nombre des victimes de notre ancienne conception de la sexualité.

Le côté merveilleux du cycle de la vie sexuelle masculine est le suivant : un homme en bonne santé n'a aucune raison de jamais perdre sa capacité d'érection. L'homme d'âge mûr sexuellement éduqué et expérimenté fait un amant des plus satisfaisants. Une fois qu'il a passé le stade au cours duquel ne plus être un jeune homme le rend anxieux, il peut enfin apprécier sa puissance sexuelle parvenue à maturité, celle d'offrir la tendresse et recevoir l'amour, tout en prolongeant son propre état d'excitation en attendant l'éjaculation, et en plongeant sa partenaire dans le plaisir de nombreuses fois. C'est cela, la puissance. Mais il devrait aussi savoir que les femmes ne veulent pas se sentir obligées de jouir plusieurs fois à seule fin de flatter sa virilité. Tout comme pour l'érection, la volonté d'une performance est incompatible avec un acte sexuel agréable et réussi.

Si nous considérons l'humanité en termes d'évolution, nous devenons tous relativement inutiles après trente ans. Tout ce dont une espèce a besoin pour survivre, c'est de se reproduire — ce qui est très possible dès l'âge de quinze ans — et puis de persévérer une quinzaine d'années supplémentaires pour élever la génération montante. Et il est certain qu'à quarante ans, lorsque les testicules et les ovaires commencent à ressentir les marques de l'âge, nous sommes, toujours dans l'optique de l'évolution, complètement inutilisables.

Mais nous ne voulons pas disparaître ! Nous faisons tout ce qui est en notre pouvoir pour prolonger nos années de santé et de vigueur. Et que faire de toutes ces années qui restent à vivre après trente ans, et qui sont chargées d'érotisme et d'énergie ?

Si quelque chose ne va pas, c'est surtout de notre faute. Pourquoi en effet nous accrocher à l'idéal adolescent de l'amour, et nous plaindre quand les cinquante ans qui suivent ne peuvent nous apporter le même appétit et la même force. Nous sommes toujours aussi peu préparés au long segment de vie qui nous reste à vivre en tant qu'être sexués qui ne sont plus destinés à se reproduire.

Education de l'orgasme masculin

Une des raisons pour lesquelles nous pensons que la jouissance sexuelle de l'homme diminue alors qu'il vieillit, tandis que celle de la femme augmente, est due à ce que j'appellerai le « complexe de Kinsey » : Kinsey n'a mesuré l'expérience sexuelle qu'en termes d'éjaculation. Reflétant les préjugés culturels de son époque (1943), sa définition de la jouissance masculine est la pure et simple éjaculation — rien de plus. Il n'aurait jamais accepté qu'une éjaculation rapide puisse être qualifiée de « prématurée ». Si les primates le font vite, l'homme doit le faire encore plus vite.

« Il serait difficile, écrit-il, de trouver une autre situation dans laquelle un individu, rapide et intense dans ses réponses, ne puisse être qualifié d'être supérieur, et c'est précisément ce qu'est l'homme qui éjacule rapidement, malgré l'inconvénient et le désagrément que ces qualités peuvent occasionner à sa partenaire. »

Voilà qui témoigne d'un préjugé certain et qui a pu contribuer à faire de beaucoup d'hommes des éjaculateurs précoces.

L'orgasme mâle ne se produit pas spontanément. Comme le dit Birdwhistell, bien que nous n'aimons pas l'admettre dans notre culture occidentale, un orgasme masculin total, à la différence de la simple éjaculation, n'est pas réalisable sans entraînement ou sans éducation. L'éjaculation est composée de la sensation (qui dure deux ou trois secondes) de l'imminence de la jouissance et de trois ou quatre contractions musculaires violentes qui envoient le sperme en produisant un plaisir intense ; cela se termine après quelques dernières contractions. Après cinquante ans, l'homme peut ne ressentir qu'une ou deux contractions d'expulsion, et même perdre la sensation de jouissance qui l'accompagne, et devoir se contenter d'une éjaculation à une phase.

L'orgasme masculin total est un exercice de retardement de l'éjaculation. En apprenant à doser le seuil de son plaisir, l'homme peut s'offrir le luxe de se laisser caresser, d'augmenter la tension érotique, de fantasmer, et d'accroître ses sensations en laissant sa partenaire atteindre un ou plusieurs orgasmes.

Les jeunes gens d'aujourd'hui savent reconnaître les plaisirs de l'amour prolongé, et ils font des efforts, essaient diverses méthodes pour provoquer ce retardement. Le problème de l'homme mûr est différent. Quoiqu'il soit plus apte à ce genre d'amour, la réalité est souvent très loin des idées dans lesquelles il s'est entretenu au sujet de la sexualité. Ces idées consistaient dans la jouissance personnelle, tandis que sa partenaire devait le « faire jouir », sous peine d'éprouver un sentiment d'échec.

Masters et Johnson nous disent aujourd'hui que l'homme de soixante ans aiguisera son plaisir, s'il sait se retenir d'éjaculer deux fois sur trois. De cette manière, la tension sexuelle s'accumulera pour une jouissance qui n'en sera que plus intense. C'est une conception tenue pour idéale dans la culture orientale. Les anciens manuels sexuels chinois enseignent que le jeune homme doit apprendre à ne pas éjaculer, pour son propre plaisir tout autant que pour celui de sa partenaire. Dans la sagesse chinoise traditionnelle, la joie mutuelle la plus profonde dérive de la stimulation des orgasmes de la femme. L'homme se doit d'améliorer cette pratique tout au long de sa vie : se retenir le plus longtemps possible et, s'il finit par succomber, le faire au dernier moment pour que la sensation de plaisir soit à son degré extrême. Tout cela s'accorde si bien, si harmonieusement au mûrissement de nos capacités sexuelles ! Mais il faut avouer que la culture chinoise vénérait les anciens, alors que la nôtre vénère surtout la jeunesse que nous sommes tous appelés à perdre.

Les chercheurs les plus sérieux attestent que, si l'accomplissement sexuel devait être le seul critère de bonheur, le couple idéal serait celui de l'adolescent et de la femme deux fois plus âgée que lui.

Les réactions curieuses dues à la testostérone

Dans une certaine mesure, le fardeau de l'âge est plus lourd à supporter pour l'homme que pour la femme ; en effet, on attend de l'homme qu'il soit perpétuellement fort et il n'a jamais été préparé à envisager le contraire.

Nous savons que l'hormone mâle, la testostérone, est intimement liée à l'attitude agressive sexuelle. Et la science commence seulement à évaluer le taux d'hormones mâles en fonction de l'état émotionnel de l'homme. Le Dr Estelle Ramey, physiologue à la Georgetown University School of Medecine, qui s'est spécialisée dans l'étude des fluctuations de la testostérone et des rapports que ces fluctuations peuvent entretenir avec les crises cardiaques masculines, attira son attention sur une étude passionnante d'un de ses confrères, le Dr Robert Rose, professeur à la Boston University School of Medicine ; d'après cette étude, il semble que, lorsqu'un singe rhésus est le premier dans la hiérarchie de sa colonie, son niveau de testostérone est plus haut que celui de tous les autres singes. On pourrait en conclure que cette hormone est l'accumulateur nécessaire de l'agressivité. Mais, si l'on prend le même singe et qu'on le place dans une autre colonie où il est inconnu, son niveau de testostérone décline rapidement. C'est la preuve que ce niveau de testostérone dépend en grande partie du sentiment de sécurité éprouvé par l'animal.

Ainsi, le taux de testostérone n'est pas quelque chose qui existe de manière constante quelle que soit la situation dans laquelle on se trouve. C'est un système ouvert et fluctuant; des études ultérieures de Rose montrent à quel point le système est sensible. Après une défaite dans un combat, le niveau de testostérone chez un animal tombe et reste bas. Que l'on place un mâle, sans fonction hiérarchique spéciale, dans une cage avec une femelle qu'il peut dominer et avec laquelle il peut avoir une relation sexuelle active, son taux de testostérone grimpe en même temps que sa bonne humeur.

Des modèles similaires sont visibles chez l'homme. Mais nous souffrons d'une regrettable carence de la recherche dans ce domaine. Ce n'est que récemment que l'on a mis au point les techniques chimiques qui permettent de mesurer d'une manière précise les hormones sexuelles dans le sang humain. Les données disponibles tendent à indiquer que :

— plus l'homme est âgé, plus l'anxiété fera baisser son taux de testostérone ;

— après dix-huit ans, âge où la sécrétion de l'hormone est à son maximum, s'opère un lent déclin.

Le rythme de ralentissement n'est pas le même pour tous. De façon générale, le déclin s'accentue entre quarante et cinquante ans, moment où les signes de l'andropause apparaissent chez l'homme.

Les mystères de l'andropause

C'est un problème masculin qu'on méconnaît du fait notamment qu'il n'est pas marqué, comme chez les femmes, par un arrêt de menstruation. Personne ne s'attend à ce que l'homme ait des vapeurs, des vertiges, des trous de mémoire ou devienne irritable. Il se consacre éventuellement à un travail obsessionnel, tandis que des symptômes semblables à ceux des femmes peuvent apparaître tels que insomnies, lassitude, fatigue. Tous ces signes n'échappent pas à ses collègues qui s'enquerront de ce qui ne va pas et s'inquiéteront de sa capacité à faire face à ses responsabilités. Ses concurrents pour leur part utiliseront ses défaillances à leur profit.

Dès lors, un processus négatif se trouve amorcé. Il se sent moins en sécurité, il sent naître des appréhensions ; vieillir l'angoisse, et, plus il vieillit, plus l'anxiété inhibe la production d'hormones mâles. Ce processus peut aboutir à annihiler sa vie sexuelle. Il faut ajouter, à ce sujet, un propos rassurant du Dr Ramey : « La puissance sexuelle n'est pas fonction du taux d'hormones que l'on sécrète. La plupart des hommes ont un taux suffisant pour leur permettre d'avoir une activité sexuelle jusqu'à un âge très avancé. »

Etant donné ces faits, les deux problèmes qui se posent sont les suivants : combien d'hommes sont sérieusement affectés dans leur équilibre physique, émotionnel et sexuel, par suite de l'andropause ? Et quel est, par ailleurs, l'âge le plus critique ?

On estime actuellement que 15 % des hommes souffrent d'un déclin rapide de leur taux de testostérone, entraînant chez eux les symptômes de l'andropause. Pour les 85 % qui restent, le changement hormonal est lent et graduel, avec toutefois des variations considérables. La plupart le remarquent à peine et n'ont aucun symptôme, d'autres sont soumis à d'importantes variations de leur équilibre hormonal sur plusieurs années, provoquant chez eux des changements d'humeur.

Les symptômes de la ménopause affectent d'une façon ou d'une autre presque toutes les femmes, mais seulement 10 % d'entre elles en souffrent vraiment. Comment expliquer la faiblesse de ce pourcentage ?

La ménopause est en fait bien étudiée depuis des années et une femme peut savoir à quoi s'attendre. De nombreuses informations sont maintenant accessibles, tandis que des thérapies de remplacement hormonal, bien que controversées à cause de leur relation possible avec le cancer, sont disponibles. Les femmes qui traversent la ménopause ont, contrairement aux hommes, une raison bien spécifique de se plaindre et elles peuvent escompter la sympathie de leur entourage, alors que pour les seconds les choses restent assez mal définies.

Les conclusions d'une étude sur l'impuissance relative à cent patients en période d'andropause étudiés par l'urologue Thomas Jakobovits, sont les suivantes :

« Après quarante ans, l'homme est susceptible de manifester des symptômes de perturbation et de tension particuliers. L'individu peut souffrir d'irritabilité, de nervosité, d'un déclin de ses fonctions sexuelles... Ce déclin et ces symptômes d'andropause peuvent commencer à n'importe quel âge, mais ils se situent généralement entre quarante et cinquante-cinq ans. »

D'après trois autres études, l'âge moyen de l'andropause se situerait entre cinquante-trois et cinquante-sept ans. Le Dr Helmut Ruebsaat, quant à lui, place l'andropause pendant la quarantaine. La difficulté à laquelle on se heurte quand on essaie d'assigner un âge moyen est que bien des cas ne sont connus que longtemps après l'apparition des symptômes, tandis que d'autres ne le sont jamais.

Les symptômes de l'andropause sont multiples et difficiles à saisir. On ne se réveille pas malade un matin comme si l'on avait la grippe. Un ou deux symptômes peuvent apparaître un jour, suivis d'une série d'autres plus alarmants ; puis cela peut complètement disparaître. Quelques semaines ou un mois plus tard, d'autres symptômes sont de nouveau susceptibles d'apparaître. Au milieu de tant de confusion, comment s'étonner qu'on ne fasse pas le lien entre toutes ces maladies qu'on croit différentes. En résumé, voici une liste des manifestations les plus communément associées à l'andropause : fatigue matinale, lassitude et douleurs vagues, signes les plus fréquents ; sur le plan psychologique, nervosité, irritabilité, phases dépressives accompagnées de sanglots, d'insomnies, de trous de mémoire et d'appréhension ; enfin, puissance sexuelle et confiance en soi sont particulièrement affectées au cours de ces phases, aussi bien dans la vie privée que dans la vie professionnelle.

A ce tableau peuvent s'ajouter des signes de troubles circulatoires : vertiges, frissons, sueurs froides, migraines, fourmis, picotements et froideur dans les extrémités, accélération du pouls et palpitations. Ces derniers effraient davantage car ils font penser à une crise cardiaque.

En fait, le symptôme le plus troublant est celui du déclin de la stabilité psychologique.

C'est exactement ce qui est arrivé à Raymond Hull, un écrivain célèbre en excellente santé, atteint de frayeurs nocturnes et de vapeurs, alternant avec des frissons ; il passait des journées entières paralysé devant sa machine à écrire alors qu'il écrivait habituellement une moyenne de deux mille mots par jour. Le soir où une de ses petites amies vint chez lui pour y passer le week-end, et où il dut la laisser dormir seule, il comprit qu'il avait des problèmes de puissance sexuelle. Mais, ce qui l'agaçait le plus, c'était ses incontrôlables changements d'humeur. Après quelques semaines d'optimisme, lui d'ordinaire si placide tombait dans une profonde dépression. Pendant quelques jours, il s'en prenait à l'humanité tout entière.

« Je me demande dans quelle mesure les autres hommes sont affectés par de tels changements d'humeur, écrivit-il dans le journal qu'il commençait à tenir. Cette dépression est désagréable ; mais elle comporte un autre effet émotionnel qui, lui, est dangereux : à la moindre provocation, je passe d'une humeur dépressive à la rage la plus folle. » Puis, quelques semaines plus tard, il revenait au beau fixe et à la joie. Et là, une autre phase de dépression commençait ; il finit par penser qu'il devenait fou.

Le plus étrange est que ces symptômes ont coïncidé avec la période la plus satisfaisante et la plus enrichissante de sa vie. En deux ans, il revint bientôt à la normale. Il voulut mettre son expérience à profit, et il collabora avec le Dr Ruebsaat qui écrivait alors *The Male Climacteric,* paru en 1975. Apparemment ce livre reste le seul, à ce jour, qui traite en profondeur de l'andropause.

Si elle n'est pas diagnostiquée, l'andropause peut avoir des répercussions catastrophiques. « Les attaques de mauvaise humeur posent des problèmes énormes pour l'homme dans ses rapports avec son travail et son entourage, dit Ruebsaat. Dans les cas extrêmes, elles poussent à la querelle, à la bagarre, et même au meurtre. » Il décrit aussi les retombées auxquelles on peut s'attendre chez un homme ambitieux qui a atteint un certain degré de succès ; il oppose communément des réactions de panique à des menaces imaginaires contre son prestige ou sa position.

« Un patron qui commence à montrer les symptômes de l'andropause est souvent la terreur des employés — imprévisible, injuste, il est le plus haï dans l'entreprise. Ses décisions peuvent être trop vives ou trop lentes, voire totalement imprévisibles, dès lors que son humeur oscille du pessimisme à l'optimisme le plus absolu.

Qu'un tel changement puisse affecter un homme équilibré n'est pas une révélation plaisante. D'ailleurs, mon expérience m'a montré que les hommes se moquent de l'andropause. Ils ne veulent pas y croire. Ils pensent que c'est encore une de ces idées qu'entretiennent les femmes pour qu'on souffre avec elles. La tradition veut que seules les femmes soient frappées d'excentricité à l'âge de ces changements.

Quand parut en 1973 dans le *New York Times*, un article intitulé : « Y a-t-il une ménopause masculine ? » des lettres affluèrent de partout. Il y eut beaucoup de lettres de femmes, personnellement affectées par ces problèmes. « Malheureusement, les docteurs, les psychiatres et les hommes en général ont fait le silence sur la question. Ils vivent dans la terreur de reconnaître une condition qui affecte leur conduite d'une manière incontrôlable et les renvoie aux femmes sans pitié. Ils sont même incapables d'en parler entre eux. » L'auteur anonyme de cette lettre affirmait que, si elle avait eu connaissance des symptômes de l'andropause avant la « crise » de son mari, elle ne se serait sans doute jamais résolue au divorce en désespoir de cause.

Quels sont les remèdes à l'andropause ?

On peut bien sûr partir en quête des élixirs de jouvence, idée vieille comme le monde. Ainsi des hommes fortunés vont en Suisse depuis des années pour s'imbiber de glandes de singe, ce qui leur remonte certainement le moral, mais n'a que très peu d'effet réel. Même lorsqu'on injecte de l'hormone mâle, c'est sur l'esprit que l'on entend agir plus que sur la chair.

Les résultats de l'étude faite par le Dr Jakobovits avec des placebos sont encourageants. Il traita cent hommes, pour la plupart dans les soixante-dix, quatre-vingts ans ; il donna à la moitié d'entre eux des pilules de méthyltestostérone et à l'autre moitié des pilules de sucre. Après un mois, 78 % des cas traités au méthyltestostérone témoignaient d'un accroissement de leur libido, de même que 40 % des cas traités aux placebos. Si le traitement hormonal constitue bien un remontant, il est à la fois psychique et physique. « Une fois que les fonctions sexuelles sont rétablies et que le patient en est de nouveau véritablement convaincu, les médicaments ne sont plus nécessaires », ajoute Jakobovits.

Reste la question controversée des thérapies de remplacement hormonal. Certains pensent en effet que les cellules cancéreuses se développent en présence de la testostérone. Un quart des hommes de plus de quarante ans ont un cancer latent de la prostate, qui ne se manifeste pas et n'est découvert qu'à l'autopsie. Il est donc absolument nécessaire, avant d'entreprendre un traitement de cette sorte, de faire vérifier qu'il n'existe aucun cancer de la prostate.

Il serait évidemment ridicule de montrer du doigt tous les hommes de quarante ans un peu nerveux, en s'esclaffant « Ha ! Ha ! L'andropause ! » Leur nervosité fait probablement partie des nombreuses manifestations de la crise du milieu de la vie. Jusqu'à présent, la seule chose connue est que seulement 15 % des hommes souffrent de l'andropause par un bouleversement subit du niveau de production d'hormones mâles. Peut-être l'avenir nous éclairera-t-il sur cette question.

Sexe et ménopause

La lubrification vaginale chez la femme est l'équivalent de l'érection chez l'homme. Après quarante ans, cette lubrification va connaître un certain degré de diminution. Mais cela ne gêne ni le plaisir ni la réceptivité. En effet, lorsqu'une femme continue à avoir une vie sexuelle active ces symptômes de changement physique ne l'affectent guère. Cependant, ce délai dans la lubrification ressenti comme une perte de sa féminité peut appauvrir sa spontanéité.

La ménopause n'arrive pas d'un seul coup. La plupart des femmes pensent que, tant qu'elles ont leurs règles, elles ne sont pas encore dans la ménopause. Mais, bien que leurs règles puissent être tout à fait normales dans la quarantaine, elles peuvent être sujettes à d'importants changements hormonaux, décelables uniquement par analyse, et qui sont le signe du début de la ménopause, même si elles sont encore fertiles, voire même enceintes.

Parce que nous sommes peu conscients de la fréquence de ces fluctuations hormonales pendant la quarantaine chez les deux sexes, nous nous méprenons parfois, même sur les symptômes les plus connus. Que se passe-t-il lorsque des bouffées de chaleur envahissent le haut du corps et sont suivies de frissons ? Les médecins désignent ce phénomène sous le terme d'instabilité vaso-motrice. Les nerfs vaso-moteurs sont ceux qui concernent l'élargissement ou le rétrécissement du diamètre des vaisseaux sanguins. Ordinairement, ces nerfs agissent selon la température du corps ; lorsque nous sommes échauffés par l'exercice physique, du sang est envoyé aux vaisseaux dilatés qui se trouvent à la surface du corps. Le même processus vaut dans le sens contraire ; par temps de grand froid, nos vaisseaux capillaires se referment et renvoient le sang au centre du corps, où la chaleur est mieux conservée et les organes les plus importants entretenus. Mais, quand les hormones deviennent instables, elles dérangent les signaux qui mènent aux nerfs vaso-moteurs. De même, le vertige est généralement causé par des dérangements du flux sanguin dûs à l'agitation de ces nerfs. Les palpitations du coeur, elles aussi, peuvent avoir la même cause. La « climatisation » du corps ne s'effectue donc plus correctement.

Comme je l'ai déjà dit, 90 % des femmes aujourd'hui ne sont plus accablées par les maux de la ménopause, et l'arrêt effectif des règles apparaît plus tard. La dépression sévère que 10 % d'entre elles subissent, qui était plus commune auparavant, à disparu grâce aux possibilités nouvelles qui s'ouvrent à elles à mi-vie, et grâce à une profonde prise de conscience. Tous les experts parlent de l'« ouverture au monde » de la femme à cet âge, qui remplace le sentiment d'inutilité qu'elle ressentait auparavant, une fois les enfants partis.

Les femmes aujourd'hui abordent la ménopause avec une attitude nouvelle. Une fois débarrassées des soucis des enfants, de la contraception et des serviettes hygiéniques, les femmes en bonne santé jouissent d'un renouveau du désir sexuel, tout autant que d'un enthousiasme contagieux pour canaliser leur créativité vers de nouvelles voies.

On se demande souvent : « Qui est cette femme ? Elle doit avoir cinquante-cinq ans, et elle a une peau et une poitrine superbes. Quel est donc son secret ? » La réponse est qu'elle a probablement de vigoureuses glandes adrénales. Les glandes adrénales sont, avec les ovaires, les productrices d'oestrogène ; contrairement aux seconds, elles ne sont pas affectées par la ménopause ; certaines femmes peuvent donc compenser la perte d'oestrogène grâce à cette autre source ; elles vieillissent bien, restent fortes, pleines d'énergies, et jouissent toujours de la même élasticité et lubrification vaginale. Ce système de défense est malheureusement hors du contrôle de la femme. Ce qui ne l'est pas, en revanche, et qui d'après Masters et Johnson est l'autre facteur le plus important de la jeunesse sexuelle, ce sont les rapports réguliers, une ou deux fois par semaine au moins pendant des années.

Il en va de même pour les hommes. La régularité des rapports est la clef d'une vie sexuelle continuellement vigoureuse.

Chapitre 23

Se prendre à son rêve

J'ai voulu avoir, dans ma collection d'interviewés, une ancienne idole de ma jeunesse, une grande danseuse étoile. Je me souviens de la beauté de ses traits, de son chignon noir, de la perfection avec laquelle ses muscles fins savaient maîtriser toutes les poses. Elle avait donné des représentations dans le monde entier, et, à quarante ans, elle dansait toujours. On me dit qu'elle s'était mariée, et, quand je lui téléphonai, elle m'invita sans aucune hésitation à venir la voir.

Je fus reçue par une femme plantureuse, les cheveux teints en roux, tunique ample sur pantalon pattes d'éléphant. Je donnai le nom de ma danseuse. Elle me tendit une main dodue, le sourire amusé. C'était elle-même.

Elle m'emmena dans un jardin d'hiver plein de soleil et me servit du thé et des biscuits. Son mari nous rejoignit. Il était très vivant et très beau, et, de toute évidence, il avait au moins dix ans de moins qu'elle. A eux deux, ils formaient un seul et même tableau, remarquablement complémentaire, et, comme j'en parlais, elle sourit et son mari nous dit : « Je ne peux plus concevoir de vivre sans Irina. »

Ils m'ont raconté leur histoire. Très peu orthodoxe puisqu'ils avaient tous les deux su s'échapper d'une voie étroite et personnelle qui aurait fini par les rendre malheureux. L'histoire de la danseuse nous montre bien que la crise des quarante ans se manifeste aussi chez les femmes célèbres et sans enfants.

Son instrument, c'était son corps. Avant même de savoir lire, elle le travaillait, muscle par muscle. En grandissant, elle devait soumettre ses muscles aux tortures de la barre, les surveiller constamment, les forcer à s'assouplir. C'était le seul moyen qu'elle avait de contenter ses parents, d'origine russe. Les amis et le plaisir, ce serait pour plus tard, quand elle aurait fini. Irina se soumit entièrement à cette discipline. Elle était amoureuse de son talent, et elle le servait comme une épouse fidèle, aux cours du matin, aux répétitions de l'après-midi, et aux représentations de la soirée. Le commun des mortels a du mal à concevoir cet acharnement narcissique des danseurs et des athlètes.

« J'en étais heureuse en partie, mais en partie seulement. C'était toujours le dilemme entre ma carrière et l'idée que je me faisais d'une vie de femme. »

Elle se maria deux fois dans sa jeunesse. La première fois, quand elle était très jeune et très à cheval sur les conventions. La deuxième fois avec un grand artiste et ami qui l'admirait beaucoup. Hélas ! leurs vies étaient trop différentes : elle partait en tournée et ils ne se voyaient jamais. Leurs chemins se recoupaient de temps en temps. Ce qu'Irina avait recherché dans ce mariage, c'était une certaine stabilité, peut-être une ville qu'elle aurait pu appeler sa ville. Mais vraiment, elle n'était pas encore prête pour cette vague idée de couple et de foyer : il lui restait tant de grands rôles à danser ! Elle n'avait pas achevé sa carrière.

« Ce n'est pas avant d'avoir atteint une certaine maturité, je suppose, que j'ai réalisé qu'il devait y avoir quelque chose de différent, quelque chose de mieux que de papillonner d'un rôle à l'autre. »

Troisième mariage. Ils étaient en tournée ensemble, la belle étoile vénérée et son jeune chorégraphe ténébreux. C'était un personnage désinvolte, de trente-deux ans, qui ne rêvait que de ballets profondément engagés, ce qui n'intéressait pas du tout notre Irina. Mais ils tombèrent amoureux pendant cette tournée. Ils aboutirent à l'Opéra de Cologne, et s'évadèrent dans sa petite MG pour une randonnée d'une nuit jusqu'à Rome.

Arrivés en Forêt Noire, elle commença à jeter par la fenêtre, l'une après l'autre, toutes ses paires de chaussons. Tout en riant, elle vidait un peu plus les valises à chaque tournant et elle parsema ainsi la forêt de soixante-dix chaussons de danse.

« Ça y est, c'est la fin ! » Ils jubilaient.

Une fois à Rome, ils oublièrent la danse et fréquentèrent les petits restaurants ! Elle prit vite du poids. En quelques semaines, sa silhouette était complètement modifiée. C'était incroyable et sublime. Lui partait tous les matins monter un spectacle ou un autre, tandis qu'elle s'abandonnait à l'oisiveté. Elle était soudain intensément heureuse. Ils s'entendaient si bien qu'ils n'en revenaient pas : « Sans parler du coup de foudre et tout ça, je l'aimais réellement et elle m'aimait aussi. » Ils télégraphièrent la nouvelle de leur mariage à tous leurs amis. On leur répondit par de mauvaises plaisanteries : « Nous espérons que vous vous plairez à danser votre vie ensemble », etc. Et la carrière d'Irina ? Et cette différence d'âge ? Grotesque. Le reste du monde ignora royalement ce mariage.

Et voilà quinze ans qu'il dure. Au milieu de la vie, à l'heure où l'on a envie d'autre chose, il faut savoir relâcher les contraintes que jusqu'ici l'on s'est imposées. Souvent, on commence par tout casser et l'on décide de cultiver les aspects extrêmes de notre personnalité, comme notre ballerine qui avait abandonné une discipline de quarante ans pour se complaire dans la paresse et la gourmandise. Un jour ou l'autre, il est évident qu'elle devait s'apercevoir des limites de cette nouvelle passion. La majorité d'entre nous oscille entre deux limites, jusqu'à ce que nous trouvions la voie moyenne qui concilie tous les aspects les plus importants de nous-même.

Irina n'aurait pas pu trouver d'échappatoire plus romantique à l'ascèse de ses jeunes années. Elle n'était pas non plus du genre à se satisfaire d'une existence confinée devant la télévision, à se gaver de petits gateaux. D'une manière ou d'une autre, il fallait qu'elle puisse utiliser ses facultés de création, sans toutefois abandonner ce nouveau et merveilleux confort domestique. La vie qu'elle avait menée, toute centrée sur sa carrière avant de rencontrer son mari, était un atout pour elle. Puisqu'elle s'était consacrée entièrement à son art, elle n'avait jamais eu à combattre la décision de s'arrêter. C'est une décision qu'elle avait prise seule. « J'avais fait ma carrière, j'étais donc en sécurité de ce côté-là, je ne pouvais aller plus loin. J'avais atteint le but que je m'étais fixé. »

Elle devint l'assistante de son mari, son mentor créatif, ou sa mère spirituelle, comme vous voudrez, ou tout à la fois. Il se lança dans la mise en scène cinématographique, et elle restait près de lui, à la recherche de lieux de tournage, d'acteurs, s'occupant des costumes et des projections d'essai. Dès le début, il lui avait abandonné la responsabilité dans de nombreux domaines.

« Quand je ne sais plus où j'en suis, Irina a toujours une idée précise, dit-il, et un goût extraordinaire. Et elle regarde la vie d'une manière réaliste : " Ne t'inquiète pas, ce n'est qu'un film, me réconforte-t-elle parfois, tu en feras un meilleur l'année prochaine. " J'étais assez angoissé avant de la connaître. J'évitais de m'éveiller avant l'après-midi. Une des meilleures qualités d'Irina, c'est qu'elle se lève tôt et de très bonne humeur. (Et avec un sourire.) Ce n'est plus la même chose vers cinq heures de l'après-midi, mais les matins sont merveilleux. » Ne nous méprenons pas. Il ne l'idéalise pas au point de dépendre complètement d'elle, et c'est sans doute pourquoi il ne ressent pas le besoin de la quitter.

« Nous restons toujours assez proche l'un de l'autre pour demeurer à portée de voix. » Irina confirme cette extraordinaire intimité. « Nous n'avons pas d'enfants. Nous n'avons que nous deux et rien pour nous séparer. »

La plupart du temps, cette intimité reste muette. Pendant un instant, le visage du metteur en scène devient sérieux. Il regarde sa femme : « Je crois que je ne te l'ai jamais dit, mais c'est grâce à toi que je me suis rendu compte de mes possibilités, et que je peux accomplir tout ce dont je suis capable. » Elle dit de son côté : « C'est lui le patron, moi je suis les ordres. C'est parfait. (Et à lui.) Mais tu ne te rends pas compte ! Je ne pourrais jamais faire tout ce que tu fais. »

Sur ce point, il est d'accord. « Ce n'est pas pareil. » Manière délicate de s'en sortir. Et ils reviennent au jeu : « Disons que c'est moi qui fais tout le travail difficile, et qu'elle peut se payer le luxe de tout plaquer en plein tournage pour aller faire du lèche-vitrine.

— Et de revenir pour critiquer les essais.

— Ce qui ne fait que confirmer ce que je sais déjà, mais que je ne veux pas admettre. »

A la fin, on ne sait plus très bien qui parle. Ainsi en est-il de ce couple.

La liaison qui doit tout changer

Pour une femme comme Irina, il y a des douzaines d'hommes et de femmes qui se lancent dans l'aventure amoureuse sans trop y croire.

La liaison « qui doit tout changer » sert à beaucoup de choses. Mais la plus grande tentation, dans ce genre d'aventure, c'est l'amour romantique. Peut-il y avoir thérapeutique plus splendide pour la grisaille de la mi-vie ? Tant que le feu dure, il nous améliore, nous donne l'illusion d'être beau et fort, il éclipse le redoutable examen du passé et du futur, fixe le temps dans un présent sans lendemain.

Les mois passent. Six semble être le nombre magique, et le feu de l'amour romantique finit par s'éteindre. L'on devait s'y attendre. Mais l'on a oublié que, lorsqu'un feu d'artifice s'éteint, les cendres qui restent sont toujours les mêmes : le respect de l'autre, l'engagement, la confiance.

C'est rarement le cas. Les liaisons s'effilochent, et bien souvent il ne reste rien de cette relation entre les amants.

J'ai interviewé un éditeur de cinquante-deux ans. Il pensait avoir retrouvé sa jeunesse grâce à une femme de vingt ans plus jeune que lui. Leur liaison s'était convertie en mariage. Mais une nouvelle crise s'annonçait. Cet homme, si à l'aise au milieu des idées, des mots, des concepts, ne savait comment répondre à la question du « où en suis-je maintenant dans mon mariage ? » Sa jeune femme désirait avoir un enfant : voilà ce qui lui faisait peur. Il avait déjà vécu cela plusieurs fois dans ses années passées. Pouvait-il accepter encore une fois de n'être que le numéro deux ? Il se posait franchement la question. Quelle ressource avait-il pour le supporter ? Cet homme qui avait toujours fait preuve d'une certaine force morale était devenu vulnérable.

« J'ai la sensation d'être encombré par quelque chose, un sentiment de mal à l'aise. J'ai vraiment besoin d'aide. »

L'ironie, c'est qu'il avait aidé beaucoup de ses amis à franchir le cap de ce milieu de vie. Je lui demandai si le fait d'avoir cinquante-deux ans le rendait plus circonspect dans ses relations et dans son mariage.

« C'est un de mes grands dilemmes. Quel " moi " voulez-vous écouter ? Celui qui montre sa tension et sa fatigue ? Ou celui qui, souvent, sent qu'il a cinquante-deux ans et s'attend au pire ? » Peu après, sa jeune femme le quitta.

Beaucoup d hommes qui, à cet âge, ont une relation amoureuse ne pensent pas une minute à s'engager. L'intimité est précisément ce dont ils ne veulent pas. Dans le passé, ce rejet des responsabilités était surtout l'apanage des hommes. Comme le dit l'éditorialiste Art Sidenbaum : « L'homme de cinquante ans qui s'enfuit avec la fille de vingt-cinq ans est une chose banale, ce qui laisse un grand nombre de femmes de quarante-cinq ans sans rien à faire. C'est sans doute très cruel. Mais cela est un luxe que seuls les hommes peuvent s'offrir, pour la bonne raison qu'à cet âge ils peuvent très bien ne rien se refuser : foulards de soie et voitures de sport, hôtel sur la Côte ou tout autre accessoire caractéristique d'un certain manque de responsabilité. Leurs ex-épouses, elles, sont en général coincées à la maison avec les enfants et toutes les contingences qui marquent l'âge adulte. »

Sauf si ces mêmes épouses déclarent comme elles ont de plus en plus tendance à le faire : « Je te laisse les enfants. »

Voilà un redoutable coup porté à une exclusivité masculine vieille comme le monde ! Autrefois, avant la libération sexuelle, la jeune femme était attirée par l'homme mûr. C'était un peu le père expérimenté et protecteur. Il avait les moyens de la gâter, et savait se contenter des plus petites faveurs sexuelles.

Aujourd'hui, le séducteur aux tempes argentées entre en compétition avec le jeune homme qui connaît les femmes et le moyen de les satisfaire. Néanmoins, le fantasme existe toujours, l'idée qu'on ne tombera pas dans le piège de l'engagement persiste.

Pour équilibrer le conte de fées d'Irina, je vais vous raconter l'histoire de Jérôme.

Se distinguer

Tout arrive à Jérôme. Par exemple, il n'avait jamais pensé qu'il donnerait un jour des leçons d'initiation sexuelle. Ces choses-là sont imprévisibles. C'était un soir où il passait chez sa fille pour prendre un verre avant de retourner chez lui. Il alla dans sa chambre pour passer un coup de fil à sa femme. Les rideaux étaient tirés et il ne voyait rien. Tout à coup, un corps de femme l'enlaça.

— Monsieur, pourriez-vous me rendre un service ?

Il reconnut la voix de la co-locataire de sa fille !

— Bien sûr.

— Apprenez-moi à baiser.

C'était bien la première fois, à quarante et un ans, qu'une telle chose lui arrivait. Sans mot dire, il raccompagna la demoiselle au salon. Elle était belle. Elle avait aussi dix-neuf ans. Il s'excusa auprès de sa fille et fila prendre son train.

Peu après, il s'exécutait. « Parce que, explique-t-il, beaucoup de choses étaient en train de changer dans ma vie. C'était la première fois que je faisais l'expérience d'une telle franchise, et cette fille était extrêmement libérale : elle faisait partie d'un groupe d'extrême-gauche. Tout cela était si nouveau pour moi. Des discussions fantastiques. Et elle m'envoyait des petits mots si poétiques ! Par exemple, tenez : " Ne sois pas un magicien, sois magique ! " On ne m'avait jamais appris à penser ainsi. Et nous nous sommes bien amusés ensemble pendant deux ans. »

Il ne semble aucunement affecté par la fin de l'affaire.

Il commençait à perdre ses illusions sur le grand rêve de la « Réussite ». Directeur général d'une solide agence de publicité, il connaissait tous les trucs et gadgets des enfants gâtés des multinationales : l'avion avec bar pour emmener les copains et les petites amies sur la Côte, le détournement de pouvoir, les fraudes fiscales, les notes de frais gonflées, et cet amalgame de mensonges, de vanité, de gaspillage commençait à lui soulever le cœur. Quand sa femme avait trop vu son service de table, elle en changeait. Les enfants ne fréquentaient que des écoles privées. Lorsqu'il revenait en ville après un voyage en avion, une limousine l'attendait, parce qu'un taxi est insuffisant pour un homme de sa condition. Il n'avait pas le droit de voyager en seconde. Il en vint presque à croire qu'il avait mérité ces privilèges.

Quand il eut quarante-six ans, le directeur financier de son entreprise vint lui parler de la participation : « Vous rendez-vous compte que lorsque vous prendrez votre retraite, votre part vaudra au moins deux millions et demi de francs ? » disait le directeur.

Ça y est, c'est comme ça qu'ils vous prennent au piège, ruminait-il dans le train qui le ramenait à sa banlieue dorée, à sa maison-château, avec ses sept enfants et ses six salles de bains. Les deux adolescents étaient avec sa première femme ; sa fille la plus âgée était avec sa copine, et il restait deux garçons à la maison, ainsi qu'une petite fille de six ans. Il décida qu'il n'achèterait plus une seule chose de sa vie.

Ce soir-là, il déclarait à sa femme : « Nicole, il faut que je parte. Parce que, chaque année, ces deux millions et demi vont prendre une importance de plus en plus grande, jusqu'à ce que j'en arrive au point où je réaliserai qu'il ne me reste plus que quelques années à vivre. Que cela te plaise ou non, si je continue ainsi, ce sera seulement pour avoir encore de l'argent, ce dont je n'ai plus besoin. J'ai vraiment envie de jouir de la vie, tu sais. Maintenant, pas dans quinze ans. Car je ne sais même pas si je serai encore vivant, tu comprends. »

Nicole ne pipa mot. Cette bouffée de rébellion était très inattendue de la part de son mari. Dans cette banlieue conservatrice, elle n'avait jamais manqué de rien depuis sa naissance. Tous ses amis y habitaient, de même que sa famille, dont elle était l'heureuse héritière. Elle ne connaissait que les cocktails. Leur mariage était le type même du mariage sûr, utilitaire, comme il faut.

Disons que c'est cette idée qui a présidé à leur mariage, quand Jérôme fut nommé vice-président. Il avait trente-cinq ans et brûlait du désir de se faire une place dans le monde. Cela ne pouvait lui faire de mal d'épouser cette belle héritière en puissance. « Notre mariage marchait bien, claironne Jérôme, mais j'en avais assez de vivre dans ma villa résidentielle. » Ils n'eurent jamais ce qu'on pourrait appeler une vie sexuelle ardente. Ce n'était d'ailleurs pas du tout le style de la seconde femme de Jérôme. Il l'avait en fait choisie pour les mêmes raisons qu'il avait choisi la première : elle faciliterait sa carrière. Malgré ce contrat implicite et évident, il se plaignait cependant de la tristesse de leur vie sexuelle qui expliquait son départ.

Il avait le feu aux trousses. Il s'acheta un minibus et se mit à étudier la carte du littoral méditerranéen.

Nicole protestait. Elle ne voulait pas vendre la maison. Elle ne pouvait pas ainsi bouleverser la vie des enfants, disait-elle. Et il était important que la petite Victoire (6 ans) puisse terminer son année scolaire dans son école spéciale pour handicapés.

« Mais ils vont tous si bien, répondait-il, tu verras, cela ne fera aucune différence dans quelques années. »

Le lendemain, après le petit déjeuner, il partait. Pour un long périple.

Comment décrire sa vie insouciante ? La plage, les gens qui venaient et repartaient, la volupté de sommeiller sur les fesses chaudes d'une femme, épuisé après l'amour, les jambes sans vie, grillant sous un soleil fait pour les nudistes. Elle était astrologue. Ils partaient tous les deux pour des voyages silencieux et le soir elle lui lisait les tarots. Il ne faisait pas grand-chose, mais quand même, de temps en temps, il peignait. Cela lui venait tout naturellement. Il décida d'écrire un article à ce sujet et de l'envoyer à la revue *L'Age de la publicité*. En voici un extrait (l'article ne fut jamais publié) : « Si vous pensez que vous voulez vivre comme moi, ne vous attendez pas à trouver un club de golf ou une maison confortable, ou encore la possibilité de laisser des ardoises chez l'épicier... Ceci est la période la plus productive de ma vie. J'ai peint vingt-six toiles en trois mois, et j'ai exposé deux fois. »

Il n'y avait rien dans cet article qui mentionnât ce que ces peintures signifiaient pour lui. Il venait d'écrire une annonce publicitaire de plus.

Lorsque son astrologue prit un autre amant, il en fut soulagé. Encore un fardeau de moins sur ses épaules.

Nicole ne cessait d'écrire et de téléphoner qu'elle aimerait le rejoindre. Il lui répondit : « Es-tu certaine que tu as envie de te promener toute nue et de camper, ou de te faire masser dans un bain chaud pendant deux heures sous le soleil ? Parce que, vois-tu, pour moi c'est ça la vie maintenant. »

Nicole répondit oui.

« Du jour où je suis arrivée, me raconte timidement Nicole, je ne me suis jamais sentie à l'aise ici. J'avais toujours pensé être à la pointe de tout, là d'où je viens. Mais ici, cela ne va pas du tout, et, moi, je veux qu'on m'accepte. » Elle ressemblait à un abat-jour de soie blanche, fragile ; elle était complètement déplacée dans cet environnement. Perdue.

Pour lui faire plaisir, à elle et aux enfants, Jérôme acheta une petite maison sur la plage. Un local de la maison lui permettait en même temps de s'initier à la menuiserie. Il pensait gagner sa vie ainsi. De temps en temps, il vendait une toile. Les chèques de cinq cents dollars envoyés par sa société continueraient d'affluer pendant quelques années encore. « Ce que j'aimerais véritablement, dit-il, c'est arriver à un point où je n'aurais plus besoin d'argent. »

Le changement extérieur qui s'était opéré en lui était extraordinaire. Il m'apporta un ancien portrait de lui, le portrait typique de l'homme d'affaires corpulent aux yeux tristes, à l'air sérieux et à la mine soucieuse. Le rescapé que j'avais devant moi, deux ans plus tard, était bronzé, mince, plein de vie, avec un nez d'aigle, des yeux bleus perçants et une tignasse volumineuse. Un spécimen tout à fait différent. Jérôme, comme tous ceux qui s'engagent dans la vie sans reconnaître leur similitude avec leurs parents, commençait seulement à ressembler à lui-même.

Jérôme avait seize ans lorsque son père mourut. Incapable de retrouver le calme dans la confusion qui suivit ce choc, incapable de verser les larmes qui soulagent, il s'enfuit sur la Côte. Ayant le niveau du brevet, il commença à gagner sa vie. Il n'a jamais eu d'adolescence.

La divorcée mondaine qu'il épousa à vingt ans avait deux bébés. De fils inconsolé, il devint un minable père adoptif. Le mariage ne marcha jamais, mais les relations de sa femme l'aidèrent beaucoup dans son entreprise. Il regagna la ville d'où il venait et y ouvrit un restaurant à la mode. L'enfant prodigue était de retour.

Commercialement, il prospérait. Il buvait aussi beaucoup de bière pendant que sa femme s'amusait. Ils eurent des enfants. Mais rien ne semblait s'améliorer. A trente ans, ils divorcèrent.

Il ne vécut pas très bien le passage des trente ans. Le voilà cadre moyen chez un négociant en bières. Un soir d'ivresse, il glissa dans un bar. Il était dans le plâtre lorsque sa mère mourut. Je ne dirai jamais assez l'importance que peut avoir sur notre existence et sur notre sensibilité la mort de quelqu'un qui nous est cher. Jérôme retrouva son ex-femme aux funérailles. Ils reprirent la vie commune.

Toujours fidèle au choix de ses vingt ans, sans autre engagement qu'un élargissement de son territoire commercial, à trente-deux ans, il s'installa dans la capitale. Il se fraya un chemin parmi les cadres moyens d'une agence de publicité. La vie conjugale se déroula exactement comme précédemment : soûleries et bagarres. Ils s'y accrochèrent quelques années encore. Puis, sans tambour ni trompette, il échangea sa première épouse contre la seconde. Maintenant, il était le portrait vivant de son père, à tel point que l'on eût dit que le fantôme du pauvre homme l'habitait. Il est probable que la mort prématurée de celui-ci a stoppé chez Jérôme l'évolution de son développement psychologique.

Ce qui ressort de ses propos, aujourd'hui, c'est qu'il vit son propre mensonge. Il joue plusieurs rôles, tous différents, mais il ne les choisit pas librement. Il n'y a rien de commun entre ce qu'il fait et ce qu'il est ou voudrait être véritablement. Quand on lui demande quelle est sa profession, il a le sentiment qu'il n'en a pas. Il n'est ni restaurateur, ni négociant en bière, ni directeur d'agence de publicité, ni peintre, ni menuisier, ni même mari ou père. C'est un homme qui modifie continuellement sa ligne d'action, qui change de métier ou de partenaire mais n'accomplit jamais aucun travail sur lui-même. Il lui est assez facile de mettre en œuvre de l'énergie. Mais il investit très peu de lui-même dans un but ou pour une personne. C'est pourquoi il sait aussi assumer les échecs. Il est du type « transitoire », mais à vide.

Alors, quels avantages et quels inconvénients y a-t-il dans la solution qu'il a choisie ? Il est clair, même pour lui, qu'aujourd'hui, à quarante-neuf ans, il cherche à vivre l'adolescence qu'il n'a jamais eue. Nous devons tous, vers quarante ans, nous mesurer avec le fait que nous n'avons plus vingt ans, et pour la plupart d'entre nous restent des tranches de vie à rattraper, que nous avions négligées. Mais ce n'est pas la même chose que d'essayer d'avoir vingt ans.

Nicole a demandé le divorce. Jérôme va chez le quincaillier du coin. Il y a là une jolie caissière de dix-huit ans.

— Je cherche un appartement ou quelque chose, mentionne-t-il.

— Je suis justement dans votre cas, lui répond-elle. Ma famille repart dans l'Est. Mais j'ai l'âge de rester et de faire ce que je veux.

— Comment t'appelles-tu ? demande-t-il.

— Michèle.

— On devrait peut-être chercher ensemble, Michèle.

Sur la plage, il divague, perdu dans ses rêveries philosophiques. Il cherche la réponse. Michèle amène ses jeunes amis dans la petite cabane qu'ils se sont louée. Les discussions des jeunes le fascinent.

« Ce n'est pas chez moi qu'on parle de philosophie, dit Jérôme. Là-bas, on ne parle que d'actions et de dividendes. C'est pourquoi je passe autant de temps avec ces jeunes. C'est probablement parce que je n'ai jamais eu la chance de me trouver dans leur milieu, de faire des études. Michèle et moi avons loué cette petite maison ensemble, tout en sachant que cela ne nous engageait à rien. Je ne désire pas que les choses durent trop longtemps. Elle a insisté pour payer la moitié du loyer. Et comme aujourd'hui, cinq cents francs, ça compte pour moi... Mais en même temps, elle m'apprend à voir le beau côté des choses. Si je dis : « Oh merde ! Il y a du brouillard à l'horizon », sa figure s'illumine, et elle me dit : « N'est-ce pas merveilleux, ce brouillard qui plane à l'horizon ? »

Jérôme fait encore la navette tous les jours jusqu'à la maison de Nicole. Il travaille à sa menuiserie jusqu'à ce que les enfants rentrent de l'école. Ils bavardent un peu, puis sa fille et son fils lui disent au revoir, et il repart chez sa petite amie de dix-huit ans.

« Drôle d'arrangement. (Il l'admet lui-même.) Mais Nicole et moi nous entendons mieux depuis qu'il n'y a plus cette tension. Elle n'a jamais rien dit sur la fille avec laquelle je vis. Récemment, j'ai suggéré qu'on aille tous pique-niquer sur la plage devant ma maison. »

Nicole est paralysée. « Depuis la naissance de notre fille, je n'ai jamais pensé à l'avenir, dit-elle. Je ne peux pas me dire que dans cinq ans je ferai ci ou ça, parce que je ne sais pas ce que sera son avenir à elle. J'aimerais avoir du talent, mais je n'en ai pas. Vraiment, je devrais faire quelque chose d'autre. Quelque chose dans la mode ou la décoration. Je ne sais pas comment m'y prendre. Peut-être que je devrais m'installer plus près d'une grande ville. »

Jérôme est contre cette idée. « C'est idiot de déménager, lui dit-il. Suppose que tu rencontres quelqu'un qui veuille t'emmener au

Texas, il faudrait que tu déménages encore. » Tactique efficace parce qu'il sait que Nicole n'attend que ça : qu'il lui demande de rester. Mais la vraie raison, c'est qu'il veut la garder là pour qu'il puisse voir ses enfants et « rentrer à la maison » de temps en temps.

« La chose la plus difficile à justifier dans ma conduite, c'est ce que je fais subir à Nicole, parce qu'elle n'a rien fait de mal. Elle fait encore partie de cet autre monde où nous avons tous été élevés pour vivre d'une manière planifiée, du genre " Tu veux sortir avec moi samedi soir " ou bien " Je serai directeur-adjoint l'année prochaine ". Elle croit toujours que c'est ainsi que se font et se défont les relations, les amitiés. Ce que j'ai appris parmi ces jeunes, c'est qu'il ne faut pas prendre d'engagements. Il faut faire les choses immédiatement. »

Il semble évident qu'il n'arrive pas à trouver une façon de se comporter en adulte, il refuse de s'engager. Au risque, peut-être, d'avoir à passer directement de l'adolescence à la vieillesse.

Tard, un soir, alors qu'il me ramenait de chez Nicole, il se terra dans l'ombre de son minibus. « Ce qui me torture, c'est que je pourrais bien terminer comme un vieux bonhomme tout seul et déçu. Si quelque chose m'arrive et que je ne peux plus travailler de mes mains, je vais me retrouver à l'assistance sociale. Les chances sont contre moi. Car il n'y a vraiment pas moyen de vivre dans ce pays, même pauvrement, sans gagner un minimum d'argent.»

Il fit démarrer le moteur de son car. « Quand j'aurai dix ans de plus, je ne pourrai plus vivre avec des jeunesses de dix-huit ans, parce qu'elles ne me trouveront plus très beau. Je suis flatté maintenant, parce qu'elles m'acceptent. Mais je me fourre le doigt dans l'œil jusqu'à l'omoplate ! Est-ce que ça va être les filles de dix-sept ans, puis celles de quatorze ans ? Et pourquoi pas douze, pendant que j'y suis ? »

Cet été-là, il abandonna la cabane sur la plage pour faire des économies et passa la saison chez un de ses fils. Mais il lui fallait quand même choisir un endroit où vivre. Quelqu'un lui dit que la vie n'était pas chère au Guatemala, que la laitue ne valait que quelques centimes. Il envisageait d'y partir à l'automne en minibus. « Avec ou sans Michèle. Ou peut-être avec quelqu'un d'autre. »

Aux dernières nouvelles, il est parti pour l'Amérique Centrale. Avec une fille de dix-sept ans.

Chapitre 24
Vivre la réalité

Personne ne sait pourquoi le maître a peur de fermer les yeux. Pourquoi, à quarante-trois ans, il a du mal à garder l'équilibre. Son succès ne le soutient plus.

L'invitation de Paris arriva lorsqu'il avait quarante ans. C'était pour lui un triomphe. La fine fleur du design français lui avait demandé une exposition sur le design américain. L'exposition d'Aaron eut une influence déterminante sur le design en France. Ce fut un événement artistique important. On commença à l'inviter partout. L'exposition fit le tour du monde, tandis qu'Aaron et sa femme la suivirent aussi longtemps qu'ils le purent.

Malgré toute la gloire et les accueils prestigieux qui leur étaient réservés, que ce soit à Paris, à Tokyo, à Milan..., Aaron avait le sentiment amer d'un échec. En plein milieu de la prestigieuse soirée parisienne, on lui apprenait qu'un de ses meilleurs amis avait été emmené d'urgence à l'hôpital. Au cours de son séjour en Italie, il reçut un autre coup de fil lui apprenant une mort soudaine. Il commença à ruminer ces événements, et à se convaincre d'une chose : il faut se préparer à tout abandonner.

« Le plus grand designer de notre époque », titraient les articles qui lui étaient consacrés. Mais un sentiment d'effondrement l'envahissait.

« J'ai toujours utilisé mon travail comme un écran à d'autres problèmes. (Il en est maintenant conscient.) Cela a commencé lorsque je me suis marié. J'ai rempli ma vie d'activités pour éviter les grandes décisions personnelles. En fait, j'abandonne mon autonomie, en créant une situation de forte demande, si bien que je suis constamment en train de passer d'un projet à l'autre, sans avoir assez de temps pour réfléchir aux raisons qui me poussent à l'action. Depuis quarante ans, je commence à réaliser que, si je fais tout ça, c'est que je ne désire pas véritablement passer au crible mes raisons d'être. L'idée de m'arrêter pour explorer ce domaine indique que quelque chose est en train de changer. »

La grande ville dans laquelle il est né, où ses parents tenaient une épicerie dans les quartiers pauvres, est devenue plus gaie et plus agréable à vivre grâce à lui. Les gens montrent ses œuvres du doigt en disant : « C'est un Aaron Coleman Webb. » Vue de l'extérieur, la vie d'Aaron dénote une grande continuité. Bien des hommes passent leur vie entre deux chaises, incertains d'être novateurs ou fonctionnaires conservateurs, chercheurs audacieux ou enseignants sclérosés, avocats ou hommes politiques entreprenants. La carrière d'Aaron a été un foyer autour duquel il a organisé sa vie depuis qu'il a cinq ans.

Et pourtant, il ne s'est pas laissé prendre à ce piège comme Patrick, le citoyen-soldat. S'il s'est essayé à la méditation avec un gourou yogi, ses efforts ont surtout porté sur la recherche de techniques nouvelles de design qui apporteraient des solutions novatrices à des problèmes artistiques assez sophistiqués. Les critiques signalent « encore une œuvre typiquement américaine de Webb ». Il sourit, sachant très bien qu'il fait la synthèse de l'art du monde entier, embrassant le passé et le présent. Il est très réceptif et parle d'enrichir son expérience en abandonnant les vieilles formules. C'est un véritable enfant prodige.

Il paraît se mouvoir dans la vie avec l'assurance d'une panthère dans la savane. Il est aussi à l'aise partout. Quand les autres se contentent de regarder, lui, il apprend. Il s'habille d'un jean, porte des cravates à fleurs et embrasse tout le monde chaleureusement.

Sa femme, Michèle, est son contraire. Ethérée comme une fée, elle a toujours été très réservée en ce qui concerne ses talents artistiques personnels. Elle cuisine magnifiquement, mais maintenant, c'est surtout lui qui cuisine. Le week-end, ils émigrent dans leur vieille petite maison de campagne. Un réseau mondial d'amis remplace les enfants qu'ils n'ont pas eus.

Mais, en fermant les yeux, à l'instant où le succès public devrait laisser place à autre chose, Coleman Webb ne trouve rien.

« Ce que j'ai découvert l'année dernière, c'est surtout ce que j'avais supprimé d'inadmissible en moi-même. Des sentiments reviennent et je n'ai plus honte de les repousser. Je suis prêt à accepter la responsabilité de ce que je ressens réellement. Je n'ai plus besoin de faire " semblant " pour être conforme à un certain modèle. Je suis pourtant effrayé par la force de ces sentiments : peur, envie, avidité, agressivité. Et voilà que je peux enfin voir tout cela et le ressentir. Je suis surpris de l'énergie que j'ai dépensée à vouloir les supprimer et à ne pas admettre la douleur qu'ils me causaient. »

Michèle et Aaron avaient fait les mêmes études. Mais il lui trouvait un exotisme séduisant. Il était aussi juif que le pain azyme et elle aussi blanche que le lait d'ânesse. « En un sens elle m'attirait non seulement par sa beauté, mais surtout parce qu'elle n'avait rien à voir avec mes croyances et mon milieu. »

Michèle voulait-elle aussi devenir designer ?

« Rien ne le laissait supposer. Elle n'a jamais rien dit, jamais rien fait dans ce sens. »

En fait, après son diplôme, Michèle avait remplacé Webb pendant un certain temps. Il écrivait des cartes postales pour dire bonjour à la « nouvelle ». On lui avait dit à quel point il faisait bien les perspectives ; elle les faisait aussi bien et plus vite que lui. Avant même qu'elle l'ait jamais vu, elle était entrée en compétition avec lui.

« L'étrange, c'est que j'étais meilleure que lui, m'avait-elle dit, mais nos relations étaient dominées par une ambivalence. Je désirais la sécurité du mariage, sans réaliser que c'était la fin de ma vie créative. J'ai nourri Aaron de grandes ambitions et de besoins d'expression personnelle. Il avait des espoirs que je n'osais avoir. Et j'adorais ces espoirs. »

Aaron avait créé son propre studio, et en avait fait une véritable communauté. Avec son associé, il s'était mis à la recherche de jeunes designers aux idées originales. Il leur laissait entière liberté de conception, car il voulait que leur travail soit un reflet de leur personnalité et non celui du style d'une agence. Il en résultait que ces jeunes gens devenaient vite célèbres, quittaient l'entreprise, et que du sang neuf y entrait constamment. Aaron aimait cela. Fierté paternaliste justifiée que de créer une communauté de designers de haute qualité.

Michèle s'occupait du foyer d'une manière exquise. Elle apprit à acheter dix variétés de salade verte et à les garder fraîches jusqu'à l'arrivée impromptue d'une horde d'affamés, à préparer des hors-d'œuvres délicats, pour que personne n'ait jamais à se plaindre de la qualité. Ainsi, elle ne se sentait pas coupable de passer le reste de la journée plongée dans ses livres ou dans ses rêves.

Un jour, Aaron lui demanda d'installer une galerie et de monter une exposition dans l'école des Beaux-Arts où il enseignait. Elle fut à l'origine des expositions à thème. C'était bien d'elle, cette idée d'inviter plusieurs artistes autour d'un sujet plutôt que d'ennuyer le public avec un one-man show. Elle lançait ainsi une mode qui fait encore fureur aujourd'hui dans le monde des galeries. Elle travailla très dur à tout cela durant cinq ans. Puis, mystérieusement, s'arrêta. Retourna à la maison arranger des fleurs et des plateaux de légumes pour les invités d'Aaron. Quelques années plus tard, lors d'un dîner d'honneur, Aaron s'attribuait le mérite de l'idée des expositions à thème.

« Elle représentait la femme parfaite, dit Aaron, toujours d'accord, compréhensive, hôtesse gracieuse, agréable, charmante. Point capital : j'ai toujours attendu d'elle qu'elle m'apaise et me libère l'esprit. » Il est maintenant capable de voir dans cette idéalisation de sa femme des motifs plus égoïstes. « C'est la chose la plus difficile à admettre. Je me rends compte, maintenant, que je cherchais en réalité une situation dans laquelle j'aurais été libéré de l'intimité profonde. Où je n'aurais jamais eu à me révéler. Il est même possible que j'aie choisi une femme d'un milieu si différent du mien pour pouvoir lui en vouloir si elle ne jouait pas le rôle que j'attendais d'elle. »

Vers la fin de la trentaine, à l'âge où le problème de la mort commence éventuellement à affleurer, Aaron dut assister au lent départ de sa mère. Il en faisait des cauchemars quotidiens, qui l'éveillaient chaque matin en sueur. Il fit une dépression et finit par tomber sérieusement malade. Pendant tant d'années, sa mère avait été la seule figure qui l'avait protégé, encourageant son rêve d'être un artiste, envers et contre tous, notamment contre son père.

Le jour où elle mourut, son obsession de la mort disparut. « D'un coup, mon but se précisa. Il fallait que le studio devienne le meilleur du monde. » Il ne tenait plus à admettre la nouveauté des autres. « Cela n'avait rien à voir avec la qualité de leur travail. Je ne voulais plus rien recevoir, un point c'est tout. »

Sa relation avec son associé devint contraignante. « Je voulais alors accéder à une maîtrise de mon art qui m'empêcherait d'être sous le contrôle de qui que ce soit, arriver à une position où personne ne puisse me critiquer. Et j'y suis arrivé. »

Avait-il parlé à sa femme de sa peur de la mort ?

— Un peu.

— Est-ce qu'elle vous a apaisé ?

— J'espérais qu'elle le ferait.

— Mais elle aussi a eu une crise, n'est-ce pas ?

— Oui. Parce que Michèle comptait sur mes qualités de père, sur mon soutien, sur ma force, sur le fait que je savais où j'allais. Toute manifestation de faiblesse de ma part lui faisait mal. Si je me sentais mal à l'aise ou faible, ou que j'avais peur, Michèle avait alors encore plus peur que je commence à dépendre d'elle. Ce qui ne faisait qu'accroître mon anxiété. La faiblesse que j'éprouvais renforçait le danger qu'elle ressentait. Ceci nous menait vers une catastrophe.

Où en était Michèle à trente-huit ans ? Seule dans leur maison de campagne, elle lisait les romans de Zelda Fitzgerald qui ont pour thème l'appropriation par les hommes des idées de leurs femmes. Pourquoi aurait-elle dû se tourmenter ? Où est-il écrit que seules les femmes doivent s'occuper des autres ? Elle avait besoin de retrouver son équilibre. Elle courut au jardin, fit le poirier et sentit soudain quelque chose se rompre dans son cou. Voilà que même son corps ne fonctionnait plus. C'était vraiment fini. Elle voulut prendre des barbituriques. Mais il n'y avait rien dans la maison, à part des vitamines E, les vitamines de longue vie. Comment le destin pouvait-il être si moqueur ?

Une fois, au cours d'une conversation, sa voix, normalement si légère, devint agressive : « C'est grâce à moi qu'Aaron est devenu un grand designer, et cela m'est bien égal que personne ne veuille le croire. »

Je lui dis que je la croyais, puisque je l'avais constaté.

« Mais je n'ai jamais voulu croire que j'étais en concurrence avec lui, continuait-elle. Je ne sais d'ailleurs pas quelle a été la conséquence de mon attitude. Aux yeux d'Aaron, il était absolument inconcevable que je fasse la même chose que lui. Ce n'était pas sa conception de la vie. »

Mais pourquoi n'avait-elle pas continué sur sa lancée, après l'ouverture de la galerie d'art et la création des expositions thématiques ?

« Je crois que j'avais peur de me lancer vraiment, parce que si je m'y étais laissé prendre, je me serais retrouvée toute seule. »

Pour Aaron, l'exposition en France fut un tournant dans sa vie. Il répétait à tout le monde : « On m'a dit que j'étais un petit garçon, que j'avais bien fait mon travail. Cela veut dire qu'il faut que j'invente maintenant quelque chose d'autre. »

Le dire est une chose. Affronter cette peur en est une autre. S'il ne se réinventait pas, Aaron ne ferait que se répéter. Non, il devait se renouveler, il lui fallait trouver une autre forme créative. Même au risque de n'être plus le premier.

Vers la fin de notre premier entretien, il évoque le fait de s'« arrêter un peu », et, tout bas, de « se retenir à une barre de contrôle ».

« Je ne sais pas ce que je veux faire. Ce que je dois apprendre pour moi-même, c'est la passivité, la dépendance, la faiblesse, la fragilité — toutes choses que j'abhorre intellectuellement. Et pour que je retrouve mon équilibre, il faut que j'admette mon agressivité, mon esprit de vengeance, et tout le reste. Je ne peux continuer de prétendre que la dualité de ces rôles n'existe pas. Je suis en pleine période de confusion, de grande confusion personnelle. »

Michèle. La blancheur étonnante de sa peau, si délicate qu'elle se colore de bleu et de parme autour des yeux, et ses yeux noirs — une fée de rêves. Sa nature insaisissable est sa force. Comme tous les êtres passionnés, le monde rationnel ne l'intéresse ni ne lui suffit. Sa vie est remplie de visions artistiques, de rêves, d'énergie.

Personne ne sait vraiment ce qu'elle va faire ensuite. Il faut la regarder, cette jolie femme si fragile avec un gardénia frais accroché à sa blouse, fumant nerveusement ses Lucky Strike, parler des joies du trafic de la drogue — oui, elle en a fait. C'était, enfin, quelque chose qui lui appartenait en propre. Quand je l'ai revue, elle venait de s'inscrire à des cours de philosophie ésotérique.

On remettait toujours nos entretiens à plus tard. Une année passa.

Je l'aperçus un jour dans une soirée électorale près d'Aaron. Elle s'était teint les cheveux en roux très vif et s'était fait des centaines de couettes. Contrastant avec sa peau si blanche, cette coiffure semblait un peu agressive. Ce style rend généralement ridicules les femmes de son âge. Michèle n'en était devenue que plus étrange, plus tentante.

Non, pensais-je, sa beauté ne mourrait jamais. Elle deviendrait un peu voyante, mais elle ne serait jamais grotesque.

Le jour où je l'appelai pour prendre rendez-vous, elle paniqua. Quelques jours plus tard, elle me rappela pour annuler.

« Je tremble depuis votre coup de fil, expliqua-t-elle. Je suis en train de me débattre avec tant d'idées, tant de choses auxquelles je n'ai pas pensé depuis longtemps. Je suppose que c'est parce que c'est la première fois que je me vois comme une personne d'âge mûr. »

Je lui dis qu'elle n'était pas dans l'âge mûr. Elle avait quarante-deux ans et probablement traversait la crise des quarante ans. Ce qu'elle dit alors évoquait merveilleusement le mélange de lumière et de ténèbres que tout le monde porte en soi et que souvent nous avons de la difficulté à décrire. « C'est très étrange, mais il y a en moi des zones d'ombre qui disent quelque chose. »

Quelques heures plus tard, elle me rappelait pour dire qu'elle voulait bien contribuer à ce livre. Je la remerciai.

Nous nous retrouvâmes dans son restaurant préféré, où personne n'est pressé, et où l'on sert des punches au rhum décorés de gardénias.

« Cela m'est venu dimanche, après notre conversation, dit-elle, peut-être plus tardivement que chez les autres. J'ai eu le sentiment très net que si l'on ne reconnaissait pas mes talents, c'est qu'ils n'existaient pas. Et qu'il est très possible, après tout, que je meure avant de pouvoir les exprimer. C'était la première fois que cela me frappait ainsi. Avant, ce que je refusais avant tout, c'était de me laisser marcher sur les pieds par mon mari, par le monde extérieur qu'on peut toujours accuser, mère, père ou le rôle que la société vous fait jouer. Dimanche, ce fut la première fois que je réfléchissais à la responsabilité que j'avais dans cette situation, et au fait que je me l'étais cachée. C'était très, très clair. »

Je lui dis que c'était bon signe.

« Je ne sais pas si c'était bon signe, mais ce n'était assurément pas très confortable. »

Elle me dit qu'elle voulait mettre une annonce dans les journaux, énumérant tous les talents qu'elle avait accumulés au cours des années. Elle éprouve le besoin d'exprimer son énergie et de la partager avec d'autres.

« Je pense que c'est la première fois qu'un souhait maternel se fait jour en moi. »

Cette affaire d'enfant est cruciale chez elle. Du jour où elle sut d'où venaient les bébés, il y eut une voix par-dessus son épaule, qui lui répétait sans cesse : « Je voulais devenir une artiste, et je serais devenue une grande artiste si je ne t'avais pas eue. » Ces paroles de sa mère eurent sur elle le même effet qu'une ligature des trompes.

« Les filles regardent en général leur mère, pour savoir où aller. Moi j'ai abandonné très tôt cette idée. Je ne voulais pas être comme elle, parce qu'elle refusait ce qu'elle était. »

Mais à force d'évoquer ces souvenirs avec sa mère, qui dessinait, nuit après nuit, et qui prenait le temps d'expliquer à sa petite toutes les articulations de telle ou telle patte du cheval, le vieux verrou mère-fille disparut.

« Je viens de réaliser qu'en fait je voulais vraiment devenir comme elle ! s'exclama-t-elle. Je voulais être une artiste plus que je ne voulais avoir d'enfant (sa voix est sans regrets) et je suis certaine que c'était pour combler les souhaits de ma mère. »

Michèle avait subi une influence parentale curieuse. Son père, dont les espoirs avaient été déçus, l'avait mise en garde : « Sache où est ta place dans la vie, ma fille ! Tu es de famille modeste. Ne vise pas trop haut, Michèle. Tu ne pourras qu'échouer. » Comme elle le dit elle-même : « Cela rendait tout espoir impossible, puisqu'on ne pouvait rien atteindre. » Cette combinaison d'influences paternelle et maternelle la paralysa.

« Au moins, maintenant, j'ai encore de l'espoir — toujours comme si l'enfant qui est en moi allait exprimer toute ma potentialité. »

« Je n'ai jamais eu peur de la mort. Mais j'ai peur de vieillir. Quand j'étais jeune, j'étais très belle ; ce que je crains surtout — d'ailleurs je n'arrête pas d'y penser —, c'est de ne plus avoir cette jeune et fragile apparence qui donnait aux autres l'envie de s'occuper de moi. La dernière des choses à laquelle j'aie jamais pensé devoir me résoudre, c'est d'avoir à m'occuper de moi-même. (Un sourire apparut sur son visage.) Mais, confrontée à cela, je m'aperçois maintenant que je suis capable de les affronter. »

Je revis Aaron, il était en pleine forme.

« Je ne veux pas abandonner mon activité de designer, je voudrais simplement la diriger différemment. Je voudrais avoir l'initiative de mon travail, au lieu d'accepter des commandes. » Il parla d'environnements qu'il voulait faire, de restaurants et de stylos.

« Et Michèle ? » Je me rappelais la ferveur avec laquelle sa femme m'avait dit, après quelques verres : « Je pense que la raison de mon instabilité, en ce moment, c'est que je sens renaître la compétition entre nous, et que je ne sais pas quoi faire. »

Aaron ressent la même chose : « Elle devrait reconnaître ses sentiments, sa réalité, son propre esprit de compétition, et les mettre à l'œuvre indépendamment de moi. J'essaie de la soutenir, c'est une attitude qui a tendance à devenir un peu trop paternaliste. »

Pendant un moment, j'essayai de détourner la conversation. Je parlai donc à Aaron de ce qu'il ressentait vis-à-vis des jeunes gens qu'il avait formés et qu'il avait laissé voler de leurs propres ailes vers le succès. Son attitude variait-elle, selon que l'élève était plus ou moins loyal ?

« Je sais très bien que je peux être un parent qui punit. J'ai agi ainsi envers certains, bien que pendant longtemps je n'aie pas voulu l'admettre. Je voulais surtout être un bon père.

— Oui, mais avec un certain contrôle ? lui suggérai-je.

— Beaucoup de contrôle et beaucoup de punitions. J'étais le gourou. Et le gourou a toujours une position un peu retirée, ce qui empêche l'intimité.

— Et envers Michèle, avez-vous été le parent qui punit ?

— Oui, je le pense.

— Est-ce que le retrait est une forme de punition ?

— Une forme. (Il s'arrêta ; cela lui était pénible d'aller sonder son inconscient.) Retrait et critique. Je la désire dépendante de moi comme d'un... (Il s'arrêta net avant le mot " père ", et substitua :) C'est tellement compliqué. »

Nous attrapâmes un taxi. Il allait prendre son cours d'art culinaire. Michèle était en fac, où elle apprenait surtout à se sentir à l'aise dans son propre univers. Ils y travaillent tous les deux. Aaron en essayant d'abandonner le rôle qu'il aimait tant, celui de père, et Michèle de rejeter cet état de dépendance envers lui.

Mais, en déverrouillant cette porte, elle perdra à jamais toutes ses illusions de sécurité absolue. Et lui aura la prérogative effrayante d'admettre ce qui se passe à l'intérieur de lui-même. « C'est très difficile de renoncer aux succès, de ne plus jouer de son influence, d'abandonner son attitude charismatique. Mais il le faut. Je ne veux pas rejeter tout ce qu'il y a de mauvais en moi pour devenir un " bon ". (Il s'arrêta un temps. Son expression s'adoucit.) Ce que je veux, c'est un débat clair et net. »

Sa conception de l'amour à l'âge mûr ? Il réfléchit. « Je pense que cela demande une reconnaissance de sa propre dépendance, et, à partir de là, nous pouvons probablement avoir une relation basée sur un respect réciproque, ce qui n'a plus rien à voir avec la dépendance. Relation où les conjoints se voient évoluer sans qu'il y ait de compétition.

— Prendre plaisir à se regarder l'un l'autre vivre librement.

— Oui. C'est d'ailleurs quelque chose qui arrive plus souvent dans l'amitié profonde que dans le mariage. Il y a quelque chose de très spécial dans l'amitié. »

Quand je les revis tous les deux, c'était à l'occasion d'une soirée en l'honneur d'Aaron. Les cheveux de Michèle étaient redevenus naturels. Elle avait l'air détendue. Ils sont encore dans le passage du milieu de la vie, mais ils n'ont plus si peur.

« L'année dernière fut la meilleure de notre mariage, disait Michèle, je croyais que j'étais la seule à avoir peur et à être dépendante. Quel soulagement de voir que c'était réciproque ! C'est tellement important de réaliser qu'on est interdépendant, tu ne trouves pas ?

— J'en suis absolument persuadée. »

Combien d'entre nous peuvent voir dans leurs ténèbres, pensai-je, et se donner la permission d'abandonner le passé et de repartir sur de nouvelles bases ? C'est peut-être une nouvelle personnalité qui se forme à partir d'idées contraires ? C'est un nouveau sens qui est donné à la vie.

SEPTIEME PARTIE RENOUVEAU

Ainsi les passagers de la nuit défilent
Sur leur circuit ; l'île lumineuse
Du soir tremble et attend
Elle nous attend tous, mes amis
Là où le frottement de la mer réchauffe
Les vies mourantes et les sourires avortés.

Lawrence Durrell

Chapitre 25
Renouveau

Néanmoins, pourquoi mûrir ? Si l'on a été assez courageux pour se confronter à chaque passage de la vie, que reste-t-il à espérer ?

L'âge mûr est un âge d'influence majeure. Les jeunes ont le pouvoir, mais l'influence, qui a des implications beaucoup plus larges, appartient dans tous les domaines (politique, éducation, banque, etc.) aux personnes d'âge mûr. Financièrement, ce sont elles aussi qui ont le pouvoir.

La vertu principale généralement associée à cet âge, c'est l'expérience, mais c'est une arme à double tranchant. La personne qui arrive à cinquante ans sans réévaluation d'elle-même à mi-vie va prendre l'attitude familière et entêtée du défenseur du statu quo. Une autre figure connue est celle de l'enfant de cinquante ans qui veut nier son âge, et, par conséquent, son expérience : par exemple, l'imprésario aux rouflaquettes voyantes, qui aura vingt-six ans jusqu'à ce qu'il en ait soixante, ou Madame Grande-Gueule qui se met des rubans dans les cheveux et demande une Toyota pour jouer les jeunes filles à la mode ; ou encore le professeur grisonnant qui part évangéliser l'Amérique latine avec des allures de héros révolutionnaire.

En revanche, ceux qui ont vu, qui ont senti, qui ont accepté leur propre vérité ne caressent plus de rêves impossibles et n'éprouvent plus le besoin de protéger des positions inflexibles. Ils ont la pratique de la vie et savent ce qui leur va. Ils peuvent prendre des décisions en faisant une grande économie d'action.

La complexe panoplie des attitudes n'est plus utile, une fois que l'on a enrichi son jugement d'une expérience intérieure tout autant qu'extérieure. C'est par l'amélioration manifeste de l'exercice du jugement que l'âge mûr prend son aspect le plus rassurant.

Energies nouvelles

Des intérêts secondaires, des passe-temps ou des violons d'Ingres peuvent soudain devenir des activités sérieuses. Chaque fois que l'on explore une veine nouvelle, on se crée un capital d'énergie pour l'avenir. La passion que l'on mettait à accomplir quelque chose au cours des jeunes années — l'âpreté au succès, ou la dévotion aux enfants — ne peut durer éternellement.

Mais il n'y a pas d'années fécondes si l'on n'a pas cultivé pendant la mi-vie d'autres intérêts. L'homme qui prend sa retraite à soixante-cinq ans ne se découvre pas instantanément un talent de photographe. Qu'on ait ou non un don naturel, tout apprentissage demande de la volonté et requiert un délai d'adaptation. Or, même à cinquante ans, on est encore trop fier pour s'y soumettre sans ombrage.

L'histoire de ce docteur qui commença à faire de la photo après trente ans peut servir d'exemple. Pendant des années, il se battit pour ce violon d'Ingres, sans jamais abandonner. A quarante-cinq ans, ses photos étaient extraordinaires. Il avait apporté une dimension nouvelle à la photo en couleurs. Ce qui avait commencé comme un passe-temps pouvait maintenant devenir une véritable seconde carrière. Depuis, il parcourt le monde, souvent avec sa femme, à la chasse de ses paysages préférés. Aujourd'hui, à soixante-dix ans, c'est un homme qui a la vitalité et l'attitude mentale d'une personne en pleine jeunesse.

Les hommes, à cette période, ressentent leur âge en fonction de leur position et de leur santé ; les femmes le définissent en termes d'événements familiaux. Elles sont d'ailleurs plus inquiètes des manifestations de l'âge chez leur mari que chez elles-mêmes.

Après tout, elles craignent moins la crise cardiaque que le veuvage, et elles doivent apprendre à vivre seules. Il est impératif pour une femme de trouver un sens à sa vie et un moyen de vivre indépendamment avant que le nid familial se vide et la rende inutile. Sinon, elle se réserve l'avenir le plus détestable : dépendante de la santé de son mari et des largesses de ses enfants. Toutes les femmes ont peur de devenir la belle-mère caricaturale qui vient s'installer chez ses enfants mariés, où habite leur voisinage et claironne amèrement : « Ils ont leur vie à vivre. Je ne m'imposerai pas. » Qu'elle ait assez d'argent pour se payer toutes les croisières du monde jusqu'à la fin de sa vie, ou qu'elle doive rester sur un banc à donner du pain aux pigeons, elle n'est toujours qu'une petite vieille qui attend de mourir.

Ceux qui travaillent dans une grande société doivent encore mieux préparer leur sortie, parce qu'ils n'ont pas leur mot à dire sur l'âge auquel on les mettra à la retraite. On parle de ramener l'âge de la retraite à soixante ans et, aux Etats-Unis, à cinquante-cinq ans, l'âge limite des cadres supérieurs. Les responsables de ce genre de décision feraient bien de consulter les statistiques concernant le suicide. La plupart des retraités ont le sentiment qu'on les met au rebut. Une approche plus humaine est pourtant possible : en Suède, les travailleurs prennent leur retraite graduellement, entre soixante et soixante-dix ans, grâce à une réduction progressive de leurs horaires. Mais ne comptons pas sur des réformes qui risquent de ne se produire qu'une fois passé notre tour — ce qui, au demeurant, ne nous empêche pas de les réclamer.

Une approche sans panique du vieillissement physique

Plus que tout le reste, c'est notre vision de nous-même qui détermine la richesse ou la pauvreté de l'âge mûr. Ceux qui font face à leur âge ne s'attendent pas à voir leur corps fonctionner d'une manière parfaite après quarante ans, pas plus qu'on ne peut attendre d'une belle voiture ancienne qu'elle garde sa patine sans soins constants. Les performances sportives évoluent parallèlement à la courbe biologique, mais il existe un certain nombre de fonctions influencées par la vie intérieure, comme celles du savoir et de l'expérience, qui s'opposent de fait au déclin biologique, comme l'a observé Frenkel-Brunswik.

L'âge mûr n'est plus celui de la maladie. Des changements impressionnants ont eu lieu dans les symptômes décrits par ceux qui le traversent, comparés à ce qui était décrit il y a vingt ans. Les analystes Lionnels et Mann, du White Institute, ont découvert, dans une étude comparative, que les plaintes psychosomatiques qui étaient caractéristiques de l'âge mûr dans le passé — des problèmes personnels cruciaux qu'on exprimait comme un « sens vague et diffus de fatigue et de léthargie » — sont maintenant considérés de façon plus réaliste comme des questions qui se résolvent par l'activité et la réalisation de soi-même.

Plus nous entraînons notre cerveau à penser, mieux il continuera à travailler pour nous. Les personnes très érudites ne manifestent pas de déclin intellectuel — au contraire, leur acuité augmente avec les années — avant cinquante ans. Après cet âge, c'est le manque de vitesse, et non la capacité d'intelligence, qui entame un déclin, si déclin il y a. En général, la capacité d'apprendre des adultes ne faiblit pas ; ce que l'on remarque, en revanche, avec l'âge, c'est une perte de la capacité à absorber des notions et des concepts qui ne sont pas familiers.

Il faut dire à ce sujet tout le plaisir que l'on a quand on apprend quelque chose de neuf après quarante-cinq ans. J'ai observé des hommes et des femmes de cet âge chausser des skis et glisser dans les descentes derrière un professeur, enivrés du plaisir d'être débutants une fois de plus. D'accord, ils ne feront jamais des slaloms étourdissants, mais qu'importe ! C'est la même chose pour les femmes qui, après la ménopause, commencent avec enthousiasme à pratiquer le golf ou l'alpinisme, ou prennent des leçons de piano ou de claquettes.

Ce qui est essentiel, c'est d'oublier les vieilles notions selon lesquelles on doit ralentir, abandonner, ou regarder la télévision ; il faut au contraire s'ouvrir d'autres chemins, qui éveillent les sens, et secouer le vieux chien qui dort en nous.

Les profits sont immenses pour celui qui poursuit une activité de plein air. Il est vrai qu'après quarante ans on se fatigue plus vite, et qu'on ne peut pas compter sur ses réserves d'oxygène longtemps après l'essoufflement. L'exercice régulier est préférable aux élans soudains, mais l'inactivité physique est absolument néfaste. Le cerveau a besoin d'oxygène, et les poumons ont besoin d'aide pour le fournir, parce que la capacité thoracique diminue avec l'âge. Le cœur tire grand avantage de l'amélioration de la circulation sanguine procurée par l'exercice physique régulier qui, bien choisi, peut littéralement retarder le vieillissement.

Ceux qui s'installent dans une vie enfermée et inactive à l'âge mûr s'attirent toutes sortes de maux, hernies, fêlures de la hanche, crises cardiaques. Un cœur paresseux n'est pas capable de faire face à un besoin soudain, pas plus que des muscles sans tonus ne peuvent supporter la colonne vertébrale et les organes vitaux.

Les ressources si durement acquises par l'expérience d'une moitié de vie peuvent être canalisées vers d'autres buts et recevoir d'autres récompenses. Dans certaines parties d'Extrême-Orient, où les occupations les plus respectées sont celles qui demandent beaucoup d'années de préparation (la contemplation, la méditation, la poésie et l'art), on pense qu'avoir entre quarante et cinquante ans c'est être jeune. Dans notre culture, on croit à tort qu'après cinquante ans tout perd sa saveur, sa couleur et son odeur. Or, ce préjugé n'a jamais eu l'accord des psychologues. Au contraire, affirment-ils, les perceptions de l'âge mûr ont leur propre luminosité.

Nouvelles attitudes envers l'argent, la religion et la mort

A mesure que nous évoluons, nous remplaçons nos formules. Les « je devrais » de nos vingt ans deviennent des « je veux » à trente ans et des « je dois » vers la quarantaine. Les « je dois » sont cependant trop souvent des impératifs catégoriques. Ainsi, la nécessité de pourvoir aux études des enfants correspond peut-être au moment où les parents ont besoin d'un peu d'aide financière, eux aussi. Mais les « je dois » sont souvent liés à des habitudes. Habitudes d'économie, de sécurité, de confort, dans lesquelles on s'est laissé entraîner parce qu'on avait peut-être été marqué par la pauvreté (la pénurie des années de guerre ou de crise économique).

L'exemple de Thomas illustre ce fait. Il se lança dans la publicité parce qu'on y gagnait bien sa vie. Il aurait préféré être écrivain, mais c'était un désir frivole ! A quarante ans, il est devenu administrateur de la société, mais qu'est devenu l'artiste qui vivait en lui ? Il baratine ses clients, c'est tout. C'est le bon bourgeois grisonnant qui a ouvert sa petite agence de publicité aux confins de sa banlieue et qui cache des désirs inavouables tellement ils paraîtraient scandaleux.

« Je me justifiais par le besoin. L'agence était un moyen de me constituer une belle petite retraite. Mais, à quarante ans, j'étais de plus en plus déçu. J'achetai un bateau et j'appris la voile, mais cela ne servit à rien. J'accusais ma femme de ne rien faire par elle-même et de vivre en fonction de mes activités, mais j'avais cependant conscience que je n'avais pas le droit de l'en blâmer. Je désirais ardemment donner un autre sens à ma vie. Je commençais par m'amuser avec les femmes, à essayer différents rôles en leur compagnie. Quelquefois j'étais un capitaine d'industrie ; d'autres fois l'artiste raté, blessé, mais destiné à renaître de ses cendres, tel un phénix. J'ai tiré quelques satisfactions de l'approbation que je recevais de ces dames. Mais ce n'étaient là que des jeux. Et ce n'est pas dans le jeu qu'on trouve les réponses que je cherchais, je ne savais pas que c'est dans un certain regard sur les choses et dans une certaine action que l'on peut trouver un sens à la vie. »

La crise de Thomas dura quinze ans. Il eut la chance cependant d'avoir entrepris inconsciemment, et bien avant, les démarches pour se tirer de cette situation. A quarante-cinq ans, il avait commencé, pour s'amuser, à faire de la sculpture. « C'était une formule de remplacement de l'écriture ; une sorte de passe-temps du dimanche pour lequel je n'avais pas à me soucier de l'opinion des autres. »

Il fit un autre pas en avant en prenant un studio en ville. Il détestait la banlieue, et n'y restait qu'à cause des enfants. Après cinquante ans, il avait atteint le point où la sécurité devenait moins importante que son sentiment du temps.

« Il a fallu que je me dise : tant pis pour la maison de retraite sur la Côte. Il y a d'autres valeurs plus importantes. »

Il déménagea donc et prit un tout petit appartement en plein centre ville. Quel soulagement ! « Je n'étais plus lié par un édifice et des hypothèques. » Sa femme retourna au travail, après vingt-sept ans d'interruption. « Cela m'aida beaucoup dans ma décision, parce que, maintenant, si j'échouais, je pourrais toujours coucher sous les ponts, n'est-ce pas, et cela ne la punirait pas. »

Son plus grand moment d'étonnement, ce fut le jour où il convoqua ses associés pour leur dire au revoir et quitter le monde des affaires, à cinquante-cinq ans, pour devenir l'écrivain qu'il avait toujours voulu être. Il a encore une cravate dans sa poche, mais il ne la met jamais.

L'examen de notre attitude envers l'argent peut donc être, pour certains, des plus importants, tandis que pour d'autres l'examen d'une attitude religieuse résultant de l'éducation peut avoir les mêmes effets.

Marjorie en est un exemple. Elle se demande aujourd'hui ce qui lui serait arrivé si elle était restée dans « la phase religieuse de ses trente ans » : « On m'avait élevée en bonne pratiquante, mais je ne savais pas vraiment si je croyais en Dieu. Et c'est une question que j'ai soigneusement évitée, jusqu'à ce que j'y sois confrontée à la suite d'événements pénibles. »

Sa foi s'évapora le jour où sa mère l'appela en pleine nuit pour lui annoncer que « Papa, ça n'allait pas très bien ». Elle vit son père mourir brusquement d'un cancer de l'œsophage, sans aucun signe de joie ni de grâce sur le visage, sans la magie qui devait le sauver.

« Je traversai une période où je me voyais sans cesse morte et placée dans un cercueil, tandis que des gens jetaient sur moi de la terre humide. Cette vision était si nette que j'étais prête à acheter un linceul. »

Après cette période de pensées morbides, Marjorie pleura sur la perte de sa sécurité, sur Dieu et sur son père, dont elle n'avait jamais mis en question l'autorité. L'épreuve la plus dure fut celle de la bigoterie croissante d'une mère qui l'étouffait en lui rabâchant sans relâche qu'elle était « impie de reprendre le travail et d'abandonner son époux et ses enfants bénis ».

Marjorie n'osait dire tout haut que sa mère était bloquée et étroite d'esprit, et qu'il n'était peut-être pas si sûr qu'elle retrouve son mari après la mort. Elle commençait à douter de ce genre de conception : « J'en arrivais à me demander si la vie éternelle existait vraiment. C'est pourquoi j'ai ressenti l'urgence d'accomplir ce que je désirais et de bien le faire, dans cette vie-ci. En devenant plus forte, plus indépendante, je réalisais que je pouvais bien me séparer de ma mère sans en mourir. »

Marjorie, qui aspirait à être aussi différente que possible de sa mère, mit quelques années à s'apercevoir qu'en fait elle ne l'était pas. L'idée d'être assistante sociale, le confort intellectuel ou spirituel que lui procurait le sentiment de « faire la charité », ses jugements souvent catégoriques et hautains venaient tout droit de sa mère. Et ce n'est qu'en le découvrant, en procédant à un examen approfondi d'elle-même auquel nous devons tous nous soumettre à mi-vie, qu'elle put se redéfinir d'une manière sincère.

A quarante-six ans, elle a une vision plus claire d'elle-même.

« Cela fait seulement deux ans que j'ai découvert en moi des aspects de ma mère auxquels je crois vraiment. Je ne me tracasse plus à chercher des réponses d'ordre spirituel. J'accepte le fait qu'il y a beaucoup de questions auxquelles je n'aurai jamais de réponses. Finalement, je trouve cela extrêmement réconfortant. »

Compagnie et solitude

Tout va mieux dans le mariage après quarante-cinq ans pour ceux qui ont vécu ensemble le passage du milieu de la vie. Toutes les études sur ce sujet indiquent non pas le fait que notre partenaire se soit miraculeusement amélioré, mais que la tolérance peut devenir spontanée une fois que nous arrêtons de transférer nos propres contradictions intérieures sur notre conjoint. L'accroissement soudain de bien-être et de satisfaction se stabilisera après cinquante ans, mais à un niveau jamais atteint auparavant.

On commence à bien se connaître (mais il faut toujours laisser place à la surprise). L'âge mûr, pour un couple, c'est l'opportunité de découvrir la véritable amitié, car il est clair maintenant que les passions et les intérêts partagés n'excluent pas le respect de l'intimité de l'autre. Il y a de fortes chances pour que l'on ait quelqu'un avec soi pour vieillir, pour partager des amis, quelqu'un pour absorber le silence d'une maison dont les enfants sont partis, et pour la faire résonner des joies du temps retrouvé ensemble.

Lorsqu'on vieillit, on a de moins en moins besoin de se comparer aux autres. On s'occupe beaucoup plus de sa vie intérieure, en lui ajoutant les deux qualités les plus caractéristiques de l'âge mûr : la perspicacité, et une certaine philosophie de la vie.

Le compagnon ou la compagne deviennent les sources les plus appréciées de l'amitié, et non plus le substitut des parents. On est généralement surpris de voir que ses enfants adultes deviennent eux aussi de charmants compagnons. Surtout du fait qu'ils ne sont plus là pour se moquer des habitudes et des manies de leurs parents. Cela ne signifie d'ailleurs pas que l'on perde l'intérêt que l'on porte aux autres. « Peu importe son âge, disait l'écrivain Florida Scott-Maxwell à quatre-vingt-deux ans, une mère cherche toujours des signes d'amélioration chez ses enfants. »

L'âge mûr est aussi celui du véritable respect de la vérité. Cela n'est possible qu'une fois vaincue l'habitude de vouloir plaire à tout le monde, ce qui n'arrive généralement qu'assez tardivement chez les femmes. La physiologue Estelle Ramey reconnaît à soixante ans : « Je dis plus souvent la vérité. Auparavant, je ne réalisais pas que je mentais. Je pensais simplement que j'avais de bonnes manières. J'avais l'habitude de ne désirer qu'une seule chose au monde : que tout le monde m'aime. Maintenant, tout cela m'est complètement égal. Je tiens à ce que quelques personnes m'aiment, et c'est tout. Cela me suffit. »

Ceux qui sont seuls à cet âge sont peut-être prêts à accepter qu'apprendre à vivre seul n'est pas seulement bon pour un temps, mais que c'est une chose bonne en soi. Cela est surtout vrai pour celui ou celle qui a été éclipsé par la personnalité dominante de son conjoint.

Plusieurs des femmes que j'ai interviewées m'ont parlé de l'émotion de cette découverte : « Je suis entièrement responsable de moi-même, et c'est extraordinaire ! »

Un jour, nous étions quelques-uns à discuter de ces problèmes, et une femme de cinquante-deux ans, merveilleusement honnête, commença à nous dire : « On m'a plaquée après trente ans de mariage. » Avant que quiconque ait le temps de s'apitoyer sur son sort, elle continuait : « Je hais profondément la solitude, mais je ne désire pas me remarier. Je suis en train de vivre la chose la plus passionnante qui me soit jamais arrivée. Et je suis confondue quand je vois combien je m'épanouis et combien plus authentique est mon attitude envers les enfants, maintenant que je ne suis plus une partie d'un couple. Je ne veux pas être seule pour toute la vie et je pense que ces nouvelles relations de week-end sont une idée formidable. »

Un veuf exprima le même changement d'attitude sentimentale. Peu après la mort de sa femme, incertain de son aptitude à orienter sa fille adolescente, il commença à vivre joyeusement et à fréquenter plusieurs femmes en vue du remariage. Une année passa, puis deux ; il était toujours célibataire. Mais, arrivé là, après avoir réaménagé son emploi du temps pour laisser place à l'amitié avec ses enfants, il se sentit très à l'aise comme parent célibataire. Et, bien qu'il partageât l'amitié de plusieurs femmes, il tenait trop à ses nouveaux talents de cuisinier et au plaisir qu'il prenait tout seul dans la vie pour penser à se remarier.

L'exemple le plus vivant de la découverte de la confiance en soi, de l'indépendance à l'âge mûr, est celui de Katherine Graham. Timide et dépendante jusqu'à en souffrir profondément, elle décida de s'occuper du *Washington Post* que dirigeait son mari, après le suicide de ce dernier, au lieu de l'abandonner aux autres directeurs. Lentement, elle organisa ses talents endormis, jusqu'à ce que, à son propre étonnement, elle soit devenue l'un des directeurs les plus puissants et les plus renommés des Etats-Unis.

Un changement de cette ampleur prend de longues années. Il en prit dix à quelqu'un que j'appellerai Jeanne. Toute prête à reprendre son emploi d'assistante sociale à quarante-quatre ans, après une décennie passée joyeusement à être l'auxiliaire d'un mari scientifique, elle resta stupéfaite lorsqu'il lui annonça qu'il n'attendait plus que la fin des études universitaires de leur fille pour la quitter.

Il n'avait pas encore écrit son livre, et il accusait Jeanne d'en être la cause. Comment aurait-il pu l'écrire avec toutes les responsabilités qu'il avait à la maison ? Or, Jeanne avait non seulement pris entièrement cette responsabilité, mais encore, elle en avait fait un art et s'y était consacrée à l'exclusion de toute autre activité personnelle. Son mari, qui se prenait pour un génie, voulait avoir la plus totale liberté pour s'exprimer et semblait décidé à se débarrasser de tous les vestiges de son passé.

« Le tragique dans tout cela, disait Jeanne, c'est que je comprenais ce qui se passait, et que j'aurais pu faire que tout s'arrange. Mais je suis tombée gravement malade. Des ennuis de la thyroïde, que j'avais déjà eus adolescente, réapparurent, décuplés par la ménopause. Et physiquement, je n'étais plus en état de faire face à ce problème. Pour lui, c'était décevant que je ne puisse pas le soutenir dans ce passage et je vivais toujours complètement dans son monde. »

Elle trouva cependant la force de partir dans le Sud-Est et de prendre un travail. Elle compta sur ses amis pour l'aider à retrouver son énergie pendant un an. Petit à petit, elle entrait dans le monde universitaire, mais cela lui semblait « irréel » et provisoire. A cinquante ans, elle avait réussi l'exploit d'imposer un nouveau département à la faculté de médecine de l'université régionale. Découvrant qu'elle avait su s'en sortir toute seule, elle commença à se réveiller le matin sans les douleurs de la solitude. Elle découvrit aussi qu'il y avait des hommes qui la trouvaient encore attrayante, et qui, chargés de lourdes pensions alimentaires, appréciaient le fait qu'elle puisse s'entretenir seule. Elle se vit d'un œil étonné capable d'organiser des conférences, de recevoir et d'écrire et même d'aller passer des vacances seule dans l'océan Indien. Elle comprit alors qu'elle était sauvée. « Je suis entièrement moi-même, maintenant, et c'est émouvant — surtout lorsque je pense qu'il y a seulement dix ans je n'avais aucune identité personnelle. »

La plus grande récompense que l'on a en tentant de se retrouver soi-même, c'est d'arriver à s'approuver sur le plan moral, indépendamment des valeurs et des jugements d'autrui. En cessant de regretter que les parents n'aient pas été différents, et en essayant diverses manières de vivre, on peut atteindre ce qu'Erikson appelle l'*intégrité*. C'est-à-dire que l'on parvient au stade final du développement adulte, où l'on peut enfin être satisfait de sa vie.

Cela peut impliquer de rompre des habitudes et des engagements dont on n'est pas heureux. Cela implique certainement la réalisation de son propre style de vie et de ses propres besoins.

Il serait surprenant que nous ne ressentions pas quelque peine en quittant le connu pour aller vers l'inconnu. Mais la volonté de passer d'une phase à l'autre est équivalente à la volonté de vivre de manière intense. Si l'on ne change pas, si on ne mûrit pas, on ne vit pas vraiment. La croissance requiert l'abandon temporaire de la sécurité. Elle peut vouloir dire l'abandon d'un modèle familier mais restrictif, d'un travail sûr mais non enrichissant, de valeurs auxquelles on ne croit plus, de relations et d'amitiés qui ont perdu leur sens. Dostoïevski a dit : « Faire un pas de plus, dire un mot nouveau est ce dont nous sommes le plus effrayés. »

Si, pour certains, la force physique et le plaisir des sens sont les plus grandes valeurs qu'on puisse tirer de la vie, il convient de ne pas ignorer le lendemain de la jeunesse et la validité de l'expérience. Si nous ne voyons rien qui vaille mieux que l'accumulation des biens et du succès, nous nous enfermons dans la répétition jusqu'à la fin de notre vie. Et pourtant, toutes les joies de la découverte restent toujours à notre portée. Il suffit de vouloir les saisir. Les êtres aimés peuvent entrer et sortir de notre vie, l'amour que nous leur avons donné demeure. Et, pour l'esprit libéré des luttes constantes qui marquent les années de jeunesse, vient le temps de réfléchir plus profondément à l'existence, dans le calme.

Le courage d'avancer nous permet de laisser derrière nous des périodes de plaisir et de peine, et de trouver une réponse fraîche qui permettra à notre expérience de se renouveler.

Le pouvoir d'animer chacune des saisons de la vie ne réside qu'en nous-même.

TABLE DES MATIERES

Lithographié au Canada
sur les presses de
Métropole Litho Inc.